L'atelier

Agir
Coopérer
Apprendre

Guide pratique de classe A2

Marie-Noëlle Cocton
Coordination pédagogique

Émilie Pommier

didier
Français Langue Étrangère

UNE COLLECTION COMPLÈTE

Le livre de l'élève

Le cahier d'activités

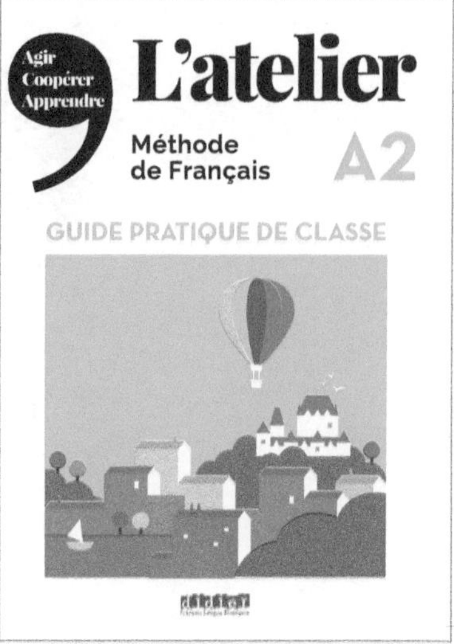

Le guide pratique de classe

La plateforme Nomade

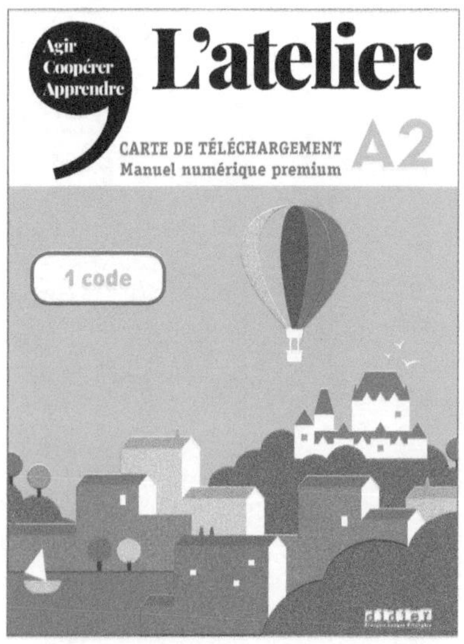

Le manuel numérique premium (livre + 120 activités interactives) + cahier sur carte de téléchargement

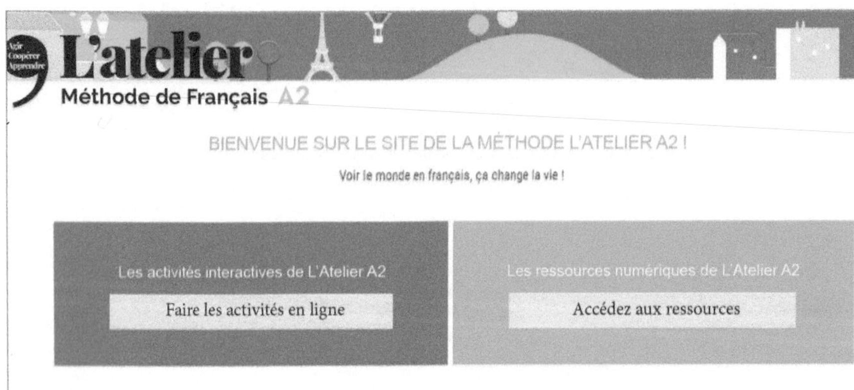

Le site compagnon avec 120 activités complémentaires par niveau (compréhension orale et écrite, grammaire, lexique, bilan)

34 vidéos de phonétique + 58 activités grammaticales interactives flashables avec l'appli Onprint

SOMMAIRE

À QUOI SERT CE GUIDE ?

À **faciliter** la découverte et l'utilisation de **L'atelier A2**.

À vous **accompagner** dans votre quotidien d'enseignant de FLE.

À vous **aider** dans votre pratique de classe à l'aide de conseils et d'exemples concrets.

À vous **suggérer** des variantes d'activités pour personnaliser vos cours.

À **rythmer** votre pratique de classe, en vous invitant à des moments de détente ou d'enrichissement culturel.

À l'intérieur du guide, retrouvez :

- Des conseils didactiques
- Le mémo des stratégies
- Des tableaux de classe
- Des gestes pédagogiques
- Des fiches outils pour la classe
- Des activités en +
- Des tests
- Des jeux

LES RUBRIQUES DU GUIDE

LA MINUTE PÉDAGOGIQUE

Des principes pédagogiques auxquels l'enseignant peut choisir ou non d'adhérer.

LA MINUTE PÉDAGOGIQUE

Apprendre ensemble, c'est commencer par se regarder. Le regard permet d'établir le contact et la communication.

Bonne pratique

Des pratiques de classes auxquelles l'enseignant peut choisir ou non de se conformer.

Bonne pratique

Il n'est pas nécessaire que les apprenants lisent la consigne car le vocabulaire peut être compliqué.

+ +

Des variantes aux activités que l'enseignant peut choisir ou non de suivre.

> cahier

Des prolongements ou compléments d'activités dans le cahier d'activités.

> cahier

Activités 1 à 7 et 9 p. 4 et 5.

Au tableau !

Des exemples de réalisations au tableau.

Au tableau !

	Singulier	Pluriel
masculin	Il est français. Il est canadien.	Ils sont français. Ils sont canadiens.
féminin	Elle est anglaise. Elle est canadienne.	Elles sont anglaises.

#culture

Des savoirs culturels à partager ou non en classe.

#culture

L'Union européenne est une association politique et économique créée en 1992 qui repose sur le traité de Maastricht. En 1999, certains des États de l'Union européenne s'associent pour créer la zone Euro et unifier leur monnaie. En 2018, le Royaume-Uni décide de quitter l'Union européenne (Brexit).

NOTRE PHILOSOPHIE

Les principes

LE PLAISIR d'apprendre

Assurer une progression **pas à pas**
Inviter à des moments de **détente**
Jouer avec des mots, des sons, des jeux
Découvrir des documents qui font **sourire**

LA CURIOSITÉ de la découverte

Varier les contextes et les documents
S'inviter dans **la culture** des autres
Rencontrer des **expressions imagées**
Suggérer d'aller plus loin ! **#culture**

L'apprentissage POSITIF & Collaboratif

Créer des temps de travail **en groupes**
Apprendre à s'**encourager**
Inviter au partage des **stratégies**
Ensemble, résoudre des **missions**

LE SAVOIR apprendre

Favoriser l'apprentissage **en spirale**
Proposer des **astuces** pour mieux travailler
Encourager **la réflexivité** linguistique
Suggérer de **s'exercer**

L'intelligence COLLECTIVE & MULTIPLE

Faire surgir **l'idée** des uns des autres au sein du groupe d'apprenants
En groupe, on **coopère**, on **coécrit**, on **coéchange** pour produire
Coopérer, c'est faire appel à **l'intelligence** multiple.

 En pratique

AGIR

- des questions pour agir dès les **titres** d'unités
- des moments d'**échange** dans l'unité
- des temps d'« **action** »

COOPÉRER

- des **projets culturels** à créer ensemble
- des **ateliers** pour produire à l'écrit et à l'oral à plusieurs
- des **missions** à résoudre

APPRENDRE

- des **stratégies** à partager
- des **réflexions collectives** à mener
- des pages **Mémo** pour s'exercer, s'approprier et mémoriser

NOTRE SECRET

Mission & médiation

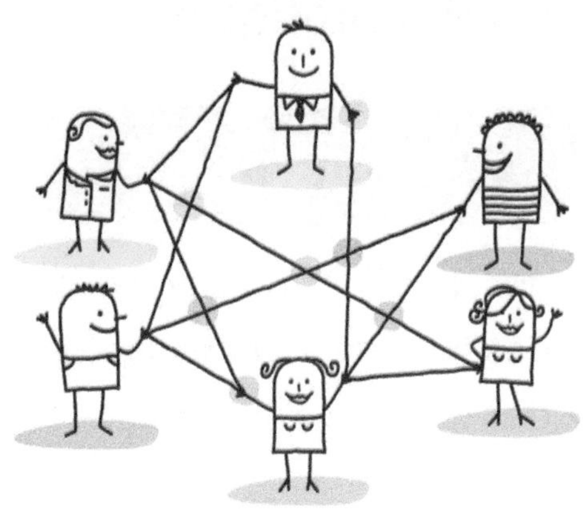

Une **mission**, c'est une tâche confiée à un groupe de personnes avec un but précis et commun.

Au niveau A2, ces missions restent **simples** : elles sont pratiques au quotidien.

La mission est **modérée** par l'enseignant & les apprenants au sein du groupe.

La mission a plusieurs objectifs :

✔ **linguistique** : mettre en pratique un ou des points linguistiques vus dans l'unité ;
✔ **communicatif** : mettre en contexte un ou des points communicatifs vus dans l'unité ;
✔ **coopératif** : mettre les apprenants en équipe ;
✔ **organisationnel** : laisser les apprenants s'organiser entre eux ;
✔ **pragmatique** : donner un but à l'unité.

Avant de commencer la mission

L'enseignant :

✔ rappelle le **but** (= le titre de l'unité) ;
✔ constitue ou fait constituer des **groupes** ;
✔ lit les **étapes** qui guident le groupe dans son travail ;
✔ indique le **temps** imparti ;
✔ encourage les équipes.

Pendant la mission

L'enseignant s'efface et reste disponible pour répondre aux questions.

Après la mission

L'enseignant peut proposer qu'un apprenant du groupe ou que le groupe :

✔ lise le texte qu'il a écrit ;
✔ résume ce qui a été échangé en groupe ;
✔ présente le résultat de la réflexion collective ;
✔ expose le travail collectif sous une forme particulière.

NOTRE SECRET

Les secrets de L'ATELIER

APPRENDRE SUR SOI, DES AUTRES & AVEC LES AUTRES !

On joue ensemble à construire un puzzle d'apprentissage :

> Chacun **apporte** une pièce du puzzle parce chacun est unique.

> Chacun **travaille** sur une pièce du puzzle parce que chacun a ses compétences. On fera le puzzle ensemble.

> On travaille **ensemble** parce que l'idée de **l'un** fait **surgir** l'idée de **l'autre**.

> On travaille **ensemble** parce qu'ensemble, on va plus loin !

> L'enseignant **médiateur** encourage et favorise le travail en équipe !

La situation 3 propose la lecture d'un texte long.
Trois étapes guident ce travail :

1. Je découvre seul
  > favorise l'autonomisation de l'apprenant

2. Travaillez en groupe
  > encourage la réflexion de groupe pour faciliter la compréhension écrite

3. On coopère en classe
  > invite à un échange collectif et à une production de classe et pour la classe. Lors de cette étape, l'enseignant accompagne systématiquement sa classe *via* une étape grammaticale.

Dans les étapes 2 ou 3, une activité de **médiation** est également proposée.

La médiation en pratique

Le rôle du médiateur est de faire le lien entre une personne qui donne une information et une autre qui reçoit l'information. C'est aussi une compétence sociale car le médiateur est en outre celui qui facilite la communication entre deux personnes qui ont du mal à « s' entendre ». Cela ne relève pas encore du A2.

Les différents rôles de la médiation :

modérateur – présentateur – rapporteur – traducteur/interprète.

Par exemple :
Le **modérateur** peut animer les échanges, expliquer les différents rôles des participants lors d'un travail collectif, donner des consignes, aider à définir les objectifs d'un travail d'équipe et comparer les différentes façons de les atteindre pour choisir la meilleure.

Le **présentateur** prend des notes et fait oralement le compte rendu des échanges à l'ensemble de la classe.

Pour approfondir vos connaissances de la compétence de médiation linguistique, vous pouvez consulter le volume complémentaire du *CECRL* de 2018 :
https://rm.coe.int/cecr-volume-complementaire-avec-de-nouveaux-descripteurs/16807875d5

COMMENT ÇA MARCHE ?

→ L'organisation générale du manuel

1 unité de bienvenue + 8 unités de 14 pages

- **Prochain arrêt – Nouveau départ**
- **Unité 1 :** J'ai une idée !
- **Unité 2 :** Vous avez deux minutes ?
- **Unité 3 :** Ça fait le buzz !
- **Unité 4 :** On change tout !
- **Unité 5 :** Ensemble, c'est mieux !
- **Unité 6 :** C'est trop beau !
- **Unité 7 :** Comme disait mon grand-père...
- **Unité 8 :** Si vous voulez bien...
- **Épreuve Delf complète**

Une double page = une séquence !

Outils de la classe

- 8 fiches Vidéo lab' p. 135-138
- La phonétique p. 139-142
- La grammaire et des exercices en + p. 143-154
- Le lexique et des exercices en + p. 155-156
- La conjugaison p. 157-158
- L'index des contenus p. 159
- Les transcriptions p. 160-166
- La carte de la France et des 13 régions dans la couverture
- La carte de la francophonie p. 167

→ Le cahier d'activités

- Des activités de compréhension orale, écrite, de grammaire/conjugaison, de lexique et de phonétique
- Un bilan linguistique et une préparation au DELF par unité

Une double page = une séquence du livre !

COMMENT ÇA MARCHE ?

 Les étapes d'apprentissage

UNITÉ

COMPRENDRE

Accueillir

S'informer

Découvrir

CONCEPTUALISER

Observer

Réfléchir

Appliquer

Pause
Détente

S'APPROPRIER

S'exercer

Mener un projet culturel

Interagir

Pause
Mémorisation

S'ÉVALUER

Coopérer pour une mission

S'exercer (cahier)

Mémo & Bilan (cahier)

Pause
Remédiation

ÉVALUER

Écouter les solutions aux missions

8 tests linguistiques & compétence (Guide)

COMMENT ÇA MARCHE ?

→ L'ouverture de l'unité : l'accueil

Chaque MISSION correspond à la question posée dans le titre de l'unité

3 situations de communication en contexte

S'exercer dans un bain de culture

UNITÉ 1

UNITÉ 1

18

SITUATIONS

1 Fêter un événement | p. 18
2 Planifier un repas | p. 20
3 Organiser une soirée | p. 22

24

LAB' LANGUE & CULTURE

Imaginer un festival culinaire | p. 25

Réviser, mémoriser et réemployer les outils

26

ATELIERS

S'excuser | p. 26
Remercier par mail | p. 27

28

MÉMO

Mission
J'ai une idée… de soirée ! | p. 29

dix-sept 17

Des stratégies à identifier et à mettre en œuvre dans 2 ateliers communicatifs

Coopérer pour produire avec une mission en 3 étapes

COMMENT ÇA MARCHE ?

La 2e et 3e double page

3 situations = 3 objectifs communicatifs

Situations 1 et 2

Temps d'accueil

Temps de préparation à la compréhension

Compréhension n° 1 globale puis détaillée

Se détendre
Pause mentale ludique

Objectif communicatif

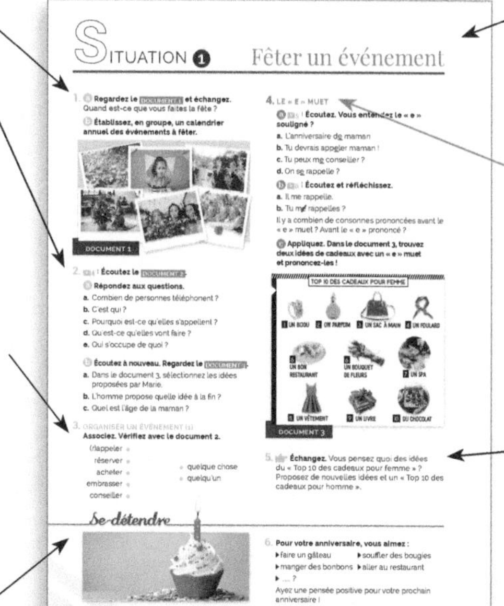

Phonétique en 3 temps

1. Écoute
2. Structuration
3. Application

Activités de semi-appropriation coopératives

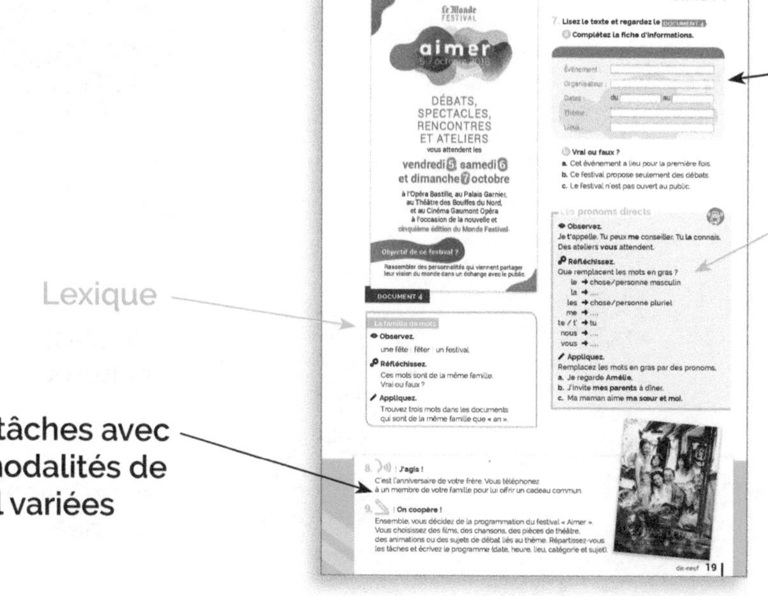

Compréhension n° 2 globale puis détaillée

Grammaire en 3 temps

1. Observation
2. Réflexion
3. Application

Lexique

Microtâches avec des modalités de travail variées

Et un code couleur !

GRAMMAIRE

LEXIQUE

PHONÉTIQUE

COMMENT ÇA MARCHE ?

Situation 3

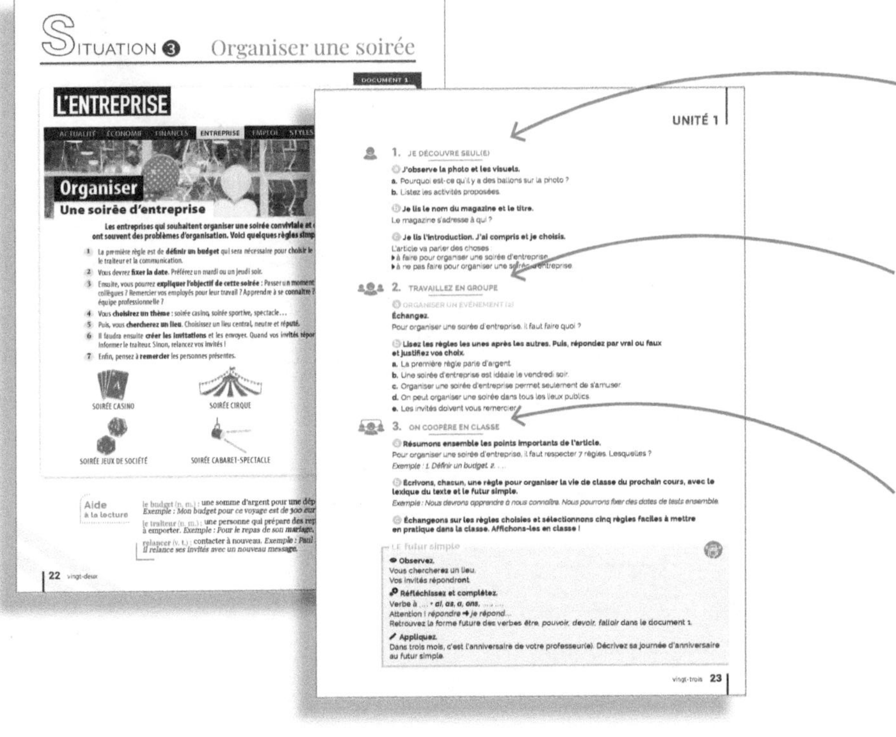

SITUATION 3 Organiser une soirée

L'ENTREPRISE

Organiser
Une soirée d'entreprise

Les entreprises qui souhaitent organiser une soirée conviviale et ... ont souvent des problèmes d'organisation. Voici quelques règles simp...

1 La première règle est de définir un budget qui sera nécessaire pour choisir le traiteur et la communication.
2 Vous devrez fixer la date. Préférez un mardi ou un jeudi soir.
3 Ensuite, vous pourrez expliquer l'objectif de cette soirée : Passer un moment ... collègues ? Remercier vos employés pour leur travail ? Apprendre à se connaître ... équipe professionnelle ?
4 Vous choisirez un thème : soirée casino, soirée sportive, spectacle...
5 Puis, vous chercherez un lieu. Choisissez un lieu central, neutre et réputé.
6 Il faudra ensuite créer les invitations et les envoyer. Quand vos invités répo... informer le traiteur. Sinon, relancez vos invités !
7 Enfin, pensez à remercier les personnes présentes.

SOIRÉE CASINO — SOIRÉE CIRQUE — SOIRÉE JEUX DE SOCIÉTÉ — SOIRÉE CABARET-SPECTACLE

Aide à la lecture
le budget (n. m.) : une somme d'argent pour une dép... Exemple : Mon budget pour ce voyage est de 300 eur...
le traiteur (n. m.) : une personne qui prépare des rep... à emporter. Exemple : Pour le repas de son mariage, ...
relancer (v. t.) : contacter à nouveau. Exemple : Paul ... Il relance ses invités avec un nouveau message.

22 vingt-deux

UNITÉ 1

1. JE DÉCOUVRE SEUL(E)

J'observe la photo et les visuels.
a. Pourquoi est-ce qu'il y a des ballons sur la photo ?
b. Listez les activités proposées.

Je lis le nom du magazine et le titre.
Le magazine s'adresse à qui ?

Je lis l'introduction. J'ai compris et je choisis.
L'article va parler des choses
▸ à faire pour organiser une soirée d'entreprise.
▸ à ne pas faire pour organiser une soirée d'entreprise.

2. TRAVAILLEZ EN GROUPE

ORGANISER UN ÉVÉNEMENT
Échangez.
Pour organiser une soirée d'entreprise, il faut faire quoi ?

Lisez les règles les unes après les autres. Puis, répondez par vrai ou faux et justifiez vos choix.
a. La première règle parle d'argent.
b. Une soirée d'entreprise est idéale le vendredi soir.
c. Organiser une soirée d'entreprise permet seulement de s'amuser.
d. On peut organiser une soirée dans tous les lieux publics.
e. Les invités doivent vous remercier.

3. ON COOPÈRE EN CLASSE

Résumons ensemble les points importants de l'article.
Pour organiser une soirée d'entreprise, il faut respecter 7 règles. Lesquelles ?
Exemple : 1. Définir un budget. 2. ...

Écrivons, chacun, une règle pour organiser la vie de classe du prochain cours, avec le lexique du texte et le futur simple.
Exemple : Nous devrons apprendre à nous connaître. Nous pourrons fixer des dates de tests ensemble.

Échangeons sur les règles choisies et sélectionnons cinq règles faciles à mettre en pratique dans la classe. Affichons-les en classe !

Le futur simple
Observez.
Vous chercherez un lieu.
Vos invités répondront.
Réfléchissez et complétez.
Verbe à ... + *ai, as, a, ons, ...*
Attention ! *répondre* → *je répond...*
Retrouvez la forme future des verbes *être, pouvoir, devoir, falloir* dans le document 1.
Appliquez.
Dans trois mois, c'est l'anniversaire de votre professeur(e). Décrivez sa journée d'anniversaire au futur simple.

vingt-trois 23

seul :
encourager
l'apprenant à
devenir autonome

en groupes :
se faire aider
des autres
pour comprendre
davantage et réfléchir

ensemble :
échanger pour
conceptualiser
et produire
collectivement

La 5e
double page

→ Le LAB' Langue et Culture

exercices de systématisation

devinette de phonétique

éléments culturels

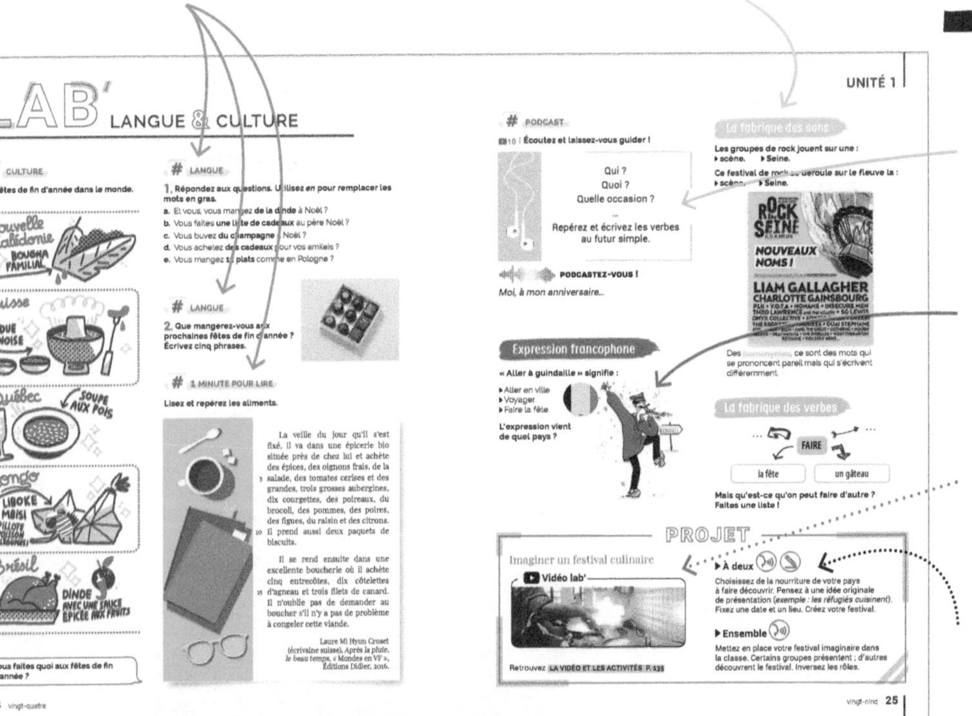

LAB' LANGUE & CULTURE

UNITÉ 1

CULTURE
Les fêtes de fin d'année dans le monde.

Nouvelle Calédonie — BOUGNA FAMILIAL
Suisse — FONDUE CHINOISE
Québec — SOUPE AUX POIS
Congo — LIBOKE YA MBISI (PAPILLOTE DE POISSON AUX LÉGUMES)
Brésil — DINDE AVEC UNE SAUCE ÉPICÉE AUX FRUITS

Vous faites quoi aux fêtes de fin d'année ?

LANGUE
1. Répondez aux questions. Utilisez *en* pour remplacer les mots en gras.
a. Et vous, vous mangez **de la dinde** à Noël ?
b. Vous faites **une liste de cadeaux** au père Noël ?
c. Vous buvez **du champagne** à Noël ?
d. Vous achetez **des cadeaux** pour vos amis(es) ?
e. Vous mangez **12 plats** comme en Pologne ?

LANGUE
2. Que mangerez-vous aux prochaines fêtes de fin d'année ? Écrivez cinq phrases.

1 MINUTE POUR LIRE
Lisez et repérez les aliments.

La veille du jour qu'il s'est fixé, il va dans une épicerie bio située près de chez lui et achète des épices, des oignons frais, de la salade, des tomates cerises et des grandes, trois grosses aubergines, dix courgettes, des poireaux, du brocoli, des pommes, des poires, des figues, du raisin et des citrons. Il prend aussi deux paquets de biscuits.

Il se rend ensuite dans une excellente boucherie où il achète cinq entrecôtes, dix côtelettes d'agneau et trois filets de canard. Il n'oublie pas de demander au boucher s'il n'y a pas de problème à congeler cette viande.

Laure Mi Hyun Croset (écrivaine suisse), *Après la pluie, le beau temps*, « Mondes en VF », Éditions Didier, 2016.

24 vingt-quatre

PODCAST
10 | Écoutez et laissez-vous guider !

Qui ?
Quoi ?
Quelle occasion ?

Repérez et écrivez les verbes au futur simple.

PODCASTEZ-VOUS !
Moi, à mon anniversaire...

La fabrique des sons
Les groupes de rock jouent sur une :
▸ scène. ▸ Seine.
Ce festival de rock se déroule sur le fleuve la :
▸ scène. ▸ Seine.

ROCK EN SEINE — NOUVEAUX NOMS ! — LIAM GALLAGHER — CHARLOTTE GAINSBOURG

Des homonymes, ce sont des mots qui se prononcent pareil mais qui s'écrivent différemment.

Expression francophone
« Aller à guindaille » signifie :
▸ Aller en ville
▸ Voyager
▸ Faire la fête
L'expression vient de quel pays ?

La fabrique des verbes
FAIRE — la fête — un gâteau
Mais qu'est-ce qu'on peut faire d'autre ? Faites une liste !

PROJET
Imaginer un festival culinaire
Vidéo lab'
Retrouvez LA VIDÉO ET LES ACTIVITÉS P. 135

▸ À deux
Choisissez de la nourriture de votre pays à faire découvrir. Pensez à une idée originale de présentation (*exemple : les réfugiés cuisinent*). Fixez une date et un lieu. Créez votre festival.

▸ Ensemble
Mettez en place votre festival imaginaire dans la classe. Certains groupes présentent ; d'autres découvrent le festival. Inversez les rôles.

vingt-cinq 25

Podcast
culturel

expression
imagée

vidéo
+ questions
(*cf.* annexes)

projet
culturel
collaboratif

COMMENT ÇA MARCHE ?

Les ATELIERS

La 6e double page

L'atelier est scindé en deux temps.

1. Compréhension :
- d'un document écrit appuyé par un visuel ;
- d'un mini document écrit accompagné d'un visuel ;
- d'un document oral ou écrit principal accompagné de questions de compréhension qui portent sur la forme et sur le fond.

2. Expression :
- un temps de préparation à deux ou à plusieurs ;
- une production écrite individuelle.

Ateliers S'excuser

COMPRÉHENSION

1. **Regardez les DOCUMENTS 1 ET 2. Choisissez les bonnes réponses.**
a **Le DOCUMENT 1 est :**
- une carte d'embarquement pour partir en voyage.
- une invitation à un festival.
- une invitation à une soirée.

b **Le DOCUMENT 2 est :**
- une invitation pour aller à la piscine.
- une carte de piscine.
- une excuse pour ne pas aller à la piscine.
- une fausse excuse.

2. 11 | **Écoutez le DOCUMENT 1. Répondez.**
a. Qui appelle ?
b. Est-ce que le message concerne le document 1 ?
c. Pourquoi est-ce que la personne appelle ?
d. Quelle est l'excuse ?

Apprendre
Quand j'écoute un document, je pense à faire du lien avec ce que je connais déjà pour mieux comprendre.

EXPRESSION

3. **Échangez en groupes.**
Quelles sont vos excuses ? Est-ce que ce sont toujours de vraies excuses ?
Pour résumer votre discussion, faites un tableau avec deux colonnes : les vraies excuses et les fausses excuses.

4. **Choisissez une situation et jouez-la.**
Situation 1
Vous recevez une invitation pour une soirée d'entreprise. Vous téléphonez à votre chef pour vous excuser. Vous trouvez une (vraie) excuse.
Situation 2
Votre ami(e) vous invite à une exposition sur « Les fêtes dans le monde ».
Vous n'avez pas envie d'y aller.
Vous trouvez une (fausse) excuse.

S'excuser
Je suis vraiment désolé(e) mais ce n'est pas possible.
Désolé(e), je ne peux pas, j'ai…
C'est très gentil à vous mais samedi, je…
C'est dommage ! Je ne suis pas là, ce jour-là.
Je regrette. Je ne suis pas libre.
Je ne pourrai malheureusement pas venir.

26 vingt-six

UNITÉ 1

Remercier par mail

DOCUMENT 1

Date : 20 octobre
Objet : Un événement marquant

Chers collègues,

Je vous remercie chaleureusement de votre présence au séminaire « innovation entreprise ».
Votre participation a joué un rôle dans la réussite de cette journée.
L'ambiance était conviviale et chaleureuse.
Au plaisir de vous retrouver lors d'un prochain événement.
Bien à vous,

DONATIEN MAUREL

COMPRÉHENSION

1. **Parcourez le DOCUMENT 1 et repérez.**
a. Le destinataire
b. La date
c. La formule de début de message
d. Le nom de l'expéditeur
e. L'objet du message
f. La formule de fin de message
g. La signature électronique

2. **Lisez le document et répondez.**
a. Pourquoi est-ce que la personne écrit ?
b. Les invités ont participé à quel événement ?
c. Comment s'est passé cet événement ?

Remercier
Merci. Merci pour tout.
Merci beaucoup pour le livre.
Merci de répondre à ce message rapidement.
C'est (vraiment / très) gentil à vous. Merci à vous.
Je vous remercie d'être venu(e).
Je vous remercie de votre présence / votre aide.

EXPRESSION

3. **Par deux. Chacun choisit une situation.**
Situation 1
Vous écrivez un mail à un(e) ami(e) pour le / la remercier de son invitation au Nouvel An.
Situation 2
Vous écrivez un mail à votre directeur d'entreprise pour le remercier de son invitation à la soirée de fin d'année.
a **Écrivez votre message.**
b **Comparez vos mails.**

Apprendre
Avant d'écrire, je fais un brouillon pour enrichir mes idées :
- J'écris quoi ?
- À qui ?
- Pour quelle occasion ?
- Comment ?

vingt-sept 27

Chaque atelier comprend :
une rubrique « **Apprendre** » avec une stratégie à identifier et à mettre en œuvre.

→ Le MÉMO

Réviser, mémoriser et réemployer les outils linguistiques et communicatifs

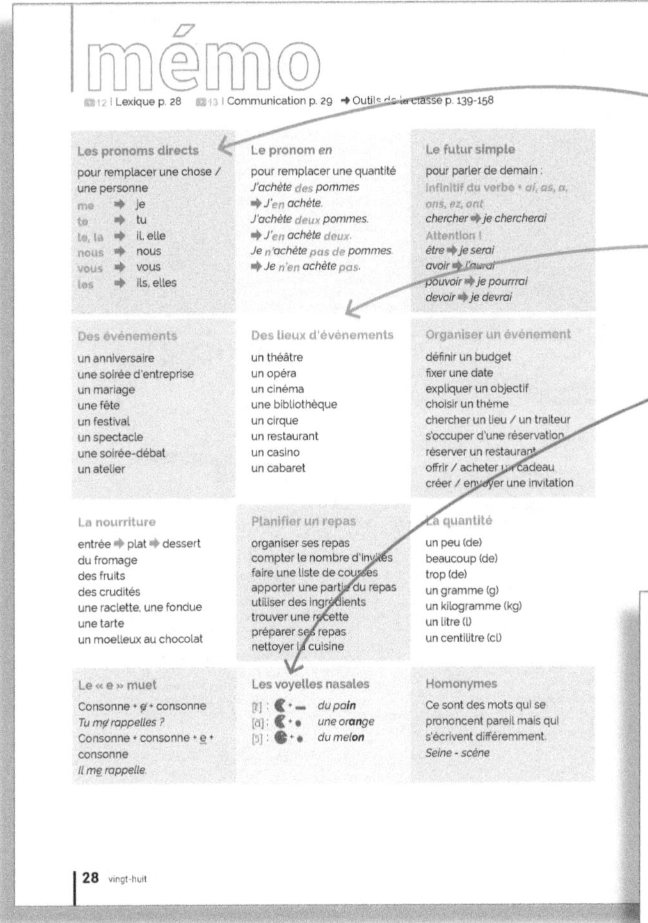

mémo

12 | Lexique p. 28 13 | Communication p. 29 → Outils de la classe p. 139-158

Les pronoms directs
pour remplacer une chose / une personne
me → je
te → tu
le, la → il, elle
nous → nous
vous → vous
les → ils, elles

Le pronom *en*
pour remplacer une quantité
J'achète des pommes
→ *J'en achète.*
J'achète deux pommes.
→ *J'en achète deux.*
Je n'achète pas de pommes.
→ *Je n'en achète pas.*

Le futur simple
pour parler de demain :
infinitif du verbe + *ai, as, a, ons, ez, ont*
chercher → *je chercherai*
Attention !
être → *je serai*
avoir → *j'aurai*
pouvoir → *je pourrai*
devoir → *je devrai*

Des événements
un anniversaire
une soirée d'entreprise
un mariage
une fête
un festival
un spectacle
une soirée-débat
un atelier

Des lieux d'événements
un théâtre
un opéra
un cinéma
une bibliothèque
un cirque
un restaurant
un casino
un cabaret

Organiser un événement
définir un budget
fixer une date
expliquer un objectif
choisir un thème
chercher un lieu / un traiteur
s'occuper d'une réservation
réserver un restaurant
offrir / acheter un cadeau
créer / envoyer une invitation

La nourriture
entrée → plat → dessert
du fromage
des fruits
des crudités
une raclette, une fondue
une tarte
un moelleux au chocolat

Planifier un repas
organiser ses repas
compter le nombre d'invités
faire une liste de courses
apporter une partie du repas
utiliser des ingrédients
trouver une recette
préparer ses repas
nettoyer la cuisine

La quantité
un peu (de)
beaucoup (de)
trop (de)
un gramme (g)
un kilogramme (kg)
un litre (l)
un centilitre (cl)

Le « e » muet
Consonne + e + consonne
Tu me rappelles ?
Consonne + consonne + e + consonne
Il me rappelle.

Les voyelles nasales
[ɛ̃] : *du pain*
[ɑ̃] : *une orange*
[ɔ̃] : *du melon*

Homonymes
Ce sont des mots qui se prononcent pareil mais qui s'écrivent différemment.
Seine - scène

28 vingt-huit

un encadré récapitulatif du point de grammaire

un encadré récapitulatif du lexique

un encadré récapitulatif de la phonétique

Page de gauche

- les objectifs communicatifs de l'unité
- une mission coopérative en trois étapes

▶ Résoudre **ensemble** des MISSIONS du quotidien pour répondre à des besoins concrets ◀

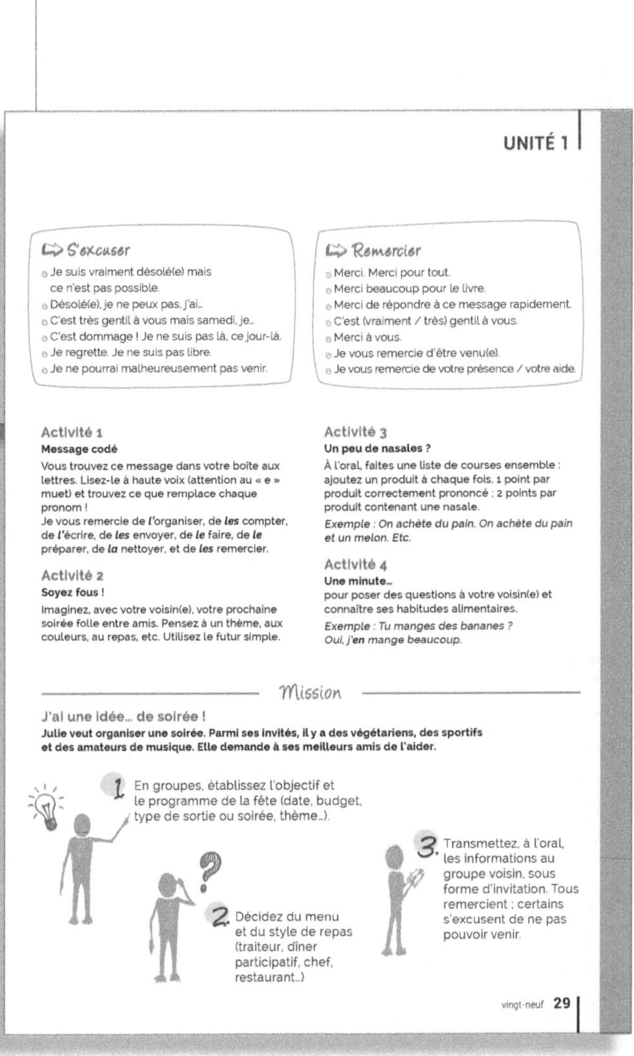

UNITÉ 1

S'excuser
- Je suis vraiment désolé(e) mais ce n'est pas possible.
- Désolé(e), je ne peux pas, j'ai…
- C'est très gentil à vous mais samedi, je…
- C'est dommage ! Je ne suis pas là, ce jour-là.
- Je regrette. Je ne suis pas libre.
- Je ne pourrai malheureusement pas venir.

Remercier
- Merci. Merci pour tout.
- Merci beaucoup pour le livre.
- Merci de répondre à ce message rapidement.
- C'est (vraiment / très) gentil à vous.
- Merci à vous.
- Je vous remercie d'être venu(e).
- Je vous remercie de votre présence / votre aide.

Activité 1
Message codé
Vous trouvez ce message dans votre boîte aux lettres. Lisez-le à haute voix (attention au « e » muet) et trouvez ce que remplace chaque pronom !
Je vous remercie de l'organiser, de ***les*** compter, de ***l'***écrire, de ***les*** envoyer, de ***le*** faire, de ***le*** préparer, de ***la*** nettoyer, et de ***les*** remercier.

Activité 2
Soyez fous !
Imaginez, avec votre voisin(e), votre prochaine soirée folle entre amis. Pensez à un thème, aux couleurs, au repas, etc. Utilisez le futur simple.

Activité 3
Un peu de nasales ?
À l'oral, faites une liste de courses ensemble : ajoutez un produit à chaque fois. 1 point par produit correctement prononcé ; 2 points par produit contenant une nasale.
Exemple : On achète du pain. On achète du pain et un melon. Etc.

Activité 4
Une minute…
pour poser des questions à votre voisin(e) et connaître ses habitudes alimentaires.
Exemple : Tu manges des bananes ?
Oui, j'en mange beaucoup.

Mission

J'ai une idée… de soirée !
Julie veut organiser une soirée. Parmi ses invités, il y a des végétariens, des sportifs et des amateurs de musique. Elle demande à ses meilleurs amis de l'aider.

1. En groupes, établissez l'objectif et le programme de la fête (date, budget, type de sortie ou soirée, thème…).
2. Décidez du menu et du style de repas (traiteur, dîner participatif, chef, restaurant…)
3. Transmettez, à l'oral, les informations au groupe voisin, sous forme d'invitation. Tous remercient ; certains s'excusent de ne pas pouvoir venir.

vingt-neuf 29

Page de droite

LE MÉMO DES STRATÉGIES

Apprenez à apprendre !

→ Compréhension orale

Apprendre Unité 1, p. 26
Quand j'écoute un document, je pense à faire du lien avec ce que je connais déjà pour mieux comprendre.

Apprendre Unité 3, p. 54
Avant l'écoute, j'imagine déjà le contenu du document audio à l'aide des visuels, des questions posées ou du titre.

Apprendre Unité 4, p. 68
Je ne cherche pas à comprendre chaque mot. Je cherche à comprendre le sens global.

Apprendre Unité 7, p. 110
J'anticipe une réponse en repérant une question.
Par exemple, j'entends « Qu'est-ce que tu deviens ? », je sais que la réponse va porter sur le travail, la santé, la famille…

Apprendre Unité 6, p. 96
Je repère les voix pour comprendre les tours de parole dans un dialogue.

→ Expression orale

Apprendre Unité 2, p. 40
Quand vous engagez une conversation, pensez à sourire et à décroiser vos bras pour montrer que vous êtes ouvert(e) à la conversation.

Apprendre Unité 8, p. 124
Je respire, je garde mon calme. D'une voix posée, j'exprime mon mécontentement.

Apprendre Unité 5, p. 82
Quand vous encouragez quelqu'un, accentuez certains mots pour montrer votre confiance.
Je suis sûr(e) que ça va bien se passer !
Tu vas être su-per !

LE MÉMO DES STRATÉGIES

Compréhension écrite

Apprendre Unité 2, p. 41

Avant de lire, j'observe le contenu global du document et je nomme à voix haute : photo, chiffres, date, prix, lieux, prénoms ou noms, actions et message.

Apprendre Unité 3, p. 55

Avant de lire, je regarde toujours les informations suivantes : auteur, date, source.

Apprendre Unité 5, p. 83

Je repère les trois petits points (les points de suspension). Ils peuvent exprimer une hésitation, une complicité, une phrase interrompue ou une énumération. Pensez à les utiliser.

Expression écrite

Apprendre Unité 1, p. 27

Avant d'écrire, je fais un brouillon pour enrichir mes idées :
- J'écris quoi ?
- À qui ?
- Pour quelle occasion ?
- Comment ?

Apprendre Unité 4, p. 69

Quand j'écris des messages courts, je fais des phrases simples. Je fais attention à la structure de la phrase : sujet + verbe + complément.

Apprendre Unité 6, p. 97

Je choisis de lier les idées : *et, mais, car, puis...*

Apprendre Unité 7, p. 111

Avant d'écrire, je fais un brouillon : je classe mes idées, je choisis les temps à utiliser, je choisis les éléments à mettre en valeur (le contexte, les sentiments, les actions).

Apprendre Unité 8, p. 125

Avant d'écrire un commentaire ou une opinion, je fais la liste des choses à dire.

LE LAB' SAVOIRS & PRATIQUES

10 fiches pratiques

Fiche 1 | Organiser une séance de cours

1. Avant la séance, fixer des objectifs et choisir les bons outils

2. Pendant la séance, donner le rythme et accompagner l'apprentissage

3. Après la séance, relire ses objectifs de départ

La phrase à compléter

« **À la fin de la séance, les apprenants seront capables de...** »

- > **action(s) :** faire, dire, lire, écrire, exprimer, prononcer...
- > **contenu(s) :** lexical, phonétique, grammatical, communicatif, culturel...

Les outils à mettre en œuvre

- > **stratégies(s) :** surligner, relever le mot-clé, écouter le fond sonore...
- > **modalité(s) de travail :** seul, à deux, en groupe, ensemble
- > **systématisation :** le cahier d'exercices, des exercices complémentaires...

Exemple

- > **Présenter l'objectif principal** (1 minute)
- > **S'échauffer** pour entrer dans l'apprentissage avec plaisir (3 minutes)
- > **Échanger** sur le document (5 minutes)
- > **Exposer aux outils :**
  expliquer (5 minutes)
  s'exercer (10 minutes)
  vérifier (5 minutes)
- > **Faire une pause mentale et se détendre** (3 minutes)
- > **Se concentrer et produire** (15 minutes)
- > **Faire le point** (5 minutes)

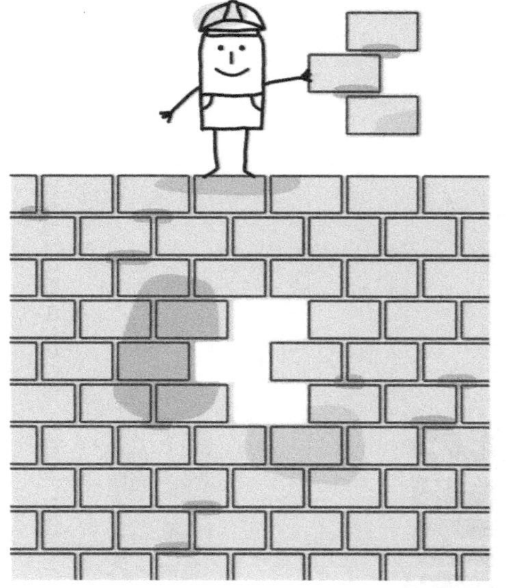

Note à soi-même

Je (me) rappelle l'objectif, je (me) montre qu'il est atteint et je (me) félicite !

Fiche 2 | Nourrir la dynamique de classe

1. Une dynamique, c'est une force…

Elle est source de :

- mouvement
- implication
- plaisir
- progrès

2. Un équilibre sensible…

Il dépend…

- de la COHESION : prenez le temps de vous connaître
- de L'IMPLICATION : Tous ensemble, on va plus loin !
- du RYTHME

3. En piste…

- Varier les groupes de travail
- Rester positif & encourager
- Partager son enthousiasme : *Le subjonctif, je le kiffe !*
- Partager des moments de rire
- Expliquer l'objectif final : *À la fin du cours, vous serez capables de…*
- S'engager dans l'activité
- Trouver un rythme commun
- Faire des pauses
- Proposer des défis contre la montre
- Varier les modalités de travail et les activités

Note à soi-même

L'enthousiasme est communicatif !

Fiche 3 | Agir par le verbe

le verbe

- est au cœur de la phrase
- est l'action
- se conjugue
- peut être complété par :
  - + un complément
  - + une proposition
  - + un infinitif
- peut changer de sens

Que dire sur le verbe en A2 ?

sujet +	**VERBE** +	complément
	Parle !	
Tu	parles	français ?
Tu	parles	français à qui ?
Je	parle	à ma mère.
Je	parle	de ma mère.
Je	fais	le ménage. (= nettoyer)
Je	fais	un gâteau. (= cuisiner)

Le complément change le sens de la phrase !
Le verbe peut avoir plusieurs sens.

Et quelles activités prévoir ?

- Faire un jeu de l'oie ou de dominos.
- Faire associer des étiquettes.
- Faire faire un « Jacques a dit... ».
- Écrire un verbe au tableau et jouer au jeu de la valise.
- Faire mettre ces phrases en contexte. (ex. : jeu de rôle)
- Faire écrire un petit poème avec un début de phrase :
  Je voudrais...
- Faire remplacer l'expression par un verbe synonyme.

Note à soi-même

Je vais m'exercer à mimer des verbes avec mes collègues dans la salle des professeurs.

Fiche 4 | Lire un texte en A2

1. Pour quelles raisons est-il recommandé de lire un texte long ?

- Apprendre à se concentrer
- Accepter de ne pas tout comprendre
- Découvrir un mot dans une phrase et une phrase dans un texte
- S'ouvrir à la culture
- Ressentir une émotion et la partager !

2. Des principes pour lire avec plaisir

Moi, enseignant, j'aime lire.

J'apporte un livre ou un journal et quand c'est la pause, je prends quelques minutes pour lire.

Je suis un modèle !

Moi, enseignant, j'aide les apprenants à…

- repérer la forme du document
- s'aider du contexte (source, titre, visuel, date…)
- ne pas chercher tous les mots dans le dictionnaire
- apprendre à reformuler
- imaginer
- faire des hypothèses

Je suis un guide !

Moi, enseignant, j'invite chaque apprenant à partager (à l'écrit ou à l'oral)…

- une phrase du texte
- une émotion
- son mot préféré
- un mot inconnu
- un doute
- sa vision d'un des personnages
- la suite de l'histoire…

Je suis un médiateur !

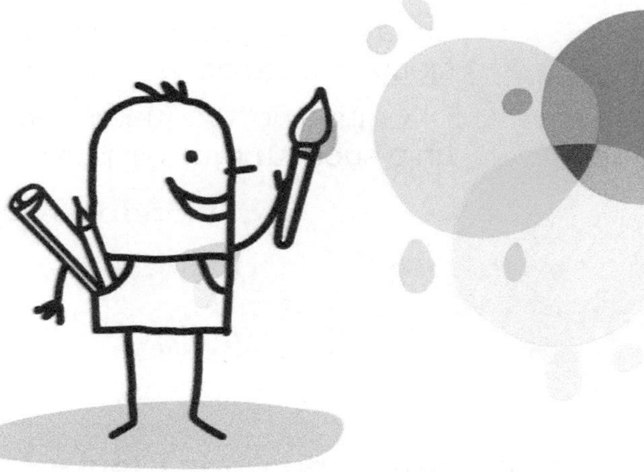

Note à soi-même

Lire apporte des couleurs à ma vie !

Aider l'apprenant-médiateur

1. L'apprenant est un SUPER médiateur (sans le savoir)

Il peut PRÉSENTER...
- à l'oral, les informations d'un document oral ou écrit
- à l'écrit, les points essentiels d'un document oral ou écrit
- ses connaissances antérieures

Il peut ORGANISER...
- un groupe
- un travail de groupe
- les modalités de groupe (temps, espace...)
- les rôles ou les tâches de chaque membre du groupe

Il peut MODÉRER...
- poser des questions
- aider les autres à développer leurs idées
- servir d'intermédiaire entre des personnes qui ne se comprennent pas.

2. Le SUPER enseignant accompagne le SUPER médiateur (sans le savoir)

- Il le nomme.
- Il lui présente une consigne claire et intéressante pour mobiliser tout un groupe.
- Il lui donne un rôle précis au sein d'un groupe de 4-6 personnes : présentateur / organisateur / médiateur.
- Il l'encourage et répond à ses questions.
- Il le félicite !

Note à soi-même

Je laisse faire les apprenants car je leur faire confiance.

Fiche 6 | Enseigner le lexique

1. Comment ?

On joue avec les mots !

> Un mot, c'est un ensemble d'éléments (un peu comme une constellation !)

préfixe + radical + suffixe
↓
un télescope
≠ contraire
↓
un microscope
= synonyme
↓
une lunette

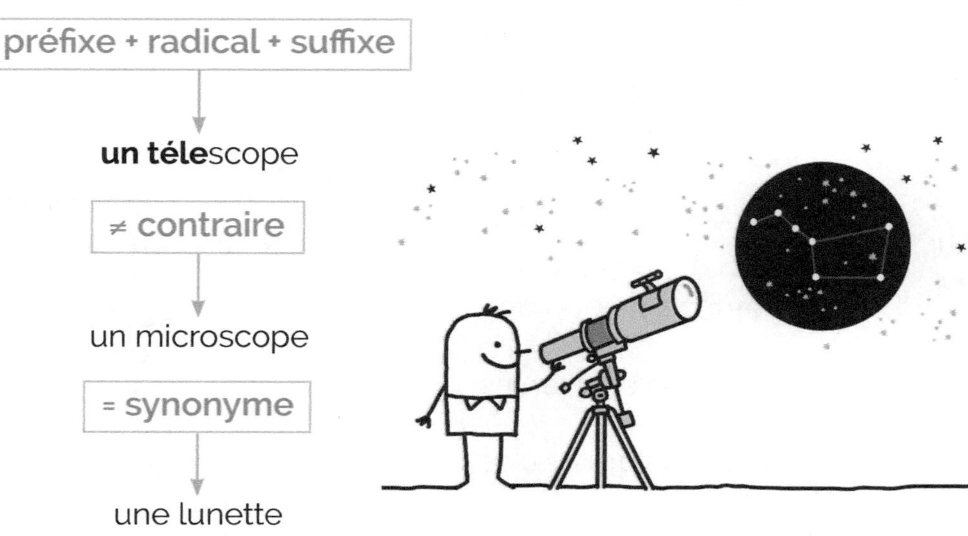

> Un mot appartient à une famille de mots.
télescopique, télescoper

> Un mot existe dans un contexte.
Il vient d'acheter ***un télescope*** *pour observer les étoiles.*
(sans connaître le mot, on peut deviner l'objet)

On retient les mots.

Pour aider à mémoriser, inviter à :

> écrire le mot (+ l'article pour un nom / + la préposition pour un verbe)
> contextualiser le mot
> écrire le mot dans une phrase proche de la réalité de l'apprenant
> répéter le mot
> mimer le mot
> illustrer le mot
> créer des mots images
> associer des mots par la couleur
> associer des mots par les sonorités
> identifier des moyens mnémotechniques (ex. : *toujours* prend toujours un « s »)
> retrouver le mot dans un groupe de mots, dans des expressions
> ...

Note à soi-même
Il faut oublier trois fois pour mémoriser une fois !

Fiche 7 | Composer le travail de groupe

1. Créer un groupe

- Créer au hasard (piocher des noms, associer des cartes...)
- Rassembler des compétences identiques
- Rassembler des compétences différentes
- Prendre en compte les affinités

2. Le groupe...

- définit les tâches en fonction de l'objectif
- se répartit les tâches
- surveille le temps
- apprend à s'écouter et échanger

3. L'enseignant...

- rappelle les objectifs
- indique le temps imparti à l'activité
- reste en retrait

4. Après l'activité, l'enseignant...

- débriefe sur l'activité
- présente des solutions
- remercie le groupe

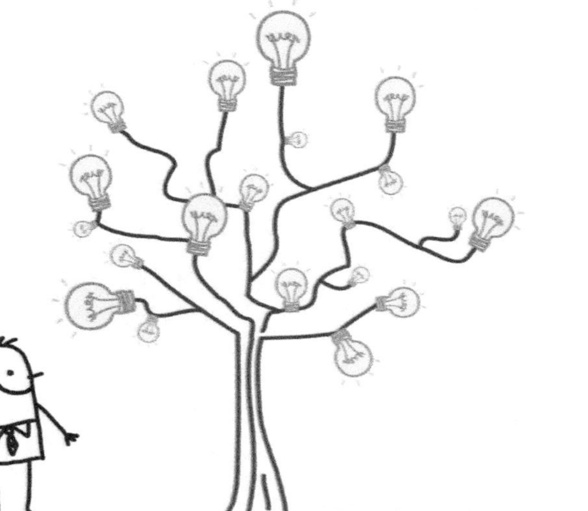

Note à soi-même

Un enseignant peut aussi faire partie d'un groupe !

Fiche 8 | Favoriser l'autonomie

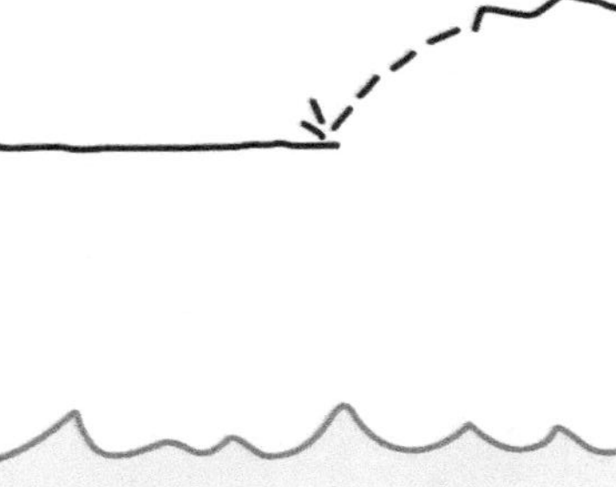

1. Rassurer et féliciter

- J'ai confiance en vous !
- Vous en êtes capables !
- Nous sommes une équipe !
- Au pire, ça marche !
- Féliciter
- Conseiller
  « Une prochaine fois, n'hésite pas … / tu peux aussi… »

2. Proposer des stratégies

- Moi, j'écoute avant de lire les questions.
- Moi, je lis d'abord les questions.
- Je repère les dates, les noms, les lieux.
- J'utilise des outils : dictionnaire, annexes du manuel, sites internet.

3. Proposer des méthodes de travail

- Illustrer le vocabulaire par un exemple
- Associer les verbes en fonction des conjugaisons
- Écrire les noms féminins en rouge
- Faire des cartes mentales…

4. Faire réfléchir au fonctionnement de la langue

- Observer
- Repérer
- Comparer
- Construire / Détruire
- Se poser des questions

Note à soi-même

*Si tu donnes un poisson à un homme,
il mangera un jour.
Si tu lui apprends à pêcher,
il mangera toujours.*

1. Quoi ?

- **La syntaxe :** surtout si je ne peux pas repérer une structure simple (sujet + verbe + complément)
- **La prononciation :** surtout si je ne comprends pas l'apprenant
- **Le lexique :** surtout si cela entrave le sens
- **La grammaire :** surtout si je viens de voir ce point en classe

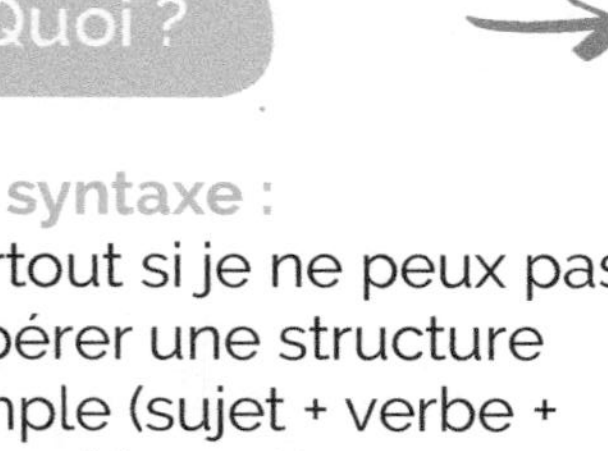

2. Quand ?

- Tout de suite, si l'apprenant a des difficultés à se faire comprendre
- Après la production pour ne pas gêner l'apprenant

J'adapte le moment de la correction en fonction de l'activité et de l'objectif.

3. Pourquoi ?

- Pour aider l'apprenant à repérer l'erreur
- Pour encourager l'auto-correction
- Pour stimuler la mémoire
- Pour ré-expliquer un point grammatical non stabilisé
- Pour enrichir le lexique
- Pour éviter les incompréhensions
- Pour répondre aux besoins réels de l'apprenant

Je dédramatise l'erreur et j'en fais profiter tout le monde.

4. Comment ?

- Relever l'erreur
- Remédier collectivement en classe
- Écrire les nouvelles expressions au tableau
- Proposer une correction orale ou écrite
- Utiliser les grilles d'évaluation du *CECR* p. 28

Celui qui ne fait pas d'erreur, n'apprend pas.

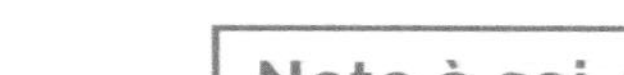

Note à soi-même

Je maintiens une classe bienveillante et positive !

Fiche 10 | Adopter le téléphone portable en classe

Le portable : gêne ou opportunité ?

Un outil

- simuler une conversation ou un achat lors d'un jeu de rôle
- chercher une information ou écouter des chansons sur Internet
- avoir accès aux activités flashables en ligne
- intégrer la réalité augmentée dans la classe
- proposer un kahoot de révision ou d'échauffement
- s'enregistrer et envoyer son fichier
- filmer un groupe
- faire des selfies à partager
- utiliser des appli pour apprendre
- initier des créations collectives comme des romans virtuels ...

Un prétexte

- rédiger un règlement pour la classe
- travailler la rédaction des SMS ou sur une messagerie
- créer un réseau ou un forum pour la classe
- lire des ebooks ou écouter des audiolivres
- écouter des podcasts
- réaliser des jeux de pistes avec googlemaps
- créer des posters
- visiter des expositions virtuelles
- créer des jeux de pistes ou chasses aux énigmes avec google street view
- créer un google card board, masque en carton, insérer dans le masque un smartphone et ouvrir une application Google Cardboard ou VR (virtual reality) pour faire créer des réalités virtuelles aux apprenants.

Une source de discussion

- Vous en pensez quoi ?
- Vous l'utilisez pour faire quand ? Pourquoi ?
- Vous pouvez vous en passer ?
- Qu'est-ce qu'on en fait en classe ?
- Ça vous gêne ou ça vous aide ?
- Que pensez-vous de la réalité virtuelle ?
- Pouvez-vous vivre sans téléphone ?

...

Note à soi-même

Je transforme les problèmes en solutions.

UNITÉ 0

Agir

PROCHAIN ARRÊT NOUVEAU DÉPART

OBJECTIFS

❶ Comprendre des annonces
❷ Demander un renseignement
❸ Entrer en contact

Grammaire

RÉVISIONS

- Le passé récent
- Le futur proche
- Les pronoms interrogatifs *où, qui, quoi, comment, quand, pourquoi*
- Le pronom *on*

CONJUGAISON

Voyager

Lexique

- La gare et son environnement
- Voyager
- Se repérer
- Les noms masculins et féminins

Phonétique

Culture

- La gare du Nord

p. 12-13

PROCHAIN ARRÊT

LA MINUTE PÉDAGOGIQUE

Prendre le train du niveau A2, c'est se retrouver dans un même contexte (ici, la gare) pour réaliser ensemble des activités coopératives. Bon voyage !

PRÉPARER SA CLASSE

Disposer les tables et les chaises en U ou créer des îlots pour favoriser la communication entre les apprenants. Si possible, apporter des objets qui peuvent évoquer la gare (billets de train, sifflet...).

Titre de l'unité

- Au tableau, écrire *Prochain arrêt.*
- Demander aux apprenants où on peut entendre cette phrase (dans un train, dans un bus, dans un tram...).
- Dire aux apprenants « Votre prochain arrêt en langue française ? C'est A2 ! ».

page 12

⌛ 10 minutes

Où ?

- Projeter ou montrer l'image de la gare.
- Lire « où ? », puis le descriptif de la situation.
- Demander aux apprenants de trouver les indices sur l'image.
- Si l'image est projetée, inviter les apprenants à se retrouver autour du tableau et à montrer spontanément les indices qu'ils repèrent.
- Valider et expliquer le sens des indices au fur et à mesure.
- Lire l'encadré « Où ? ». Demander aux apprenants de montrer les lieux sur l'image ou de les expliquer.
- Inviter les apprenants à compléter la liste des lieux (ajouter : *un train, un point d'information, un lieu de rendez-vous...*).

Corrigé : On voit le nom du café « L'Étoile du Nord ». Le panneau des départs indique des départs pour Lille, Bruxelles, Calais... Il y a une voie pour prendre l'Eurostar. Un des panneaux indique « Réseau Île-de-France ». Il y a un train Thalys.

#culture

La gare du Nord est une gare parisienne qui dessert le nord de la France, la Belgique (par le Thalys), les Pays-Bas, la Grande-Bretagne (par l'Eurostar) et l'Allemagne.
Le TGV (train à grande vitesse) est un train français pouvant atteindre plus de 500 km/h mais dont la vitesse réelle est généralement de 300 km/h. Il a été mis en service en 1981 avant d'être exporté à l'étranger.

page 12

⌛ 10 minutes

Qui ?

- Lire « Qui ? » puis le descriptif de Paul.
- Si l'image est projetée, demander aux apprenants de montrer le personnage sur l'image.
- Relire la description en montrant les éléments pour corriger.
- Lire l'encadré « Qui ? » et demander aux apprenants de montrer les personnages sur l'image ou d'expliquer.
- Inviter les apprenants à compléter la liste des personnages (ajouter : *un accompagnateur, un guide...*).

Corrigé :

Demander à un apprenant de montrer des personnages et laisser les autres les nommer (*agent, passager*...).
Demander à un apprenant de décrire la tenue d'un personnage et laisser les autres le retrouver.

page 12

⌛ 5 minutes

Quoi ?

- Lire « Quoi ? » puis, « un distributeur ». Dire « Il y a quatre distributeurs. Ils sont où ? ».
- Si les apprenants ne comprennent pas le mot, les inciter à se concentrer sur le chiffre « 4 » plutôt que de se bloquer sur le mot.
- Corriger en montrant le symbole du distributeur pour expliquer le mot.
- Lire l'encadré « Quoi ? » et inviter les apprenants à montrer les objets sur l'image.
- Inviter les apprenants à compléter la liste des objets (ajouter : *une valise, un sac à dos*...).

Corrigé :

page 12

⌛ 5 minutes

Bonne pratique
Je donne des repères culturels aux apprenants en leur faisant relever les couleurs, les habitudes...

Pourquoi ?

- Lire « Pourquoi ? » puis montrer la femme qui insère son billet dans une machine.
- Demander « Pourquoi elle fait ça ? » avec un air interrogateur.
- Laisser les apprenants faire des propositions. S'ils hésitent, lire l'encadré « Pourquoi » et laisser les apprenants choisir l'expression appropriée.
- Corriger. Expliquer qu'en France, il faut composter son billet avant de monter dans le train. Montrer que la machine est à l'entrée sur le quai et faire remarquer sa couleur jaune.

Corrigé : Elle met son billet dans la machine pour le composter.

page 12

⌛ 5 minutes

Comment ?

- Lire la consigne puis demander aux apprenants de montrer le voyageur sur l'image.
- Si les étudiants hésitent, faire semblant de regarder sa montre et d'être en retard.
- Corriger et expliquer « Il est pressé, il est en retard. Il va manquer son train. »

Corrigé :

page 12

⌛ 5 minutes

Quelles informations ?

- Lire la question et écrire les mots-clés au tableau *Bruxelles : heure ? voie ?*
- Laisser quelques minutes aux apprenants pour répondre.
- Corriger en montrant la réponse sur le tableau d'affichage.

Corrigé : 10 h 27, voie E.

page 12-13

⌛ 10 minutes

> **Bonne pratique**
> Je montre aux apprenants l'importance de mémoriser des expressions plutôt que des mots seuls.

Encadrés lexicaux

- Montrer les encadrés et les points de suspension. Demander aux apprenants de proposer des mots ou des expressions.
- Les écrire ensemble dans les encadrés appropriés.
- Demander aux apprenants « Qu'est-ce qu'on peut faire dans cette gare ? ».
- Les laisser répondre et les inviter à donner le maximum de détails. Si nécessaire, montrer l'encadré « Pourquoi ? » pour aider les apprenants à s'exprimer.

Propositions de corrigé :

Encadré « Où ? » : un centre d'informations, un lieu de rendez-vous, un café…
Encadré « Qui ? » : un employé, un serveur, un vendeur…
Encadré « Quoi ? » : une horloge, un numéro de voie, un billet, un banc, un TGV…
Encadré « Pourquoi ? » : donner rendez-vous, trouver la voie…
Encadré « Comment ? » : être à l'heure, s'ennuyer, être fatigué, être perdu…
Encadré « Quelles informations ? » : l'heure de départ, l'heure d'arrivée, la voiture, le numéro de siège…

Dans cette gare, on peut :
- acheter un billet au distributeur,
- échanger son billet au guichet,
- monter dans un train ou descendre d'un train,
- attendre des voyageurs ou attendre son train,
- composter son billet,
- demander des renseignements au contrôleur.

p. 14-15

NOUVEAU DÉPART

PRÉPARER SA CLASSE

Les apprenants sont issus de contextes d'apprentissage différents. Ensemble, on révise quelques éléments du niveau A1 (questions, futur proche, passé récent) pour prendre un nouveau départ !

page 14

⌛ 10 minutes

Activité 1

- Montrer l'image. Montrer l'un des personnages et dire « C'est Paul. Il attend Victor. »
- Montrer le deuxième personnage et dire « C'est un voyageur. Il s'assoit à côté de Paul. »
- Montrer les deux personnages et dire « Ils discutent. »
- Au tableau, écrire les interrogatifs et demander « Le voyageur pose quelles questions ? ».
- Laisser les apprenants faire des propositions de questions à l'oral. Les écrire au tableau.

Proposition de corrigé :

Vous allez où ?
Vous attendez qui ?
Votre ami arrive quand ?
Il porte quoi ?
Vous vous sentez comment ?
Pourquoi vous n'allez pas sur le quai ?

Constituer des binômes, de préférence qui ne se connaissent pas. Dans chaque binôme, décider qui est Paul et qui est Victor. Demander aux apprenants de jouer la conversation entre les deux personnages.

page 14

⌛ 10 minutes

Activité 2

a.

- Montrer l'image et dire « Le train de Victor est en retard » en montrant sa montre.
- Demander « Quel est le train de Victor ? Écoutez », puis faire écouter une première fois le document.
- Laisser les apprenants proposer une réponse et corriger en soulignant les indices : *provenance – retard de 15 minutes.*

b.

- Au tableau, dessiner trois colonnes : numéro du train, horaire, provenance/destination.
- Faire écouter les annonces et laisser les apprenants compléter le tableau.
- Si nécessaire, proposer une écoute supplémentaire.

Au tableau !

annonce	numéro du train	horaire	provenance	destination
a				
b				
c				
d				

c. d.

- Lire la question **c.** en insistant sur « bientôt ».
- Lire la question **d.** en insistant sur « vient de partir ».
- Faire écouter de nouveau et corriger.

Corrigé : **a.** C'est le train 9521.

b.

annonce	numéro du train	horaire	provenance	destination
a	6224		Lille-Europe	
b	9035	14h13		Londres
c	9521		Bruxelles-Midi	
d	2803		Arras	

c. Les trains 2803 et 6224 vont bientôt entrer en gare.

d. Le train 9035 vient de partir.

Piste 2

a. Le train 6224 en provenance de Lille-Europe va entrer en gare, voie 6.

b. Madame, Monsieur, votre attention, s'il vous plaît. Le train 9035 à destination de Londres, départ 14 h 13, va partir. Éloignez-vous de la bordure du quai !

c. Madame, Monsieur, votre attention, s'il vous plaît. Le train 9521 en provenance de Bruxelles-Midi est annoncé avec un retard de 15 minutes.

d. Madame, Monsieur, attention, s'il vous plaît. Le TGV 2803 en provenance d'Arras va entrer en gare, voie 13. Éloignez-vous de la bordure du quai !

page 14

10 minutes

Activité 3

- Rappeler « Le train de Victor est en retard de 15 minutes. »
- Montrer l'histoire et dire « On attend le train. On va lire. »
- Laisser quelques minutes aux apprenants pour lire l'extrait de roman, puis demander « C'était bien ? Vous aimez lire ? ».
- Demander aux apprenants de relever les verbes au futur proche. Si nécessaire, rappeler la construction du futur proche (*aller* + infinitif).
- Corriger en faisant la liste des verbes au futur proche au tableau.
- Demander quel autre temps est utilisé dans le texte (le présent).
- Montrer la ligne de chemin de fer et la flèche.
- Au tableau, écrire : *présent, futur proche, passé récent*.
- Demander aux apprenants de placer les temps sur la ligne de chemin de fer, puis corriger. Pour s'assurer de la compréhension, ajouter ensemble des mots qui peuvent être associés à chaque temps (futur proche : *bientôt, dans 15 minutes* – passé récent : *juste avant, il y a 2 minutes* – présent : *maintenant, aujourd'hui*).

Corrigé : Verbes du texte au futur proche : il va vivre – il va rencontrer – deux sœurs qui vont l'inviter – il va trouver – il va sortir.

Ligne du temps :

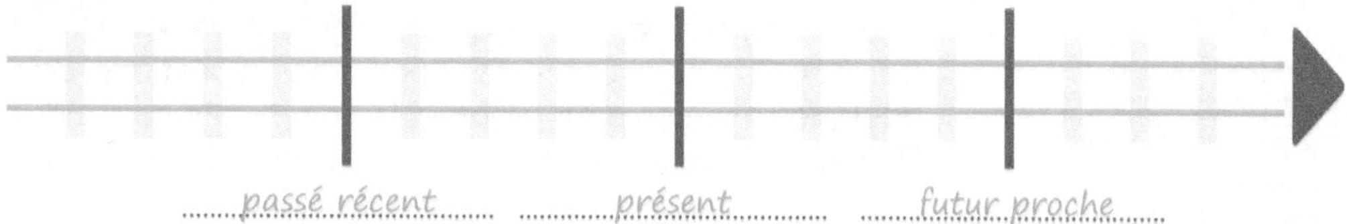

passé récent .... présent .... futur proche

page 15

15 minutes

Activité 4

a.

- Montrer les deux personnages et dire « Victor est arrivé. » puis « Écoutez ses questions. » et faire écouter le document une première fois.
- Au tableau, écrire *on = ?* et demander « qui est "on" » ?. Laisser les apprenants répondre oralement et corriger.

b.

- Dire « Répondez aux questions ». Faire écouter le document de nouveau avec des pauses pour laisser le temps aux apprenants d'écrire une réponse.
- Corriger en écrivant quelques réponses au tableau.

Corrigé : a. on = Victor + Paul. – **b.** On va chez moi. On va poser ta valise et boire quelque chose. On retrouve les autres à 19 h.

c.
- Prononcer « on » et rappeler que pour le prononcer, la bouche a la forme du « o » et le son est nasalisé.
- Laisser les apprenants répéter le son plusieurs fois.

d.
- Constituer des binômes.
- Montrer de nouveau l'image avec les deux personnages. Puis, donner un rôle à chaque apprenant.
- Demander aux apprenants de jouer la scène.
- Demander à deux volontaires de présenter la scène devant la classe. Reproduire un hall de gare en plaçant une chaise pour « Paul ».

Attribuer des personnages différents à chaque binôme (une grand-mère et son petit-fils, un Français et son correspondant anglais, ...) puis leur demander de jouer la scène de rencontre. Laisser les étudiants spectateurs retrouver qui sont les personnages.

Proposition de corrigé :
- Salut Victor, ça va ? Tu as fait un bon voyage ?
- Oui, super !
- Tu n'es pas trop fatigué ?
- Non, j'ai dormi dans le train. Bon, on va où ?
- D'abord, on va chez moi. On va poser ta valise.
- Ok, et après, on fait quoi ?
- Simon va nous rejoindre et on va boire quelque chose.
- À quelle heure on retrouve les autres ?
- On les retrouve à 19 h devant la tour Eiffel et après, on sort !

Piste 3
- Alors, on va où ?
- On fait quoi ?
- Et à quelle heure est-ce qu'on retrouve les autres ?

page 15

⏳ 10 minutes

Bonne pratique
Quand la classe ne se connaît pas encore, je n'oblige pas les apprenants à prendre la parole devant la classe. Je leur laisse le temps de s'habituer à l'ambiance de classe.

Activité 5

- Montrer l'image de la page 12-13 et montrer le guichet.
- Expliquer la situation « Victor repart dans deux jours. Il n'a pas acheté son billet de train. »
- Constituer des binômes et laisser les apprenants choisir un rôle (Victor – l'agent).
- Lire les points **a.**, **b.**, **c**. Expliquer « trajet = voyage ».
- Demander aux apprenants d'écrire les questions de Victor. Puis leur laisser quelques minutes pour préparer la conversation.
- Demander à deux volontaires de présenter la scène devant la classe.

Proposition de corrigé :
- Bonjour, je voudrais des renseignements sur les trains pour Bruxelles.
- Oui, pour quel jour ?
- Dans deux jours. Il y a des trains à quelle heure ?
- Alors, il y a un train toutes les heures à partir de 6 h 08.
- D'accord, et le trajet dure combien de temps ?
- Environ 1 h 30.
- Et combien coûte le billet ?
- Alors en deuxième classe, le train de 6 h 08, c'est 55 euros. Pour les autres, c'est 99 euros.
- D'accord. Merci.

page 15

⌛ 5 minutes

Voyager

- Demander aux apprenants de lire et compléter la conjugaison.
- Corriger en lisant les conjugaisons et en faisant répéter les apprenants.
- Insister sur la présence du « e » pour « nous voyageons » et expliquer qu'il est nécessaire pour des raisons de prononciation. Rappeler que « manger » se conjugue de la même manière.

Corrigé : Je voyage – tu voyages – il/elle/on voyage – nous voyageons – vous voyagez – ils/elles voyagent.

page 15

⌛ 15 minutes

Activité 6

Question 1 :
- Montrer le symbole « écrit ».
- Lire la situation. Au tableau, écrire : *Bruxelles*.
- Demander aux apprenants quels lieux et activités ils connaissent à Bruxelles et les écrire au tableau.
- Dessiner un tableau pour indiquer les informations.

Au tableau !

Lieux	Activités	Dates	Heures d'arrivée et de départ
l'Atomium	admirer le panorama		
le musée de la BD	lire une BD		
Manneken-Pis	prendre des photos		
Grand Place	prendre un café		

- Laisser les apprenants compléter le tableau, puis leur demander d'écrire un texte en utilisant les informations.
- Lorsque les apprenants ont fini, leur demander de relire leur texte pour vérifier la conjugaison des verbes au futur proche.
- Ramasser pour corriger.

Question 2 :
- Montrer la ligne de chemin de fer.
- Montrer que d'un côté, il y a un mot masculin qui termine par « -ment » et de l'autre, un mot féminin qui termine par « -tion ».
- Ajouter *un appartement* à côté du mot *renseignement* pour montrer que les mots qui se terminent par « -ment » sont masculins. Ajouter *information* du côté féminin.
- Montrer les encadrés des pages 12 et 13 et demander aux apprenants de retrouver des régularités. Les ajouter au fur et à mesure sur le chemin de fer.

Proposition de corrigé :
Question 1 : Je vais arriver par le train, à la gare de Bruxelles-Midi lundi à 20 h 30. Mardi matin à 10 h, je vais aller à l'Atomium. Je vais visiter et admirer le panorama sur la ville. À midi, je vais aller sur la Grand Place. Je vais prendre un café et je vais attendre Marie. Ensuite, nous allons déjeuner. À 14 h, nous allons faire une visite guidée et nous allons prendre des photos du Manneken-Pis. Mercredi à 9 h, je vais aller au musée de la BD. Je vais le visiter jusqu'à 11 h et après je vais lire une BD dans la salle de lecture. Je repars mercredi à 17 h.

Question 2 :
Masculin : un renseigne**ment** – un voyag**eur** – un contrôl**eur** – un conduct**eur** – un distribut**eur** – un bill**et** – un guich**et**.
Féminin : une destinat**ion** – une correspond**ance** – une proven**ance** – une cons**igne**.

UNITÉ 1

J'ai une idée !

Agir

OBJECTIFS

❶ Fêter un événement
❷ Planifier un repas
❸ Organiser une soirée

ATELIERS D'EXPRESSION

- S'excuser
- Remercier par mail

Coopérer

PROJET CULTUREL

Imaginer un festival culinaire

 **MISSION**

J'ai une idée... de soirée !

Apprendre

STRATÉGIES *p. 26-27*

S'EXERCER *p. 24, 25, 29, 139*

ÉVALUATION

- Bilan linguistique ***Cahier*, p. 12-13**
- Préparation au DELF ***Cahier*, p. 14-15**

Grammaire

- Les pronoms directs *le, la, les, me, te, nous, vous*
- La quantité avec le pronom *en*
- Le futur simple

CONJUGAISON

Nettoyer

Lexique

- La nourriture
- La quantité
- Des événements
- Des lieux d'événements
- Organiser un événement

Phonétique

- Le « e » muet
- Les voyelles nasales

Culture

- Les fêtes de fin d'année dans le monde
- Extrait de : *Après la pluie, le beau temps*, de Laure Mi Huyn Croset

Refugee Food Festival
Campagne publicitaire

p. 16-17

OUVERTURE DE L'UNITÉ

page 16
⏳ 5 minutes

Titre de l'unité

- Lire le titre « J'ai une idée ! » avec une intonation enthousiaste et pointer sa tête avec le doigt.
- Inviter les apprenants à marcher dans la classe en réfléchissant puis, à faire un geste et s'exclamer « J'ai une idée ! ».

page 16
⏳ 5 minutes

Illustration

- Montrer l'image. Demander aux apprenants « Qu'est-ce que vous voyez ? » et les laisser décrire l'image (on voit des ballons rouges, oranges, jaunes..., un téléphone, un bras qui se lève).
- Demander « Quelle est l'idée ? ». Si les apprenants ne savent pas quoi répondre, faire des propositions (acheter des ballons, acheter un téléphone...).
- Pour conclure l'activité, demander « On fait une fête ? ».

Proposition de corrigé : À mon avis, l'idée est de faire la fête.

p. 18-19

SITUATION 1 Fêter un événement

LA MINUTE PÉDAGOGIQUE

Faire la fête, c'est positif ! Commencer le niveau A2 en créant un calendrier des événements à fêter participe à la bonne humeur de la classe. L'enseignant doit porter cette dynamique. Cela commence aussi par la consigne à donner.

PRÉPARER SA CLASSE

Apporter des feuilles grand format et des feutres de couleur pour l'activité 1.

page 18
⏳ 15 minutes

Activité 1

a

- Lire le titre « Fêter un événement ».
- Montrer les images du document 1. Demander aux apprenants « Qu'est-ce qu'on fête ? Quels sont les événements ? » (le 14 Juillet : la fête nationale, un anniversaire, un mariage, Noël, une soirée entre amis, la Saint-Sylvestre). En cas d'hésitation, faire relever des indices (les drapeaux, les vêtements, les cotillons...).
- Constituer des groupes et lire la question « Quand est-ce que vous faites la fête ? » et laisser les apprenants échanger. Les encourager à donner quelques détails (« Avec qui vous faites la fête ? Qu'est-ce que vous aimez faire ?... »).

Proposition de corrigé : Je fais la fête pour les anniversaires, à Noël et au jour de l'An.

b

- Conserver les groupes constitués pour le moment de l'échange. Écrire *calendrier annuel* au tableau et demander aux apprenants s'ils comprennent le mot *calendrier*. S'ils ne comprennent pas, expliquer le mot et montrer un calendrier.
- Demander aux apprenants de faire une liste des mois de l'année et des événements importants pour eux pour chaque mois.
- Distribuer une grande feuille et demander à chaque groupe de rédiger son calendrier.
- Afficher les calendriers dans la classe.

Proposition de corrigé : Janvier : 1er janvier, Février : carnaval , Saint-Valentin, Mars : Journée internationale des femmes, le printemps, Avril : 1er avril, Mai : fête du travail, fête des mères, Juin : remise des diplômes, fête des pères, fête de la musique, Juillet : début des vacances d'été, fête nationale, Août : journée du chat, Septembre : rentrée des classes, fête de la gastronomie, Octobre : Halloween, Novembre : Armistice, Beaujolais nouveau, Décembre : Noël.

Constituer 12 groupes et demander à chaque groupe de faire la liste des événements pour un mois de l'année sur une feuille (ou constituer moins de groupes et attribuer plusieurs mois à chaque groupe). Leur demander d'illustrer les événements. Afficher toutes les feuilles dans la classe ou dans un lieu commun pour constituer le calendrier.

Bonne pratique
J'explique la consigne étape par étape. J'explique d'abord les mots-clés, je m'appuie sur les images, puis j'explique ce qui est attendu.

#culture

Quelques fêtes en France

Pour le 1er janvier, la Saint-Sylvestre, les Français se rassemblent entre amis ou en famille pour un dîner et une soirée festive. À minuit, ils se souhaitent la bonne année et boivent du champagne. **Le 1er avril** est le jour des blagues. Les enfants collent des poissons en papier dans le dos des personnes qu'ils rencontrent. Les personnes disent des blagues et se jouent des tours.

page 18

⌛ 10 minutes

ⓐ

- Annoncer que vous allez écouter un document.
- Faire écouter une première fois le document sans lire les questions.
- Lire les questions et demander aux apprenants à quelles questions ils peuvent déjà répondre.
- Pour la question **a**, insister sur les relations entre les personnes et écrire les prénoms au tableau.
- Si toutes les informations n'ont pas été entendues, demander aux apprenants de relever les mots-clés des questions et faire écouter de nouveau le document. Corriger.

Corrigé : a. Trois personnes téléphonent. **b.** Ce sont des frères et sœurs (Marie, Victoire et Benoît). **c.** Elles s'appellent pour choisir le cadeau pour l'anniversaire de leur mère. **d.** Elles vont aller au restaurant, acheter un bouquet et offrir un cadeau. **e.** Victoire s'occupe de réserver le restaurant et d'acheter le bouquet. Marie s'occupe du cadeau.

Piste 4

– Salut Marie, c'est Victoire. Je t'appelle pour l'anniversaire de maman. Je propose de réserver un resto et d'acheter un bouquet de fleurs. Tu peux t'occuper du cadeau ? Tu devrais appeler Benoît : il a toujours des idées. Je t'embrasse.
– Salut Benoît, c'est Marie. Je t'appelle pour l'anniversaire de maman. J'hésite entre un parfum, un bijou, un sac ou encore un foulard. Tu peux me conseiller ?
– Salut Marie, c'est Benoît. Surtout, n'achète pas de parfum ! Tu la connais... Elle est très difficile ! Et pourquoi pas un voyage ? C'est quand même ses 70 ans, cette année. On se rappelle ! Bisous.

- Montrer le document 3 et lire le titre « Top 10 des cadeaux pour femme ». Expliquer l'expression « top » et lire le nom des objets.
- Lire les questions **a.**, **b.** et **c.** et proposer une autre écoute du document 2.
- Corriger, puis écouter de nouveau le document en lisant la transcription (voir ci-dessus).

Corrigé : a. La femme propose un bijou, un parfum, un sac à main et un foulard. **b.** L'homme propose un voyage. **c.** La maman a 70 ans.

page 18

⌛ 10 minutes

Activité 3

- Lire les infinitifs et les deux propositions. Expliquer aux apprenants qu'ils doivent associer les verbes au complément.
- Faire écouter le document 2 et laisser les apprenants associer.
- Corriger en relevant les phrases (*Je t'appelle, n'achète pas de parfum, je t'embrasse...*).

Corrigé : rappeler quelqu'un – réserver quelque chose – acheter quelque chose – embrasser quelqu'un – conseiller quelqu'un

> cahier
Activité 3, p. 5

page 18

⌛ 10 minutes

Activité 4

- Projeter ou écrire les phrases au tableau.
- Demander aux apprenants de lire les phrases silencieusement.
- Écrire la lettre « *e* » au tableau. Demander aux apprenants d'écouter et d'indiquer s'ils entendent ou non les « e » soulignés.
- Corriger. Écouter de nouveau et faire répéter les phrases.

Au tableau !

L'anniversaire de maman

de (j'entends / je prononce)

de (je n'entends pas / je ne prononce pas)

Corrigé : **a.** Oui. **b.** Non **c.** Non **d.** Non

Piste 5

Écoutez. Vous entendez le « e » souligné ?
a. L'anniversaire de maman.
b. Tu devrais appeler maman !
c. Tu peux me conseiller ?
d. On se rappelle.

- Au tableau, écrire *Il me rappelle* et *Tu me rappelles*. Entourer le « e » du pronom « me ». Souligner les consonnes qui précèdent et la consonne qui suit le « e ».
- Montrer que le « u » de « Tu » permet de ne pas prononcer le « e » du pronom « me ». Montrer que dans l'autre phrase, « me » est précédé d'une consonne.
- Si nécessaire, faire la comparaison avec « l'anniversaire de maman » et « tu peux me conseiller ».
- Faire associer les situations aux propositions et corriger.

Au tableau !

Il me rappelle.	L'anniversaire de maman
Tu me rappelles.	Tu peux me conseiller.

Corrigé : **a.** 2 consonnes prononcées + « e » + consonne – « e » prononcé **b.** 1 consonne prononcée + « e » + consonne – « e » muet

Piste 6

Écoutez et réfléchissez.
a. Il me rappelle.
b. Tu me rappelles.

- Montrer le document 3. Demander aux apprenants de lire le nom des objets, de retrouver deux mots avec un « e » non prononcé (x).
- Corriger en lisant les mots à voix haute.

Corrigé : un vêtement – un bouquet de fleurs

> cahier
Activité 4, p. 5

page 18

⌛ 10 minutes

Activité 5

- Montrer le document 3 et demander aux apprenants s'ils sont d'accord ou non avec les cadeaux proposés. Demander aux femmes si elles aimeraient recevoir ces cadeaux. Demander aux hommes s'ils voudraient offrir ces cadeaux à leur femme, leur mère, leur sœur…
- Constituer des groupes et demander aux apprenants de constituer le « top 10 des cadeaux pour homme ».
- Demander à chaque groupe de présenter son top 10 et comparer les propositions.

Proposition de corrigé : **1.** Une montre **2.** Un saut en parachute **3.** Une sortie en Formule 1 **4.** Un parfum **5.** Un sac de sport **6.** Une cravate **7.** Un vêtement **8.** Une casquette **9.** Des baskets **10.** Un abonnement à une revue

> cahier
Activité 5, p. 5

\+ +

Constituer des groupes. Demander à chaque groupe de compléter la phrase « Top 10 des cadeaux pour… » (un enfant, mon chien, mon professeur…). Leur demander de trouver les cadeaux les plus intéressants ou drôles ou laisser les apprenants faire un sondage dans la classe, puis mettre leurs résultats en commun pour réaliser le top 10.

page 18

⌛ 5 minutes

Activité 6

- Montrer l'image et demander aux apprenants de la décrire (un gâteau, une bougie, un anniversaire).
- Lire les propositions et demander aux apprenants ce qu'ils aiment pour leur anniversaire. Les inciter à faire d'autres propositions.
- Demander « Et pour votre prochain anniversaire ? Qu'est-ce que vous voulez faire ? Qu'est-ce que vous voulez changer dans votre vie ? ».
- Inciter les apprenants à formuler le maximum de propositions.

Proposition de corrigé : Pour mon anniversaire, j'aime faire un pique-nique. Pour mon prochain anniversaire, je voudrais sourire à toutes les personnes que je rencontre.

Choisir un étudiant de la classe ou une personne connue de toute la classe et dire « C'est l'anniversaire de Stéphane ! » Demander aux apprenants de choisir un cadeau pour la personne. Pour compliquer la tâche, ajouter des contraintes (budget à respecter, cadeau recyclable, utile, drôle…).

page 19

⌛ 10 minutes

Activité 7

ⓐ

- Montrer le document 4 et laisser quelques minutes aux apprenants pour le regarder et le lire.
- Montrer la fiche d'informations et demander aux apprenants de la compléter.
- Corriger en montrant les informations sur le document. Réexpliquer les mots *événement* (= concert, spectacle, exposition…) et *organisateur* (= personne qui prépare l'événement).

Corrigé :

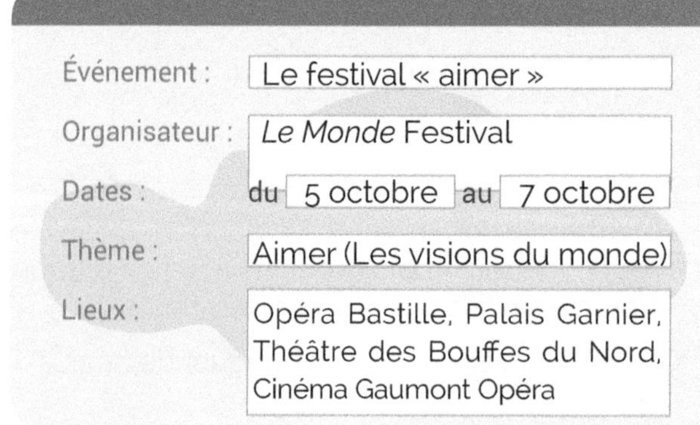

Événement : Le festival « aimer »
Organisateur : *Le Monde* Festival
Dates : du 5 octobre au 7 octobre
Thème : Aimer (Les visions du monde)
Lieux : Opéra Bastille, Palais Garnier, Théâtre des Bouffes du Nord, Cinéma Gaumont Opéra

- Lire les trois propositions et demander aux apprenants de choisir si elles sont vraies ou fausses.
- Corriger en montrant les informations sur le document.

Corrigé : **a.** Faux. C'est la cinquième édition. **b.** Faux. Il y a aussi des spectacles, des rencontres et des ateliers. **c.** Faux. Il y a des échanges avec le public.

#culture

« *Le Monde* Festival » est un festival organisé par le journal *Le Monde* depuis 2014. Chaque année, il rassemble des artistes et des conférenciers autour d'un thème afin d'aider les participants à comprendre le monde à venir d'un point de vue culturel, économique, social... Le festival « aimer » a eu lieu en 2018. Des thèmes comme l'intelligence artificielle et les émotions, les saveurs de demain ou « aimer, travailler, bien vivre jusqu'à pas d'âge » y ont été abordés.

page 19

10 minutes

La famille de mots

- Écrire le mot *festival* au tableau. Ajouter *une fête* et *fêter* et demander aux apprenants si ces mots sont de la même famille (est-ce qu'ils ont la même origine ?).
- Demander aux apprenants de rechercher trois mots de la même famille que « an » dans tous les documents de la double page.
- Corriger en montrant les similitudes entre les mots.

Corrigé : Vrai. « an » : « anniversaire » (activité 6) , « calendrier annuel » (activité 1) , « année » (document 2).

> cahier
Activité 7, p. 5

Dans certains mots, le « s » placé devant un « t » s'est transformé en accent circonflexe avec l'évolution de la langue. Montrer cette transformation entre le mot « festival » et « fête ». Demander aux apprenants s'ils connaissent d'autres mots qui ont subi cette transformation et faire le parallèle avec d'autres langues (*hospital* en anglais, *hôpital* en français).

page 19

10 minutes

Grammaire : Les pronoms directs

- Écrire les phrases au tableau. Montrer les pronoms et demander quels mots ils remplacent. S'appuyer sur l'exemple. Si nécessaire, relire la transcription du document 2 (piste 4) pour retrouver les noms qui ont été remplacés.
- Compléter ensemble la partie « Réfléchissez » et montrer que pour remplacer des choses, il y a seulement trois pronoms.
- Demander aux apprenants d'utiliser les pronoms dans la partie « Appliquez ».
- Corriger. Reprendre les verbes de l'activité 3 et, pour chacun, demander aux apprenants quels pronoms peuvent être utilisés avec le verbe.

Corrigé : la : chose / personne féminin – me : je – nous : nous – vous : vous
a. Je la regarde. **b.** Je les invite à dîner. **c.** Ma maman nous aime.

> cahier
Activités 5 et 6, p. 5

page 19

15 minutes

Activité 8

- Constituer des binômes. Expliquer que les binômes sont frères et sœurs. Leur demander d'imaginer leur frère commun (âge, nom, goûts...).
- Expliquer la situation et demander aux binômes de jouer la conversation. Les laisser préparer le dialogue pendant quelques minutes sans prendre de notes.
- Demander aux binômes de présenter leur dialogue. Après chaque présentation, demander à la classe s'ils ont compris quel est le cadeau choisi.

Proposition de corrigé :
- Salut Amandine, c'est Emmanuel.
- Salut Emmanuel, ça va ?

- Oui, super ! Écoute, je t'appelle pour l'anniversaire de Benjamin. Tu as pensé à un cadeau ?
- Oui, j'ai pensé à une paire de baskets pour l'entraînement.
- Tu connais sa taille ?
- Euh... 42 ou 43...
- Ça va être compliqué... Pourquoi pas un sac de sport ?
- Ah oui ! Son sac est vieux et il est trop petit.
- Très bien ! Je regarde demain et je te rappelle.
- D'accord !

page 19

15 minutes

Bonne pratique

Je donne les consignes les unes après les autres pour éviter les confusions.

Activité 9

- Montrer l'affiche du film *Une Affaire de famille*. Demander aux apprenants de quoi il s'agit et pourquoi ce film pourrait être dans le programme du festival « aimer ».
- Au tableau, écrire en titre *Festival aimer*, puis dessiner des colonnes : films, chansons, pièces de théâtre, animations, sujets de débats.
- Constituer des groupes et demander à chaque groupe de choisir une catégorie. Les laisser lister des propositions pour le programme du festival « aimer ». Leur demander d'indiquer le lieu, l'heure, la date pour chaque événement de chaque catégorie.
- Mettre les propositions en commun et rédiger le programme final.

++

Si les conditions matérielles le permettent, proposer d'organiser un mini festival « aimer ». Choisir les activités, organiser l'événement et diffuser le programme.

#culture

Une Affaire de famille est un film du réalisateur japonais Hirokazu Kore-eda sorti en 2018. Il évoque le quotidien d'une famille qui vit de délits. À travers le film, Kore-eda dévoile certaines réalités de la société japonaise.

Proposition de corrigé :

5 octobre	6 octobre	7 octobre
10 h – Théâtre : *Le Misanthrope* Théâtre des Bouffes du Nord	**10 h** – Débat : *Peut-on s'aimer toute une vie ?*	**Toute la journée** – Exposition : *L'amour selon les cultures* Musée du quai Branly
16 h – Débat : *Aimer quand on est âgé : quel amour ? pour qui ? pourquoi ?*	**18 h** – Théâtre : *Il y aura la jeunesse d'aimer* – Théâtre des Bouffes du Nord	**18 h** – Concert : Natasha St Pierre – *Thérèse, Aimer, c'est tout donner* Cathédrale Notre -Dame
20 h – Ballet : *Roméo et Juliette* Palais Garnier	**20 h** – Film : *Amour* Cinéma Gaumont Opéra	**20 h** – Film : *Paris, je t'aime* Cinéma Gaumont Opéra

> cahier
Activités 1, 8, 9 et 10, p. 4 et 5

p. 20-21

SITUATION 2 Planifier un repas

LA MINUTE PÉDAGOGIQUE

Connaissez-vous l'expression « Appeler un chat, un chat » ? Commencer à utiliser du métalangage en A2 permet aux apprenants de se familiariser progressivement avec les termes appropriés.

page 20

⌛ 5 minutes

Activité 1

- Montrer le document 1. Demander aux apprenants de décrire ce qu'ils voient.
- Lire les questions et expliquer « faire ses courses à la dernière minute ».
- Constituer des groupes et demander aux apprenants de répondre aux questions et d'échanger sur leurs habitudes alimentaires.

Proposition de corrigé : Ce soir, je mange des légumes et du poulet. En général, je fais mes courses à la dernière minute. Je décide de mon repas au dernier moment.

page 20

⌛ 10 minutes

Activité 2

ⓐ

- Montrer le document 2. Montrer le nom du site en haut à gauche : CoTable. Faire observer les photos.
- Demander « À votre avis, « CoTable », qu'est-ce que c'est ? ». Laisser les apprenants proposer des réponses.
- Demander « Comment ça marche ? », « Comment on fait ? ». Laisser les apprenants faire des propositions. Montrer la construction du nom « CoTable ». Expliquer que « co » signifie « avec » et que l'idée est probablement de manger ensemble.

Proposition de corrigé : CoTable est un site pour organiser une fête. On s'inscrit, on indique la date, le nombre d'invités, l'événement et l'heure et des personnes aident à organiser la fête.

ⓑ

Demander aux apprenants de compléter la phrase individuellement. Accepter toutes les suggestions.

Proposition de corrigé : C'est un site internet pour organiser une fête.

#culture

CoTable est une startup franco-italienne. Le site propose de créer un événement et d'y inscrire ses amis. Selon les choix, les invités peuvent participer à l'organisation de l'événement (apporter des plats, des boissons...). Le site organise aussi des rencontres pour des dîners partagés entre des inconnus.
En France, il est habituel d'organiser une « **pendaison de crémaillère** » lorsqu'on intègre un nouveau logement. On y invite les amis et la famille, on dîne et souvent, on danse.

page 20

⌛ 15 minutes

Activité 3

ⓐ

- Lire les questions. Expliquer « À quelle occasion ? = Pourquoi ? Pour quel événement ? ». Relever les mots-clés des questions.
- Proposer une première écoute du document et demander aux apprenants d'écrire une réponse pour chaque question.
- Proposer une deuxième écoute et laisser les apprenants comparer leurs réponses en binômes. Si nécessaire, proposer une troisième écoute.
- Corriger en écrivant des phrases simples et complètes au tableau.

Corrigé :
a. Stéphane organise une soirée.
b. Stéphane voudrait inviter 15 personnes mais il faut calculer les quantités. C'est compliqué. Il peut aussi demander aux personnes d'apporter quelque chose mais souvent, il y a trop de nourriture. Et il doit téléphoner à beaucoup de personnes.
c. C'est un site qui sert à organiser la fête.
d. La première solution, c'est de demander aux invités de s'inscrire et d'apporter une partie du repas. La deuxième solution, c'est de faire une liste de courses et chaque invité apporte un ingrédient.

Piste 7

- Alors, Stéphane, ça avance ta soirée ?
- Bof ! Pas trop... Difficile d'organiser une fête et de calculer les quantités pour 15 personnes !
- Tu fais quoi ?
- Une raclette !
- Bonne idée !
- Oui, mais, c'est difficile à organiser : je vais passer beaucoup de coups de téléphone pour savoir qui apporte du fromage, du pain, et un peu de vin... C'est énervant ! Ou alors, je ne dis rien et tout le monde apporte un dessert et puis, à la fin, il y en a trop !
- Tu devrais aller sur « CoTable ».
- C'est quoi, ça ?
- C'est un site internet. Tu vas voir, c'est facile ! Tu crées ton invitation, tu l'envoies à tes contacts et chacun s'inscrit pour apporter une partie du repas. Ou alors tu fais une liste de courses avec des ingrédients et chacun en choisit un.
- C'est génial !

- Au tableau, écrire *Étape 1 : créer une invitation. Étape 2 : ... Étape 3 : ...* et demander aux apprenants de compléter.
- Faire écouter le document et laisser les apprenants écrire les étapes en binômes.
- Corriger.

Corrigé : **1.** Créer une invitation. **2.** Envoyer l'invitation aux contacts. **3.** Les invités s'inscrivent pour apporter une partie du repas ou **3.** Faire une liste de courses. **4.** Chaque invité choisit un ingrédient à apporter.

 c

- Écrire les trois expressions au tableau et dessiner le symbole « < ». Demander aux apprenants de mettre les expressions dans l'ordre en utilisant le symbole.
- Corriger et expliquer que « trop » a un sens négatif.

Corrigé : un peu – beaucoup – trop

> cahier
Activité 4, p. 7

Au tableau !

trop un peu beaucoup

.... < .... < ....

++ +++

Bonne pratique
Quand un mot spécifique n'est pas indispensable (par exemple, « croissant »), je le remplace par un symbole.

page 20

10 minutes

Grammaire : Le pronom *en*

Bonne pratique
Quand j'introduis un mot grammatical, j'explique clairement ce qu'il signifie, à quoi il correspond.

- Projeter ou écrire les phrases au tableau. Lire les phrases.
- Entourer « en » et demander au apprenants ce qu'il remplace « en = ? ». Montrer le lien entre « en » et « des desserts », « du fromage », « un ingrédient » (d'après le document 3). Expliquer que « en » est un pronom, c'est-à-dire qu'il remplace un nom.
- Faire compléter la phrase de la partie « Réfléchissez ». Demander où se place le pronom et faire remarquer qu'il est toujours devant le verbe.
- Demander aux apprenants de transformer les phrases de la partie « Appliquez » et corriger.

Corrigé : une quantité (*un, une, des, de la / de l', du*) **a.** J'en voudrais. **b.** Elle en mange. **c.** Il en boit.

> cahier
Activités 7 et 8, p. 7

Écrire *Chacun en choisit un* au tableau. Montrer que « en » remplace « des ingrédients » et « un » est conservé pour insister sur la quantité. Modifier la phrase en indiquant *Chacun en choisit deux* et montrer que parfois le nombre doit être précisé.

page 20

⌛ 10 minutes

Activité 4

ⓐ

- Écrire les trois sons au tableau et les lire.
- Faire écouter les trois propositions et demander aux apprenants d'indiquer le numéro de la proposition sous le son entendu.
- Corriger en faisant répéter les sons.

Corrigé : a. [ɔ̃] dans « raison ». **b.** [ɛ̃] dans « un ». **c.** [ɑ̃] dans « en »

Piste 8

Écoutez. Vous entendez [ɛ̃] ? [ɑ̃] ? [ɔ̃] ?
a. Tu as raison !
b. Apporte un dessert !
c. Il y en a trop !

ⓑ

- Faire écouter et prononcer les sons.
- Montrer les symboles et demander aux apprenants de les associer aux sons.
- Corriger. Répéter les sons et faire le lien entre la forme de la bouche et les sons.

Corrigé : la bouche est très ouverte [ɑ̃]
- Les lèvres sont tirées  [ɛ̃]
- Les lèvres sont arrondies ● et la bouche fermée [ɔ̃]

Piste 9

Écoutez, prononcez et observez les sons [ɛ̃], [ɑ̃], [ɔ̃].

ⓒ

- Écrire les trois sons au tableau. Constituer des binômes et demander aux apprenants de trouver des noms d'aliments ou de boissons qui contiennent le son. Donner un exemple pour chaque son (*orange, citron, pain*).
- Corriger en écrivant toutes les propositions. Faire remarquer les différentes graphies de chaque son.

Corrigé : [ɑ̃] : viande, pamplemousse, sandwich [ɔ̃] : thon, oignon [ɛ̃] : vin, dinde

Activités 5 et 6 , p. 7

page 20

⌛ 5 minutes

Activité 5

- Demander aux apprenants « Est-ce que vous faites des fêtes entre amis ? Où ? Quel genre de fêtes ? ».
- Laisser les étudiants répondre spontanément, puis demander « Qu'est-ce que vous apportez pour ces fêtes ? Quelle nourriture ? ». Laisser les apprenants répondre spontanément.

Proposition de corrigé : Quand je vais à une fête, j'apporte des boissons ou des gâteaux.

page 20

⌛ 10 minutes

Activité 6

- Lire l'exemple. Relever l'expression « *permettre de* + infinitif ».
- Demander « C'est une application pour quoi ? ».
- Dire « À vous ! Imaginez une application pour organiser les repas ».
- Constituer des binômes et laisser quelques minutes aux apprenants pour échanger et écrire une phrase de présentation de l'application.
- Demander à chaque groupe de présenter son application. Demander aux apprenants de choisir l'application qu'ils préfèrent.

Proposition de corrigé : L'application « 1800 » permet de compter le nombre de calories de chaque aliment.

page 21

⌛ 5 minutes

Activité 7

- Projeter le document 4 ou demander aux apprenants de le regarder dans le livre.
- Nommer les quatre éléments : le menu, l'aide en ligne, le titre et la description du service. Demander aux apprenants de pointer ces éléments.

Corrigé :

#culture

Le carpaccio est un plat d'origine italienne. La viande de bœuf y est servie crue sous forme de fines tranches accompagnées d'huile d'olive et de sel.
Le gratin dauphinois est un plat cuisiné à partir de pommes de terre et de lait. La première trace de ce plat en France date de 1788.
Le moelleux au chocolat est un gâteau au chocolat dont la cuisson est relativement courte, ce qui permet d'obtenir un cœur coulant et une croûte à l'extérieur.

page 21

⌛ 10 minutes

Activité 8

- Lire les propositions. Demander aux apprenants de lire le document et de choisir si les propositions sont vraies ou fausses.
- Laisser quelques minutes aux apprenants pour comparer leurs réponses en binômes.
- Corriger en montrant les informations dans le document.

Corrigé :
a. Vrai.
b. Faux. (Il s'appelle Michel Le Cam.)
c. Vrai. (5 étoiles)

d. Faux. (Le titre est « Le retour du marché »).
e. Faux. (Il y a deux plats au choix.)

page 21
⌛ 10 minutes

Lire la question **a.** et reformuler « Le chef, qu'est-ce qu'il fait ? ». Laisser les apprenants retrouver les informations dans le texte et reformuler ensemble.

Corrigé :
Le chef apporte la vaisselle pour faire la cuisine, il prépare le repas, il sert les plats et il nettoie la cuisine.

- Montrer le tableau aux apprenants et lire les catégories.
- Montrer le menu et demander aux apprenants de compléter le tableau avec des éléments du menu.
- Corriger. Lire ensemble l'encadré conjugaison sur le verbe « nettoyer » et faire insister sur l'alternance entre le « i » et le « y ».

Corrigé :
Un légume : un avocat – Un fruit : une mangue – Un poisson : du saumon – Une viande : du bœuf – Un produit laitier : une crème glacée – Un dessert : un moelleux au chocolat.

> cahier
Activités 2 et 3, p. 6

page 21
⌛ 10 minutes

Activité 10

- Montrer l'aide en ligne avec l'intervention de Romane. Lire le chat.
- Expliquer que les apprenants veulent réserver le service. Écrire *viande* et barrer le mot, puis le remplacer par *poisson*. Au tableau, écrire : *date, lieu, heure, nombre de personnes*.
- Expliquer « Vous écrivez à Romane pour réserver votre soirée. Vous demandez de remplacer la viande par du poisson ».
- Laisser quelques minutes aux apprenants pour rédiger leur message.
- Ramasser pour corriger.

Proposition de corrigé :
Bonjour, Je voudrais réserver une soirée avec le chef Le Cam. C'est le 15 avril à 19 h, pour 6 personnes. C'est chez moi au 19 rue de l'abbaye. Est-ce que c'est possible de remplacer la viande par du poisson ? Merci.

page 21
⌛ 10 minutes

Activité 11

- Constituer des groupes.
- Demander « Quels sont vos petits plaisirs ? » et lire les exemples de la consigne.
- Demander à une personne responsable d'écrire les idées dans chaque groupe et laisser les apprenants échanger.
- Comparer les idées évoquées dans chaque groupe, écrire celles qui ont le plus d'adhésion sur une grande feuille et l'afficher dans la classe.

Proposition de corrigé :
Petits plaisirs : manger un carré de chocolat, lire un magazine, caresser un chat, regarder un bon film...

> cahier
Activités 1, 9, 10, 11 et 12, p. 6 et 7

Situation 3 Organiser une soirée

LA MINUTE PÉDAGOGIQUE

Seul, en groupe, en groupe-classe : trois modalités de travail pour développer des compétences différentes. Plus les modalités sont variées, moins les apprenants risquent de s'ennuyer !

page 23
10 minutes

Activité 1

- Montrer les pictos des activités 1, 2 et 3. Expliquer ce qu'ils signifient : travail seul, travail en groupe, travail en classe entière.
- Lire le titre de l'activité : « Je découvre seul(e) ». Lire la consigne (a) : « J'observe la photo et les visuels », puis montrer la photo et les visuels. Lire la consigne (b) : « Je lis le nom du magazine et le titre » et montrer les éléments sur le document. Lire le début de la consigne (c) : « Je lis l'introduction » et montrer l'introduction sur le document.
- Demander aux apprenants de lire les questions et d'y répondre.
- Si nécessaire, expliquer « À qui s'adresse le magazine ? = le magazine, c'est pour qui ? ».
- Mettre les réponses en commun et rédiger une phrase pour chaque question. Si nécessaire, expliquer « souhaiter = vouloir », « conviviale et chaleureuse = avec une bonne ambiance, agréable ».

Corrigé :
(a) Il y a des ballons parce que c'est une fête. On propose une soirée casino, une soirée cirque, une soirée bowling, une soirée jeux de société, une soirée cabaret-spectacle, une soirée croisière.
(b) Le magazine s'adresse aux entreprises / aux entrepreneurs.
(c) L'article va parler des choses à faire pour organiser une soirée d'entreprise.

page 23
10 minutes

Activité 2

- Constituer des groupes. Lire la question de la partie (a). Donner quelques minutes aux apprenants pour discuter et proposer plusieurs réponses à la question.
- Montrer les propositions de la question (b), puis demander « C'est vrai ou faux ? ». Montrer le document et demander aux apprenants de le lire pour choisir si les propositions sont vraies ou fausses.
- Montrer aux apprenants que certains mots sont expliqués dans la partie « Aide à la lecture » p. 22. Demander aux apprenants de ne pas utiliser de dictionnaire.
- Inciter les apprenants à discuter pour justifier leurs réponses et se mettre d'accord dans chaque groupe.
- Demander à des apprenants de lire le document à voix haute et corriger en montrant les réponses dans le document. Expliquer les mots méconnus (« réputé = connu parce qu'il est bien », « remercier = dire merci »...).

Bonne pratique
Je varie les critères de formation des groupes selon les activités et les buts à atteindre. Je favorise les transferts de stratégies ou de compétences.

Corrigé :
(a) Il faut choisir un lieu et une date, inviter les collègues, choisir des activités, préparer un budget.
(b) **a.** Vrai (définir un budget) **b.** Faux (un mardi ou un jeudi soir) **c.** Faux (ça permet aussi de faire connaissance, de remercier les employés, de motiver l'équipe). **d.** Faux (il faut un lieu central, neutre et réputé). **e.** Faux (il faut remercier les personnes présentes).

page 23
15 minutes

Activité 3

(a)

- Au tableau, écrire *7 règles pour organiser une soirée d'entreprise* puis *1. Établir un budget. 2...*. Laisser les apprenants faire des propositions pour reformuler les 7 règles. Si les apprenants ne reformulent pas mais citent le texte, leur demander « Qu'est-ce que ça veut dire ? » et les encourager à utiliser d'autres mots que ceux du texte ou à donner un exemple pour s'assurer qu'ils ont bien compris. Écrire les mots-clés pour chaque règle.

Corrigé :
1. Établir un budget.
2. Choisir un jour.
3. Expliquer l'objectif de cette soirée (= dire pourquoi on fait cette soirée).
4. Choisir un thème.
5. Choisir un lieu (= décider où se passe la fête).
6. Créer les invitations (= écrire un message pour inviter les personnes).
7. Remercier (= dire merci).

b et c

- Au tableau, écrire *Règles pour la vie en classe de demain*. Souligner *demain* et montrer qu'il faut utiliser le futur.
- Lire les exemples et demander aux apprenants d'écrire chacun une règle.
- Demander aux apprenants de lire leur phrase et les inviter à réagir et comparer les règles.
- Choisir un ou deux apprenants pour organiser la discussion. Leur demander de relever les règles les plus souvent formulées et avec quelles règles ils sont d'accord.
- Demander aux apprenants de se mettre d'accord sur 10 règles et demander à un ou deux apprenants de les prendre en note pour pouvoir les afficher dans la classe.
- Faire relire les règles par toute la classe et inciter les apprenants à vérifier que les verbes sont bien conjugués au futur.

Proposition de corrigé :
1. Nous n'utiliserons pas le téléphone sauf pour chercher un mot dans le dictionnaire.
2. Nous parlerons seulement français.
3. Nous devrons faire tous les devoirs.
4. Nous apprendrons du vocabulaire nouveau.
5. Le professeur nous fera écouter une chanson à chaque cours.
6. Nous sourirons pendant le cours.
7. Nous resterons concentrés.
8. Il faudra poser des questions.
9. Nous répondrons aux questions.
10. Nous devrons remercier à la fin du cours.

#culture

L'Entreprise est un magazine destiné à conseiller les entrepreneurs et dirigeants de PME (catégorie de petites et moyennes entreprises avec moins de 250 employés). Il a été lancé en 1985. Il est aujourd'hui rattaché au journal *L'Express*.

Grammaire : Le futur simple

- Lire les deux phrases de la partie « Observez ».
- Souligner le radical des verbes et demander aux apprenants de compléter la première phrase de la partie « Réfléchissez ».
- Écrire *répondre* au tableau et demander aux apprenants comment est formé le futur pour ce verbe. Montrer que pour les verbes en *-dre*, le « e » est retiré avant d'ajouter les terminaisons.
- Lire les verbes « être, pouvoir, devoir, falloir » et demander aux apprenants de retrouver le futur dans le texte. Montrer que ces verbes sont irréguliers. Indiquer qu'il en existe d'autres.
- Lire la consigne « Appliquez » et demander aux apprenants d'écrire quelques phrases.

Corrigé :
Verbe à l'infinitif + *ai, as, a, ons, ez, ont* – je répondrai – être : sera, pouvoir : pourrez, devoir : devrez, falloir : faudra
- Il se lèvera tôt et il ira prendre un petit-déjeuner avec des croissants. Il ira au travail et ses collègues prépareront une fête et un gâteau. Il fera cours et nous chanterons « Joyeux anniversaire ».

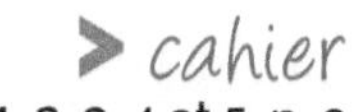

> cahier
Activités 1, 2, 3, 4 et 5, p. 9

LAB' LANGUE & CULTURE

page 24
⌛ 10 minutes

Culture

- Montrer le document. Demander aux apprenants « C'est quand ? » puis, « C'est où ? ».
- Faire lire les descriptions à voix haute par un apprenant.
- Lire la question de discussion et laisser les apprenants y répondre à l'oral spontanément.
- Les encourager à parler des repas et des activités.

Proposition de corrigé :
Aux fêtes de fin d'année, je vois ma famille et mes amis. On mange beaucoup (de la dinde, des marrons, des gâteaux, du chocolat). On se promène dans la journée et on passe la soirée ensemble. On discute et on fait des jeux de société.

page 24
⌛ 10 minutes

Langue 1

- Lire la question « Et vous, vous faites quoi ? ».
- Lire la proposition **a.** et montrer que « de la dinde » indique une quantité.
- Demander aux apprenants d'écrire la phrase avec *en*. Corriger.
- Demander aux apprenants de transformer les autres phrases.
- Corriger en montrant que « en » est placé devant le verbe et que « une » et « 12 » sont conservés pour garder l'information sur le nombre.

Corrigé :
a. Et vous, vous en mangez ?
b. Vous en faites une au père Noël ?
c. Vous en buvez à Noël ?
d. Vous en achetez pour vos ami(e)s ?
e. Vous en mangez 12 comme en Pologne ?

page 24
⌛ 5 minutes

Langue 2

- Lire la question. Montrer qu'elle est rédigée au futur et que « prochaines » indique une idée de futur.
- Faire une liste des verbes qui peuvent être utilisés pour parler des repas (manger, prendre, goûter, boire...).
- Laisser quelques minutes aux apprenants pour rédiger les phrases.
- Constituer des binômes et demander aux apprenants de relire les phrases en vérifiant la conjugaison des verbes.
- Ramasser pour corriger.

Proposition de corrigé :
Aux prochaines fêtes de fin d'année, je mangerai du foie gras. Je prendrai de la dinde et des marrons. Je goûterai aux escargots. Je finirai par de la bûche. Je boirai du champagne à minuit.

page 24
⌛ 5 minutes

1 minute pour lire

- Lire le texte à voix haute.
- Demander aux apprenants de relire le texte et de relever les aliments.
- Corriger en demandant aux apprenants de classer les aliments (légumes, fruits, viandes, autres).

Corrigé :
des épices, des oignons, de la salade, des tomates cerises, des grandes tomates, des aubergines, des courgettes, des poireaux, du brocoli, des pommes, des poires, des figues, du raisin, des citrons, des biscuits, des entrecôtes, des côtelettes d'agneau, des filets de canard.

#culture

Laure Mi Hyun Croset est une écrivaine suisse de langue française, née en 1973 à Séoul. Ses romans décrivent successivement des moments de gênes de personnages (*Polaroïd*), des parcours de vie (*On ne dit pas « je » !*) et des retournements de situation (*Le beau monde*). *Après la pluie, le beau temps* rassemble des contes autour de proverbes français. Le thème qui unit ces nouvelles est celui de la complexité des relations humaines.

page 25

15 minutes

Podcast

- Faire écouter le document une première fois sans lire les questions et sans prise de notes.
- Demander aux apprenants de lire les trois questions et de répondre. Si nécessaire, faire écouter une deuxième fois le document. Corriger.
- Demander aux apprenants d'écrire les verbes au futur puis faire écouter le document de nouveau. Mettre en commun.
- Faire écouter le document en lisant la transcription.
- Lire la consigne « Podcastez-vous ! ». Au tableau, écrire l'amorce de phrase *Moi, à mon anniversaire...*
- Demander aux apprenants d'écrire cinq mots-clés pour dire ce qu'ils feront pour leur anniversaire.
- Les inviter à enregistrer leur podcast (utiliser, par exemple, avec vocaroo) et partager les podcast sur le réseau social de la classe.

Corrigé : mes amis, ma famille, un chef – un dîner, des jeux de société, des danses – mon anniversaire – j'inviterai, je demanderai, il fera, il nettoiera, je pourrai, on fera, on dansera, ce sera

Proposition de corrigé : Moi, à mon anniversaire, j'organiserai une sortie à la mer. J'inviterai mes amis et on partira en train pour la journée. J'achèterai des bons petits plats faciles à manger. On s'installera sur la plage et on déjeunera ensemble. On pourra nager ou se promener. On restera jusqu'au coucher du soleil et on rentrera tard le soir.

Piste 10

Moi, à mon anniversaire, j'inviterai mes amis et ma famille à dîner à la maison. Mais pas question de faire la cuisine ! Je demanderai à un chef de venir préparer le dîner à la maison. Il fera de bons petits plats et il nettoiera la cuisine avant de partir. Comme ça, je pourrai profiter de la soirée. On fera peut-être un ou deux jeux de société. Et puis, on dansera. Ce sera un super anniversaire !

page 25

5 minutes

Expression francophone

- Lire l'expression « aller à guindaille ».
- Faire observer l'image et demander « Qu'est-ce qu'il fait ? ».
- Lire les propositions et demander aux apprenants d'en choisir une. Corriger.
- Faire observer les vêtements du personnage et demander d'où vient l'expression.
- Corriger.

Corrigé : faire la fête – Belgique.

page 25

10 minutes

La fabrique des sons

- Montrer l'affiche et lire « Rock en Seine ».
- Expliquer que « les homonymes sont des mots qui s'écrivent différemment mais qui se prononcent de la même manière ».
- Montrer que « Seine » et « scène » se prononcent de la même manière.
- Lire les deux phrases et souligner « jouer sur » et « le fleuve ». Laisser les apprenants choisir le mot qui correspond à chaque proposition.
- Corriger et montrer que le nom du fleuve commence par une majuscule.
- Demander aux apprenants s'ils connaissent d'autres homonymes (*verre/vert, c'est/ces...*).

Corrigé : Les groupes de rock jouent sur une scène. Ce festival de rock se déroule au bord de la Seine.

Demander aux apprenants de choisir des homonymes et de créer des situations pour utiliser ces mots. Les inviter à proposer le quiz à leur voisin.

#culture

Rock en Seine est un festival parisien créé en 2003. Chaque été, il accueille plus de 120 000 festivaliers passionnés de pop-rock international. En 2019, il reçoit entre autres, The Cure, Agar Agar et Jungle.

page 25

⌛ 10 minutes

La fabrique des verbes

- Constituer des groupes.
- Montrer le verbe « faire » et les deux expressions qui y sont reliées : « faire la fête », « faire un gâteau ».
- Montrer les flèches sans expression. Demander aux apprenants de réfléchir ensemble et de proposer d'autres expressions avec « faire ».
- Corriger en écrivant toutes les propositions.

Proposition de corrigé :
faire du foot
faire le ménage
faire la tête
faire des bêtises...

page 25

⌛ 5 minutes

PROJET

- Faire visionner la vidéo et demander aux apprenants quels aliments ils ont vus.
- Demander aux apprenants s'ils ont vu des noms de villes ou de pays.

Vidéo lab'

▶ À deux

- Constituer des binômes. Demander aux apprenants de choisir des plats typiques de leur pays et d'essayer d'expliquer de quoi ils sont faits.
- Demander « Dans la vidéo, qu'est-ce qui est original (= spécial) ? » Montrer que les plats ne sont pas faits par des chefs mais par des réfugiés.
- Demander aux apprenants de trouver une idée originale, puis de fixer une date et un lieu.
- Leur laisser le temps de trouver un nom pour leur festival.

▶ Ensemble

- Diviser la classe en deux. Certains binômes présentent leur festival, les autres les découvrent et posent des questions. Lorsque les « spectateurs » ont découvert les différents festivals, inverser les rôles.
- Pour clôturer l'activité, demander aux apprenants quel festival ils préfèrent.

Proposition de corrigé : Festival pique la langue – le 14 octobre – La Plaine sur mer – Plats à découvrir : kimchi chigé, dakkalbi, kochujang (soupe au piment avec du chou fermenté, plat de poulet avec du piment rouge et des légumes, pâte de piment rouge) – Dégustation des plats sur la plage.

Ateliers S'excuser

page 26

5 minutes

Activité 1

- Montrer les documents 1 et 2 sans les décrire ni les présenter.
- Montrer les propositions des parties a et b et demander aux apprenants de choisir la bonne proposition pour chaque document.
- Corriger.

a

- Expliquer que la forme du document 1 est la même qu'une carte d'embarquement mais que les informations sont différentes. Faire lire le texte par un apprenant.
- Demander à quelle occasion on sert un vin d'honneur.

Corrigé : une invitation à une soirée.

Montrer que le texte sur le tee-shirt du document 2 est le refus d'une invitation. Demander aux apprenants si « j'ai piscine » est une bonne raison pour refuser une invitation. Expliquer que c'est une fausse excuse et que cela fait sourire.

Corrigé : une fausse excuse.

> **#culture**
>
> L'excuse « J'peux pas, j'ai piscine » est une phrase associée à Laurent Baffie (humoriste et animateur radio français). Lors d'émissions à la télévision, l'humoriste se trouvait en manque de répartie. Pour se moquer, les Guignols de l'info ont associé l'excuse à sa marionnette qui la répète systématiquement.

page 26

10 minutes

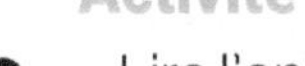

Activité 2

- Lire l'encadré « Apprendre ». Faire écouter une première fois le document et inciter les apprenants à regarder les documents 1 et 2.
- Laisser quelques minutes aux apprenants pour lire les questions, puis, proposer une deuxième écoute.
- Corriger les questions **a.**, **c.** et **d**. Quand la raison de l'appel est comprise, demander aux apprenants si le document 3 a un lien avec le document 1.

Corrigé : **a.** Charlotte appelle. **b.** Non, l'invitation au mariage (document 2) est une excuse pour refuser l'invitation. **c.** Elle appelle pour refuser l'invitation. **d.** Elle va au mariage de son amie d'enfance.

Piste 11

> Salut Charlotte, merci pour l'invitation à tes 40 ans. Je suis désolée mais je ne pourrai pas être là le 29 juin. Je vais au mariage d'une amie d'enfance. C'est vraiment dommage ! On se rappelle. Je t'embrasse !

page 26

10 minutes

Activité 3

- Constituer des groupes. Lire les deux premières questions et laisser les apprenants échanger.
- Après quelques minutes, dessiner deux colonnes au tableau (*Vraies excuses / Fausses excuses*). Demander à chaque groupe de compléter le tableau avec leurs excuses.
- Mettre les excuses en commun et relever les excuses les plus souvent répétées et les excuses les plus originales.

Proposition de corrigé : **Vraies excuses :** J'ai du travail. J'ai un rendez-vous. Je suis trop fatigué. Je suis malade. **Fausses excuses :** Ma voiture est en panne. Mon chat est malade. Mon frère est arrivé par surprise. Ma sœur vient d'accoucher.

page 26

⌛ 15 minutes

Activité 4

- Lire l'encadré « S'excuser » et demander aux apprenants de compléter les amorces de phrases à l'oral.
- Lire les situations 1 et 2. Faire relever les occasions (soirée d'entreprise, expositions sur les fêtes du monde). Montrer que dans la situation 1, on donne une vraie excuse et dans la situation 2, une fausse excuse.
- Constituer des binômes et leur demander de choisir une situation. Leur laisser quelques minutes pour préparer la conversation.
- Demander aux binômes de jouer la conversation devant la classe et laisser les apprenants réagir pour dire s'ils trouvent que l'excuse est bonne ou mauvaise.

Propositions de corrigé :

Situation 1 :

- Monsieur Asao, Lise Martel à l'appareil.
- Bonjour Lise, vous allez bien ?
- Oui, merci. Je voulais vous remercier pour l'invitation de jeudi à la soirée d'entreprise.
- Mais je vous en prie !
- Malheureusement, je ne pourrai pas participer.
- Ah bon, c'est dommage !
- Oui, j'aimerais bien venir mais c'est l'anniversaire de ma mère. Elle a 60 ans, toute la famille sera réunie…
- Ah oui, je comprends ! Passez une bonne soirée et souhaitez un joyeux anniversaire à votre maman !
- Oui, merci !

Situation 2 :

- Salut Justin, tu vas bien ?
- Oui, et toi ?
- Oui, super ! Je t'appelle parce qu'il y a une exposition « Les fêtes dans le monde » ce week-end. On pourrait y aller ensemble ?
- Ah, c'est gentil mais c'est l'anniversaire de ma grand-mère ce week-end…
- Ça finit dimanche soir, on peut y aller dimanche après-midi ?
- Je suis désolé mais tous mes cousins vont venir donc on va sûrement sortir dimanche aussi.
- Ah d'accord, c'est dommage…
- Oui, mais merci de m'avoir invité !

Ateliers Remercier par mail

page 27

⌛ 10 minutes

Activité 1

- Montrer le document 1 sans le faire lire.
- Lire les éléments à retrouver et laisser quelques minutes aux apprenants pour les relever ou les entourer sur le document.
- Corriger en montrant les éléments sur le document.
- Insister sur le fait que ces éléments constituent la forme d'un courriel formel. Insister sur la construction de l'expression de début de message « Je vous remercie… de votre présence ».

Corrigé : **a.** « collègues » **b.** 20 octobre **c.** Je vous remercie… de votre présence **d.** Donatien Maurel **e.** Un événement marquant **f.** Bien à vous **g.** DONATIEN MAUREL Directeur général

page 27

⌛ 10 minutes

Activité 2

- Demander à un apprenant de lire le document à voix haute, puis, lire les questions **a.**, **b.** et **c.**
- Laisser quelques minutes aux apprenants pour relire le document et rédiger une réponse.
- Corriger et expliquer « séminaire = rencontres, présentations et discussions ».

Corrigé : **1.** La personne écrit pour remercier ses collègues. **2.** Ils ont participé au séminaire « Innovation entreprise ». **3.** L'événement s'est bien passé. L'ambiance était conviviale et chaleureuse.

page 27

⌛ 20 minutes

Activité 3

- Lire les deux situations. Faire remarquer le mot « remercier » dans chaque situation.
- Lire l'encadré « Remercier » et montrer les structures de chaque expression (*remercier de, merci de* + infinitif, *merci pour* + nom, ...). Expliquer que certaines expressions sont formelles (*Je vous remercie de...*) et d'autres moins formelles (*merci pour...*).
- Constituer des binômes et demander à chaque personne dans le binôme de choisir une situation.
- Demander aux apprenants quelle situation est formelle et quelle situation est informelle.
- Lire l'encadré « Apprendre » et demander aux apprenants de prendre une feuille de brouillon.
- Laisser les apprenants rédiger un message. Dans chaque binôme, demander aux apprenants de relire ensemble les messages pour vérifier que tous les éléments sont présents et que le style (formel ou informel) est respecté.

Propositions de corrigé :

Situation 1 :

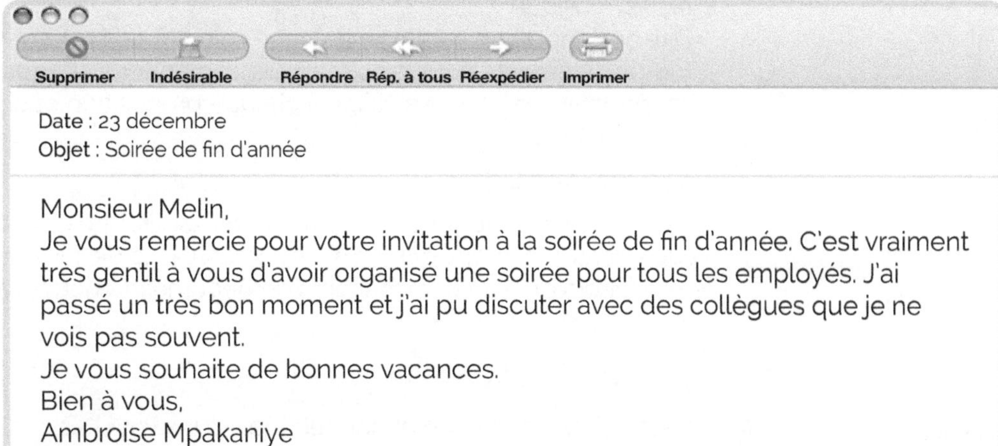

Date : 23 décembre
Objet : Soirée de fin d'année

Monsieur Melin,
Je vous remercie pour votre invitation à la soirée de fin d'année. C'est vraiment très gentil à vous d'avoir organisé une soirée pour tous les employés. J'ai passé un très bon moment et j'ai pu discuter avec des collègues que je ne vois pas souvent.
Je vous souhaite de bonnes vacances.
Bien à vous,
Ambroise Mpakaniye

Situation 2 :

Date : 15 janvier
Objet : Nouvel An

Salut Julie,
Merci beaucoup pour l'invitation au Nouvel An. J'ai passé une super soirée !
L'ambiance était vraiment conviviale. J'ai rencontré beaucoup de personnes.
J'ai bien mangé et bien dansé !
Je mets les photos en pièces jointes.
Encore merci pour tout !
Bises
Goretti

mémo

page 28

⌛ 10 minutes

Activité 1

- L'activité reprend le point grammatical sur les pronoms directs et les points lexicaux sur « Des événements » et « Organiser un événement ».
- Dire « C'est un message codé ». Si nécessaire, donner quelques indices pour créer une ambiance d'espionnage (écrire *007* au tableau, imiter la musique des films d'espionnage...).
- Lire le message et dire aux apprenants « *l', les, la*... Qu'est-ce que c'est ? Vous avez deux minutes pour trouver ! ».
- Laisser les apprenants réfléchir seuls ou en binômes pour retrouver les éléments remplacés par les pronoms.
- Corriger. Accepter toutes les réponses cohérentes.

Proposition de corrigé :

l'organiser = l'événement, la fête... – les compter = les invités – l'écrire= l'invitation – les envoyer = les invitations – le faire = le menu – le préparer = le repas – la nettoyer = la cuisine – les remercier = les personnes présentes

page 29

⌛ 10 minutes

Activité 2

- L'activité reprend le point grammatical sur le futur simple et les points lexicaux sur « Organiser un événement » et « Planifier un repas ».
- Constituer des binômes. Écrire au tableau *Soirée folle entre amis*. Demander aux apprenants de donner des exemples de « soirées folles » (*Soirée animaux, soirée sumos*...).
- Au tableau, faire une liste commune des préparatifs pour une soirée (thème, couleurs, repas, musique...).
- Dire aux apprenants « Organisez une soirée folle ! ». Laisser chaque binôme définir tous les éléments pour la soirée, puis demander à chaque binôme de présenter sa soirée. Inviter la classe à réagir à chaque proposition et choisir un thème de soirée pour la classe.

Proposition de corrigé :

On fera une soirée légumes. La décoration sera rouge et verte. On mangera des plats végétariens et on boira des jus de légumes. On se déguisera en légumes. On fera des jeux, il faudra manger et reconnaître des légumes. On jouera au jeu « salade de fruits ».

page 29

⌛ 5 minutes

Activité 3

- L'activité reprend le point phonétique sur les voyelles nasales et le point lexical sur la nourriture.
- Écrire les voyelles nasales au tableau et les lire.
- Lire l'exemple. Faire remarquer les voyelles nasales contenues dans l'exemple.
- Laisser les apprenants compléter la liste à l'oral et ajouter les éléments au tableau.
- Ajouter un point par aliment correctement prononcé et ajouter un point supplémentaire lorsqu'il contient une voyelle nasale.

Proposition de corrigé :

On achète du pain, un melon, un camembert, du raisin, une banane, un yaourt, du jus d'orange... (12 points)

page 29

⌛ 5 minutes

Activité 4

- L'activité reprend le point grammatical sur le pronom « en » et le point lexical sur la nourriture.
- Lire l'exemple puis poser la question à un apprenant. L'inciter à utiliser le pronom « en ».

- Au tableau, écrire *Habitudes alimentaires*.
- Constituer des binômes et dire aux apprenants « Posez des questions ! Vous avez une minute ! ».
- Laissez chaque binôme échanger.
- À la fin de l'activité, demander aux apprenants s'ils ont eu des difficultés ou s'ils ont des questions.

Proposition de corrigé
- Tu manges des yaourts ?
- Oui, j'en mange souvent. Tu manges de la viande ?
- Non, je n'en mange pas. Tu prends des œufs au petit déjeuner ?
- Non, je n'en mange jamais. Tu bois du thé ?
- Oui, j'en bois beaucoup.

> cahier
Mémo, p. 10 et 11

page 29

25 minutes

Mission

- Lire le titre de la mission « J'ai une idée de soirée ! » (titre de l'unité) et inciter les apprenants à réagir (« Super ! Qu'est-ce que c'est ?... »).
- Constituer des groupes. Lire le point 1. Demander à chaque groupe de choisir l'objectif (l'événement), le programme, la date, le budget... Lire le contexte « Julie veut... » qui donne la contrainte de départ. Expliquer que, parmi les invités, il y a des végétariens, des sportifs et des amateurs de musique. Détailler les différentes possibilités : un traiteur, un dîner participatif, etc.
- Laisser chaque groupe choisir la soirée qu'il souhaite organiser.
- Lire le point 2. Expliquer ce qu'est un traiteur (une personne qui prépare les plats avant le dîner et les livre), un dîner participatif (chaque invité apporte un plat ou une boisson). Dire « Et qu'est-ce qu'on va manger ? ». Demander à chaque groupe de définir le style de repas, le menu et les plats.
- Lire le point 3. Demander aux groupes de s'inviter entre eux, soit en se téléphonant, soit en jouant une rencontre, et de présenter leurs projets. Certains s'excusent de ne pas pouvoir venir, d'autres acceptent.

Proposer une liste de contraintes différentes pour chaque groupe (sportifs, mangeurs de viande, allergiques au laitage...) ou demander à chaque groupe de faire une liste de contraintes et les redistribuer aux différents groupes.

Propositions de corrigé :

1. Objectif : fêter les 30 ans de Céline – le 30 mars – fête surprise – Thème : les gilets jaunes – Activités : organiser une manifestation pour surprendre Céline devant chez elle – dîner et danser – Budget : 20 euros par personne

2. Menu : traiteur – buffet froid (salades, légumes, charcuterie, salade de fruits, gâteau d'anniversaire)

3. Nous vous invitons pour faire une surprise à Céline pour son anniversaire. – Je suis désolé mais le 30 mars, je pars en week-end à Paris. J'ai déjà réservé mes billets, c'est vraiment dommage !

> cahier
Bilan linguistique, p. 12 et 13
Préparation au DELF, p. 14 et 15

GRAMMAIRE

1 Remplacez les mots soulignés par le pronom *en*. 5 points

1. Il a mangé <u>du fromage</u> au dîner. ➜ ....

2. Tu prends <u>trois bananes</u>. ➜ ....

3. Les enfants mangent toujours <u>trop de bonbons</u> aux anniversaires. ➜ ....

4. Tu veux un peu <u>d'eau</u> ? ➜ ....

5. Vous avez pris <u>du gratin</u> ? ➜ ....

2 Écrivez le texte au futur. 5 points

Pour la soirée au cirque, nous fixons la date et nous réservons les places. Vous arrivez directement au lieu de rendez-vous et Lucile vous donne les billets. On s'installe ensemble et on profite du spectacle. Stéphane prend son appareil photo. Le spectacle finit vers 22 h. Après, on peut aller prendre un verre. Pour le retour, il faut raccompagner Marc chez lui.

....

....

....

....

....

3 Transformez les phrases en utilisant un pronom. 5 points

1. Je réserve le restaurant. ➜ ....

2. Il appelle ses amis pour leur donner des nouvelles. ➜ ....

3. Le photographe va prendre mon frère et moi en photo. ➜ ....

4. Nous organisons la fête d'anniversaire. ➜ ....

5. Tu vois Céline ? ➜ ....

4 Lisez les phrases et indiquez le temps utilisé : passé composé, présent, futur. 5 points

1. Vous remercierez les invités par mail. ➜ ....

2. Tu invites Léa et Augustin ? ➜ ....

3. Qu'est-ce que vous avez mangé ? ➜ ....

4. Vous planifiez la fête. ➜ ....

5. Je ne pourrai pas venir… ➜ ....

LEXIQUE

1 Regardez et indiquez les quantités. 5 points

Aliment	Quantité
Bonbons	
Fromage	
Lait	
Haricots verts	
Chocolat	

2 Associez un événement à une définition. 5 points

une soirée d'entreprise | un mariage | un atelier | un festival | un anniversaire

1. On y célèbre l'union de deux personnes. ➜ ....
2. Il a lieu chaque année. On y mange un gâteau. ➜ ....
3. On y partage des idées, on fabrique quelque chose. ➜ ....
4. On y rencontre ses collègues. ➜ ....
5. On peut y voir de nombreux artistes. ➜ ....

3 Écrivez le nom des lieux. 5 points

1. .... 2. .... 3. .... 4. .... 5. ....

4 Associez une étape à une information. 5 points

1. choisir le thème
2. fixer le budget
3. envoyer les invitations
4. choisir le lieu
5. choisir le type de repas

a. un repas mexicain
b. la salle municipale
c. 200 euros
d. Cher amis, je vous propose de nous retrouver jeudi 10 mai à 19 h.
e. la fiesta

PHONÉTIQUE

1 **Regardez les « e » en gras. Barrez les « e » qui peuvent être muets et soulignez ceux qui doivent être prononcés.** 5 points

1. Je l**e** réserv**e** ce soir.
2. Le chef l**e** prépar**e**.
3. Je vais ach**e**ter l**e** cadeau pour Jean.
4. Tu viens sam**e**di ?
5. Ce livr**e**, est-c**e** que tu l**e** veux ?

2 2 | **Écoutez et indiquez si vous entendez** [ɛ̃], [ɑ̃] **ou** [ɔ̃]. 5 points

1. .... et .... 2. .... et .... 3. .... et .... 4. .... et .... 5. .... et ....

Compréhension de l'oral 10 points

3 | **Écoutez le document et répondez aux questions.**

1. À quelle occasion a lieu la fête ? ....
2. Quel est le thème ? ....
3. Qui est invité ? ....
4. C'est quand ? ....
5. C'est où ? ....
6. Comment se passe le repas ?

❑ Un traiteur prépare le repas.
❑ Un chef prépare le repas.
❑ Les invités apportent des plats.

7. Il faut quel budget pour le cadeau ? ....
8. Qu'est-ce qu'on va faire avec le budget ? ....
9. Vrai ou faux ? Cochez la bonne réponse.

	Vrai	Faux
a. Romain et Marine vont faire les desserts.	❑	❑
b. Romain et Marine achètent le cadeau et ensuite, ils font les invitations.	❑	❑

Compréhension des écrits 10 points

Lisez le document.

LE BLOG DE SOPHIE

Sophie - 34 ans - Testeuse de nouvelles tendances

LE REPAS CHEZ L'HABITANT, J'AI TESTÉ !
J'y pensais depuis longtemps et... ça y est ! J'ai osé ! J'ai commencé par m'inscrire sur un site de repas partagé. On vous demande votre ville, votre âge et surtout les aliments que vous ne pouvez pas manger (vous n'aimez pas, vous êtes allergique...). Ensuite, vous pouvez consulter les annonces. Il faut d'abord choisir une date et indiquer votre budget pour la soirée. Vous pouvez ensuite vérifier les places disponibles et lire les menus proposés. Quand vous avez choisi, vous réservez et vous recevez l'adresse de votre hôte avec l'heure de l'invitation. Vous payez votre participation pour le repas en ligne. Moi, j'ai choisi l'annonce de Carole avec un menu simple mais délicieux : crudités en entrée, escalopes à la normande avec des champignons et un excellent moelleux au chocolat en dessert. Manger avec des inconnus, c'est un peu gênant mais Carole est très sympa et elle nous a mis rapidement à l'aise. Nous étions trois invités et l'ambiance était très conviviale et chaleureuse. J'ai vraiment passé une très bonne soirée et j'ai très bien mangé (sans faire la cuisine !). Je vous recommande d'essayer, c'est vraiment une belle expérience ! Un conseil : n'oubliez pas de remercier votre hôte et de mettre une critique sur le site !

13:25 - 24 mai. 2019

2 62 124

1 Dites si les phrases sont vraies ou fausses. Justifiez avec une phrase du texte.

	Vrai	Faux
1. Sophie est allée manger chez des amis.		
2. Pendant le repas, il n'y avait pas de légumes.		
3. On ne peut pas choisir le menu.		
4. Sophie est contente de sa soirée.		

Justification : ....

2 Remettez les étapes dans l'ordre.

a. dire ce qu'on ne peut pas manger
b. s'inscrire
c. payer pour le dîner
d. choisir un budget

1. .... **2.** .... **3.** .... **4.** ....

3 Répondez aux questions.

1. Combien de personnes ont mangé chez Carole ? ....

2. Quel est le conseil de Sophie ?..

❑ payer en ligne ❑ beaucoup manger ❑ dire merci

Production écrite

15 points

Vous recevez cette invitation. Vous écrivez un mail à un ami pour l'inviter au salon de la vie à la campagne. Vous parlez des activités que vous pourrez faire et du programme. Utilisez le futur simple (60 à 80 mots).

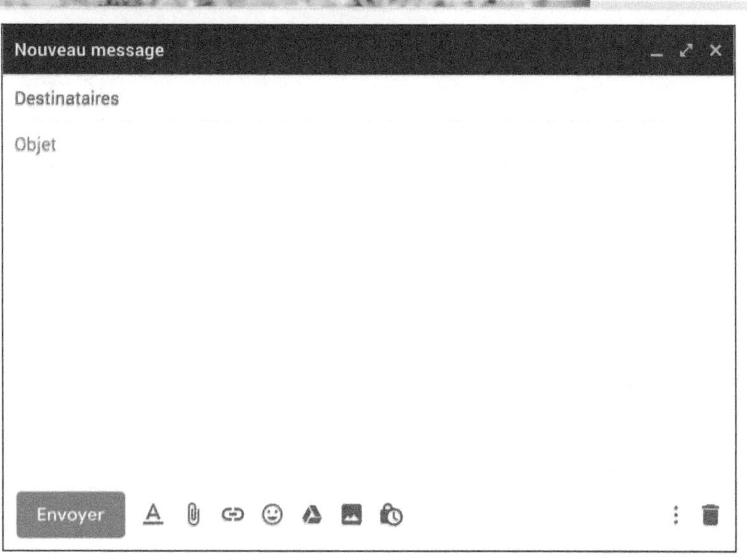

Production orale

15 points

Partie 1 : Entretien dirigé

Après avoir salué votre examinateur, vous vous présentez (nom, âge, loisirs, goûts...). Vous parlez des aliments que vous aimez. Est-ce que vous aimez aller au restaurant ? dîner avec des amis ? L'examinateur vous posera des questions complémentaires.

Partie 2 : Monologue suivi

Vous tirez au sort 2 sujets et vous en choisissez 1.
Vous vous exprimez sur le sujet.
L'examinateur peut ensuite vous poser des questions pour vous aider.

Sujet 1 :
Quel est le prochain événement auquel vous allez assister ? Ce sera quoi, quand, où, avec qui ?

Sujet 2 :
Est-ce que vous aimez organiser des événements festifs ? Pourquoi ? Comment les planifiez-vous ?

Partie 3 : Exercice en interaction

Choisissez un sujet. Jouez la situation avec l'examinateur.

Sujet 1 :
Vous êtes invité(e) pour une sortie. Remerciez puis refusez l'invitation. Donnez une excuse.
L'examinateur joue le rôle de la personne qui invite.

Sujet 2 :
Avec un ami, vous discutez pour organiser une soirée. Mettez-vous d'accord sur les étapes d'organisation, les activités et le repas.
L'examinateur joue le rôle de l'ami(e).

Total : ...... /100 points

Corrigés du test

Grammaire

1 **1.** Il en a mangé au dîner. **2.** Tu en prends trois. **3.** Les enfants en mangent toujours trop aux anniversaires. **4.** Tu en veux un peu ? **5.** Vous en avez pris ?

2 Pour la soirée au cirque, nous fixerons la date et nous réserverons les places. Vous arriverez directement au lieu de rendez-vous et Lucile vous donnera les billets. On s'installera ensemble et on profitera du spectacle. Stéphane prendra son appareil photo. Le spectacle finira vers 22 h. Après, on pourra aller prendre un verre. Pour le retour, il faudra raccompagner Marc chez lui.

3 **1.** Je le réserve. **2.** Il les appelle pour leur donner des nouvelles.
3. Le photographe va nous prendre en photo. **4.** Nous l'organisons. **5.** Tu la vois ?

4

	Présent	Futur	Passé composé
1.		X	
2.	X		
3.			X
4.	X		
5.		X	

Lexique

1

Aliment	Quantité
Bonbons	un paquet
Fromage	un peu
Lait	un litre
Haricots verts	beaucoup
Chocolat	une tablette

2 **1.** mariage **2.** anniversaire **3.** un atelier **4.** une soirée d'entreprise **5.** un festival

3 **1.** un cirque – **2.** une bibliothèque – **3.** un casino – **4.** un cabaret – **5.** un théâtre

4 **1.** e – **2.** c – **3.** d – **4.** b – **5.** a

Phonétique

1 **1.** Je le réserve ce soir.
2. Le chef le prépare.
3. Je vais acheter le cadeau pour Jean.
4. Tu viens samedi ?
5. Ce livre, est-ce que tu le veux ?

2 **1.** [ɛ̃] et [ɑ̃] **2.** [ɛ̃] et [ɑ̃] **3.** [ɔ̃] et [ɔ̃] **4.** [ɑ̃] et [ɛ̃] **5.** [ɑ̃] et [ɔ̃]

Compréhension de l'oral

1. Pour un départ à l'étranger
2. L'Italie
3. Tous les étudiants de la classe de français
4. C'est mercredi prochain.
5. C'est chez Marine.
6. Les invités apportent des plats.
7. Il faut 40 euros.
8. On va acheter un pull.
9. a. Faux (ils vont acheter les desserts).
b. Faux (ils invitent et ensuite, ils décident).

COMPRÉHENSION DES ÉCRITS

1 **1.** Faux. Elle a mangé chez des inconnus. **2.** Faux. Il y avait des crudités. **3.** Faux. On peut voir les menus. **4.** Vrai. C'est une belle expérience.

2 **1. b.** S'inscrire **2. a.** Dire ce qu'on ne peut pas manger **3. d.** Choisir un budget **4. c.** Payer pour le dîner

3 **1.** trois personnes **2.** dire merci

PRODUCTION ÉCRITE

Grille d'évaluation :

L'apprenant peut utiliser une formule d'appel au début du message et une formule de salutation en fin de message.	.... /2
L'apprenant peut utiliser des expressions pour inviter quelqu'un et fixer un rendez-vous.	.... /3
L'apprenant peut présenter un programme avec plusieurs activités.	.... /3
L'apprenant peut utiliser les formes grammaticales et morpho-syntaxiques appropriées.	.... /4
L'apprenant peut utiliser le lexique adapté à la situation.	.... /3

Proposition de corrigé :

De : crescencehab@yahoo.fr
À : Ambroisedis@hotmail.com
Objet : Salon de la vie à la campagne

Bonjour Ambroise,
Tu vas bien ? J'ai vu une affiche pour le salon de la vie à la campagne ! Je sais que tu adores la campagne ! C'est la semaine prochaine. ça te dit ? J'ai regardé le programme. On pourra voir les différentes activités à la campagne (comment cultiver son jardin, avoir des animaux...) et on pourra goûter des produits naturels et essayer et voir des activités proposées à la campagne (acrobranche, sortie en poney...). Il y aura aussi des présentations de recettes et on montrera des vidéos sur la production du fromage, des yaourts et d'autres aliments. On choisira aussi le meilleur agriculteur de France. Je pense que ce sera vraiment très intéressant. Si tu es d'accord, on peut y aller samedi. On se retrouve à 14 h devant la mairie ?
À bientôt
Crescence

PRODUCTION ORALE

Grille d'évaluation :

L'apprenant peut se présenter et répondre à quelques questions plus précises.	.... /3
L'apprenant peut accepter ou refuser des propositions.	.... /3
L'apprenant peut présenter de manière simple des projets ou des activités.	.... /3
L'apprenant peut utiliser du lexique adapté à des situations courantes.	.... /3
L'apprenant peut s'exprimer de façon suffisamment claire pour être compris.	.... /3

Propositions de corrigé :

Partie 1 :

Je m'appelle Benjamin. J'ai 29 ans. Je suis australien. J'aime nager et faire du surf. J'étudie le français. Pour les repas, j'aime beaucoup le poisson et les légumes. Je préfère aller au restaurant parce que je n'aime pas faire la cuisine. J'aime aussi faire des dîners avec mes amis.

Partie 2 :

Sujet 1 :
Le prochain événement que je vais voir, ce sera un spectacle de Jamel. Ce sera le week-end prochain avec mon ami Jean. Ce sera samedi soir à 10 h. Jamel est un humoriste. Je pense qu'on va beaucoup rire.

Sujet 2 :
J'aime beaucoup organiser des événements festifs. J'aime bien contacter les gens, imaginer les activités et faire les surprises pour des amis. Pendant les anniversaires ou les mariages, on rencontre beaucoup de personnes, on chante, on danse et on s'amuse. J'aime beaucoup ça. Pour les planifier, je n'aime pas utiliser les

sites. Je préfère contacter les personnes directement. Souvent, j'utilise les groupes sur les réseaux sociaux pour échanger.

Partie 3 :

Sujet 1 :

- Bonjour Adèle, tu veux aller au cinéma avec moi demain soir ?
- Ah, c'est vraiment gentil mais je ne peux pas. Je suis désolée... Demain, j'ai une fête de famille. Peut-être un autre jour ?
- Oui, on peut y aller vendredi soir ?
- Oui, pourquoi pas ! C'est pour voir quel film ?
- C'est *Une affaire de famille,* tu connais ?
- Oui, je voudrais bien le voir. D'accord pour vendredi. À quelle heure ?
- Ça passe à 18 h. On se retrouve à 17 h 30 devant le cinéma ?
- Oui, d'accord ! Merci.

Sujet 2 :

- Alors, on fait une fête pour l'anniversaire de Gustave ?
- Oui, on choisit le thème ?
- Non d'abord, on fait la liste des invités et on choisit le lieu.
- Oui, on invite qui ?
- On peut inviter ses amis et son frère ?
- Oui, on peut faire ça chez moi.
- D'accord.
- Et pour le dîner, on fait la cuisine ?
- Oui, ce sera moins cher.
- D'accord, on peut utiliser « CoTable », ce sera plus facile.
- Oui, bonne idée.
- Bon maintenant, on doit choisir le cadeau et envoyer les invitations.
- Non, on envoie les invitations et après, on décidera pour le cadeau.
- Très bien.
- Et ensuite, on décide des activités avec les invités.
- Très bien.

Transcriptions du test

PHONÉTIQUE

2 Piste 2

1. Ça dure combien de temps ?
2. Tu viens au Nouvel An ?
3. On va au Japon ?
4. Vous mangez bien ?
5. Le restaurant a bonne réputation.

COMPRÉHENSION DE L'ORAL

Piste 3

- Salut Romain, c'est Marine.
- Salut Marine, tu vas bien ?
- Oui, ça va. Je t'appelle parce que je voudrais faire une fête pour le départ de Malo en Italie.
- Oui, c'est une bonne idée ! On peut la faire mercredi prochain.
- Oui, d'accord. On peut faire ça chez moi, il y a de la place. Je vais décorer le salon sur le thème de l'Italie. On invite qui ?
- On invite tous les étudiants de la classe de français.
- On peut demander à chacun d'apporter un plat ou une boisson.
- Oui, et on achète les desserts. On peut acheter aussi un cadeau.
- Ça sera un souvenir pour lui... Si on a un budget de 40 euros, on peut acheter le pull qu'il a vu en vitrine.
- Oui, pourquoi pas. On invite tout le monde et après on décide.
- D'accord.

UNITÉ 2

Vous avez deux minutes ?

Agir

OBJECTIFS

1. Parler d'une rencontre
2. Raconter une anecdote
3. Faire un portrait

ATELIERS D'EXPRESSION

- Engager une conversation
- Publier une annonce pour proposer un trajet

Coopérer

PROJET CULTUREL

Photographier les visages de son village

MISSION

Vous avez deux minutes... pour retrouver la propriétaire ?

Apprendre

STRATÉGIES *p. 40-41*

S'EXERCER *p. 38, 39, 43, 139*

ÉVALUATION

- Bilan linguistique ***Cahier, p. 24-25***
- Préparation au DELF ***Cahier, p. 26-27***

Grammaire

- Les pronoms relatifs *qui, que, où*
- Le passé composé
- L'imparfait de description

CONJUGAISON

Conduire

Lexique

- Des professions (1)
- Rencontrer quelqu'un
- Des moyens de transport
- Des caractéristiques physiques
- Des qualités morales

Phonétique

- Les voyelles [y], [ø] et [œ]
- Les consonnes [k] et [g]

Culture

- Les stations du métro parisien
- Extrait de : *Les couleurs primaires*, de Mélissa Verreault

Visages Villages
Bande-annonce du documentaire

p. 30-31

OUVERTURE DE L'UNITÉ

Titre de l'unité

page 30

2 minutes

- Marcher dans la classe puis s'arrêter devant un apprenant et demander « Vous avez deux minutes ? » en montrant sa montre.
- Demander aux apprenants ce qu'on peut répondre à cette question (« Oui, bien sûr », « Désolé, je suis pressé… »).

Illustration

page 30

5 minutes

- Montrer l'image et demander « Qu'est-ce que vous voyez ? ».
- Faire remarquer la poignée de main qui évoque les salutations.
- Demander ce que fait l'homme.
- Lire la première question et laisser les apprenants y répondre.
- Lire la deuxième partie et lister au tableau les activités évoquées par les apprenants.

Proposition de corrigé : Je prends toujours le temps de saluer mes voisins. J'ai deux minutes pour lire, parler à un ami, écouter une chanson, caresser mon chat…

p. 32-33

SITUATION 1 Parler d'une rencontre

LA MINUTE PÉDAGOGIQUE

Un mot, c'est comme un Lego : on peut ajouter une pièce avant (préfixe) et après (suffixe). Comme on joue avec les Legos, on joue avec les mots… Et tout est jou-able ! Mais êtes-vous jou-**eur** ?

Activité 1

page 32

10 minutes

a

- Montrer le document 1. Demander aux apprenants qui est la personne (Stromae) et s'ils la connaissent.
- Demander quels éléments permettent de reconnaître la personne (nœud papillon, coiffure, forme du visage).
- Constituer des groupes. Lire la question et laisser les apprenants échanger. Les encourager à détailler leurs expériences. Si les apprenants pensent n'avoir jamais rencontré de personnalité, les encourager à parler de personnalités locales.

Proposition de corrigé : J'ai déjà rencontré Eliud Kipchoge. Il est kenyan. Il a été plusieurs fois champion du monde et champion olympique de marathon. Je l'ai rencontré dans un ascenseur à Berlin.

b

- Demander aux groupes de lister les personnalités connues.
- Comparer les listes des différents groupes.

Proposition de corrigé : Teddy Riner, Mo Farah, Stromae, Eugeny Kissin, Patrick Montel…

Activité 2

page 32

10 minutes

a

- Montrer le document 2 et demander aux apprenants ce que c'est (une affiche de film).
- Faire lire le titre et faire remarquer la proximité des deux mots.
- Demander aux apprenants de décrire l'image. Faire décrire les deux personnages

et demander s'ils se ressemblent. Montrer que la différence des personnages correspond au mot « visages » au pluriel.
- Demander à quoi leur fait penser la scène (référence à la couverture de l'album des Beatles, *Abbey Road*).
- Laisser les apprenants décrire le second plan et leur demander ce que l'œil évoque pour eux (le regard, le visage...).

Proposition de corrigé : Sur l'affiche, on voit deux personnes en train de traverser sur un passage piéton. Une personne est une petite femme âgée. L'autre est un grand homme habillé en noir. La femme est heureuse. L'homme est sérieux. On voit un œil peint sur un wagon. Le titre du film est *Visages, Villages*.

- Lire la consigne « Imaginez l'histoire... ».
- Au tableau, écrire *C'est l'histoire de...*
- Constituer des groupes et laisser chaque groupe imaginer l'histoire du film. Partager les histoires imaginées à la classe, puis annoncer « On va vérifier » et passer à l'activité 3.

Proposition de corrigé : C'est l'histoire d'un village dans les Pyrénées. Un homme vient s'installer dans le village. Il vient de la banlieue parisienne. Il est très sérieux et n'aime pas la campagne. Il rencontre une femme âgée qui habite depuis toujours à la campagne. Ils deviennent amis.

page 32

⌛ 10 minutes

Activité 3

- Faire écouter une première fois le document. Puis, lire les questions en relevant les mots clés (genre, qui, réalisateurs, comment, objectif, rencontrent qui).
- Proposer une deuxième écoute et laisser les apprenants échanger leurs informations par deux.
- Demander aux apprenants de rédiger une phrase de réponse pour chaque question. Si nécessaire, proposer une autre écoute.
- Corriger en écrivant les réponses au tableau.

Corrigé : **a.** C'est un documentaire. **b.** Les réalisateurs sont Agnès Varda, la cinéaste, et JR, un artiste urbain. **c.** Elle est petite et âgée. Il est grand et jeune. **d.** Leur objectif est de rencontrer des gens, de les photographier et de laisser leurs visages sur les murs. Ils veulent faire du lien. **e.** Ils rencontrent des gens dans les villages.

Piste 14

C'est l'histoire d'une rencontre entre Agnès Varda, la cinéaste et JR, un artiste urbain qui décident de faire un film ensemble. Elle est petite, il est grand. Elle est âgée, il est jeune. Ils parcourent la France à bord d'une camionnette et s'arrêtent dans des villages où ils rencontrent des gens. Il y a un garagiste, un facteur, des ouvriers d'usine, une serveuse, un agriculteur, des femmes de mineurs... des personnes que les deux réalisateurs écoutent avec attention. Ils les photographient et laissent leurs visages sur les murs des usines, des maisons ou du village... Un documentaire qui fait du lien et du bien !

#culture

Agnès Varda est une réalisatrice française. Elle débute comme photographe après des études aux beaux-arts et comme plasticienne, puis se dirige vers le cinéma. Elle réalise des films parfois engagés et s'intéresse à différents aspects sociologiques. L'un de ses grands succès est *Sans toit, ni loi*, avec Sandrine Bonnaire, qui retrace la vie d'une jeune fille vagabonde. Elle a reçu de nombreux prix dont un Oscar d'honneur (2017).
L'art urbain comprend les modes d'expression qui ont lieu dans la rue et sont souvent éphémères : graffiti, *yarn bombing*, mosaïque... Parmi les artistes urbains français, on compte notamment Invader, JR, JonOne ou Seth.

page 32

⌛ 5 minutes

Activité 4

- Lire les définitions et demander « C'est quelle profession ? C'est quel travail ? ».
- Faire écouter le document et laisser les apprenants retrouver les professions en binômes.
- Corriger en écrivant les professions au tableau.

Corrigé : **a.** une serveuse **b.** un garagiste **c.** un facteur **d.** un ouvrier **e.** un agriculteur

Constituer des groupes. Chacun leur tour, les apprenants miment une profession, les autres devinent de quel métier il s'agit.

page 32

⌛ 10 minutes

Activité 5

- Écrire les trois sons au tableau et les prononcer.
- Faire écouter le document et laisser les apprenants indiquer quel son ils entendent pour chaque proposition.
- Corriger en écoutant de nouveau chaque mot.

Corrigé : **a.** [ø] **b.** [y] **c.** [œ] **d.** [ø]

> **Piste 15**
> Écoutez. Vous entendez [y] ? [ø] ? [œ] ?
> **a.** deux
> **b.** un artiste urbain
> **c.** un facteur
> **d.** une serveuse

- Faire écouter et prononcer les trois sons.
- Montrer que pour les trois sons les lèvres sont arrondies et indiquer que la langue est dans la partie avant de la bouche.
- Montrer les trois symboles (très fermée, fermée, ouverte) et demander aux apprenants d'écrire un son pour chaque symbole.
- Corriger et inviter les apprenants à prononcer de nouveau.

Corrigé : très fermée [y] – fermée [ø] – ouverte [œ]

> **Piste 16**
> Écoutez, prononcez et observez les sons [y], [ø], [œ].

- Au tableau, écrire les trois sons, puis écrire *métier* = *profession*.
- Demander aux apprenants de trouver des métiers pour chaque son.
- Corriger en écrivant le maximum de propositions. Montrer les graphies de chaque son.

Corrigé : [y] → agriculteur – instituteur – charcutier – éducateur
[ø] → serveuse – chanteuse – coiffeuse
[œ] → facteur – réalisateur – acteur – danseur

> cahier
Activités 7 et 8, p. 17

page 32

⌛ 10 minutes

Activité 6

- Demander aux apprenants « Quels films vous connaissez ? Quels films vous aimez ? » Faire une liste au tableau.
- Constituer des binômes et demander « Racontez un film ». Au tableau, écrire *C'est l'histoire de...*
- Laisser quelques minutes aux apprenants pour raconter les films.
- Relever les erreurs les plus fréquentes et les corriger avec la classe entière.

Proposition de corrigé : C'est l'histoire de deux étudiants en médecine. Un des étudiants travaille beaucoup pour réussir le concours. L'autre étudiant ne travaille pas beaucoup mais il a des bonnes notes. Ils décident d'étudier ensemble pour réussir.

page 32

10 minutes

Activité 7

Le jeu a pour but de :
- raconter son parcours ;
- découvrir des noms de professions ;
- réutiliser les pronoms relatifs *qui* et *que* ;
- reprendre les questions avec *est-ce que...* ;
- jouer en français.
- Prendre une carte sans la regarder et la montrer à la classe.
- Poser des questions pour trouver la profession.
- Constituer des groupes.
- Expliquer le but du jeu : trouver le maximum de professions.
- Expliquer que les apprenants posent une question chacun leur tour.
- Les laisser jouer.
- Consulter la fiche pédagogique p. 291.

page 33

15 minutes

Activité 8

- Montrer le document 4. Demander aux apprenants de décrire la photo (des personnes qui parlent, elles sont heureuses...).
- Lire le document à voix haute.
- Demander aux apprenants de lire les questions et de relire le texte pour trouver les réponses.
- Après quelques minutes, demander aux apprenants de comparer leurs réponses avec leur voisin.
- Corriger en montrant les informations dans le texte.

Corrigé : a. C'est un réseau social. **b.** Élise Magnin l'a créé en 2017. **c.** Elle l'a créé parce qu'en ville, il n'y a pas d'esprit de quartier. On a peur de déranger. **d.** Les objectifs sont de développer l'entraide et la solidarité locales, et de recréer une vie de quartier. **e.** Dans un village, tout le monde se connaît et s'entraide. En ville, les personnes ne se connaissent pas, c'est plus compliqué.

- Montrer de nouveau tout le document.
- Constituer des binômes et écrire au tableau *Trois exemples d'aide* et *Deux raisons de se rencontrer*.
- Demander aux binômes de chercher les informations dans le texte.
- Corriger en montrant que certaines informations peuvent être données dans le titre ou le sous-titre du document.

Corrigé : aides : garder des enfants, arroser les plantes des voisins, aider à déménager. **raisons de se rencontrer :** se retrouver pour dîner, jardiner ensemble.

page 33

15 minutes

Grammaire : Les pronoms relatifs *qui, que, où*

- Lire les trois phrases d'exemple et écrire *qui, que, où* au tableau.
- Demander aux apprenants d'associer un des pronoms à chaque situation de la partie « Réfléchissez ».
- Corriger en écrivant deux phrases pour chaque exemple, en montrant quel mot est répété et quelle est sa place (sa fonction) dans la phrase (Il y a des personnes. Les deux réalisateurs écoutent ces personnes avec attention. *mes voisins.fr* est un réseau social. Il monte. J'ai grandi dans un petit village. Tout le monde se connaît dans ce village.).
- Insister sur « où = (préposition +) lieu » (complément de lieu).

- Si certains apprenants le demandent, introduire le métalangage en lien avec le point de grammaire (COD, COI, complément de lieu).
- Faire écouter le document 2 et demander aux apprenants quels pronoms relatifs ils entendent.
- Faire écouter de nouveau avec des pauses pour leur laisser le temps d'écrire les phrases qui contiennent un pronom relatif.
- Corriger en justifiant le choix des pronoms relatifs dans les phrases.

Au tableau !

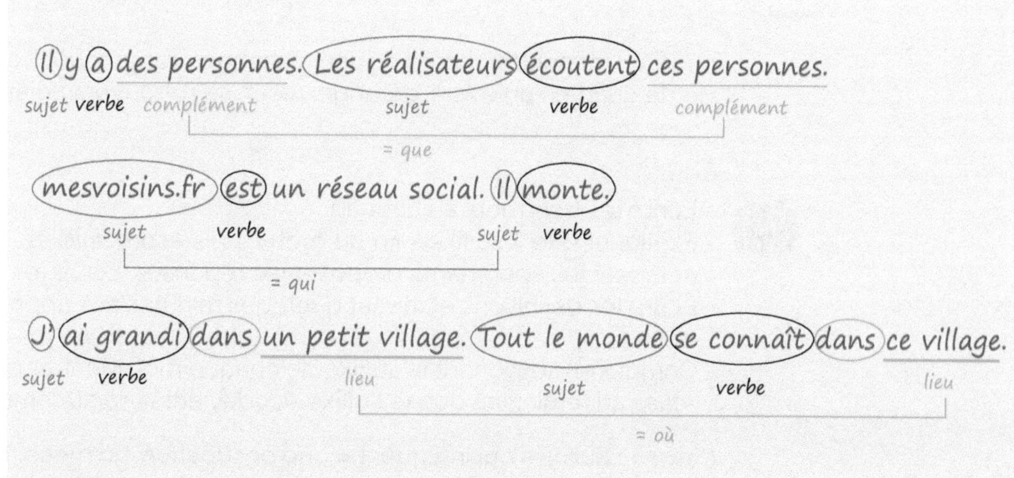

Corrigé :
Qui ➜ un sujet
Que ➜ un complément
Où ➜ (préposition +) lieu
C'est l'histoire d'une rencontre entre Agnès Varda, la cinéaste, et JR, un artiste urbain, qui décident de faire un film ensemble.
Ils s'arrêtent dans des villages où ils rencontrent des gens.
... des personnes que les deux réalisateurs écoutent avec attention.
Un documentaire qui fait du lien et du bien !

> cahier
Activités 2 et 3, p. 16

page 33
⌛ 10 minutes

Activité 9

a

- Au tableau, écrire *aide* et *proche*.
- Laisser une minute aux apprenants pour trouver un mot de la même famille dans le texte.
- Corriger. Montrer la construction du mot *entraide* et laisser les apprenants en déduire le sens.
- Écrire le mot *rapprocher* et aider les apprenants à le comprendre d'après le contexte.

Demander aux apprenants d'illustrer les mots *entraide* et *rapprocher*.

Corrigé : aide – entraide ; proche – rapprocher.

b

- Au centre du tableau, écrire le mot *rencontrer* et faire des liens pour montrer qu'on peut rattacher le mot à d'autres. Demander « Quels mots je peux utiliser pour parler de *rencontrer* ? »
- Laisser les apprenants compléter le schéma en binômes à l'aide du vocabulaire du texte.
- Corriger en mettant tous les mots choisis en commun. Si nécessaire, demander aux apprenants de justifier leur choix.

Au tableau !

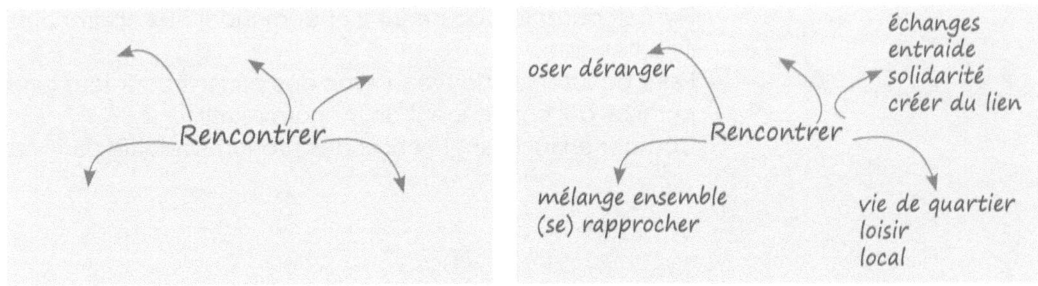

Bonne pratique
J'associe systématiquement les mots de la même famille ou je demande aux apprenants de les repérer.

Corrigé : rencontrer : créer du lien, échanges, rapprocher, l'entraide, la solidarité, une vie de quartier, un voisin, déranger, oser, se retrouver, mélange, ensemble...

Le suffixe

- Écrire les trois mots au tableau.
- Expliquer que « suffixe = fin du mot ». Puis écrire *suffixes – occupation, métier* = ... et laisser les apprenants proposer les réponses. Écrire les trois suffixes au tableau.
- Écrire les définitions et laisser quelques minutes aux apprenants pour retrouver les mots.
- Corriger en soulignant le suffixe de chaque mot. Montrer que le suffixe *-eur* devient *-euse* au féminin et que le suffixe *-ier* devient *-ière* au féminin.

Bonne pratique
J'incite les apprenants à faire une liste des préfixes et suffixes qu'ils rencontrent, avec des exemples.

Corrigé : Suffixes qui indiquent « une occupation, un métier » : *-eur, -iste, -ier, -ien*.
Personnes qui s'occupent :
- des dents : dent-iste ;
- des fleurs : fleur-iste ;
- de la cuisine : cuisin-ier ;
- de la mécanique : mécanic-ien. Attention, ce suffixe n'est pas indiqué dans le manuel.

> cahier
Activités 4, 5 et 6, p. 17

page 33
⌛ 10 minutes

Activité 10

- Demander aux apprenants le nom de villages. Demander quelles professions il y a dans ces villages et les écrire au tableau.
- Demander aux apprenants de choisir cinq professions (dans ou hors liste). Ensemble, présenter une profession.
- Laisser les apprenants écrire une définition pour chacune des professions choisies en utilisant un ou plusieurs pronom(s) relatif(s).
- Ramasser pour corriger.

Constituer des groupes. Demander à chaque apprenant de lire les présentations et laisser les autres trouver de quelles professions il s'agit.

Proposition de corrigé :
- C'est une personne qui travaille dans un lieu où il y a beaucoup de voitures. Il dépanne les gens et parfois, il vend les voitures qu'il répare. (garagiste).
- C'est une personne qui reçoit beaucoup de personnes dans son salon. Elle discute souvent avec ses clients qui restent une heure ou plus dans son salon. C'est une personne qui coupe les cheveux. (coiffeur(euse)).
- C'est une personne que les enfants voient tous les jours de la semaine. Elle doit être gentille et sérieuse. C'est une personne que les enfants n'oublient jamais et que les parents remercient souvent. (instituteur(trice)).
- C'est une personne qui travaille tous les jours. Elle se lève tôt et s'occupe des animaux. Elle travaille presque toujours à l'extérieur. (agriculteur(trice)).
- Le magasin de cette personne est un lieu où les personnes vont tous les jours. Chaque client paye quelques euros. Parfois, ils dépensent un peu plus. Cette personne se lève très tôt le matin. Elle est très importante pour le village. (boulanger(ère)).

page 33
⌛ 15 minutes

Activité 11

- Au tableau, écrire *mesvoisins.fr* (+ le nom de la classe).
- En dessous, écrire *Activités en français.*
- Constituer des groupes et demander « Pour le réseau *mesvoisins.fr* de la classe, quelles activités vous voulez faire ensemble en français ? ». Laisser quelques apprenants faire des propositions puis, laisser les groupes réfléchir.
- Après quelques minutes, demander à chaque groupe de présenter ses idées et à la classe de choisir une idée parmi celles proposées.
- Laisser les groupes réfléchir à la mise en œuvre de l'idée proposée. Demander à chaque groupe de présenter son projet pour la classe et si possible de la réaliser.

Proposition de corrigé : cuisiner, regarder un film, faire une playlist, faire des exercices, discuter en français, mémoriser du vocabulaire, partager des sites pour jouer en français...
Mise en œuvre : le mardi à 11 heures dans le hall – rendez-vous pour faire des exercices de grammaire sur les points étudiés pendant la semaine.

> cahier
Activités 1, 9, 10 et 11, p. 16 et 17

p. 34-35

SITUATION ❷ Raconter une anecdote

LA MINUTE PÉDAGOGIQUE

Apprendre, c'est ouvrir l'œil et être curieux. Il suffit parfois d'une anecdote pour éveiller la curiosité, inviter au questionnement et motiver sa classe. Alors, ouvrez l'œil !

page 34
⌛ 5 minutes

Activité 1

- Montrer le document 1. Demander aux apprenants ce qu'ils voient (un train, le monde).
- Puis lire la phrase. Demander aux apprenants d'expliquer la phrase, puis poser la question « Et dans votre pays, c'est comment ? ».

Proposition de corrigé : Au Japon aussi, les trains roulent à gauche. En Allemagne, les trains roulent à droite.

Bonne pratique
J'éveille la curiosité des apprenants par les images, les couleurs, des informations insolites ou inédites.

#culture

Dans le monde, **de nombreux trains** roulent à gauche car les chemins de fer ont été créés en Angleterre où les véhicules roulent à gauche depuis le Moyen-Âge. En France, le sens de circulation a été modifié à la Révolution mais les trains ont continué à rouler à gauche. En Alsace-Lorraine, les trains circulent à droite depuis la période où la région était allemande. En Allemagne, les trains roulent à droite. Aux États-Unis, ils roulent à gauche.

Alstom est une société française de transports spécialisée dans la construction des locomotives et des chemins de fer. Elle fabrique notamment les TGV (trains à grande vitesse).

page 34
⌛ 10 minutes

Activité 2

- Montrer le document 2. Montrer le logo de la RATP et les lignes de couleur et demander « Qu'est-ce que c'est ? ». Laisser les apprenants faire des propositions.
- Lire les questions **a.** et **b.** avec les apprenants et rédiger ensemble une réponse pour chaque question.
- Sur le document 2, montrer l'encadré « RATP STORIES ». Demander aux apprenants « Qu'est-ce que c'est ? ». Insister sur le sens de « *stories* » et son équivalent en français « histoires » et sur le verbe « écoutez ». Lire le descriptif et relever le mot « anecdote ».

Corrigé : **a.** La RATP est la compagnie de transports parisiens. **b.** Les couleurs représentent les lignes des transports (métro) et le numéro correspond au numéro de la ligne (du train). **c.** Les RATP STORIES racontent des anecdotes (histoires) dans les transports parisiens.

Bonne pratique
J'éveille la curiosité des apprenants par des découvertes culturelles.

#culture

La RATP est la Régie Autonome des Transports Parisiens. Elle existe depuis 1948. Elle est responsable des lignes de métro, de tramway, d'une partie des lignes parisiennes de bus et des lignes A et B du réseau régional (RER).

RATP STORIES raconte les origines de certains symboles des transports parisiens. Le carrelage blanc est le premier carrelage utilisé pour les lignes de métro (la ligne 1 en 1901). Il a été choisi blanc et biseauté pour refléter la lumière à une époque où il n'y avait pas l'électricité dans le métro. La station fantôme est une station qui n'est plus utilisée aujourd'hui pour les transports mais qui sert de lieu de tournage pour le cinéma.

page 34
5 minutes

Activité 3

- Constituer des binômes, lire la consigne et laisser une minute aux apprenants pour faire une liste.
- Corriger ensemble et laisser les binômes compter leurs points en fonction du nombre de moyens de transport trouvés.

Proposition de corrigé : Le tramway, le bus, le métro, la voiture, le vélo, le cheval, la trottinette, la moto...

> cahier
Activité 5, p. 18

page 34
10 minutes

Activité 4

ⓐ
- Montrer de nouveau le document 2 et l'encadré RATP stories. Faire écouter le document une première fois.
- Demander aux apprenants de lire les questions, puis faire écouter de nouveau le document.
- Laisser les apprenants choisir les réponses, puis corriger.

Corrigé : **a.** Cette anecdote parle du métro parisien. **b.** La station s'appelle Porte des Lilas. **c.** Dans cette station, il y a souvent des tournages. **d.** Dans cette station, il y a souvent des réalisateurs.

Piste 17

Ah, le cinéma ! On ne compte plus le nombre de scènes qui se déroulent dans le métro parisien. D'ailleurs, il y a une station réservée pour certains tournages qui s'appelle Porte des Lilas. On compte environ 60 tournages par an dont 20 longs-métrages. Et de grands réalisateurs comme Jean-Pierre Jeunet et de grandes actrices comme Meryl Streep ont foulé les quais de cette station Porte des Lilas.

ⓑ
- Au tableau, écrire *C'est l'histoire de...* et demander aux apprenants de raconter l'histoire en s'appuyant sur les éléments de la partie ⓐ et en complétant avec les éléments compris.
- Faire écouter de nouveau l'anecdote en lisant la transcription.
- Demander aux apprenants de lire le sous-titre de la partie « RATP STORIES » et de choisir à quelle situation l'anecdote correspond (Station fantôme).

Corrigé : La station Porte des Lilas est une station du métro parisien. C'est une station où on tourne des films. Il y a des réalisateurs et des acteurs qui viennent dans cette station.

#culture

Jean-Pierre Jeunet est un réalisateur français. Ses films offrent souvent une vision exagérée d'éléments du quotidien ou une succession de hasards. Parmi ses films les plus connus, on compte *Delicatessen* (1991), *Le Fabuleux Destin d'Amélie Poulain* (2001), *Un long dimanche de fiançailles* (2004).

page 34
⌛ 10 minutes

Activité 5

- Écrire les deux sons au tableau et les prononcer plusieurs fois.
- Faire écouter le document et laisser les apprenants choisir le son qu'ils entendent.

Corrigé : **a.** [k] – **b.** [g] – **c.** [k]

Piste 18

Écoutez. Vous entendez [k] ? [g] ?
a. qui s'appelle Porte des Lilas
b. de grands réalisateurs
c. les quais de cette station

- Faire écouter le document et montrer les deux sons au tableau. Demander aux apprenants de les prononcer.
- Prononcer les deux sons avec la bouche entrouverte. Montrer que pour ces deux sons, l'air sort d'un coup. Faire un geste avec la main pour simuler une explosion en prononçant chaque son.
- Poser sa main sur la gorge et demander aux apprenants d'en faire autant. Prononcer et faire prononcer les deux sons (attention à bien prononcer [k] et [g] sans ajouter de [ø]). Demander aux apprenants quel son fait vibrer la gorge.

Corrigé : le son [g]

Montrer le document 2 et demander aux apprenants de relever des mots avec [k] ou [g].

Corrigé : groupe – accueil – découvrir – contenus – embarqués – écoutez – lignes – carrelage – classe – direct – connecter – chacune – VGE – anecdotes – musique.

> cahier
Activités 7 et 8, p. 19

page 34
⌛ 10 minutes

Activité 6

- Demander « Vous prenez les transports en commun ? Souvent ? Quels transports ? ».
- Constituer des groupes et écrire *Anecdotes dans les transports en commun* au tableau.
- Demander aux apprenants de raconter une anecdote. Rappeler d'utiliser les temps du passé pour raconter une histoire.
- En correction, reprendre les erreurs fréquentes en écrivant les mots ou les phrases clés.

Proposition de corrigé : Un jour, j'ai pris le métro à Berlin. C'était un dimanche et je devais aller à la gare pour prendre un train. J'étais stressée. J'ai bien regardé le plan et quand je suis arrivée sur le quai, le métro est arrivé aussitôt. J'étais très contente. J'avais de la chance ! Les portes se sont fermées et j'ai entendu « Contrôle des billets ». Il y avait des contrôleurs dans le train. J'ai cherché mon ticket et, là, j'ai compris que j'avais oublié d'acheter mon ticket...

page 34
⌛ 10 minutes

Activité 7

- Constituer des groupes.
- Dire « Je suis dans le métro. Il y a beaucoup de monde. Je lis et soudain... ». Adopter un air mystérieux ou de surprise. Puis, dire « C'est à vous ! Imaginez ! Continuez l'histoire ! ».
- Laisser les apprenants imaginer l'histoire ensemble ou raconter chacun leur tour une histoire.

Proposition de corrigé : Je suis dans le métro. Il y a beaucoup de monde. Je lis et soudain, une femme se lève et commence à chanter. Ensuite, un homme se lève et joue de la trompette pour accompagner la femme qui chante. D'autres personnes se lèvent. Elles jouent d'un instrument. Elles sont partout dans le métro. Les gens sourient et écoutent. Quand les personnes ont fini de jouer, les passagers applaudissent et je descends à ma station habituelle.

page 35

⌛ 10 minutes

Activité 8

- Montrer le document 4. Montrer le nom du site « iDVROOM » sans le lire. Laisser les apprenants le lire et comprendre le sens du nom. Corriger et demander aux apprenants quel est le bruit attribué aux voitures dans leur langue.
- Demander qui est partenaire d'iDVROOM et si nécessaire, orienter les apprenants en leur demandant de trouver le logo.

Corrigé : a. iDVROOM correspond à « Idée » + Vroom (bruit d'une voiture qui roule). **b.** La SNCF.

page 35

⌛ 15 minutes

Activité 9

Montrer le document 4 et relever le mot « covoiturage ». Demander aux apprenants ce que cela signifie et rappeler le sens de « co- avec ».

- Lire les trois titres. Expliquer le mot « économie » et faire écouter le document.
- Pour chaque anecdote, demander aux apprenants quel titre ils ont choisi. Leur demander quels mots leur ont permis de choisir et qui sont les personnages de chaque anecdote.

Corrigé : a. 2 – **b.** 1 – **c.** 3

Piste 20

1. J'ai rencontré Marjorie *via* iDVROOM. Nous faisons le trajet maison-boulot ensemble. Un jour, nous avons eu un petit accident. On a appelé les secours. Ils sont arrivés une heure après. Nous avons eu le temps de discuter et de rire. Nous nous sommes bien entendues et nous sommes devenues amies.
2. Un soir, je suis monté dans une camionnette à frites. Le conducteur m'a dit : « N'oublie pas de mettre ta ceinture ! ». J'ai trouvé ça bizarre. Mais après, j'ai compris. Pour faire des économies, il éteint son moteur dans les descentes !
3. Bon, un jour, je suis sorti de mon travail plus tôt que d'habitude. Et j'ai conduit jusqu'à la maison. J'ai complètement oublié mon covoitureur. Il m'a attendu pendant plus de 20 minutes. Il a pris le tram et le bus pour rentrer chez lui. Je me suis excusé et j'ai décidé de télécharger l'application pour ne plus oublier personne !

(b)

- Laisser quelques minutes aux apprenants pour lire les propositions puis, faire écouter de nouveau le document.
- Laisser les apprenants choisir l'anecdote qui correspond à chaque proposition.
- Corriger et expliquer que le covoiturage permet de gagner un peu d'argent et que le fait de couper le moteur permet aussi de gagner de l'argent en économisant de l'essence.

Corrigé : a. 2. – **b.** 3 – **c.** 1

- Si nécessaire, faire l'activité 10 avant la partie (c).
- Constituer des groupes de 3. Écrire les trois titres au tableau et demander aux apprenants de se répartir les titres dans le groupe. Au tableau, écrire *Un jour, ...* et expliquer que l'expression permet d'introduire un événement inhabituel. Écrire des mots-clés au tableau *prendre en covoiturage – faire du covoiturage – un covoitureur – une camionnette – mettre sa ceinture – avoir un accident – la descente*. Chacun raconte l'anecdote qui correspond au titre choisi.
- Corriger en écrivant les informations essentielles pour chaque anecdote.

Proposition de corrigé : **1.** Je prends le covoiturage pour aller de la maison au travail. Un jour, nous avons eu un accident. On a attendu une heure. On a beaucoup discuté et on est devenues amies. **2.** J'ai fait du covoiturage avec une personne dans une camionnette à frites. Il m'a dit de bien mettre ma ceinture. Il a éteint le moteur dans les descentes pour économiser de l'argent. **3.** Normalement, je prends une personne en covoiturage. Un jour, je suis rentré chez moi et j'ai oublié le covoitureur. Je me suis excusé et j'ai téléchargé une application pour ne plus oublier les covoitureurs.

> cahier
Activité 6, p. 19

page 35
⌛ 10 minutes

Activité 10

Lire la question et faire écouter le document. Laisser les apprenants faire la liste des moyens de transport entendus, puis corriger.

Corrigé : une camionnette – le tram – le bus

- Laisser les apprenants lire les verbes et les noms. Faire écouter le document et demander aux apprenants d'associer.
- Corriger en expliquant le sens des expressions.

Corrigé : faire un trajet – éteindre son moteur – mettre sa ceinture – avoir un accident

page 35
⌛ 10 minutes

Grammaire : Le passé composé

- Écrire les phrases d'exemple au tableau et les lire.
- Entourer les auxiliaires et souligner la fin des participes passés.
- Ensemble, compléter la partie « Réfléchissez ».
- Compléter la liste des verbes qui se conjuguent avec *être* en ajoutant ceux que les apprenants connaissent déjà.
- Montrer la deuxième phrase d'exemple. Montrer le verbe *être* puis faire une flèche entre le sujet et l'accord du participe passé.
- Laisser les apprenants lire les phrases de la partie « Appliquez ».
- Faire écouter le document et laisser les apprenants compléter les auxiliaires pour chaque phrase. Puis, laisser quelques minutes aux apprenants pour accorder les participes passés si nécessaire.
- Corriger en expliquant : « appelé » n'est pas accordé avec le sujet (auxiliaire *avoir*), « nous = Marjorie et moi – sujet féminin pluriel » – auxiliaire *être* – accord avec le sujet, « je = sujet masculin singulier » – auxiliaire *être* – participe passé au masculin singulier.

Corrigé : aller, venir, partir, sortir ➜ *être* + participe passé
Avec *se* + verbe ➜ *être* + participe passé
Avec *être*, le participe passé s'accorde avec le sujet.
a. On a appelé les secours. **b.** Nous nous sommes bien entendus. **c.** Un jour, je suis sorti de mon travail.

> cahier
Activités 2 et 3, p. 18

page 35
⌛ 10 minutes

Activité 11

- Au tableau, écrire *Enquête sur les moyens de transport*.
- Expliquer que le journaliste pose les réponses et qu'ils doivent y répondre.
- Faire écouter la première question et laisser quelques apprenants réagir.
- Faire écouter les questions les unes après les autres et laisser les apprenants réagir chacun leur tour.

Proposition de corrigé : **1.** Je me déplace plutôt en voiture. **2.** J'utilise un peu les transports en commun. Le bus et le tram. **3.** Je ne covoiture pas. Je n'aime pas voyager avec d'autres personnes. **4.** Je prends souvent le train et l'avion pour me déplacer pendant les vacances. **5.** Je préfère le train. C'est rapide et confortable.

Piste 21

1. Vous vous déplacez plutôt à pied, à vélo ou en voiture ?
2. Est-ce que vous utilisez les transports en commun ? Lesquels ?
3. Est-ce que vous covoiturez ?
4. Vous avez déjà pris le train ? L'avion ? Pour quels déplacements ?
5. Quel est votre moyen de transport préféré ?

page 35

⌛ 10 minutes

Activité 12

- Constituer des groupes de 3.
- Au tableau, écrire les trois étapes.
- Rappeler que « Un jour, ... » introduit un événement spécial.
- Demander aux apprenants quels temps vont être utilisés pour chaque étape (1. Imparfait, 2. Passé composé, 3. Présent).
- Demander à chaque groupe de prendre une feuille.
- Dans chaque groupe, un premier apprenant rédige l'étape 1, puis plie la feuille et la passe à un deuxième apprenant. Le deuxième apprenant rédige l'étape 2, plie la feuille et la passe au troisième apprenant qui rédige l'étape 3. Encourager les apprenants à détailler chaque étape.
- Les apprenants déplient la feuille et lisent l'anecdote.
- Les anecdotes seront insolites. Demander si quelques anecdotes ont du sens.
- Recommencer l'activité pour que chaque apprenant puisse faire chaque étape.

Proposition de corrigé :

1. C'était en 2003 à Paris. J'habitais dans la capitale depuis trois ans.
2. Un jour, j'ai mangé au restaurant avec mes amis et on a bien ri.
3. Depuis, je ne parle plus à Aurélie et je suis beaucoup plus heureux.

> cahier
Activités 1, 9, 10 et 11, p. 18 et 19

p. 36-37

  Faire un portrait

LA MINUTE PÉDAGOGIQUE

Comment aider ses apprenants à lire un texte ? Il suffit de leur demander de se concentrer sur les mots connus et de les encourager à comprendre le sens global. Après (et seulement après !), on les invitera à proposer des significations des mots inconnus. Ils s'aideront du contexte et de ce qu'ils savent déjà.

page 37

⌛ 10 minutes

Activité 1

- Montrer le document 1.
- Montrer la couverture du livre et écrire le mot *Couverture* au tableau.
- Expliquer que la question a porte sur la couverture et que les questions b et c portent sur le texte. Expliquer que la question b porte sur l'imagination du lecteur et la question c sur les éléments du texte. Montrer l' « Aide à la lecture ».
- Laisser les apprenants lire les questions et découvrir le texte individuellement sans dictionnaire.
- Proposer aux apprenants de dessiner les personnages si cela apporte plus de sens pour eux, notamment pour les apprenants à profil visuel dominant.
- Corriger la partie a en montrant les informations sur la couverture. Expliquer le sens de « couleurs primaires ».
- Corriger la partie b en listant les éléments qui apportent des odeurs et en imaginant les couleurs suggérées par le texte. Demander aux apprenants qui sont les personnages puis, comment ils les imaginent. Insister sur leurs représentations plus que sur les informations du texte.

– Corriger la question (c) en insistant sur les éléments donnés par le texte.

> **Bonne pratique**
> J'encourage les apprenants à relever ou souligner les mots et les passages compris plutôt que ceux qui posent problème.

Corrigé : (a) **a.** Titre : Les couleurs primaires – **Auteur** : Mélissa Verreault – Couleur : jaune **b.** L'extrait : Rouge
(b) **Odeurs** : safran, paëlla, crevettes, poivrons grillés, humidité – **J'imagine les couleurs** : jaune, rouge, orange, vert – **Personnages** : Madame Fernandez, j'imagine qu'elle n'est pas très grande, brune, un peu ronde. – J'imagine Camille jeune, étudiante, de taille moyenne, mince, les cheveux longs et châtains.
(c) **Son origine** : espagnole – **Son âge** : 75 ans (mais en paraît 50) – **Ses couleurs** : rouge, orangé – **Ses goûts** : le flamenco, la danse, la cuisine

page 37
⏳ 15 minutes

Activité 2

- Lire le texte à voix haute en jouant sur les intonations et le découpage des phrases pour favoriser les apprenants à profil auditif dominant.
- Constituer des groupes et laisser quelques minutes aux apprenants pour répondre aux questions **a.** et **b**.
- Corriger la question **a.** en montrant les éléments dans le texte. Si nécessaire, introduire l'expression « avoir l'air » pour montrer qu'on imagine d'après les éléments du texte.

Corrigé :
a. Madame Fernandez écoute de la musique mais l'appartement de Camille est silencieux. Madame Fernandez fait la cuisine mais il n'y a rien dans le frigo de Camille. Dans l'appartement de Madame Fernandez, ça sent la paëlla mais dans l'appartement de Camille, ça sent l'humidité. Madame Fernandez a l'air heureuse et ouverte mais Camille a l'air triste et timide. **b.** Elle partage sa paëlla. Généreuse – Elle a des fleurs dans les cheveux. D'humeur joyeuse – Elle est souvent habillée de rouge et d'orangé. Colorée – Son sourire était lumineux. – Souriante.

page 37
⏳ 10 minutes

Activité 3

(a)
- Écrire les expressions au tableau et demander aux apprenants quelles informations sont données avec chaque expression.
- Faire relever le type de mots utilisés avec chaque expression. Compléter le descriptif.

Proposition de corrigé : *Elle est* + origine (adjectifs : origine, qualités morales, description physique...).
Elle a + âge (chiffre ou nom – avec article – d'un objet possédé...).
C'est + genre (nom – avec article - profession, genre...).
Elle porte + tenue (nom – avec article).

(b)
Demander aux apprenants de faire le portrait de leur voisin(e) idéal(e) par écrit. Leur proposer de réutiliser les adjectifs de la partie mémo p. 42 « Des qualités morales ». Inciter les apprenants à parler des qualités morales plutôt que des particularités physiques.

Proposition de corrigé : C'est une personne intelligente. Elle est patiente. Elle a de bonnes idées. Elle porte des vêtements colorés et lumineux.

(c)
- Demander à un apprenant de lire sa description et laisser les autres réagir et compléter la description.
- Demander aux apprenants ce qu'ils peuvent changer pour être les voisins idéaux.

Proposition de corrigé : Je peux être plus patient. Je peux écouter mes voisins. Je peux sourire quand je les rencontre.

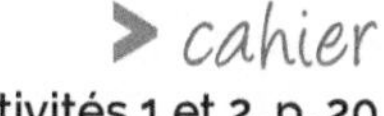

Activités 1 et 2, p. 20

page 37

⌛ 10 minutes

Grammaire : L'imparfait de description

- Lire les phrases d'exemple et demander aux apprenants de trouver l'infinitif des verbes soulignés.
- Demander aux apprenants de conjuguer chaque verbe au présent de l'indicatif avec « nous ».
- Leur demander quelle partie du verbe est identique, puis faire relever les terminaisons de l'imparfait.
- Attirer l'attention sur le verbe *être* qui est irrégulier à l'imparfait.
- Si les apprenants ont bien compris cette partie, leur demander d'écrire le verbe *crier* à l'imparfait pour montrer qu'il y a parfois deux « i » qui se suivent à l'imparfait.
- Constituer des groupes et demander « Comment est Camille ? ». Laisser les apprenants échanger à l'oral. Après quelques minutes, leur demander de rédiger la description de Camille à l'imparfait comme si c'était une partie du roman.
- Demander aux apprenants de relire le texte pour s'assurer de la conjugaison des verbes à l'imparfait.
- Ramasser pour corriger.

Proposition de corrigé :
Terminaisons : *ais, ais, ait, ions, iez, aient.*
Camille était de taille moyenne et mince. Elle avait les cheveux longs et châtains. Elle portait toujours des jeans et des t-shirts de couleur foncée. C'était une jeune fille gentille mais triste. Elle ne riait pas beaucoup, elle n'avait pas beaucoup d'amis, elle ne parlait pas beaucoup. Elle était timide.

Bonne pratique
Je montre aux apprenants qu'ils connaissent déjà certains éléments (les conjugaisons au présent) qui facilitent le nouvel apprentissage (imparfait).

> cahier

Activités 3, 4, 5 et 6, p. 20 et 21

Demander aux apprenants de conjuguer les verbes spécifiques à l'imparfait : *voya**ger**, commen**cer**, pa**yer**.*

p. 38-39

LAB' LANGUE & CULTURE

page 38

⌛ 10 minutes

Culture

- Montrer le document et demander ce que c'est. Faire repérer le numéro de la ligne, la provenance et la destination. Lire quelques noms de stations.
- Au tableau, écrire les différentes catégories et demander aux apprenants de classer les noms de stations.
- Corriger en donnant quelques informations sur chaque nom.
- Lire la question dans la bulle et laisser les apprenants répondre spontanément.

Corrigé : **Lieux** : Châtelet, République, Belleville, Pyrénées, Place des fêtes, Porte des Lilas – **Monuments** : Hôtel de Ville, Arts et Métiers, Mairie des Lilas – **Personnalités** : Rambuteau, Goncourt – **Objets** : Télégraphe – **Autres** : Jourdain.
Proposition de corrigé : Autres stations dans d'autres villes : **Rennes** : Jacques Cartier, Ponchaillou, Charles de Gaulle, Sainte-Anne – **Bruxelles** : Clémenceau, Delacroix, Jacques Brel, Porte de Namur.

#culture

La station « Châtelet » tire son nom de la place du Châtelet. Claude-Philibert Barthelot de **Rambuteau** était un préfet de la Seine au XIXe siècle. Il a débuté la transformation de Paris, notamment en engageant la percée des Champs-Élysées. La transformation est ensuite poursuivie par Haussmann.
La station « Arts et Métiers » tient son nom de l'École supérieure nationale des Arts et Métiers, une des plus anciennes écoles d'ingénieurs de France, spécialisée dans le génie industriel et mécanique.

La station « République » est nommée d'après la place de la République.
Edmond de Goncourt était un écrivain français du XIXe siècle rattaché au courant du naturalisme. Il a rédigé une partie de ses œuvres en collaboration avec son frère Jules. C'est un auteur peu lu aujourd'hui mais *Journal* offre un témoignage précis de la vie des écrivains au XIXe siècle. Il est à l'origine de l'Académie Goncourt et du prix de littérature attribué chaque année.
« Belleville » vient d'un quartier autrefois situé en campagne, puis devenu un quartier populaire de Paris.
La station « Pyrénées » fait référence à la montagne dans le sud de la France et au traité de paix entre la France et l'Espagne qui porte le même nom.
Le Jourdain est le nom d'un fleuve de Palestine dans lequel le Christ a été baptisé par saint Jean-Baptiste. Toutes les églises de Belleville sont dédiées à ce saint. La station de métro fait donc référence au fleuve de Palestine.
La station « Télégraphe » fait honneur à la machine inventée par Claude Chappe, physicien français du XVIIIe siècle.
La station « Place des Fêtes » rappelle la place des Fêtes créée en 1830 pour permettre à la commune de Belleville d'accueillir des événements festifs de grande envergure.
La porte des Lilas est l'une des portes d'entrée de la capitale. Les portes correspondent à différentes enceintes qui ont entouré la ville.

- Montrer comment sont indiquées les correspondances pour chaque station de métro.
- Montrer un plan de métro. Constituer des groupes et leur demander de choisir une ligne. Laisser chaque groupe chercher quelques informations sur les noms de stations. Chaque groupe présente quelques noms à la classe.

page 38

10 minutes

Langue 1

- Lire l'exemple « Concorde ». Montrer que la définition contient le pronom relatif *qui*.
- Demander aux apprenants de citer des lieux ou des personnes en lien avec Paris.
- Individuellement, laisser les apprenants choisir des lieux ou des personnes et une phrase pour les présenter en utilisant un pronom relatif.
- Si nécessaire, rappeler le choix entre *qui*, *que* et *où*.

Proposition de corrigé :
Tour Eiffel : c'est un monument qui est en fer et que Gustave Eiffel a imaginé pour l'exposition universelle de 1889. C'est un lieu où les touristes prennent des photos.
Champs-Élysées : c'est une avenue que Rambuteau a percé pour ouvrir la ville de Paris et la transformer au XIXe siècle. Aujourd'hui, c'est une avenue qui rassemble beaucoup de grandes marques.
Orsay : c'est une ancienne gare qui est devenue un musée où on peut voir les tableaux des Impressionnistes.
Émile Zola : c'est un écrivain du XIXe siècle qui a décrit son époque avec beaucoup de précision. Il a écrit des romans que les élèves lisent encore aujourd'hui.
Édith Piaf : c'est une chanteuse qui vient d'un milieu populaire et qui est devenue un symbole de la France.

page 38

10 minutes

Langue 2

- Constituer des binômes. Dire « On va raconter une histoire » et demander quels temps doivent être utilisés (passé composé, imparfait).
- Au tableau, écrire *Le jour où je suis allé(e) à Paris....*
- Demander à un apprenant de chaque binôme d'inventer l'histoire, puis changer les rôles.
- Si les apprenants ont du mal à imaginer, leur donner quelques contraintes (avec mon voisin – Arc de triomphe – police).

Proposition de corrigé : Le jour où je suis allé(e) à Paris, j'ai pris le train jusqu'à la gare Montparnasse. Et ensuite, j'ai pris le métro jusqu'à la Concorde. Normalement, il y a beaucoup de voitures autour de la Concorde mais, ce jour-là, c'était une journée sans voiture à Paris ! C'était super ! J'ai pris des photos tranquillement, sans voitures. J'ai marché au milieu de la rue et j'ai descendu les Champs-Élysées qui étaient très calmes ! C'était magique !

page 38
10 minutes

Langue 3

- Montrer le dessin. Lire le nom de la station et le titre de l'histoire. Demander aux apprenants d'imaginer qui est Fulgence.
- Demander à un apprenant de lire le texte, puis laisser quelques minutes pour que chacun écrive la description à l'imparfait (description dans le passé). En cas de difficulté, relever les verbes du texte avec les apprenants et rappeler la formation de l'imparfait.
- Corriger et demander aux apprenants quelles informations ils veulent se rappeler de cette description.

Corrigé : Il s'appelait Fulgence Bienvenüe. C'était un ingénieur brillant qui venait de Bretagne. Il portait souvent une moustache, une barbe et un chapeau. Il était intelligent. Il aimait beaucoup la ville de Paris. Il travaillait pour développer le chemin de fer parisien. Il devait créer la première ligne de métro pour l'exposition universelle de 1900.

page 38
5 minutes

1 minute pour lire

- Demander aux apprenants de lire le texte une première fois en silence.
- Après la lecture, demander aux apprenants de relever les adjectifs pour décrire une personne.
- Corriger. Lire une dernière fois le texte à voix haute et expliquer certaines expressions (*élever la voix, approcher les autres, un gars, ne pas être sur la bonne piste*).

Corrigé : discret, timide, calme, drôles, excentriques, bavards.

page 39
10 minutes

Podcast

- Au tableau, écrire *Qui ? Où ? Quoi ?*
- Faire écouter le podcast et aider les apprenants à reformuler les informations.
- Demander aux apprenants de raconter l'histoire.
- Au tableau, écrire *Verbes pronominaux – ex. : se laver*. Faire écouter le document aux apprenants et les laisser écrire les verbes pronominaux qu'ils repèrent, dans la forme conjuguée.
- Corriger en soulignant le changement du pronom (*se, me…*). Indiquer l'infinitif de chaque verbe et le participe passé.

Proposition de corrigé :
- Une jeune femme et un jeune homme – dans le métro – un regard – le site *Croisé dans le métro*.
- Je me suis réveillée, se réveiller – Je me suis levée, se lever – Je me suis préparée, se préparer – Je me suis assise, s'asseoir – Nous nous sommes regardés, se regarder
- Je me suis connectée, se connecter.

Piste 22

Ce matin, je me suis réveillée à 7 h comme tous les matins. Je me suis levée à 7 h 15. J'ai mangé mon petit déjeuner et je me suis préparée. À 8 h, j'ai quitté mon appartement. J'ai pris le métro. Je me suis assise. À côté de moi, il y avait un jeune homme vraiment très beau. Nous nous sommes regardés quelques secondes… j'ai adoré ! Il est sorti à Bastille. Je me suis tout de suite connectée au site *Croisé dans le métro* et j'ai posté une annonce pour le retrouver. On ne sait jamais.

- Faire une liste des moyens de transports.
- Demander aux apprenants de penser à une anecdote dans un moyen de transport et les laisser la raconter.
- Inviter les apprenants à enregistrer leur podcast (utiliser, par exemple, vocaroo) et partager les podcasts sur le réseau social de la classe.

Proposition de corrigé :
C'était en Russie. Je devais partir d'un petit village vers Habarovsk pour prendre l'avion. Le matin, je me suis levée et je me suis préparée. J'avais rendez-vous avec un ami. Nous sommes montés dans une camionnette avec un homme qui ne parlait que russe. Un peu plus loin, une femme russe est aussi montée dans la camionnette. Personne ne la connaissait. Mon ami s'est endormi. Je regardais le paysage. Le soleil s'est levé et nous sommes passés au-dessus d'un fleuve. La femme et moi, nous nous sommes regardées, elle a souri et elle a dit un mot en russe. J'ai compris que c'était le nom du fleuve. En français, il s'appelle le fleuve « Amour ». C'était magique de voir le fleuve très tôt le matin avec une femme russe que je ne comprenais pas.

page 39
⌛ 5 minutes

Expression francophone

- Lire l'expression et les trois propositions.
- Montrer le dessin et demander aux apprenants ce que fait le personnage.
- Demander aux apprenants de choisir une proposition.
- Faire repérer le drapeau et demander à quel pays il correspond.

Corrigé :
Discuter longtemps. – La Côte d'Ivoire.

page 39
⌛ 10 minutes

La fabrique des sons

- Montrer le dessin et lire la phrase.
- Demander « Comment s'appelle la station de métro ? », puis « éteindre la laumière » ou « éteindre la lumière ? ».
- Montrer que les deux mots sont proches phonétiquement. Écrire *Paronymes* au tableau et expliquer que « Laumière » et « lumière » sont des paronymes.
- Demander aux apprenants s'ils connaissent d'autres paronymes.
- Lire la phrase concernant le 1er avril et donner d'autres exemples de jeux de mots dans le métro pour le 1er avril.

Corrigé :
C'est la station Laumière. – On dit « éteindre la lumière ».

#culture

La station « Laumière » porte le nom d'un général de la fin du XIXe siècle, mort au Mexique.
Chaque année, pour le 1er avril, la RATP organise **des animations** pour faire sourire les voyageurs. L'une des plus connues est le changement de noms de stations de métro. Ces modifications sont faites sur la base de jeux de mots (Pyrénées ➜ Alpes, Télégraphe ➜ #Tweet...)

page 39
⌛ 10 minutes

La fabrique des verbes

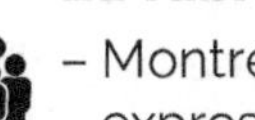

- Montrer le schéma. Demander aux apprenants quel mot change entre les deux expressions.
- Demander aux apprenants s'ils comprennent la différence de sens. Si non, placer les deux expressions en contexte (*Je parle au professeur. Avec Marc, nous parlons des cours de grammaire.*).
- Si nécessaire, illustrer les expressions au tableau.
- Demander aux apprenants de trouver d'autres exemples où le verbe est identique mais la préposition change le sens.

Au tableau !

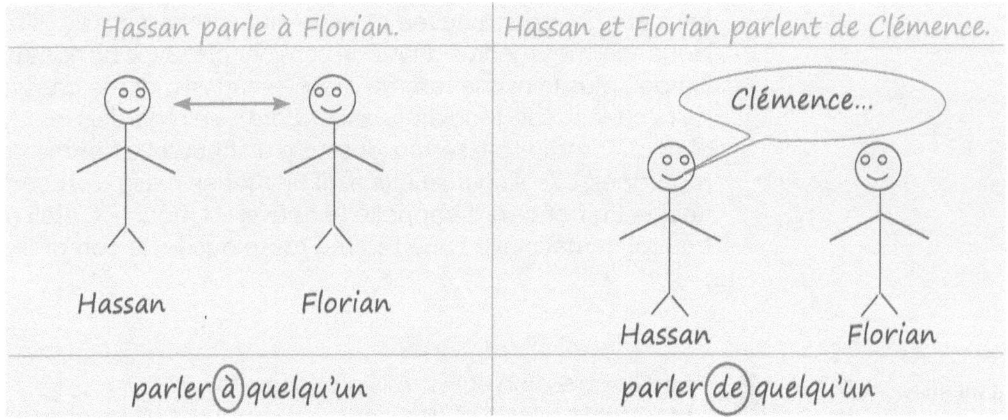

Proposition de corrigé :

Parler à quelqu'un = conversation avec une autre personne.
Parler de quelqu'un = conversation entre deux personnes qui parlent d'une troisième.
Réfléchir quelque chose (Le miroir réfléchit son visage.) = refléter
Réfléchir à quelque chose (Je réfléchis au problème.) = penser
Jouer quelque chose (Il joue de l'argent au poker.)
Jouer à quelque chose (Il joue au football.)

page 39

⌛ 20 minutes

PROJET

Montrer la vidéo. Demander aux apprenants qui sont les personnes prises en photo, où sont placées les photos, comment les gens s'amusent avec les photos. Leur demander pourquoi, selon eux, ces personnes ont été choisies.

▶ À deux

- Constituer des binômes et demander aux apprenants de faire une liste de personnes qu'ils connaissent dans leur quartier ou leur village.
- Pour chaque personne, les laisser lister des qualités.
- Leur demander de sélectionner trois ou quatre personnes et d'écrire un petit texte pour les présenter.
- Si les conditions le permettent, demander aux apprenants de photographier ces personnes et d'imprimer les photos.

▶ Ensemble

- Constituer des groupes. Laisser les apprenants découvrir les différents portraits.
- Définir l'espace pour exposer les portraits. Demander aux groupes de choisir le lieu pour exposer chaque portrait dans cet espace.
- Laisser les apprenants préparer l'exposition et créer des affiches ou des invitations numériques pour inviter l'école.

Proposition de corrigé :

Philippe : il est souriant et généreux. Il entraîne de jeunes sportifs et des sportifs d'élite. Il est toujours patient et enseigne plus que du sport.
Abraham : il est en France depuis cinq ans. Il a appris le français et maintenant, il travaille comme plombier. Il est joyeux. Il est heureux dans ce quartier.
Nadège : elle est secrétaire. Elle est jeune et drôle. Elle est disponible pour aider les étudiants. Elle est là toute la journée et elle donne toutes les informations nécessaires.

Ateliers Engager une conversation

page 40

⌛ 5 minutes

Activité 1

- Montrer le document 1. Demander ce que c'est (une couverture de livre) et de quoi parle le livre.
- Montrer les bulles sur la couverture et écrire le mot *bulle* au tableau.
- Demander « blablabla, qu'est-ce que c'est ? » et laisser les apprenants formuler une réponse.
- Montrer le document 2 et demander pourquoi les bulles sont blanches.

Corrigé : **a.** Le livre parle des conversations. **b.** « blablabla » est l'onomatopée (le bruit) de la conversation. **c.** Les bulles sont blanches parce que les personnes ne parlent pas. Il faut imaginer le début de la conversation.

page 40

⌛ 10 minutes

Activité 2

- Faire écouter le document une première fois et lire les questions **a.** et **b**. Laisser les apprenants répondre.
- Lire les questions **c.** et **d**. Expliquer que « engager la conversation = commencer la conversation ».
- Faire écouter le document. Laisser les apprenants répondre aux questions, puis corriger.

Corrigé : **a.** Un homme (employé) parle à une femme (employée). **b.** C'est en entreprise. La femme est occupée, l'homme voudrait lui parler. **c.** « Je ne vous dérange pas ? » **d.** Il engage la conversation avec « Je voudrais vous demander... ».

Piste 23

- Euh... je ne vous dérange pas ?
- Non, non. Allez-y. Entrez !
- Je voudrais vous demander...
- Oui ?
- Voilà, est-ce que vous irez à la soirée organisée par l'entreprise vendredi soir prochain ?
- Oui, pourquoi ?

page 40

⌛ 5 minutes

Activité 3

- Lire l'encadré « Engager une conversation ».
- Constituer des groupes.
- Lire la consigne de l'activité 3 et laisser les apprenants échanger. Apporter les expressions nécessaires si les apprenants cherchent d'autres moyens d'engager la conversation.

Proposition de corrigé : Mon blablabla, c'est « Excusez-moi... Vous avez une minute ? ».

- Distribuer des bulles aux apprenants et leur demander de les compléter avec leur blablabla. Laisser les apprenants marcher dans la classe et engager la conversation avec les personnes qu'ils rencontrent.
- Pour chaque expression de l'encadré, demander aux apprenants d'imaginer un contexte dans lequel elle peut être utilisée.

page 40

⌛ 10 minutes

Activité 4

- Lire l'encadré « Apprendre » et montrer les gestes pour engager la conversation.
- Lire les deux situations et demander aux apprenants quelles expressions sont appropriées pour chaque situation.
- Demander aux apprenants de choisir une situation. En fonction des choix, constituer des binômes ou des groupes. Les laisser jouer la conversation.

- Proposer à quelques binômes de présenter la conversation devant la classe.
- Corriger les erreurs récurrentes.

Propositions de corrigé :
Situation 1
- Excusez-moi... Je ne vous dérange pas ?
- Non, pas du tout !
- Je peux m'asseoir ?
- Oui, bien sûr, allez-y !
- Je suis arrivé(e) il y a trois semaines et je ne connais personne. Vous connaissez bien l'université ?
- Oui, je suis ici depuis deux ans.
- Ah, et ça vous plaît ?

Situation 2
- Est-ce que vous savez que je suis allé(e) à Paris la semaine dernière ?
- Oui...
- C'était incroyable ! Un vrai désert ! Vraiment, Paris au mois d'août, c'est formidable ! Il y a du monde dans les musées mais on peut circuler tranquillement en voiture, il n'y a personne dans les rues... En plus, il faisait super beau !
- Ah, c'est super...
- C'est vrai que dans les grandes villes, il y a toujours beaucoup de monde ! À Tokyo, je suis allé(e) au marché aux poissons et il y avait un monde fou ! Les commerçants criaient, ils poussaient les touristes. Il y avait des machines partout ! J'étais avec un ami qui ne comprend pas le japonais. Il pensait que les commerçants le saluaient mais, en fait, ils criaient parce qu'il était sur leur route !

Ateliers Publier une annonce pour proposer un trajet

page 41
5 minutes

Activité 1

- Lire l'encadré « Apprendre ».
- Montrer le document 1. Montrer le nom « Blablacar » et demander aux apprenants s'ils connaissent ce service. Si nécessaire, donner quelques informations sur « Blablacar » et expliquer le jeu de mots du nom.
- Laisser les apprenants découvrir les questions et chercher les informations dans le document.
- Corriger en montrant les informations sur le document.

Corrigé :
a. C'est Isabelle. Elle a 58 ans.
b. C'est un trajet de Gif-sur-Yvette vers Aix-en-Provence.
c. C'est demain à 9 heures.
d. Deux personnes peuvent voyager (deux places restantes).
e. C'est 57 euros par place.

page 41
10 minutes

Activité 2

- Montrer la petite annonce d'Isabelle.
- Lire les éléments à repérer dans l'annonce. Expliquer « conditions = quelque chose de nécessaire, d'obligatoire ».
- Constituer des binômes et laisser les apprenants rechercher les informations.
- Corriger en montrant les différentes parties de l'annonce. Expliquer le vocabulaire nouveau (*coffre, déposer quelqu'un*).
- Lire l'encadré « Annoncer des informations sur un voyage ».

Corrigé : Le mot de bienvenue : Bonjour. – **La situation de départ :** ils rentrent de vacances. Ils n'ont pas de place dans le coffre. – **Les conditions :** avoir des petits bagages. – **La proposition :** déposer les voyageurs aux sorties de l'autoroute.

page 41

5 minutes

Activité 3

- Expliquer aux apprenants qu'ils vont publier une annonce pour un trajet sur Blablacar.
- Leur demander de remplir les différents critères concernant le conducteur et le trajet.
- Leur laisser quelques minutes.

Proposition de corrigé : prénom : Emma – **âge :** 40 ans – **véhicule :** Citroën C3 – **couleur :** grise – **trajet :** Blois/Paris – **heure de départ :** 7 h 45 – **prix :** 25 euros.

page 41

10 minutes

Activité 4

- Expliquer aux apprenants qu'ils vont rédiger l'annonce qui correspond au profil de l'activité 3.
- Lire la consigne et expliquer « précis et explicite = clair ».
- Laisser quelques minutes aux apprenants pour rédiger l'annonce.
- Montrer les éléments de l'activité 2 et demander aux apprenants de vérifier qu'ils ont bien donné toutes les informations.
- Ramasser pour corriger.

Proposition de corrigé :

Emma

Bonjour, je pars à Paris pour le week-end. Mon coffre est petit mais vide ! J'accepte aussi les petits animaux. Je cherche quelqu'un pour discuter pendant le trajet donc téléphone portable à éviter ! Je peux vous déposer devant une station de métro à l'entrée de Paris ou à Montparnasse.

p. 42-43

mémo

page 43

10 minutes

Activité 1

- Écrire les sons [k] et [g] au tableau et les prononcer.
- Montrer le mémo et demander aux apprenants de relever les mots qui contiennent un des sons.
- Laisser les apprenants choisir trois ou quatre mots.
- Écrire les pronoms relatifs (*qui, que, où*) au tableau. Demander aux apprenants d'écrire une définition pour chaque mot choisi en utilisant un pronom relatif.
- Constituer des binômes. Laisser chaque apprenant lire ses définitions pendant que son binôme devine le mot.

Proposition de corrigé :

Calme : c'est un adjectif. On l'utilise pour parler d'une personne qui ne fait pas beaucoup de bruit.

Agriculteur : c'est une personne qui s'occupe des animaux et qui travaille dans une ferme.

Camionnette : c'est un moyen de transport où on peut mettre beaucoup de bagages.

page 43

10 minutes

Activité 2

- Rappeler l'utilisation et la formation du passé composé et de l'imparfait.
- Constituer des groupes.
- Au tableau, écrire *Rencontre inattendue* et le dire avec une intonation de mystère.

S'assurer que les apprenants comprennent « inattendue ».
- Dans un groupe, demander à un apprenant de commencer l'histoire « Un jour, ... ». Puis, demander à son voisin de continuer. Ensuite, demander aux autres groupes de faire la même chose.
- Laisser les apprenants imaginer librement.
- À la fin de l'activité, corriger les erreurs portant sur le choix des temps ou la conjugaison.

Proposition de corrigé :
Un jour, je voyageais en Corée et je me préparais à repartir pour la France. Je suis allé(e) à l'aéroport de Séoul, j'ai enregistré mes bagages et je me suis assis(e) devant la porte d'embarquement. J'ai vu un homme qui ressemblait à un collègue. J'ai commencé à lire et après quelques minutes, l'homme s'est approché de moi. C'était bien mon collègue !

page 43
5 minutes

Activité 3

- Montrer l'encadré « Des qualités morales », page 42 du livre élève.
- Au tableau, écrire *Quand tu étais petit(e), ...* Puis, lire la consigne.
- Constituer des binômes et laisser les apprenants se poser des questions pendant une minute.

Proposition de corrigé :
Quand tu étais petit(e), tu bougeais beaucoup ? Tu avais beaucoup d'amis ?
Quand tu étais petit(e), tu étais sportif(ve) ? Tu travaillais bien à l'école ?

page 43
5 minutes

Activité 4

- Écrire les trois sons au tableau et les prononcer.
- Demander aux apprenants de faire une liste de mots qui contiennent ces sons.
- Lire la phrase d'exemple et demander aux apprenants d'en écrire une autre.
- Lire les phrases produites et demander aux apprenants de choisir celle qu'ils préfèrent.

Proposition de corrigé :
Le jeune agriculteur joyeux allume le moteur de son petit tracteur.

> cahier
Mémo, p. 22

page 43
20 minutes

Mission

- Lire le titre de la mission.
- Lire la mission. Montrer un portefeuille et demander « À qui est ce portefeuille ? ».
- Constituer des binômes.
- Lire l'étape 1 de la mission.
- Insister sur les éléments à donner.
- Demander aux apprenants d'imaginer, ensemble, l'identité physique d'une femme. Proposer des éléments pour les aider (Est-ce qu'elle est blonde ? brune ? les yeux bleus ? grande... ?).
- Deux binômes se rencontrent et se mélangent pour former un nouveau binôme. L'un décrit la femme ; l'autre (le contrôleur) écoute et pose des questions. Et inversement.
- Lire l'étape 2 et expliquer «Vous allez rencontrer la propriétaire du portefeuille. ».
- Demander « Qu'est-ce que vous allez dire pour engager la conversation ? ».
- Rappeler les expressions pour engager la conversation.
- Faire un « clap » avec les mains. Demander aux apprenants de marcher dans la classe. Les faire se mettre par deux, à l'aide d'un nouveau « clap ». L'un joue le rôle de la propriétaire. Les laisser échanger.
- Lire l'étape 3.

- Demander aux apprenants de rédiger individuellement l'anecdote de la rencontre et publier les textes sur le réseau social de la classe.

Propositions de corrigé :

1. C'est une jeune femme grande avec des cheveux longs et blonds. Elle portait des chaussures à talons et un jean. Elle avait l'air timide.

2.

- Excusez-moi... C'est vous qui avez perdu votre portefeuille ?
- Oui, c'est moi ! Vous l'avez trouvé ?
- Oui, dans le métro de la ligne 6. Je n'ai pas trouvé votre carte d'identité alors j'ai demandé au contrôleur.
- Oui, c'est une bonne idée. Il y avait beaucoup d'argent. J'avais peur de ne pas le retrouver.
- Oui, je comprends. Il est tombé sur votre siège.
- Merci beaucoup.

3. Ce matin, j'ai pris le métro vers 8 heures pour aller au travail. J'étais assis et je regardais mon portable. À côté de moi, j'ai remarqué une dame âgée. Elle était stressée de prendre le métro. Elle avait un grand sac marron et elle portait un long manteau noir. Elle avait un livre à la main. Elle s'est levée pour descendre à la station « Malakoff-Plateau de Vanves ». Quand le métro est reparti, j'ai vu un portefeuille sur la banquette. J'ai publié un message sur Facebook pour la retrouver et j'ai reçu une réponse. C'est sa petite-fille qui a vu le message et elle m'a contacté. On s'est donné rendez-vous dans un café et on a *discuté*. J'ai découvert qu'elle habitait dans l'immeuble en face du mien ! C'est incroyable !

Mémo, p. 22
Bilan linguistique, p. 24
Préparation au DELF, p. 26

GRAMMAIRE

1 Complétez avec *qui*, *que* ou *où*. 5 points

1. C'est l'acteur .... j'ai toujours rêvé de rencontrer.
2. Le bricolage est une activité .... passionne petits et grands.
3. Il passe par la ville .... mes parents habitent.
4. Le rouge, c'est la couleur .... je préfère.
5. Dans l'immeuble .... je vis, les voisins sont sympas.

2 Écrivez le texte au passé composé. 5 points

Lucie part à Bordeaux en covoiturage. Elle réserve sa place sur un site et elle va au rendez-vous. Elle rencontre Julien. Ils se présentent et montent dans la voiture. Le voyage dure deux heures. Ils discutent et s'entendent bien. Finalement, ils restent en contact après leur voyage.

....

....

....

....

....

3 Écrivez le texte à l'imparfait. 5 points

Ma grand-mère fait des gâteaux tous les dimanches. Elle invite toute la famille et nous prenons ensemble un thé dans l'après-midi. Mes cousins et moi jouons dans le jardin. Les adultes discutent autour de la table. Ma grand-mère semble heureuse. Elle attend ce moment toute la semaine. J'aime aussi ce moment. Je peux voir toute ma famille et je mange des choses délicieuses.

....

....

....

....

....

....

4 Lisez les phrases et indiquez le temps utilisé : présent, passé composé, imparfait. 5 points

1. J'étais heureuse. ➜ ....
2. J'ai été surprise. ➜ ....
3. Il a grandi à Nice. ➜ ....
4. Nous nous sommes contactés. ➜ ....
5. Ils se connaissaient. ➜ ....
6. Elle a eu un accident. ➜ ....
7. Il faisait le trajet en covoiturage. ➜ ....
8. Je m'arrête dans des villages. ➜ ....
9. Le facteur passe tous les jours. ➜ ....
10. Il a créé du lien. ➜ ....

LEXIQUE

1 Complétez les phrases avec les mots ci-dessous. 5 points

camionnette | ligne | station | covoiturage | quai

1. Pour aller au musée d'Orsay, il faut prendre quelle .... ?
2. Le train 8372 partira du .... C.
3. L'université ? C'est la .... « Foch-Haras ».
4. Pour aller à Rennes, je fais toujours du .... ; C'est moins cher et on peut discuter.
5. Pour déménager de chez mes parents, j'ai loué une ....

2 Retrouvez les cinq professions. 5 points

S	X	B	Z	S	I	Y	K	Y	G	Q	Q	K	F	M
I	U	T	X	Z	F	M	S	E	R	V	E	U	S	E
I	I	H	O	Z	F	A	E	V	U	X	N	V	A	C
X	K	U	F	T	P	H	C	E	R	X	R	M	Y	A
C	A	G	R	I	C	U	L	T	R	I	C	E	L	N
P	G	O	I	P	X	T	Y	A	E	W	A	Y	X	I
V	O	U	V	R	I	E	R	B	O	U	W	U	Y	C
I	N	R	A	F	L	H	I	M	V	T	R	U	F	I
J	T	W	J	G	H	L	F	P	K	W	S	X	G	E
W	K	W	U	X	T	W	O	B	Y	K	L	D	H	N

3 Associez une qualité à une personne. 5 points

1. Elle aime beaucoup faire des cadeaux et aider les gens. •
2. Il fait rire ses amis. •
3. Elle travaille très bien à l'école. •
4. Il est très beau. Il a beaucoup de charme. •
5. Elle est très originale. •

• **a.** excentrique
• **b.** généreuse
• **c.** brillante
• **d.** séduisant
• **e.** drôle

4 Écrivez le contraire. 5 points

1. Être jeune ➜ ....
2. Allumer le moteur ➜ ....
3. Être petit ➜ ....
4. Rouler à gauche ➜ ....
5. Être bruyant ➜ ....

PHONÉTIQUE

1 4 | **Écoutez. Vous entendez** [y], [ø] **ou** [œ] **?** 5 points

	[y]	[ø]	[œ]
1.			
2.			
3.			
4.			
5.			

	[y]	[ø]	[œ]
6.			
7.			
8.			
9.			
10.			

2 5 | **Entourez le mot que vous entendez.** 5 points

1. car – gare
2. cadeau – gâteau
3. coût – goût
4. quand – gant
5. cas – gars

Compréhension de l'oral 10 points

6 | **Écoutez l'anecdote et répondez aux questions.**

1. C'était dans quel transport ?

....

2. C'était quel jour ?

....

3. Qu'est-ce que la personne voulait savoir ? À qui a-t-elle demandé ?

....

4. Quel était le sentiment de la personne ?

❑ heureux ❑ triste ❑ stressé

5. Vrai ou faux ? Si la proposition est fausse, corrigez.

	Vrai	Faux	Justification
a. D'habitude, la personne prend le train pour aller chez sa grand-mère.	❑	❑	....
b. Les autres voyageurs ont l'habitude de prendre cette ligne.	❑	❑	....
c. Le contrôleur a mal informé le voyageur.	❑	❑	....
d. La personne n'a pas pu aller chez sa grand-mère.	❑	❑	....
e. La personne a dû acheter deux billets.	❑	❑	....

Compréhension des écrits 10 points

Lisez et répondez aux questions.

Grand, chauve, avec des lunettes rouges et une petite barbe, Michel impressionne les enfants. Pourtant, une fois dans la classe, ce brillant instituteur sait être drôle et intéressant. Les enfants l'adorent ! « Pour enseigner, il faut une bonne ambiance. Les enfants doivent respecter les règles mais le cours doit les intéresser. ». La leçon du jour porte sur les professions et elle se déroule à l'extérieur. « C'est important que les enfants voient les métiers. On va aller voir un agriculteur, un mécanicien et un facteur. ». L'école sert aussi à rapprocher les gens, à créer du lien. « La semaine dernière, nous sommes allés voir des personnes âgées dans une maison de retraite. Les enfants ont chanté des chansons des années 60. L'activité a permis de mélanger les générations et d'échanger pendant un goûter. ». Pour Michel, toutes ces activités sont possibles parce que l'école se trouve dans un petit village : « En ville, tout est plus difficile. Les gens ne se connaissent pas. Les trajets pour les enfants sont plus compliqués et plus dangereux. ».

1. Qui est Michel ?

a. ❑

b. ❑

c. ❑

2. Quelle est sa profession ?

....

3. Quelles professions vont voir les enfants ?

a. ❑

b. ❑

c. ❑

d. ❑

e. ❑

4. Quels sont les objectifs des activités de l'école ? (3 objectifs)

....

....

....

5. Vrai ou faux ? Justifiez en copiant une phrase du texte.

	Vrai	Faux	Justification
a. En ville, les déplacements sont difficiles pour les enfants.	❑	❑	....
b. Les enfants aiment bien Michel.	❑	❑	....

Production écrite **15 points**

Vous proposez un covoiturage de Paris à Rennes. Écrivez une petite annonce sur Blablacar. Vous indiquez les conditions et vous faites des propositions. (Environ 60 mots)

BlaBlaCar Rechercher Proposer un trajet

.... → .... Voir le trajet

Départ ❍ ....
Arrivée ❍ ....
Date de départ ....
Options ....

....

....

....

....

....

....

Contactez le conducteur

Prix par place ....€

Passagers sur ce trajet

..... places restantes

1 place ▼

❑ J'accepte les Conditions Générales applicables à ce trajet et à la Politique de Confidentialité.

Envoyer une demande

Production orale **15 points**

Partie 1 : Entretien dirigé

Présentez-vous (nom, âge, loisirs, goûts...). Quelles sont vos caractéristiques physiques ? Quelles sont vos qualités morales ?

Partie 2 : Monologue suivi

Choisissez une question et répondez en développant votre réponse.

Sujet 1 :
Racontez une anecdote de votre enfance.

Sujet 2 :
Vous avez déjà fait du covoiturage. Racontez.

Partie 3 : Exercice en interaction

Choisissez un sujet et jouez la scène avec l'examinateur.

Sujet 1 :
Vous accueillez un nouveau voisin pendant un dîner entre voisins. Vous lui présentez les personnes présentes (profession, personnalité...). *L'examinateur joue le rôle du voisin.*

Sujet 2 :
Vous venez de voir un film au cinéma. Vous racontez le film à votre ami(e). Il/Elle vous pose des questions sur les personnages. *L'examinateur joue le rôle de l'ami(e).*

Total : ...... /100 points

Corrigés du test

Grammaire

1 **1.** que **2.** qui **3.** où **4.** que **5.** où

2 Lucie est partie à Bordeaux en covoiturage. Elle a réservé sa place sur un site et elle est allée au rendez-vous. Elle a rencontré Julien. Ils se sont présentés et sont montés dans la voiture. Le voyage a duré deux heures. Ils ont discuté et se sont bien entendus. Finalement, ils sont restés en contact après leur voyage.

3 Ma grand-mère faisait des gâteaux tous les dimanches. Elle invitait toute la famille et nous prenions ensemble un thé dans l'après-midi. Mes cousins et moi jouions dans le jardin. Les adultes discutaient autour de la table. Ma grand-mère semblait heureuse. Elle attendait ce moment toute la semaine. J'aimais aussi ce moment. Je pouvais voir toute ma famille et je mangeais des choses délicieuses.

4 **1.** imparfait
2. passé composé
3. passé composé
4. passé composé
5. imparfait
6. passé composé
7. imparfait
8. présent
9. présent
10. passé composé

Lexique

1 **1.** ligne **2.** quai **3.** station **4.** covoiturage **5.** camionnette

2 agricultrice – facteur – ouvrier – serveuse – mécanicien

S	X	B	Z	S	I	Y	K	Y	G	Q	Q	K	F	M
I	U	T	X	Z	F	M	S	E	R	V	E	U	S	E
I	I	H	O	Z	F	A	E	V	U	X	N	V	A	C
X	K	U	F	T	P	H	C	E	R	X	R	M	Y	A
C	A	G	R	I	C	U	L	T	R	I	C	E	L	N
P	G	O	I	P	X	T	Y	A	E	W	A	Y	X	I
V	O	U	V	R	I	E	R	B	O	U	W	U	Y	C
I	N	R	A	F	L	H	I	M	V	T	R	U	F	I
J	T	W	J	G	H	L	F	P	K	W	S	X	G	E
W	K	W	U	X	T	W	O	B	Y	K	L	D	H	N

3 **1.** b – **2.** e – **3.** c – **4.** d – **5.** a

4 **1.** Être vieux
2. Éteindre le moteur
3. Être grand
4. Rouler à droite
5. Être silencieux

Phonétique

1 **1.** [y] – **2.** [œ] – **3.** [œ] – **4.** [ø] – **5.** [ø] – **6.** [ø] – **7.** [œ] – **8.** [ø] – **9.** [œ] – **10.** [y]

2 **1.** gare **2.** cadeau **3.** coût **4.** gant **5.** cas

Compréhension de l'oral

1. C'était dans un train.
2. C'était un lundi.
3. Est-ce que le train s'arrête à Dijon ? – Elle a demandé au contrôleur.
4. Stressé
5. a. Faux – Elle prend un covoiturage. **b.** Vrai **c.** Vrai **d.** Faux – Elle est descendue à la première gare et elle a pris un autre train. **e.** Faux – Elle a pris le deuxième train gratuitement.

Compréhension des écrits

1. a
2. Il est instituteur.
3. Image b – image c – image e
4. Rapprocher les gens, créer du lien, mélanger les générations.
5. a. Vrai. Les trajets pour les enfants sont plus compliqués et plus dangereux. – **b.** Vrai. Les enfants l'adorent !

Production écrite

Grille d'évaluation :

L'apprenant peut utiliser une formule d'appel et une formule de salutation.	.... /2
L'apprenant peut exprimer les conditions pour répondre à l'annonce.	.... /3
L'apprenant peut faire une proposition.	.... /3
L'apprenant peut utiliser les formes grammaticales et morpho-syntaxiques appropriées.	.... /4
L'apprenant peut utiliser le lexique adapté à la situation.	.... /3

Proposition de corrigé :

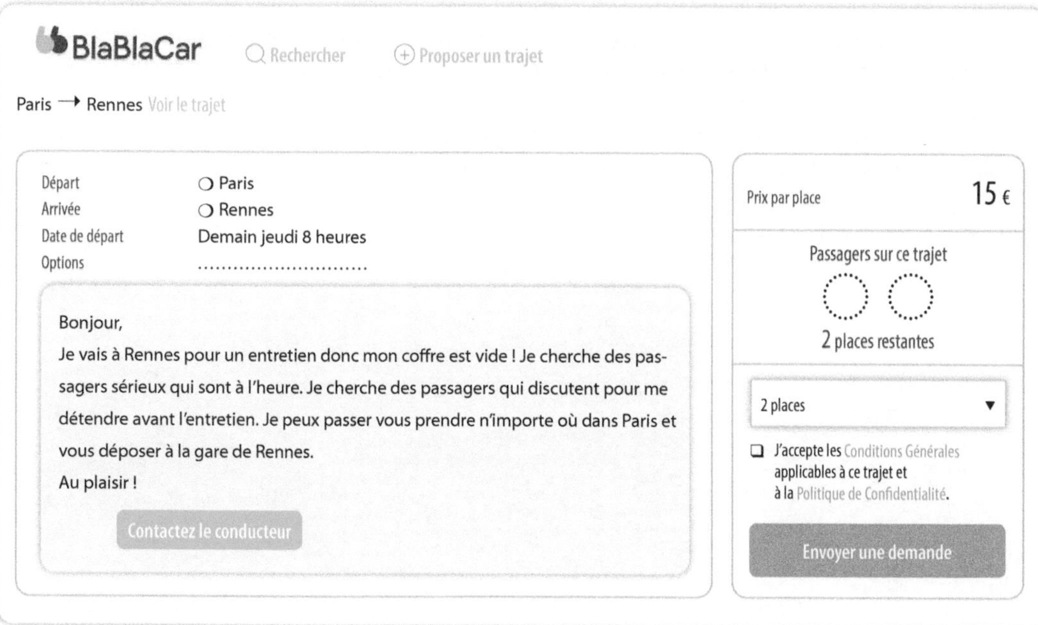

Production orale

Grille d'évaluation :

L'apprenant peut se présenter et répondre à quelques questions plus précises.	.... /2
L'apprenant peut raconter une anecdote.	.... /2
L'apprenant peut présenter les qualités d'une personne.	.... /2
L'apprenant peut utiliser du lexique adapté à des situations courantes.	.... /3
L'apprenant peut utiliser des structures grammaticales et de morphosyntaxe simples.	.... /3
L'apprenant peut s'exprimer de façon suffisamment claire pour être compris.	.... /3

Propositions de corrigé :

Partie 1 :

Je m'appelle Raphaël. J'ai 24 ans. Je fais du vélo et j'aime les échecs. Je suis plutôt grand et mince. J'ai les cheveux bruns et les yeux verts. Je ne suis pas très brillant mais je suis drôle.

Partie 2 :

Sujet 1 :

Quand j'étais petit, il y avait seulement un vélo à la maison. C'était le vélo de mon père. Mon père ne voulait pas qu'on utilise son vélo. Quand il partait travailler, je prenais son vélo. J'utilisais une branche pour effacer les traces du vélo. Un jour, mon père est rentré tôt du travail et il m'a vu sur le vélo. Il était vraiment en colère !

Sujet 2 :

J'ai pris un covoiturage pour aller d'Angers à Rennes. On avait rendez-vous au château. La conductrice était une femme de 60 ans. Elle était très sympa et on a beaucoup discuté. Mais dans la voiture, elle avait trois chats. Ils ont miaulé tout le trajet !

Partie 3 :

Sujet 1 :

- Alors, William, je te présente Rosie. C'est notre voisine du troisième étage. Elle est factrice. Elle est très calme et très sympa.
- Et l'homme brun, là-bas, c'est qui ?
- C'est Arthur. Il est conducteur de métro. Il travaille souvent tôt le matin. Il est très drôle. Et à côté, c'est Sylvie. Elle est serveuse dans le bar en face.
- Ah oui, je l'ai déjà rencontrée.
- Oui, sûrement ! Elle est très bavarde...

Sujet 2 :

- J'ai vu *Chamboultout*. Je pensais que c'était une comédie mais c'est plutôt dramatique.
- Ah bon, ça raconte quoi ?
- C'est l'histoire d'un homme qui a un accident et il devient aveugle. Sa femme s'occupe de lui mais c'est compliqué. Elle écrit un livre pour raconter son histoire mais ses amis n'aiment pas le livre.
- Les personnages sont comment ?
- Les personnages ont des qualités très différentes. Une amie est très généreuse, un des amis n'est pas très intelligent mais il est très drôle. Un autre est très drôle mais pas très gentil...
- Et tu n'as pas ri ?
- Si un peu, mais c'est plutôt triste. Mais c'est un bon film !

Transcriptions du test

PHONÉTIQUE

Piste 4

1. voiture
2. réalisateur
3. facteur
4. joyeux
5. cheveux
6. curieux
7. jeune
8. coiffeuse
9. moteur
10. allumer

② Piste 5

1. gare
2. cadeau
3. coût
4. gant
5. cas

COMPRÉHENSION DE L'ORAL

Piste 6

Un jour, je voulais aller chez ma grand-mère à Dijon. J'ai pris un train le lundi matin. D'habitude, je vais chez ma grand-mère en covoiturage mais ce jour-là, je n'en avais pas trouvé. Dans le train, il y avait beaucoup de personnes qui font le trajet tous les jours. Quand je suis monté dans le train, j'ai entendu l'annonce des gares desservies. Mais il n'y avait pas Dijon. Le contrôleur est passé et je lui ai demandé si le train s'arrêtait à Dijon. Le contrôleur m'a dit que le train s'arrêtait à Dijon. J'étais un peu inquiet. Le contrôleur m'a rassuré. Après quelques minutes, le passager à côté de moi a dit que le train ne s'arrêtait pas à Dijon. Il prenait ce train tous les matins. Le contrôleur a fait une drôle de tête. Il avait oublié que la ligne avait changé. Je suis descendu à la première gare et j'ai pris le train gratuitement dans l'autre sens pour m'arrêter à Dijon !

UNITÉ 3

Agir

OBJECTIFS

❶ Comparer des médias
❷ Communiquer en réseau
❸ Poser des questions

ATELIERS D'EXPRESSION

- Demander des précisions
- Écrire un tweet

Coopérer

PROJET CULTUREL

Partager sa passion sur les réseaux

MISSION

Ça fait le buzz... sur les réseaux !

Apprendre

STRATÉGIES *p. 54-55*

S'EXERCER *p. 52, 53, 57, 139*

ÉVALUATION

- Bilan linguistique ***Cahier*, p. 36-37**
- Préparation au DELF ***Cahier*, p. 38-39**

Grammaire

- La comparaison
- L'impératif et les pronoms directs
- Les questions inversées

CONJUGAISON

Recevoir

Lexique

- Utiliser les réseaux sociaux
- Les médias
- Des formats de médias
- La communication
- Des personnes

Phonétique

- Les voyelles [u], [o] et [ɔ]
- Les semi-voyelles [ɥ], [w] et [j]

Culture

- Culture Prime, un réseau social culturel
- Extrait de : *Mon précieux*, de Soprano
- Extrait de : *Hashtag*, France Culture

Yann Houri, artiste 2.0
Interview

p. 44-45

OUVERTURE DE L'UNITÉ

page 44
⌛ 5 minutes

Titre de l'unité

Lire le titre. Demander aux apprenants s'ils comprennent l'expression et à quoi ils l'associent (Internet, les réseaux sociaux...). Écrire les mots-clés au tableau.

page 44
⌛ 5 minutes

Illustration

- Montrer l'image. Demander aux apprenants de faire le lien entre le titre et les éléments de l'image (haut-parleur = informer, crier – Twitter, Facebook, Whatsapp... = les réseaux sociaux, Internet, faire le buzz).
- Lire la question et laisser les apprenants y répondre librement.

Proposition de corrigé : Je fais le buzz quand je publie des photos de mes dessins sur Instagram.

p. 46-47

SITUATION ❶ Comparer des médias

LA MINUTE PÉDAGOGIQUE

Imaginons...
A et C ont des difficultés à comprendre et à se comprendre. B arrive pour les aider. B peut être un professeur, un dictionnaire, un apprenant. B s'appelle alors le médiateur.

PRÉPARER SA CLASSE

Pour l'activité 5, créer un espace où les apprenants peuvent se déplacer ou retirer les tables pour qu'ils puissent communiquer facilement.

page 46
⌛ 5 minutes

Activité 1

- Montrer le document 1. Demander aux apprenants de nommer les médias qu'ils voient. Inviter les apprenants à compléter la liste avec d'autres médias qu'ils connaissent.
- Demander aux apprenants quels médias ils aiment et pourquoi. Les laisser réagir librement.

Proposition de corrigé : J'aime les journaux parce que les informations sont complètes. J'aime aussi la télévision parce que j'aime regarder des documentaires et voir des paysages.

> **#culture**
> **Mix & Remix** est un dessinateur suisse (1958-2016). Il a notamment publié ses dessins dans *Siné Hebdo*, *Courrier international* et dans l'émission « Infrarouge ».

page 46
⌛ 10 minutes

Activité 2

- Montrer le document 2. Demander aux apprenants où ils peuvent voir ce document (sur Internet) et ce que c'est (une page Instagram).
- Lire les questions, dire « Regardez et choisissez vrai ou faux. » et laisser quelques minutes aux apprenants pour y répondre en observant le document.
- Corriger en montrant les différents éléments sur le document.

Corrigé : a. Faux **b.** Vrai **c.** Vrai (@richardgianorio). **d.** Vrai (#Chanel, #MarionCotillard, #KeiraKnightley, #ballet, #OhadNaharin) **e.** Vrai (une partie en français et une partie en anglais)

Intro Unité 1 Unité 2 Unité 3 Unité 4 Unité 5 Unité 6 Unité 7 Unité 8 Outils

- Montrer le texte puis lire les questions. Expliquer « À qui appartient le compte Instagram ? = Le compte Instagram est à qui ? », « Quelle est l'information principale ? = très importante », « secondaires ? = moins importantes ».
- Demander aux apprenants de lire le document individuellement et de répondre aux questions.
- Demander à un apprenant de lire le document à voix haute et corriger les questions en montrant les informations dans le texte. Écrire une phrase pour répondre à chaque question.

Corrigé : **a.** Le compte Instagram appartient à *madamefigarofr*. **b.** C'est le Gala d'ouverture de la saison de danse au Palais Garnier. **c.** Le Gala d'ouverture de danse a eu lieu hier soir en partenariat avec Chanel. **d.** Les informations secondaires sont le nom des invités, le nom du chorégraphe et le dîner.

#culture

Madame Figaro est un magazine de mode et de tendances de beauté offert en supplément du *Figaro* le samedi. Le magazine existe depuis 1980 et a été lancé par Jean Prouvost qui avait déjà créé le magazine féminin *Marie-Claire*. Il est aujourd'hui consultable sur Internet et possède un compte Instagram.

page 46
5 minutes

Activité 3

- Demander aux apprenants « Quelles actions sont possibles sur la page Instagram ?».
- Laisser les apprenants faire des propositions. Lister les actions au tableau en faisant remarquer qu'il s'agit de verbes à l'infinitif et en expliquant le sens de chaque action.

Corrigé : s'inscrire – se connecter – s'abonner – rechercher

page 46
5 minutes

Activité 4

- Constituer des groupes. Lire la question et laisser les apprenants échanger.
- Corriger en reprenant au tableau les expressions qui ont posé problème.

Proposition de corrigé : Sur Instagram, je suis abonné au *National Geographic* et à la page de Cristiano Ronaldo. Je suis aussi abonné au *Monde* sur Instagram.

page 46
5 minutes

Activité 5

- Montrer l'image. Demander aux apprenants ce que font les personnages et introduire les expressions « le bouche à oreille » et « une rumeur ».
- Expliquer qu'une rumeur est une information non vérifiée.
- Lire l'exemple de rumeur.
- Demander à un apprenant de dire une rumeur à un autre apprenant et la faire circuler de bouche à oreille dans la classe.
- Faire dire le message à la dernière personne ayant reçu l'information et vérifier avec le message de départ. Montrer que l'information peut être modifiée lorsqu'elle passe d'une personne à une autre.

Proposition de corrigé : J'ai rencontré Lady Gaga dans le hall de l'université. Elle cherchait les toilettes. Elle portait des chaussures à talons roses.

Demander aux apprenants d'imaginer une rumeur. Les inviter à marcher dans la classe. Lorsqu'ils rencontrent un apprenant, ils racontent leur rumeur. Ils continuent à marcher et racontent les rumeurs qu'ils ont entendues. Après quelques minutes, interrompre l'activité et demander aux apprenants de raconter les rumeurs qu'ils ont apprises et les comparer avec les rumeurs de départ.

page 47

⌛ 10 minutes

Activité 6

- Montrer le document 3 et demander aux apprenants de trouver le nom du média.
- Corriger en montrant l'information en bas à gauche de l'affiche.
- Montrer tous les indices qui évoquent les deux points sur l'affiche (France info : , **deux points** ouvrez l'info, et le petit point rouge et le gros point vert).
- Écrire « : » et demander aux apprenants « Qu'est-ce que c'est ? Je les utilise pour quoi ? ».
- Laisser les apprenants faire des propositions.
- Corriger en expliquant de nouveau le sens des deux points et en montrant que « Ouvrez l'info » signifie « expliquer, donner des informations claires et complémentaires ».
- Lire le titre et mettre en parallèle « Moins de sensationnel, plus de sens » et « Moins d'extraordinaire, plus de compréhension ».
- Demander aux apprenants de donner un exemple. Si nécessaire, expliquer le sens de la phrase et donner un premier exemple, puis laisser les apprenants en proposer d'autres.

Corrigé : a. Le média s'appelle France Info. **b.** Les « : », ça sert à « ouvrir l'info » (= expliquer, donner des informations claires et complémentaires).

Proposition de corrigé : c. Par exemple, ne pas seulement dire « Fin des jours fériés en France » mais expliquer « Le président propose de supprimer un jour férié par an ».

Au tableau !

Informations : Explications

moins de sensationnel moins extraordinaire	plus de sens plus de compréhension
↓	↓
Exemple : Notre-Dame disparaît dans les flammes.	un incendie brûle le toit de la cathédrale.

#culture

France Info est l'une des radios de Radio France. Elle a été créée en 1987 et est totalement dédiée à l'actualité. C'est la première radio à diffuser l'actualité en temps réel en France et elle est réputée pour transmettre des informations fiables et vérifiées.

page 47

⌛ 15 minutes

Activité 7

ⓐ

- Faire écouter le document et demander aux apprenants de quel type de document il s'agit (un sondage) et quel en est le thème (la radio).
- Montrer le tableau. Faire écouter une deuxième fois le document pour que les apprenants puissent le compléter.
- Laisser les apprenants échanger leurs informations en binômes.
- Corriger en expliquant les mots nouveaux (*infos courtes, sons, accents, voix francophones, animatrice*).

Corrigé :

	Personne 1	Personne 2	Personne 3
Quelle radio ?	France Info	RFI	France Inter
Quand ?	Tous les matins	Pendant le petit déjeuner	Après le travail
Où ?	Dans le métro	(à la maison ?)	Sur son canapé
Pourquoi ?	Les infos sont plus courtes.	Il y a beaucoup de reportages, de sons, d'accents, de voix francophones.	L'animatrice est super !

Piste 26

Pour connaître l'actualité, vous écoutez quelle radio ? Et à quel moment de la journée ?
1. J'ai téléchargé l'appli de France Info que j'écoute tous les matins, dans le métro. Les infos sont plus courtes que sur d'autres radios et ça, c'est vraiment bien pour les auditeurs comme moi !
2. En général, j'écoute la radio quand je prends mon petit déjeuner. J'aime beaucoup RFI. C'est une radio avec beaucoup de reportages, beaucoup de sons, d'accents et de voix francophones.
En plus, sur leur site, il y a autant d'articles que sur un site de presse écrite.
3. J'écoute mieux la radio seul. Alors, quand je rentre du travail, je m'allonge sur le canapé et j'écoute l'émission de France Inter, qui s'appelle « Le téléphone sonne ».
Bon, certains sujets sont plus intéressants et meilleurs que d'autres mais l'animatrice est super !

- Demander aux apprenants de lire les mots proposés puis faire écouter de nouveau le document pour qu'ils choisissent les mots entendus.
- Corriger en expliquant les différences entre les mots : *charger* (porter), *télécharger* (mettre dans son ordinateur ou son portable), *infos* (abréviation d'informations), *écouter* (avec intention), *entendre* (par hasard), *auditeur* (personne qui écoute), *spectateur* (personne qui regarde), *émission* (programme de télé ou radio), *éditions* (publication, production d'un livre).

Corrigé : télécharger – écouter – infos – auditeur – articles – émission

> cahier
Activités 4, 5 et 6, p. 29

page 47

 10 minutes

Activité 8

- Écrire les trois sons au tableau et les prononcer.
- Laisser les apprenants écouter les propositions et indiquer le(s) son(s) entendu(s).
- Corriger en écrivant les mots au tableau et faire remarquer la différence de graphie entre [u] (ou) et les deux autres sons.

Corrigé : a. [u] – **b.** [o] – **c.** [ɔ] – **d.** [o] [u] – **e.** [u] [ɔ] – **f.** [o] [ɔ]

Piste 27

Écoutez. Vous entendez [u] ? [o] ? [ɔ] ?
a. écoutez
b. la radio
c. un reportage
d. les infos sont plus courtes
e. beaucoup de reportages
f. des voix francophones

- Faire écouter les trois sons et demander aux apprenants de les prononcer.
- Faire observer les trois schémas qui désignent la forme de la bouche et demander aux apprenants à quels sons ils correspondent.
- Corriger en demander aux apprenants de les prononcer de nouveau.

Corrigé : très fermé [u] – fermée [o] – ouverte [ɔ]

Piste 28

Écoutez, prononcez et observez les sons [u], [o], [ɔ].

 C

- Constituer des binômes.
- Au tableau, écrire *Les médias* comme titre, puis écrire les trois sons.
- Demander aux apprenants de trouver le maximum de mots pour chaque son sur le thème des médias.
- Leur donner quelques minutes puis corriger en écrivant les mots en dessous de chaque son.

Corrigé : [u] : journaux, écouter, journal, Facebook...
[o] : radio, infos, réseau, photo, abonné...
[ɔ] : informations, ordinateur...

> cahier
Activités 7 et 8, p. 29

page 47
10 minutes

Grammaire : La comparaison

- Lire les phrases de la partie « Observez ». Montrer les mots en gras et souligner les mots qui suivent le comparatif.
- Demander aux apprenants de compléter le tableau à l'aide des exemples. Montrer qu'avec « bien » et « bon », le comparatif change. Si nécessaire, rappeler l'utilisation de « bien » (adverbe) et « bon » (adjectif). Expliquer que « meilleur » se décline comme un adjectif.
- Corriger en montrant l'utilisation de la préposition « de, d' » dans les comparaisons avec un nom.
- Expliquer que le deuxième élément de comparaison peut être omis.
- Demander aux apprenants de compléter la partie « Appliquez ».
- Corriger en rappelant la nature des mots.

Bonne pratique
Si certains apprenants comprennent plus rapidement que d'autres, je les laisse réexpliquer le point de grammaire ou orienter leurs pairs pendant les exercices d'application.

Corrigé :

	-	+	=
avec un adjectif /adverbe	moins... que	plus... que	aussi... que
avec un nom	moins de... que	plus de... que	autant de... que

Le comparatif de « bien » est « mieux ». Le comparatif de « bon » est « meilleur ».
Mon voisin écrit mieux que moi en français mais il parle moins bien.
Je suis meilleur que lui parce que j'ai passé plus de temps en France.

> cahier
Activités 2 et 3, p. 28

page 47
10 minutes

Activité 9

- Écrire la question au tableau puis reformuler pour expliquer le mot « remplacer ». Est-ce que les infos à la télé, c'est la même chose qu'un article dans le journal ? Écrire *Infos à la télé = article de presse ?*
- Lire l'exemple et montrer le tableau de la comparaison.
- Demander aux apprenants d'écrire cinq phrases pour répondre à la question.
- Après quelques minutes, demander aux apprenants d'échanger leurs informations et de vérifier l'utilisation de la comparaison.
- Corriger en écrivant des phrases d'exemple au tableau. Insister sur l'utilisation de la comparaison.

Proposition de corrigé :
À la télévision, les informations sont plus sensationnelles que dans un article.
Dans un article, les informations sont plus précises qu'à la télévision.
Dans un article, il y a moins d'images qu'à la télé.
Il y autant d'interviews dans un article qu'à la télé.
On peut mieux comprendre un article qu'un reportage à la télé.

page 47

⌛ 10 minutes

Activité 10

- Rappeler aux apprenants que le document 4 était un micro-trottoir. Dire aux apprenants qu'ils vont faire un mini-sondage sur le thème de la radio.
- Constituer des groupes. Demander aux groupes de choisir un « secrétaire » et demander à chacun de poser une question au groupe.
- Avec l'aide du groupe, le « secrétaire » prend des notes et relève les informations importantes.
- À partir des notes, chaque groupe présente un résumé de la discussion à la classe.

Bonne pratique
J'encourage les apprenants à s'attribuer des rôles et à s'entraider dans les activités d'apprentissage.

Proposition de corrigé :
Avec quoi vous écoutez la radio ?
À quels moments vous écoutez la radio ?
Quelle radio est-ce que vous écoutez ?
Vous écoutez des chansons ou des émissions ?
Est-ce que vous écoutez les actualités à la radio ?
Est-ce que vous aimez écouter la radio ?

> cahier
Activités 1, 9, 10 et 11, p. 28 et 29

p. 48-49

SITUATION 2 Communiquer en réseau

LA MINUTE PÉDAGOGIQUE

Une bonne utilisation et une bonne gestion des outils numériques en classe offre de nombreuses possibilités. Une bonne utilisation, c'est une utilisation raisonnée (= réfléchie) et raisonnable (= modérée). À vous d'accompagner vos apprenants dans cette utilisation !

page 48

⌛ 10 minutes

Activité 1

a

- Montrer le document 1 et demander « Vous connaissez ces réseaux sociaux ? ». Laisser les apprenants réagir spontanément.
- Montrer les bulles et demander à un apprenant de les lire. Faire remarquer que ce sont des ordres.

Corrigé : Facebook – Twitter – Linkedin – You Tube – Stumble Upon – Pinterest Reddit – Blogger – Tumblr – Flickr

- Demander aux apprenants « Pour vous, est-ce que les réseaux sociaux donnent des ordres ? Est-ce qu'ils sont nécessaires ? Est-ce que vous pouvez arrêter de les regarder ? ».
- Laisser les apprenants exprimer leur avis et écrire les expressions nécessaires pour réagir.

Bonne pratique
Si certains mots (ou, ici, réseaux sociaux) sont inconnus, j'encourage les apprenants à s'expliquer entre eux plutôt que de laisser chercher sur Internet.

Proposition de corrigé : Pour moi, les réseaux sociaux sont nécessaires mais ils ne sont pas impératifs. Je peux choisir d'utiliser ou non un réseau social et je peux décider quand je veux l'utiliser.

page 48

⌛ 10 minutes

Activité 2

- Demander aux apprenants de lire le document 2 et de choisir cinq mots-clés.
- Écrire l'amorce de phrase au tableau *C'est une revue qui parle de...* et demander aux apprenants de compléter la phrase en utilisant les mots-clés.

- Corriger en écrivant plusieurs propositions de réponses. Si nécessaire, demander aux apprenants de justifier le choix des mots-clés.
- Demander aux apprenants de faire un lien entre le titre du premier article et le titre de l'unité.
- Les inviter à imaginer pourquoi l'œuf a fait le buzz.

Proposition de corrigé : C'est une revue qui parle des nouvelles tendances concernant les réseaux sociaux et les médias à travers des photos et les témoignages.

page 48

⌛ 10 minutes

Activité 3

- Faire écouter une première fois le document 3.
- Montrer le document 2 et lire les questions **a.** et **b**.
- Laisser les apprenants faire des propositions de réponses.
- Lire les questions **c.** et **d.**, puis proposer une nouvelle écoute du document.
- Laisser les apprenants écrire les réponses puis corriger.
- Bien faire remarquer la différence entre les réseaux qui sont utilisés aujourd'hui et les raisons pour lesquelles ils ont cessé d'utiliser certains réseaux sociaux.
- Relever les expressions familières (*perso, Insta, je suis plus...*).

Corrigé :
On parle des témoignages « Pourquoi j'ai quitté Facebook ? ».
Des utilisateurs de réseaux sociaux : Balthazar (18 ans) et Anastasia (28 ans).
Ils racontent leur expérience avec les réseaux sociaux et pourquoi ils ont arrêté d'utiliser certains réseaux sociaux.
Balthazar a arrêté d'utiliser Facebook parce qu'on peut rester connecté pendant des heures. Anastasia a arrêté les réseaux sociaux parce qu'elle commençait la journée par regarder ses messages. Elle préfère aller boire un café avec ses vrais amis.

Piste 29

– Balthazar (18 ans) :
J'ai arrêté Facebook il y a 4-5 mois. Aujourd'hui, j'utilise Snapchat pour des discussions de groupe, et Insta quand je m'ennuie. Tu restes connecté pendant 5-10 min contrairement à Facebook où ça peut durer des heures. Perso, je suis plus Youtube comme réseau social.
– Anastasia (28 ans) :
Un jour, tu te réveilles. Et puis, tu commences ta journée par consulter tes messages, *liker*, accepter des demandes de nouveaux amis que tu ne connais pas. Finalement, tu dis « Stop ! » Stop aux conversations artificielles ! Stop aux messages universels. Ce jour-là, tu décides que tu vas prendre un café avec tes amis, tes vrais amis !

page 48

⌛ 10 minutes

Activité 4

ⓐ

- Écrire les trois sons au tableau et les prononcer.
- Faire écouter les propositions et laisser les apprenants écrire le numéro des propositions sous le son qu'ils ont entendu.
- Corriger en écoutant de nouveau.

Corrigé : **a.** [w] – **b.** [j] – **c.** [ɥ] – **d.** [j] – **e.** [j]

Piste 30

Écoutez. Vous entendez [ɥ] ? [w] ? [j] ?
a. cinq mois
b. des discussions
c. je m'ennuie
d. réseau social
e. tu te réveilles

- Faire écouter et prononcer les trois sons. Montrer que pour les trois sons la bouche est très fermée.
- Montrer les deux symboles : langue en avant ➡ et langue en arrière ⬅. Expliquer la différence.

- Faire prononcer les trois sons et demander aux apprenants quelle est la place de la langue pour chaque son.

Corrigé : langue en avant ➡ : [j] et [ɥ] – langue en arrière ⬅ : [w]

Piste 31

Écoutez, prononcez et observez les sons [ɥ], [w], [j].

- Écrire les trois sons au tableau.
- Montrer le document 2 et demander aux apprenants de retrouver des mots avec le même son dans le document.
- Corriger en prononçant les mots.
- Montrer que pour le son [j], les lèvres prennent la forme de la voyelle qui est situé dans la même syllabe. Par exemple, dans « accueil » (a-ccueil), on prononce [j] les lèvres arrondies à cause du [oe] qui précède. Dans « payer » (pa-yer), on prononce [j] les lèvres tirées à cause du [e] qui suit.

Corrigé : [ɥ] suivre – [w] témoignage – [j] média

Activités 8 et 9, p. 31

page 48
5 minutes

Activité 5

- Expliquer que certains mots se ressemblent entre le français et l'anglais.
- Faire écouter le document et laisser les apprenants relever les mots qui viennent de l'anglais en incluant les réseaux sociaux.
- Corriger et montrer les différences d'orthographe et de prononciation entre les mots en anglais et les mots en français.
- Expliquer que le français emprunte souvent des mots de l'anglais dans le domaine des nouvelles technologies.
- Montrer la construction du verbe « liker », du mot anglais « *like* » avec la terminaison d'un verbe à l'infinitif « -er ».

Corrigé : *Liker* – Stop

page 48
5 minutes

Activité 6

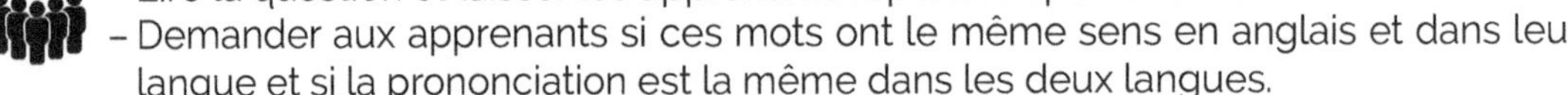

- Lire la question et laisser les apprenants répondre spontanément.
- Demander aux apprenants si ces mots ont le même sens en anglais et dans leur langue et si la prononciation est la même dans les deux langues.

Proposition de corrigé : En japonais, on utilise « chat » et « message ». La prononciation est un peu différente.

page 48
5 minutes

Activité 7

- Demander aux apprenants quel est le réseau social qu'ils utilisent le plus.
- Dire « Imaginez, vous n'utilisez plus ce réseau social. C'est fini ! Qu'est-ce que vous faites ? ».
- Laisser les apprenants répondre librement et spontanément.
- Ne pas commenter les propositions.

Proposition de corrigé : Avec deux heures de plus par jour, je prends du temps pour lire, pour prendre un long bain, pour jardiner.

page 49
10 minutes

Activité 8

- Montrer le document 4 et laisser les apprenants lire les questions de la partie **a.** et repérer les informations sur le document.
- Après quelques minutes, corriger en écrivant les réponses au tableau. Montrer les indices sur le document.

– Faire remarquer que le mot « live » est un emprunt de l'anglais.

Corrigé : **a.** Le message vient de Whatsapp. **b.** *Le Monde Afrique* est un média sur les actualités africaines. **c.** La nouveauté est que *Le Monde Afrique* est disponible sur Whatsapp. **d.** Les formats sont des vidéos, des sondages, des lives... **e.** Les Africains francophones et amoureux de l'Afrique peuvent s'inscrire.

Bonne pratique
J'encourage les apprenants à installer des liens ou des applis vers des sites francophones sur leurs outils numériques.

– Demander aux apprenants de retrouver les adjectifs utilisés dans le document.
– Faire remarquer le rôle des adjectifs.

Corrigé : nouvelle – africaines – originaux – nombreux – personnalisés – nouvelle – francophones – amoureux
Les adjectifs servent à préciser le nom. Dans le document, ils servent à faire la promotion du magazine, à donner envie de lire *Le Monde Afrique*.

Demander aux apprenants de faire une liste de médias. En binômes, demander aux apprenants d'imaginer un slogan pour un média en utilisant des adjectifs.

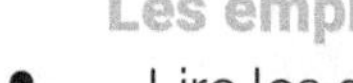

#culture

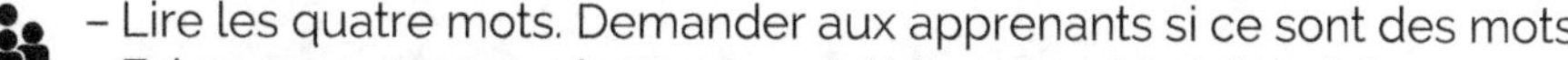

Le Monde Afrique est un complément du journal *Le Monde* qui s'attache à mettre en évidence le développement du continent africain. Ce média francophone existe depuis 2015 et il est aussi à l'origine d'événements culturels et de débats.

page 49
⌛ 10 minutes

Les emprunts

– Lire les quatre mots. Demander aux apprenants si ce sont des mots français.
– Faire remarquer que les mots ont été empruntés à l'anglais.
– Demander aux apprenants de trouver des mots de leur langue qui viennent du français.
– Constituer des groupes et demander aux apprenants de trouver des mots d'origine étrangère utilisés en français. Mettre les listes en commun.

Proposition de corrigé : pantalon (italien) – bazar (arabe) – week-end (anglais) – jungle (hindi) – iceberg (norvégien) – litchi (chinois) – cravate (allemand) – judo (japonais) – épinard (arabe)...

> cahier
Activité 7, p. 31

page 49
⌛ 10 minutes

Grammaire : L'impératif et les pronoms directs

– Lire les phrases d'observation. Montrer les mots en gras et expliquer que ce sont des pronoms directs.
– Montrer le document 1 et demander ce que remplacent les pronoms.
– Faire remarquer la place des pronoms et laisser les apprenants choisir les réponses correctes. Corriger.
– Reprendre les phrases de la partie « Observez » et demander aux apprenants de les écrire à la forme positive ou négative en attirant l'attention sur la place des pronoms.
– Expliquer que les pronoms « moi » et « toi » changent entre la phrase affirmative et la phrase négative (*moi - me, m', toi - te, t'*).
– Corriger. Si nécessaire, rappeler la formation de l'impératif.

Corrigé : Les pronoms remplacent les réseaux sociaux.
À l'impératif affirmatif, le pronom est après le verbe. À l'impératif négatif, le pronom est avant le verbe.
Ne clique pas ! Ne me regarde pas ! Ne nous aimons pas ! Ne vous inscrivez pas ! Ne t'abonne pas ! Ne m'ajoute pas ! Inquiétez-vous !

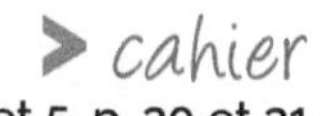

> cahier
Activités 3, 4 et 5, p. 30 et 31

page 49
10 minutes

Activité 9

- Demander aux apprenants de citer des pays d'Afrique.
- Constituer des binômes et demander aux apprenants d'échanger sur des actualités dans ces pays.
- Corriger en écrivant les mots-clés au tableau.

Proposition de corrigé : Samedi, c'est le début de la CAN. Il y aura un match entre la République du Congo et l'Ouganda.
Le Rwanda est le pays qui a le plus grand développement économique dans le monde. On l'appelle le « Singapour de l'Afrique ».
Google a ouvert un centre de recherche sur l'intelligence artificielle en Afrique.

page 49
10 minutes

Activité 10

- Au tableau, écrire *7 jours pour décrocher de son smartphone*. Expliquer le sens de « décrocher = arrêter d'utiliser ».
- Écrire les jours de la semaine et écrire l'exemple au tableau.
- Constituer des binômes et demander aux apprenants d'écrire un conseil à l'impératif pour chaque jour de la semaine.
- Mettre les propositions en commun et demander aux apprenants de choisir les meilleures propositions.
- Demander aux apprenants de faire une affiche.
- Mettre l'affiche sur le mur.

Proposition de corrigé :

7 JOURS POUR DÉCROCHER
DE SON SMARTPHONE ET
CHAQUE JOUR AVEC SA RÈGLE

- Lundi ⇨ METTEZ-LE SUR VIBREUR !
- Mardi ⇨ NE LE REGARDEZ PAS DE LA JOURNÉE !
- Mercredi ⇨ PASSEZ PLUS DE TEMPS AVEC VOS AMIS !
- Jeudi ⇨ NE L'UTILISEZ PLUS COMME DICTIONNAIRE !
- Vendredi ⇨ ÉTEIGNEZ-LE TOUTE LA JOURNÉE !
- Samedi ⇨ LAISSEZ-LE À LA MAISON !
- Dimanche ⇨ OUBLIEZ-LE !

Proposer aux apprenants de choisir un jour et de faire une journée sans smartphone. Créer des groupes et répartir les tâches entre les groupes : établir les règles de la journée, rédiger des slogans pour encourager les apprenants à ne pas utiliser leurs portables, envoyer un message aux enseignants pour les informer de la journée sans smartphone.

> cahier
Activités 1, 2, 7, 10, 11 et 12, p. 30 et 31

SITUATION ❸ Poser des questions

LA MINUTE PÉDAGOGIQUE

Une consigne peut être simple (exemple : Écoutez !) ou multiple (exemple : Écoutez et soulignez). Pour aider l'apprenant à lire une consigne multiple, il suffit de lui faire repérer le nombre d'actions à effectuer.
Comprendre une consigne, c'est comme comprendre un document : il faut repérer plusieurs indices !

PRÉPARER SA CLASSE

Préparer des îlots dans la classe pour faciliter le travail de groupe.

page 51

⌛ 10 minutes

Activité 1

- Montrer la question ⓐ et lire « J'observe les visuels ». Montrer le document de la page 50 en insistant sur le fait de ne pas lire le texte.
- Montrer la question ⓑ et insister sur « Sans lire le texte ».
- Puis, montrer la question ⓒ et insister sur « Je lis la description de l'émission » et montrer l'introduction du texte.
- Laisser les apprenants travailler individuellement pendant quelques minutes.
- Si les apprenants ne comprennent pas la partie ⓐ, réexpliquer la consigne.

Bonne pratique
Si la consigne est un peu plus complexe, je reformule au tableau en m'appuyant sur le visuel.

Au tableau !

la télé Québec + tous les lundis + des jeunes qui regardent leur écran
= ?
qui s'appelle = ?

- Corriger en montrant les informations sur le document.
- Expliquer que de nombreuses informations peuvent être comprises par la forme d'un document, les couleurs, la ponctuation...

Corrigé : **a.** une série – *Like-moi !* **b.** points d'interrogation **c. Le nom de la série** : *Like-moi !*, **son origine** : québécoise, **le nom de l'actrice** : Bérangère Mc Neese, **son origine** : belge

page 51

⌛ 15 minutes

Activité 2

ⓐ
- Constituer des groupes.
- Lire la question et laisser quelques minutes aux apprenants pour échanger sur la série *Like-moi !* et sur les séries qu'ils aiment.

Proposition de corrigé : Non, je ne connais pas cette série. Traduction française : « Aime moi ». Non, je n'aime que les séries qui montrent des événements historiques.

- Montrer le document de la page 50 et expliquer que c'est une interview.
- Faire repérer les différentes parties (introduction, questions, réponses) et les mettre en lien avec les personnes (présentateur, journaliste, Bérangère et Omar).
- Dans chaque groupe, demander aux apprenants de se répartir les 4 rôles et de lire le texte en fonction des rôles attribués.

- Demander aux apprenants de lire les questions.
- Les laisser chercher les réponses dans le texte en groupe. Les inciter à échanger leurs informations dans le groupe et à s'expliquer les passages du texte qu'ils ont compris.
- Corriger en écrivant une réponse au tableau. Expliquer les expressions « tourner un film », « être touchant ».

Corrigé : a. La série parle de la vie des jeunes aujourd'hui, des portables, des textos et de technologies. Elle porte aussi des messages universels. **b.** Oui, le texte est très bien écrit et il est drôle. **c.** Ils ont tourné la série à Bruxelles. **d.** C'est une série drôle qui parle de sujets sérieux. **e.** Les personnages sont touchants.

page 51

15 minutes

Activité 3

- Lire la phrase « *Like-moi !* est une série francophone. ». Demander aux apprenants de chercher des informations dans le texte pour confirmer l'affirmation.
- Laisser les apprenants proposer des éléments et les écrire au tableau.

Proposition de corrigé : La série est originaire du Québec. Elle est adaptée en France. La comédienne est belge. La série est tournée à Bruxelles. Le français est la langue commune à tous ces pays.

Lire les questions et laisser les apprenants réagir. Les inciter à justifier leur choix et à exprimer leur accord ou leur désaccord, à compléter leurs réponses.

Bonne pratique
J'insiste sur les modalités de travail (groupes, binômes...). Travailler en groupe ne signifie pas seulement s'asseoir ensemble mais échanger, écrire à plusieurs sur un même document...

Proposition de corrigé : *Les désastreuses aventures des orphelins Baudelaire* est notre série préférée. Elle est née aux États-Unis. C'est l'adaptation d'une série littéraire de Daniel Handler. Dans cette série, on parle de trois enfants. Leurs parents sont morts dans un incendie. Ils habitent chez un parent, le comte Olaf. Mais le comte Olaf veut prendre leur héritage et faire disparaître les enfants. La série est tournée à Vancouver, au Canada.

- Selon les réponses données dans la partie b, demander aux apprenants de constituer des groupes pour présenter une série.
- Rappeler les éléments importants pour faire la fiche d'identité de la série : titre, genre, thèmes, origine, personnages...

Proposer aux apprenants de regarder un extrait de la série *Like-moi !* (par exemple, OMG https://www.youtube.com/watch?v=UKJkTCLlt-s). Faire repérer le thème de l'épisode (les rumeurs à travers les réseaux sociaux) et l'accent québécois.

page 51

10 minutes

Grammaire : Les questions inversées

- Écrire les exemples de la partie « Observez » au tableau et les lire.
- Faire remarquer les points d'interrogation (= ce sont des questions) et l'absence de « est-ce que ».
- Demander aux apprenants où est placé le verbe et où est placé le sujet.
- Expliquer que ce type de question est plus formel.
- Attirer l'attention sur le troisième exemple et expliquer que lorsque le sujet n'est pas un pronom personnel (*il, elle...*), on doit conserver le sujet devant le verbe et ajouter un pronom, relié au verbe par un tiret. Expliquer que la question inversée n'est pas utilisée couramment avec le pronom « je ».
- Montrer la partie **3** b **(a., b., c.)**. Demander aux apprenants d'écrire les questions en utilisant la forme inversée.
- Corriger et expliquer que lorsque le verbe se termine par une voyelle et qu'il est suivi par un pronom qui commence par une voyelle, on ajoute « -t- ».

Au tableau !

À qui parle-t-il ? voyelle — Où va-t-on ? voyelle

Corrigé : Le verbe est avant le sujet. **a.** Quelles séries regardez-vous ? Quelle série préférez-vous ? **b.** De quoi parle-t-on dans cette série ? **c.** Quel personnage de série préférez-vous ?

Pour aller plus loin, proposer une série de questions à transformer en utilisant la question inversée (Est-ce que tu peux conduire ? Où est-ce que tu vas ? Qu'est-ce que vous faites ? Pourquoi est-ce que tu pars ? Qui est-ce qu'il regarde ?...). Montrer que dans le cas d'une question fermée, il n'y a pas d'interrogatif dans la question inversée. Signaler le changement de « qu'est-ce que » en « que » pour la question inversée.

L'interprète

Constituer des groupes de trois. Demander à un apprenant de poser des questions avec « est-ce que ». Un deuxième apprenant « traduit » la question en utilisant la forme inversée. Le troisième répond à la question.

> cahier
Activités 1 à 5, p. 32 et 33

p. 52-53

LAB' LANGUE & CULTURE

page 52

⌛ 10 minutes

Culture

- Lire l'introduction et demander aux apprenants « *Culture Prime*, qu'est-ce que c'est ? ». Faire lire le slogan et expliquer le lien avec l'image (partager la culture et partager le livre).
- Montrer l'image et demander aux apprenants quel est l'élément de la culture française présent sur l'image.
- Demander aux apprenants de retrouver sur l'image des médias qui participent à *Culture Prime*.
- Donner quelques informations sur *Le Rouge et le Noir* et sur *Culture Prime*. Si le matériel le permet, montrer *Culture Prime* sur Internet.
- Lire la question dans la bulle et laisser les apprenants exprimer leur avis librement.

Corrigé :

a. *Le Rouge et le Noir*.

b. Radio France – France télévision – Arte – TV5 monde – RFI – France 24 – INA

Je pense que la culture a sa place sur les réseaux sociaux. La culture a sa place dans tous les médias. C'est important d'échanger des informations culturelles.

#culture

Culture Prime est un réseau social culturel créé par des médias français en 2018. L'objectif est de diffuser la culture pour tous. Chaque média propose un accès gratuit à des supports numériques.

Radio France est la plus grande chaîne de radio en France. Elle regroupe France culture, France inter...

France télévision est le groupement de chaînes de télévision publiques en France (France 2, France 3...).

Arte est une chaîne de télévision publique franco-allemande qui a pour objectif de diffuser des émissions culturelles européennes.

RFI est une radio publique française diffusée dans le monde entier.
France 24 est une station de radio qui diffuse les informations en continu en France et à l'étranger.
L'INA (Institut national de l'audiovisuel) préserve les archives de la télévision et de la radio françaises.
Le Rouge et le Noir est un roman de Stendhal publié en 1830. Il retrace les passions amoureuses de Julien Sorel, un jeune précepteur. Il tombe d'abord amoureux de Madame de Rênal, la femme de son employeur, dont il devient l'amant. Puis, il entre au séminaire. À sa sortie, il rencontre Mathilde qui tombe sous son charme mais ces amours le mènent à sa perte.

page 52

⌛ 10 minutes

Langue 1

- Montrer la photo de Bérengère McNeese et demander aux apprenants de rappeler de qui il s'agit.
- Expliquer « Vous rencontrez Bérengère McNeese », puis montrer les points d'interrogation et dire « Vous lui posez cinq questions ».
- S'assurer que les apprenants utilisent des questions inversées.
- Leur laisser quelques minutes pour écrire les questions.
- Les inviter à relire les questions en s'assurant qu'ils ont bien utilisé un pronom personnel et qu'ils ont ajouté « -t- », lorsque c'est nécessaire.
- Corriger en écrivant plusieurs propositions au tableau.

Proposition de corrigé :
Aimez-vous votre personnage dans *Like-moi !* ?
Parlez-vous toujours français avec les autres acteurs ?
Bruxelles est-elle une ville agréable pour faire la série ?
Les personnages sont-ils drôles ?
Regardez-vous la série après le tournage ?

page 52

⌛ 10 minutes

Langue 2

- Écrire *Snapchat vs Instagram* au tableau.
- Demander aux apprenants quel réseau ils préfèrent.
- Ensemble, faire une liste de critères de comparaison pour des réseaux sociaux.
- Demander aux apprenants d'écrire cinq phrases pour comparer Snapchat et Instagram.
- Corriger en écrivant des propositions au tableau.

Proposition de corrigé :
Instagram est plus facile à utiliser que Snapchat.
La qualité d'image sur Snapchat est moins bonne que sur Instagram.
Sur Snapchat, les messages restent moins longtemps en ligne.
Les messageries d'Instagram et de Snapchat ont autant de fonctions.
Il y a plus de publicité sur Instagram que sur Snapchat.

Créer des équipes et attribuer un réseau social à chaque équipe. Laisser quelques minutes aux équipes pour trouver les points forts du réseau social. Organiser un grand débat « Quel est le meilleur réseau social ? » et demander aux équipes de défendre leur réseau social en le comparant aux autres.

page 52

⌛ 10 minutes

Langue 3

- Montrer de nouveau le slogan de *Culture Prime*. Demander aux apprenants de transformer la phrase en utilisant un impératif et un pronom.
- Écrire la proposition au tableau.

Proposition de corrigé : « La culture, partagez-la ! »

page 52

⌛ 10 minutes

1 minute pour lire

- Au tableau, écrire *Tu = ?*
- Laisser quelques minutes aux apprenants pour lire le texte et trouver de qui/quoi on parle.
- Corriger en relevant les indices (*Vous avez un nouveau message, notifications, follow, liker, Youtube, demandes d'amis, likes, LOL...*).
- Faire relever le titre de la chanson *Mon précieux* et demander aux apprenants de justifier le choix du titre. Donner quelques informations sur Soprano.

Corrigé : « Tu » est le téléphone portable.

Montrer le clip *Mon précieux* de Soprano et faire relever tous les éléments qui évoquent le téléphone sur les images. Puis, demander aux apprenants de relever les moments d'utilisation du téléphone dans le clip. Leur demander à quels moments ils utilisent leur portable et s'ils sont « accros ».

#culture

Soprano (Saïd M'Roumbaba) est un rappeur et compositeur originaire de Marseille. Son premier album en solo est sorti en 2007 et s'intitule *Puisqu'il faut vivre*. ***Mon précieux*** est issu de l'album *L'Éverest* (2016).

page 53

⌛ 15 minutes

Podcast

- Montrer les questions et faire écouter le podcast une ou deux fois selon les besoins.
- Corriger en expliquant qu'il s'agit de l'introduction pour une émission de radio.
- Demander aux apprenants de reprendre les questions et d'y répondre en imaginant une autre émission de radio.
- Écrire quelques expressions au tableau pour présenter une émission (*C'est ... sur... , ...est consacré à...*).
- Les laisser s'entraîner à présenter leur émission et les inviter à s'enregistrer.
- Partager les podcasts sur le réseau social de la classe. Inciter les apprenants à ajouter des « likes » sur les émissions qui les intéressent.

Corrigé : *Hashtag* – 7 h 38 – tous les vendredis – l'interdiction des téléphones portables à l'école.

8 h 19 sur France Info, c'est l'heure du *Cours toujours !* avec Marie Primi. Comme tous les matins, cette chronique est consacrée à la course à pieds et aujourd'hui, nous parlons de l'alimentation pour les marathoniens.

Piste 32

7 h 38 sur France Culture c'est l'heure du *Hashtag* Catherine Duthu comme tous les vendredis cette chronique interactive à laquelle vous pouvez participer *via* les réseaux sociaux. *Hashtag* est consacré cette semaine à l'interdiction des téléphones portables à l'école.

France Culture

page 53

⌛ 15 minutes

Expression francophone

- Montrer l'image et inviter les apprenants à la décrire. Introduire l'expression « faire sécher du linge ».
- Lire l'expression et les propositions. Laisser les apprenants choisir une proposition.
- Montrer le drapeau et demander aux apprenants de retrouver le pays.
- Corriger en expliquant que « Radio cancan » signifie « rapporter des rumeurs, raconter des choses fausses ou déformées ». Donner un exemple d'utilisation (« – Louise m'a dit que Sébastien s'est marié le week-end dernier ! – Oh mais tu sais, elle, c'est Radio cancan. » = Elle raconte des rumeurs non vérifiées.).

Corrigé : La rumeur publique. – Sénégal

page 53

⌛ 10 minutes

La fabrique des sons

- Lire la définition de « mots-valises » et donner quelques exemples (*adulescent* : adulte + adolescent, *alicament* : aliment + médicament…).
- Expliquer que le mot *Fake news* a été remplacé en 2018 par un mot français. Dire que ce mot est un mot valise « … + intoxication ».
- Laisser les apprenants réfléchir au deuxième mot utilisé.

Corrigé : *Infox* = information + intoxication.

page 53

⌛ 10 minutes

La fabrique des verbes

- Montrer le verbe et sa construction. Laisser quelques minutes aux apprenants pour compléter le schéma.
- Mettre les propositions en commun.
- Demander aux apprenants de trouver un mot de même sens dans l'unité 3.
- Demander si les verbes « s'inscrire » et « inscrire » ont la même signification. Inviter les apprenants à trouver des verbes avec la même construction.

Corrigé : S'inscrire à la bibliothèque, à un cours, à une compétition sportive…
S'inscrire = s'abonner
Inscrire = écrire
Se laver, se coiffer, se brosser…

page 53

⌛ 10 minutes

Vidéo lab'

PROJET

- Montrer la vidéo et faire repérer la passion de l'artiste. Montrer qu'il explique pourquoi il s'intéresse à l'art et aux réseaux sociaux.
- Demander aux apprenants quelles sont leurs passions et les aider à repérer des personnes qui ont les mêmes passions qu'eux.

▶ À deux

- En fonction des goûts exprimés, créer des binômes autour des passions dans la classe.
- Annoncer l'objectif de l'activité : créer une petite vidéo pour parler de sa passion.
- Laisser quelques minutes aux apprenants pour choisir les messages qu'ils veulent transmettre dans leur vidéo.
- Leur demander de trouver un titre pour leur vidéo. Les encourager à créer des mots-valises comme titre.
- Laisser quelques minutes aux apprenants pour se filmer.

▶ Ensemble

- Demander aux apprenants de partager leurs vidéos sur les réseaux sociaux.
- Laisser du temps aux apprenants pour découvrir les différentes vidéos et réagir sur les réseaux sociaux.
- Laisser les apprenants poser des questions sur les passions de chacun.

Proposition de corrigé : Livrage (Livre + voyage)
Je m'appelle Alexandre, j'ai 19 ans et ma passion, c'est la lecture. Les livres, ça me permets de voyager. On voyage dans l'espace, dans le temps et dans l'imaginaire. On crée des liens avec des personnages, on découvre des époques. Pour moi, tous les livres sont intéressants : les romans, les magazines, les BD… C'est comme l'art, on s'exprime différemment mais c'est toujours un livre !

p. 54-55

Ateliers Demander des précisions

page 54

⌛ 10 minutes

Activité 1

ⓐ

- Montrer le document 1. Demander aux apprenants de décrire ce qu'ils voient (un père, un fils, un globe terrestre).

- Demander aux apprenants « Qu'est-ce que l'enfant demande à son père ? » et les laisser écrire une phrase.
- Laisser les apprenants comparer leurs phrases et en faire lire quelques-unes.

Proposition de corrigé : Il y a combien de pays dans le monde ?

- Montrer le document 2. Lire le titre et le nom de l'auteur. Demander aux apprenants s'ils connaissent le roman et s'ils l'ont lu.
- Montrer et nommer le petit prince et le renard.
- Lire le dialogue.
- Demander aux apprenants quel mot est difficile pour le petit prince. Expliquer qu'il demande des précisions au renard.
- Demander quelle définition le renard donne pour ce mot.
- Lire l'encadré « Apprendre » et demander aux apprenants le lien entre le document 1 et le document 2.

Proposition de corrigé : a. Je connais *Le Petit Prince*. Je l'ai lu. J'aime beaucoup ce roman. **b.** Il demande des précisions sur le mot « apprivoiser ». **c.** Le renard répond : ça signifie « créer des liens ».

#culture

Le Petit Prince est un roman d'Antoine de Saint-Exupéry publié en 1943. C'est l'œuvre la plus traduite après la *Bible*. Sous forme d'une histoire pour enfants, l'auteur offre une vision symbolique de la vie. Le petit prince révèle l'absurdité de la vie adulte. Le roman est illustré par les aquarelles de l'auteur.

page 54

⌛ 10 minutes

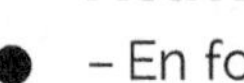

Activité 2

- En fonction du lien établi entre les documents 1 et 2, demander aux apprenants d'imaginer sur quoi va porter le document audio (demander des précisions).
- Faire écouter le document.
- Demander aux apprenants de trouver le problème de la petite fille.
- Faire écouter de nouveau et demander aux apprenants de relever la dernière question.
- Demander aux apprenants quelle phrase la petite fille voudrait écrire et les laisser l'écrire.
- Corriger en expliquant le double sens de l'expression « sans faute » (absolument – sans faire d'erreurs) et le jeu de mots entre « cent » et « sans ».

Corrigé : a. La petite fille ne sait pas comment écrire une phrase. **b.** « "Sans", ça s'écrit C-E-N-T ou S-A-N-S ? » **c.** Écris-moi sans faute !

Piste 33

- Oh là là, c'est difficile le français.
- Mais non, pourquoi tu dis ça ?
- Parce que je ne sais pas comment écrire « Écris-moi sans faute ».
- Qu'est-ce que tu veux dire ?
- Écris-moi, n'oublie pas de m'écrire... surtout écris-moi bien !
- Oui, oui, j'ai compris.
- Alors « sans », ça s'écrit C-E-N-T ou S-A-N-S ?
- À ton avis...

page 54

⌛ 10 minutes

Activité 3

- Lire la consigne de l'activité.
- Constituer des groupes et laisser les apprenants s'exprimer sur leurs habitudes et les comparer.

Proposition de corrigé : J'aime bien quand tout est clair quand j'apprends ou je travaille. Si c'est un loisir, ce n'est pas grave si ce n'est pas clair. Quand ce n'est pas clair, je cherche d'abord seul et ensuite, je demande de l'aide.

page 54

⌛ 10 minutes

Activité 4

- Lire les expressions de l'encadré « Demander des précisions ».
- Constituer des binômes et expliquer les situations 1 et 2.
- Leur laisser quelques minutes pour pratiquer la discussion.
- Proposer à des binômes de présenter la situation devant la classe.

Proposition de corrigé :

Situation 1

- Tu sais, j'ai lu un article sur Facebook sur les tissus wax.
- Les tissus wax ? ça s'écrit comment ?
- W-A-X, ce sont des tissus très utilisés en Afrique pour faire les vêtements.
- Ah oui, ce sont des tissus africains !
- Oui, justement, l'article explique que ces tissus sont fabriqués en Hollande.
- C'est-à-dire ?
- Depuis longtemps, les Européens fabriquent des tissus de style africains et ils les vendent en Afrique.
- Ah bon ? Qu'est-ce que tu veux dire ?
- Les « vrais » tissus africains, ce sont le kenté ou l'ashanti par exemple.
- Et ces tissus deviennent rares à cause des tissus fabriqués en Europe.

Situation 2

- Tu comprends l'exercice 2 ? Moi, je ne comprends rien...
- Oui, c'est une publicité et tu dois écrire pour organiser la soirée.
- C'est-à-dire ? Je dois écrire à qui ?
- Au chef.
- Au chef ? Qu'est-ce que tu veux dire ? Pourquoi le chef vient à la soirée ?
- C'est un service. C'est lui qui fait la cuisine.
- Ah d'accord !

Ateliers Écrire un tweet ou tweeter

page 55

⌛ 5 minutes

Activité 1

- Lire l'encadré « Apprendre » et demander aux apprenants de l'appliquer au document.
- Corriger en montrant les éléments sur le document.

Corrigé : Source : *Le Monde* – **Date :** 7 décembre 2018 – **Information principale :** une Fête des Lumières à Lyon.

page 55

⌛ 10 minutes

Activité 2

ⓐ

- Demander aux apprenants de lire le texte du tweet et de trouver des éléments de comparaison.
- Ce n'est pas la première fête des Lumières. Où est l'information ?
- Laisser les apprenants relever les indices.
- Corriger et expliquer que si l'élément comparé n'est pas exprimé, c'est qu'il est évident.

Corrigé : a. Plus interactive, plus jeune, moins numérique **b.** On utilise le verbe « revient ». On compare cette année aux autres années.

ⓑ

- Montrer les deux commentaires.
- Demander aux apprenants de les lire et de trouver les comparaisons. Expliquer à quoi « Inuit » fait référence sur l'image.
- Relever les verbes et expressions qui permettent de comparer.
- Lire l'encadré « exprimer une comparaison ».

Corrigé : Chaque année, les installations de la Fête des Lumières sont différentes. L'installation sur la photo ressemble à un Inuit.

- Lire les expressions et demander aux apprenants de les retrouver dans les documents.
- Corriger en montrant les symboles sur les documents et en expliquant à quoi ils servent.

Corrigé : hashtag : # ; arobase : @ ; retweeter : 🔁 ; J'aime : ♡ ; répondre : 🗨.

Lire la question et laisser les apprenants relever les informations typiques d'un tweet.

Corrigé : 280 caractères maximum, des photos, des mots-clés, des liens, des symboles.

page 55

⌛ 10 minutes

Activité 3

- Demander aux apprenants de penser à une fête privée ou à des événements culturels.
- Constituer des binômes et laisser les apprenants choisir un événement et une information importante liée à cet événement.

Demander aux apprenants de choisir l'information principale (#), de choisir le type de photo, les liens (@) à ajouter, etc.

Laisser quelques minutes aux apprenants rédiger leur tweet individuellement en insérant les symboles nécessaires.

- Reconstituer les binômes et laisser les apprenants comparer leurs productions.
- Si possible, demander aux apprenants de publier leurs tweets.

Proposition de corrigé :

Tweets Tweets & réponses Médias

C'est parti pour la fête #Le Fleuve à Bordeaux !
Encore plus de navires, plus d'activités culturelles, plus de découvertes !
Réservez vos visites à l'avance @BxFC et passez par les stands de dégustation des spécialités régionales ! @Cdégust

🗨 2 🔁 62 ♡ 124

mémo

page 55
⌛ 10 minutes

Activité 1

- Écrire les paires de mots au tableau.
- Lire l'exemple concernant « voix » et « voie ». Montrer les expressions de comparaison dans l'exemple.
- Demander aux apprenants d'écrire des phrases pour comparer les paires de mots.
- Corriger en écrivant quelques propositions.

Proposition de corrigé : « Meilleur » est plus long que « mieux ». La prononciation se ressemble mais ce n'est pas la même. Un spectateur utilise plus ses yeux qu'un auditeur. Les deux mots parlent d'une personne. Un article est plus long qu'un tweet. Le mot « tweet » a moins de syllabes que le mot « article ».

page 57
⌛ 5 minutes

Activité 2

- Au tableau, écrire *Thème = réseaux sociaux.*
- Écrire l'exemple de question au tableau et montrer que c'est une question inversée.
- Constituer des binômes et dire « Vous avez une minute pour poser des questions. ».
- Laisser les apprenants échanger.
- Corriger en écrivant quelques propositions de questions au tableau.

Proposition de corrigé : Quels réseaux sociaux utilises-tu ? Combien de temps passes-tu chaque jour sur les réseaux sociaux ? Quelles applis as-tu téléchargées sur ton portable ? Pourquoi utilises-tu les réseaux sociaux ? Regardes-tu les réseaux sociaux quand tu te réveilles le matin ?

page 57
⌛ 10 minutes

Activité 3

- Au tableau, écrire *Thème = les séries télé.*
- Montrer les encadrés de la page 56. Demander aux apprenants de faire une liste de mots sur le thème.
- Écrire les trois sons au tableau et demander aux apprenants de sélectionner les mots de la liste qui contiennent ces sons.
- Expliquer aux apprenants qu'ils vont écrire un tweet de 280 caractères. Expliquer qu'un caractère n'est pas un mot (chaque lettre, espace ou signe de ponctuation compte comme un caractère).
- Laisser les apprenants écrire leur tweet. Leur demander le nombre de mots de la page de gauche utilisés. Féliciter le gagnant !

Proposition de corrigé : La saison 2 de *You* en 2019 – longtemps attendue par les spectateurs – raconte l'histoire d'un homme qui recherche une femme par les réseaux sociaux. Une réflexion sur l'utilisation d'Internet et une série qui fait le buzz ! On adore les personnages, la voix séduisante de Pen Badgley et le charme d'Ambyr Childers. De nouveaux comédiens aussi pour la saison 2 !

page 57
⌛ 10 minutes

Activité 4

- Demander aux apprenants de nommer des applis en lien avec les films, les séries...
- Dire « Vous expliquez à votre voisin(e) comment utiliser l'appli. »
- Lire l'exemple.
- Constituer des binômes et demander aux apprenants d'expliquer comment utiliser l'appli.

Proposition de corrigé : Téléchargez l'appli « Todomovies ». Ouvrez-la. Créez des dossiers et nommez-les (à voir, à revoir...). Ouvrez le répertoire et parcourez-le ou tapez le titre des films dans la barre de recherche. Placez les films dans le bon dossier. Quand vous voulez voir un film, regardez sa fiche pour savoir dans quel cinéma il passe.

Mémo, p. 34 et 35

page 57

⌛ 15 minutes

Mission

- Constituer des groupes de quatre.
- Dans chaque groupe, choisir une personne qui « n'a pas accès à Internet ».
- Lire le point 1 avec les apprenants.
- Expliquer qu'une histoire a fait le buzz sur Internet.
- Demander aux personnes « qui n'ont pas accès à Internet » de quitter la salle pendant quelques minutes.
- Pendant ce temps-là, demander aux groupes d'imaginer une histoire qui pourrait faire le buzz. Leur interdire de prendre des notes et laisser les apprenants échanger des informations détaillées sur l'histoire.
- Lire le point 2 avec les apprenants.
- Demander à ceux qui étaient sortis de revenir dans le groupe.
- Faire sortir deux des apprenants qui ont inventé l'histoire.
- L'apprenant qui n'est pas sorti raconte l'histoire.
- Un deuxième apprenant du groupe revient dans la classe et raconte l'histoire.
- Le troisième apprenant revient et raconte aussi l'histoire.
- Chaque apprenant donne des détails sur l'histoire.
- Lire le point 3 avec les apprenants.
- L'apprenant « qui n'a pas accès à Internet » pose des questions pour avoir plus de détails sur l'histoire.
- Vérifier si l'histoire est cohérente.

Proposition de corrigé : Une femme est allée au festival de Cannes. Elle marchait avec plusieurs gardes du corps dans la rue. Elle portait une robe rouge et des lunettes de soleil. Il y avait des fans qui criaient son nom. Les gens se sont arrêtés et ils ont pris des photos. Mais ce n'était pas une star. C'était un groupe d'amis.

> cahier
Bilan linguistique, p. 36
Préparation au DELF, p. 38

GRAMMAIRE

1 Écrivez les phrases à l'impératif. 5 points

1. Tu envoies des messages à tes amis. ➜ ....
2. Vous utilisez les réseaux sociaux. ➜ ....
3. Tu ne consultes pas tes messages pendant le cours. ➜ ....
4. Tu le regardes. ➜ ....
5. Vous ne les écrivez pas. ➜ ....

2 Remettez les phrases dans l'ordre. 5 points

1. Ne / pendant / les / la / consulte / conférence ! / pas

....

2. rentres / Lis / à la / les / quand / tu / maison !

....

3. à / répondez / Ne / messages ! / pas / vos

....

4. d'amis ! / Acceptez / demandes / les / nouvelles

....

5. publiez / les informations / le buzz ! / Ne / pas / font / qui

....

3 Écrivez les questions inversées. 5 points

1. Est-ce que tu utilises Twitter ? ➜ ....
2. Qu'est-ce que vous regardez à la télé ? ➜ ....
3. Comment est-ce que les médias font le buzz ? ➜ ....
4. Avec qui est-ce que vous échangez des informations ? ➜ ....
5. Est-ce que nous pouvons diffuser la photo ? ➜ ....

4 Complétez les phrases pour comparer. 5 points

1. Ce téléphone est .... cher .... l'autre. (+)
2. Il a .... fonctions .... ton téléphone. (-)
3. Il y a .... lecteurs .... d'internautes. (-)
4. En France, on a .... chaînes .... au Burundi. (=)
5. Sur Netflix, les séries sont .... intéressantes .... sur les chaînes publiques. (=)

LEXIQUE

1 Associez un média à une définition. 5 points

1. C'est un moyen de se détendre en écoutant des chansons. •
2. C'est une forme de journal sur un thème avec des images, des articles. •
3. C'est un programme de télévision. •
4. C'est un ensemble de pages web. •
5. C'est un document envoyé à beaucoup de personnes par Internet. •

• **a.** une newsletter
• **b.** une émission
• **c.** une radio
• **d.** un site internet
• **e.** un magazine

2 Complétez les phrases avec le mot qui convient. 5 points

cliquer | message | inscrire | télécharger | notifications

1. Je n'ai pas encore de compte Instagram mais je vais m' ....
2. Marc va se désabonner des réseaux sociaux, il reçoit trop de .... sur son portable.
3. Quand j'arrive à la gare, je t'envoie un ....
4. Ma fille m'a conseillé de .... Snapchat.
5. Si tu veux liker, il suffit de .... sur le symbole avec la main.

3 Choisissez le mot qui correspond à chaque définition. 5 points

une actualité | faire un commentaire | un auditeur | un tweet | un internaute

1. une personne qui écoute l'émission de radio : ....

2. une personne qui consulte des informations en ligne : ....

3. un message court : ....

4. une information récente : ....

5. l'action de donner son opinion sur un thème : ....

4 Entourez l'expression la plus adaptée à la situation. 5 points

1. Les journalistes ont *connecté / diffusé* des informations sur Internet.

2. Son commentaire a fait *le buzz / un documentaire*. Un million de personnes l'ont liké.

3. Il *se connecte / s'abonne* tous les jours à Internet pour voir ses messages.

4. L'animateur a *un son / un accent* québécois.

5. Quel est *le buzz / le sujet* du documentaire ?

PHONÉTIQUE

1 7 | **Écoutez et choisissez le son que vous entendez** [u], [o] **ou** [ɔ]. 5 points

1. .... **2.** .... **3.** .... **4.** .... **5.** .... **6.** .... **7.** .... **8.** .... **9.** .... **10.** ....

2 8 | **Écoutez et choisissez le son que vous entendez** [ɥ], [w], [j]. 5 points

1. .... **2.** .... **3.** .... **4.** .... **5.** .... **6.** .... **7.** .... **8.** .... **9.** .... **10.** ....

Compréhension de l'oral 10 points

9 | **Écoutez et complétez.**

1. Quel est le thème principal de la discussion ?

- ❑ Les dangers sur les réseaux sociaux.
- ❑ Les informations sur les réseaux sociaux.
- ❑ Les commentaires sur les réseaux sociaux.

2. À qui correspond chaque idée ? Choisissez.

	Homme	Femme
a. Les informations sont les mêmes sur les réseaux sociaux et à la télé.	❑	❑
b. C'est plus pratique de lire les informations sur les réseaux sociaux.	❑	❑
c. À la télé, les informations ne sont pas en continu. Il faut attendre.	❑	❑
d. Sur les réseaux sociaux, il y a seulement les informations qui surprennent.	❑	❑
e. Il y a aussi des reportages sur les réseaux sociaux.	❑	❑
f. Il y a plus d'opinions sur les réseaux sociaux.	❑	❑

3. Pour l'homme, à quoi servent les réseaux sociaux ?

....

4. Comment est-ce qu'il préfère s'informer ?

....

5. Qu'est-ce que la femme en pense ?

....

Compréhension des écrits **10 points**

Lisez le texte et répondez aux questions.

Vous êtes fan de séries mais connaissez-vous A+ ? Cette chaîne de télévision diffuse toute la journée des séries télé… africaines. La chaîne propose quatre types de programmes, à 70 % africains : les créations africaines, les anciennes séries, les afronovelas et les blockbusters de toute l'Afrique. A+ regroupe les séries de 11 pays en majorité francophones : Sénégal, Rwanda, Burundi, Cameroun, Bénin… La chaîne propose aussi des jeux, des programmes de téléréalité et des divertissements. A+ est la preuve que la télévision africaine se développe. Après Hollywood et Bollywood, on parle aujourd'hui de Nollywood parce que le Nigeria produit maintenant des séries en grandes quantités.

Mais les séries sur A+ sont surtout des histoires d'amour… Si vous préférez les séries à suspens ou policières, il faudra attendre la diffusion de *Queen Solo* sur Netflix. La série sud-africaine raconte l'histoire d'une femme espionne. La chaîne veut travailler avec les producteurs africains à l'avenir et développer son offre locale pour les pays d'Afrique.

1. L'article s'adresse à qui ? Cochez ce qui est vrai.

- ❑ À des personnes qui veulent jouer dans des séries télé.
- ❑ À des personnes qui veulent voyager en Afrique.
- ❑ À des personnes qui aiment regarder des séries télé.

2. A+, qu'est-ce que c'est ?

- ❑ C'est une station de radio.
- ❑ C'est une chaîne de télévision.
- ❑ C'est un réseau social.

3. Quels pays participent à A+ ?

- ❑ Tous les pays africains où on parle français.
- ❑ Quelques pays africains où on parle français.
- ❑ Tous les pays où on parle français.

4. Sur A+, on peut voir : (2 choix)

- ❑ des programmes de jeux.
- ❑ des documentaires.
- ❑ les informations en continu.
- ❑ des séries romantiques.
- ❑ des films d'action.

5. Si on aime les séries policières, on peut regarder quelle chaîne ?

- ❑ A+
- ❑ Netflix

6. Comment s'appelle le lieu où on crée des séries télé en Afrique ?

……………………………………………………………………………………………………

7. Quel est le personnage principal de la série *Queen solo* ?

……………………………………………………………………………………………………

8. Quel est le pays d'origine de la série *Queen solo* ?

……………………………………………………………………………………………………

9. Quel est le projet de Netflix ?

- ❑ Diffuser plus de séries africaines.
- ❑ Diffuser plus de séries policières.
- ❑ Diffuser plus de séries romantiques.

Production écrite 15 points

Vous êtes à l'étranger. Vous voulez communiquer avec votre ami(e) par une application de téléphone portable mais votre ami(e) ne l'a pas. Vous lui écrivez un mail pour lui demander de télécharger l'application, vous lui expliquez pourquoi elle est utile et vous lui expliquez comment faire (environ 80 mots).

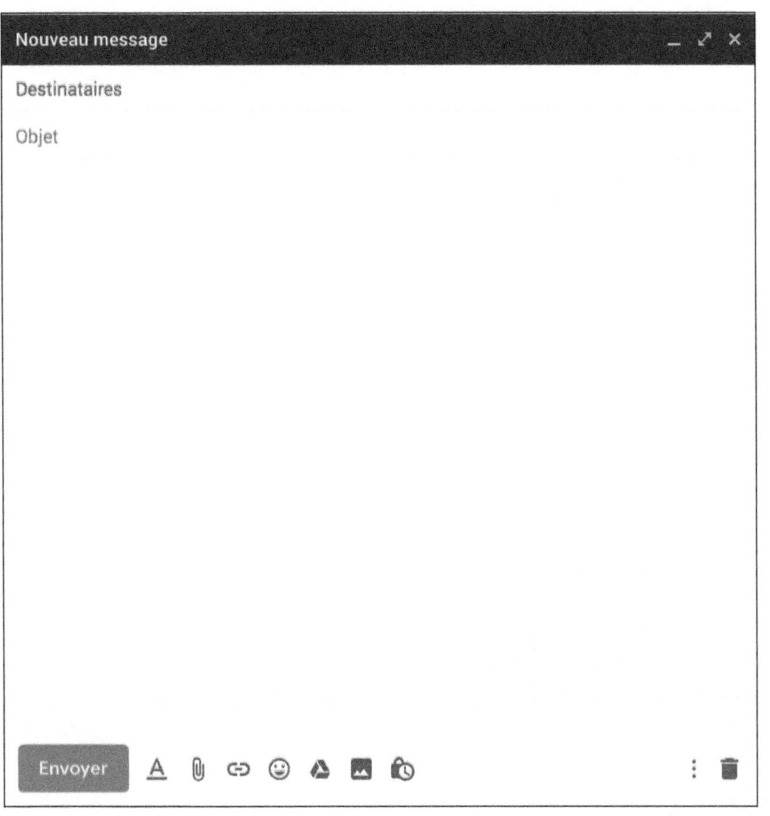

Production orale 15 points

Partie 1 : Entretien dirigé

Après avoir salué votre examinateur, vous vous présentez (nom, âge, loisirs, goûts...). Est-ce que vous regardez des séries télé ? Lesquelles ?

Partie 2 : Monologue suivi

Vous tirez au sort 2 sujets et vous en choisissez 1. Vous vous exprimez sur le sujet. L'examinateur peut ensuite vous poser des questions pour vous aider.

Sujet 1 :
Comment est-ce que vous vous informez ? Est-ce que vous utilisez les réseaux sociaux ? Souvent ? Lesquels ?

Sujet 2 :
Comparez les médias en France et dans votre pays.

Partie 3 : Exercice en interaction

Choisissez un sujet. Jouez la situation avec l'examinateur.

Sujet 1 :
Vous n'utilisez plus les réseaux sociaux depuis une semaine. Vous l'annoncez à votre ami(e). Vous expliquez les raisons de votre choix et vous comparez votre vie avant et maintenant.
L'examinateur joue le rôle de l'ami(e).

Sujet 2 :
Vous utilisez Instagram pour la première fois. Vous demandez des précisions sur l'utilisation à un(e) ami(e).
L'examinateur joue le rôle de l'ami(e).

Total : ...... /100 points

Corrigés du test

Grammaire

1 **1.** Envoie des messages à tes amis !
2. Utilisez les réseaux sociaux !
3. Ne consulte pas tes messages pendant le cours !
4. Regarde-le !
5. Ne les écrivez pas !

2 **1.** Ne les consulte pas pendant la conférence !
2. Lis-les quand tu rentres à la maison !
3. Ne répondez pas à vos messages !
4. Acceptez les nouvelles demandes d'amis !
5. Ne publiez pas les informations qui font le buzz !

3 **1.** Utilises-tu Twitter ?
2. Que regardez-vous à la télé ?
3. Comment les médias font-ils le buzz ?
4. Avec qui échangez-vous des informations ?
5. Pouvons-nous diffuser la photo ?

4 **1.** Ce téléphone est plus cher que l'autre.
2. Il a moins de fonctions que ton téléphone.
3. Il y a moins de lecteurs que d'internautes.
4. En France, on a autant de chaînes qu'au Burundi.
5. Sur Netflix, les séries sont aussi intéressantes que sur les chaînes publiques.

Lexique

1 **1.** c – **2.** e – **3.** b – **4.** d – **5.** a

2 **1.** inscrire **2.** notifications **3.** message **4.** télécharger **5.** cliquer

3 **1.** un auditeur
2. un internaute
3. un tweet
4. une actualité
5. commenter

4 **1.** diffusé **2.** le buzz **3.** se connecte **4.** un accent **5.** le sujet

Phonétique

1 **1.** [u] – **2.** [o] – **3.** [o] – **4.** [ɔ] – **5.** [o] – **6.** [u] – **7.** [o] – **8.** [u] – **9.** [o] – **10.** [o]

2 **1.** [j] – **2.** [j] – **3.** [j] – **4.** [w] – **5.** [ɥ] – **6.** [w] – **7.** [j] – **8.** [ɥ] – **9.** [j] – **10.** [ɥ]

Compréhension de l'oral

1 Les informations sur les réseaux sociaux.

2 **a. b. c. e. f. :** femme **d. :** homme

3 Ils servent à garder contact avec des amis.

4 Il préfère lire les journaux.

5 Elle est d'accord mais elle préfère les journaux sur Internet.

Compréhension des écrits

1 À des personnes qui aiment regarder des séries télé.

2 C'est une chaîne de télévision.

3 Quelques pays africains où on parle français.

4 des programmes de jeux, des séries romantiques.
5 Netflix.
6 Nollywood.
7 Une femme espionne.
8 L'Afrique du Sud.
9 Diffuser plus de séries africaines.

PRODUCTION ÉCRITE

Grille d'évaluation :

L'apprenant peut utiliser une formule d'appel et une formule de salutation.	.... /2
L'apprenant peut décrire les étapes pour installer une application.	.... /3
L'apprenant peut parler des fonctions d'une application.	.... /3
L'apprenant peut utiliser les formes grammaticales et morphosyntaxiques appropriées.	.... /4
L'apprenant peut utiliser le lexique adapté à la situation.	.... /3

Proposition de corrigé :
Bonjour Clothilde,
Je suis bien arrivée à Kyoto. Je ne peux pas utiliser mon téléphone portable, c'est trop cher. Ici, tout le monde utilise « Line ». C'est gratuit. Tu peux télécharger l'application. C'est très facile ! Tu peux chercher l'application dans un moteur de recherche. Ensuite, tu la télécharges. Tu te crées un compte et tu peux inviter tes amis. Je peux voir si tu es en ligne et on peut se téléphoner. On peut aussi envoyer des photos et des messages. C'est vraiment très pratique !
À bientôt
Nina

PRODUCTION ORALE

Grille d'évaluation :

L'apprenant peut se présenter et répondre à quelques questions plus précises.	.... /2
L'apprenant peut parler des médias.	.... /2
L'apprenant peut faire une comparaison ou demander des précisions.	.... /2
L'apprenant peut utiliser du lexique adapté à des situations courantes.	.... /3
L'apprenant peut utiliser des structures grammaticales et de morphosyntaxe simples.	.... /3
L'apprenant peut s'exprimer de façon suffisamment claire pour être compris.	.... /3

Propositions de corrigé :
Partie 1 :

Je m'appelle Oscar. J'ai 19 ans. Je suis passionné d'aviation. J'étudie le français depuis un an. Je voudrais être guide touristique. J'aime bien regarder les séries télé, surtout les séries policières comme *Fargo* ou *Sherlock*.

Partie 2 :

Sujet 1 :

Pour m'informer, je regarde le journal télévisé et je lis les journaux. J'achète le journal tous les jours et je lis souvent à la bibliothèque. Je regarde aussi les réseaux sociaux mais je ne lis pas les informations sur les réseaux. J'utilise souvent les réseaux pour communiquer avec mes amis, pour voir leurs photos.

Sujet 2 :

Dans mon pays, il n'y a pas moins de journaux qu'en France. Les journaux sont moins chers. Les gens écoutent plus la radio qu'en France. Ils écoutent les informations à la radio mais aussi les chansons et les jeux. Ils écoutent la radio toute la journée, à la maison, au travail... Dans mon pays, Internet coûte plus cher qu'en France donc les gens utilisent moins les sites et les réseaux sociaux.

Partie 3 :

Sujet 1 :

- Depuis une semaine, je n'utilise plus les réseaux sociaux. Je me suis désabonné de Facebook, Instagram et Twitter.
- Vraiment ? Mais comment tu contactes tes amis ?
- J'envoie des SMS. En fait, je passais beaucoup de temps à regarder les réseaux sociaux mais maintenant, j'ai plus de temps pour moi.
- Et tes amis, qu'est-ce qu'ils en pensent ?
- Pour eux, ça ne change rien ! Si on veut sortir ensemble, on s'envoie un SMS. Quand je les vois, ils me racontent plus de choses parce que je n'ai pas vu leurs photos. Ils ont aussi plus de questions à me poser. Avant, on discutait moins.
- C'est peut-être une bonne idée...

Sujet 2 :

- J'ai téléchargé Instagram sur mon portable. Maintenant, je fais comment ?
- Tu dois créer un compte.
- Tu peux m'expliquer ?
- Oui, tu cliques sur « nouveau compte » et tu donnes tes informations.
- D'accord. Et après, qu'est-ce que je fais ?
- Tu dois t'abonner à des pages.
- C'est-à-dire ?
- Tu tapes le nom dans le moteur de recherche et tu choisis « s'abonner ». Ensuite, tu peux réagir sur les réseaux.
- Qu'est-ce que tu veux dire ?
- Tu peux *liker* ou commenter des photos.
- D'accord ! Merci.

Transcriptions du test

Phonétique

1 Piste 7

1. oublier
2. arobase
3. réseau
4. Abonne-toi !
5. connecter
6. Écoute-moi !
7. notifications
8. tournage
9. personnage
10. comédien

2 Piste 8

1. émission
2. conversation
3. production
4. québécois
5. aujourd'hui
6. soir
7. relations
8. suisse
9. réaction
10. inuit

Compréhension de l'oral

Piste 9

- Tu lis les infos sur les réseaux sociaux ?
- Oui, c'est pratique !
- D'accord mais ce n'est pas très fiable comme infos...
- Mais si ! Tu entends les mêmes infos à la télé mais avec les réseaux tu peux avoir des notifications. À la télé, tu dois attendre l'heure des infos !
- Mais sur les réseaux, tu as seulement les infos qui font le buzz. Il n'y a pas de reportages, pas de documentaires...
- Si ! Parfois, tu as de petites vidéos ! Et puis, tu peux échanger sur les infos. À la télé, tu as seulement l'opinion du journaliste.
- Pour moi, les réseaux sociaux, c'est bien pour garder contact avec des amis, c'est tout ! Le meilleur moyen de s'informer, c'est quand-même les journaux !
- Je suis d'accord... mais les journaux sur Internet !

UNITÉ 4

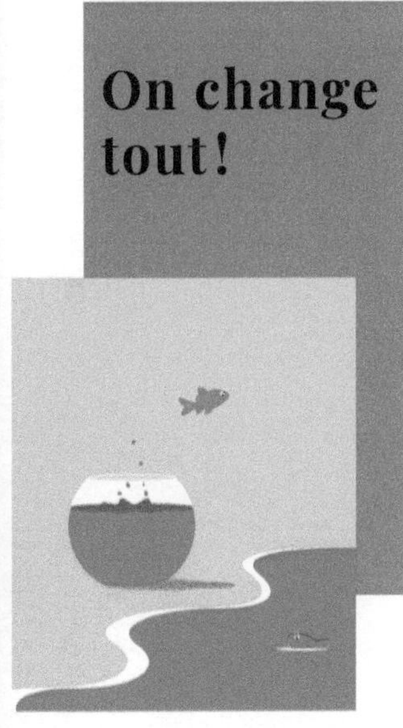

On change tout !

Agir

OBJECTIFS

❶ Raconter son parcours
❷ Découvrir ses qualités
❸ Exprimer une obligation

ATELIERS D'EXPRESSION

- Expliquer un projet
- Féliciter sur LinkedIn

Coopérer

PROJET CULTUREL

Réunir les métiers d'autrefois

MISSION

On change tout... en entreprise !

Apprendre

STRATÉGIES *p. 68-69*

S'EXERCER *p. 66, 67, 71, 139*

ÉVALUATION

- Bilan linguistique ***Cahier, p. 48-49***
- Préparation au DELF ***Cahier, p. 50-51***

Grammaire

- Les indicateurs de temps *pendant, il y a, depuis*
- Les pronoms indirects
- L'obligation *il faut, il est indispensable de, devoir...*

CONJUGAISON

Le participe passé de *devoir, obtenir* et *apprendre*

Lexique

- Le système éducatif
- Des professions (2)
- Les qualités et compétences professionnelles
- Les actions liées au travail

Phonétique

- L'enchaînement vocalique
- Les consonnes /R/, [l] et les groupes consonantiques

Culture

- Un métier disparu : téléphoniste à Genève
- Extrait de : *Une vie parfaite*, de Neil Jomunsi
- Extrait de : *Humans of Suisse Romande*, d'Émilie Gasc-Milesi

La mixité des métiers
Campagne publicitaire

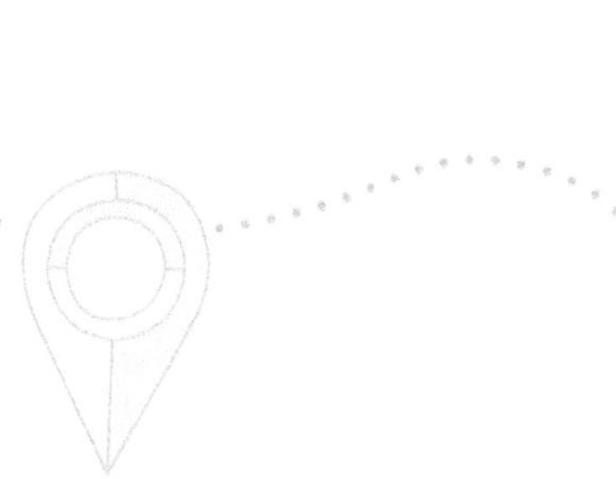

p. 58-59

OUVERTURE DE L'UNITÉ

page 58
⧗ 5 minutes

Titre de l'unité et illustration

- Lire le titre de l'unité.
- Montrer l'image et demander aux apprenants de la décrire.
- Inciter les apprenants à faire un lien entre le titre et l'image (le poisson change de bocal ou de mode de vie).
- Lire les questions et laisser les apprenants réagir.

Proposition de corrigé : J'ai quitté mon confort pour aller au Kenya. Je voulais vivre différemment. J'ai habité dans une famille kenyane. Il n'y avait pas d'électricité ni d'eau tous les jours. C'était une bonne expérience.

p. 60-61

SITUATION 1 Raconter son parcours

LA MINUTE PÉDAGOGIQUE

S'intéresser aux goûts et à la vie des apprenants est indispensable pour qu'ils se sentent impliqués dans leur apprentissage.

page 60
⧗ 5 minutes

Activité 1

- Montrer le document 1 et demander aux apprenants de le décrire.
- Expliquer le lien entre les lignes de la main et les lignes de métro.
- Faire relever les « stations » sur les lignes de la main.
- Lire les questions. Constituer des groupes et laisser les apprenants répondre spontanément. Les inciter à justifier leurs réponses.

Bonne pratique
Je fais réagir les apprenants sur les documents. Je leur demande ce qu'ils aiment dans chaque document.

Proposition de corrigé : Ma vie, c'est plutôt une ligne avec des arrêts et plusieurs couleurs. J'ai voyagé dans différents pays et j'ai changé d'études et de travail plusieurs fois. J'ai aussi des passions très différentes.

page 60
⧗ 10 minutes

Activité 2

a

Montrer le document 2. Demander aux apprenants de décrire l'image. Faire relever la source du document, le nom de la personne et la date.

Corrigé : C'est un témoignage posté sur la-zep.fr, le 16 juillet. La personne s'appelle Siaka. Sur l'image, on voit des personnes qui jouent au foot. C'est probablement en Afrique.

- Demander à un apprenant de lire le texte à voix haute.
- Demander aux apprenants quelle est la passion de Siaka et quel est son rêve.
- Faire remarquer que, dans la première phrase, on utilise le pronom « je » et dans le reste du texte, on utilise « il ». Demander aux apprenants d'expliquer pourquoi.

Corrigé : La passion de Siaka est le foot. Son rêve est de devenir joueur professionnel.

page 60
⧗ 15 minutes

Activité 3

a

- Expliquer que le document est une interview de Fadela.

- Faire écouter le document et laisser les apprenants découvrir les questions. Si nécessaire, expliquer « pour quelles raisons = pourquoi ».
- Laisser les apprenants rédiger une réponse individuelle aux questions puis proposer une deuxième écoute.
- Constituer des binômes et demander aux apprenants de comparer les réponses. S'ils ne sont pas d'accord ou s'ils hésitent, proposer une nouvelle écoute.
- Corriger en écrivant les réponses au tableau. Pour les questions **c.**, **d.** et **e.**, inciter les apprenants à imaginer les informations non données (par exemple, quelles matières il y avait à l'université ? Quel travail elle faisait dans cette entreprise ? Pourquoi est-ce qu'elle n'aimait pas travailler dans un bureau ?). Pour la question **e.**, montrer que la question est au pluriel donc que plusieurs réponses sont attendues.

Corrigé :
a. Elle parle d'un changement de travail, d'un changement de vie. **b.** Elle a étudié les finances internationales. **c.** Elle n'aimait pas beaucoup l'université. Elle n'allait pas toujours en cours. Elle n'aimait pas toutes les matières. **d.** D'abord, elle a travaillé dans une grande entreprise. **e.** Elle a quitté son travail parce qu'elle n'aimait pas travailler dans un bureau et elle rêvait d'un autre métier. **f.** Maintenant, elle a une compagnie de théâtre.

Piste 36

– Bonjour Fadela. Vous avez fait l'expérience d'un changement dans votre vie, racontez-nous.
– Il y a quatre ans, j'ai décidé de quitter mon travail. C'était un job bien payé mais trop fatigant. Quand j'étais à l'université, je n'allais pas beaucoup en cours, je n'aimais pas toutes les matières. J'ai passé tous mes examens et j'ai obtenu mon diplôme en finances internationales, et après j'ai travaillé dans une grande entreprise pendant 3 ans. Le travail au bureau, ce n'était pas pour moi alors, un jour, j'ai décidé de démissionner pour ouvrir ma compagnie de théâtre. Depuis ce jour, je suis heureuse de faire le métier de mes rêves.

b

- Laisser les apprenants lire les propositions de la partie **a**.
- Au tableau, écrire *Le parcours de Fadela*.
- Expliquer que le parcours correspond aux études et aux expériences professionnelles d'une personne.
- Si nécessaire, faire écouter le document de nouveau et laisser les apprenants mettre les étapes dans l'ordre.
- Corriger en demandant aux apprenants de retrouver le verbe qui correspond à chaque étape du parcours.
- Dire « Le parcours de Fadela a changé ». Demander aux apprenants quelle expression indique le changement. Si nécessaire, faire écouter de nouveau.

Bonne pratique
J'invite les apprenants à imaginer des informations pour donner du sens et contextualiser les informations entendues.

Corrigé :
a. 1. Études – 2. Obtention de son diplôme – 3. Travail au bureau – 4. Démission – 5. Création de la compagnie de théâtre **b.** Quitter son travail / Démissionner.

> cahier
Activité 2 , p. 40

page 60
⧗ **10 minutes**

Activité 4

a

- Écrire un mot au tableau (par exemple, *aujourd'hui*) et le lire en comptant les syllabes (au-jour-d'hui = 3 syllabes).
- Faire écouter le document et laisser les apprenants compter les syllabes de chaque phrase.
- Corriger.

Corrigé : a. 8 – **b.** 6 – **c.** 7 – **d.** 8

Piste 37

Écoutez. Vous entendez combien de syllabes ?
a. j'étais à l'université
b. je n'allais pas en cours
c. j'ai obtenu mon diplôme
d. ma compagnie de théâtre

b

- Montrer les phrases et les faire écouter de nouveau.
- Montrer les parties en gras et expliquer qu'il s'agit de voyelles qui se suivent (les consonnes écrites ne sont pas prononcées).
- Mimer une respiration.
- Faire lire les phrases par les apprenants. Faire écouter le document et demander si les passages en gras sont prononcés en une ou deux respirations et si ça correspond à une ou deux syllabes.
- Corriger puis faire écouter de nouveau les phrases et laisser les apprenants lire les phrases plusieurs fois à voix haute.
- Attention, pour la phrase **a.**, les deux voyelles sont lues en deux respirations. Habituellement, ce passage est lu en une seule respiration mais le locuteur peut choisir d'utiliser deux respirations pour insister ou parce que le débit de parole est plus lent.

Corrigé : Elles sont prononcées en une respiration, dans deux syllabes.

Montrer le document 2 et demander aux apprenants de trouver un cas similaire dans le document.

Corrigé : Je joué‿au foot.

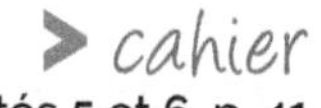

Activités 5 et 6, p. 41

page 60

10 minutes

Activité 5

- Dans le document 2, demander aux apprenants de trouver le nom de métier (joueur de football).
- Au tableau, écrire *-iste, -eur, -ier*.
- Constituer des binômes.
- Demander aux apprenants de trouver cinq métiers pour chaque son. Le premier binôme qui finit, crie « Stop ! » et les binômes arrêtent de chercher.
- Mettre les informations en commun.

Proposition de corrigé :

artiste	styliste	garagiste	fleuriste	dentiste
coiffeur	acteur	chanteur	réalisateur	danseur
jardinier	pompier	ouvrier	cuisinier	banquier

Au tableau !

Les métiers

...iste	...ier	...eur
fleuriste	cuisinier (cuisinière)	coiffeur (coiffeuse)
m. f.	m. f.	m. f.

> cahier

Activité 3 , p. 40

page 60

5 minutes

Activité 6

- Constituer des groupes.
- Lire la question et laisser les groupes échanger. Si nécessaire, rappeler que « métier = profession, travail ».
- Inciter les apprenants à justifier leurs réponses.

Proposition de corrigé :
Je pense que j'aurai plusieurs métiers dans ma vie. C'est difficile de trouver un métier qui dure longtemps. Je voudrais d'abord travailler comme professeur et ensuite, je voudrais être traducteur.

page 60

⌛ 15 minutes

Activité 7

Le jeu a pour but de :
- raconter son parcours ;
- utiliser les temps du passé ;
- parler d'actions liées à son parcours ;
- utiliser les indicateurs de temps.

- Préparer un jeu pour 4 apprenants.
- Photocopier le plateau de jeu et les cartes. Les découper.
- Constituer des groupes.
- Prendre une carte et lancer le dé pour définir l'information fausse qui doit être incluse.
- Raconter un parcours professionnel et demander aux apprenants de trouver l'information fausse (ou obligatoire).
- Laisser les apprenants faire des propositions puis donner la bonne réponse et la montrer sur la carte.
- Distribuer le matériel à chaque groupe et laisser les apprenants jouer.
- Consulter la fiche pédagogique p. 297.

page 61

⌛ 15 minutes

Bonne pratique
J'attire l'attention des apprenants sur les éléments compris qui apportent de l'information plutôt que sur des mots inconnus qui ne permettent pas de déduire du sens.

Activité 8

- Montrer le document 4. Demander aux apprenants de décrire la photo et faire repérer le nom de la personne.
- Demander aux apprenants de dire de quel type de document il s'agit (un article), puis, de trouver la source et la date.
- Laisser quelques minutes aux apprenants pour lire les questions. Si nécessaire, reformuler la question **a.** : « Claude Terosier est une femme. Où est l'information dans le texte ? ». Reformuler la question **f.** « Quelle est l'idée importante dans sa vie ? ».
- Laisser les apprenants lire le texte et répondre aux questions.
- Corriger en écrivant une phrase de réponse pour chaque question et en montrant les informations dans le texte. Expliquer ce qu'est Pôle emploi.

Corrigé : **a.** fondatrice (la profession est au féminin). **b.** Oui, elle aime apprendre, elle parle du « goût d'apprendre » et elle dit « Lire, apprendre, comprendre a toujours été pour moi un processus naturel et épanouissant. » **c.** Son instituteur de CM1-CM2 a eu une influence positive dans sa vie. **d.** Elle a travaillé chez SFR, chez EY et chez Greenwich Consulting. **e.** Elle est allée chez Pôle emploi pour lancer son entreprise. **f.** Il faut prendre des risques et accepter de se tromper ! Il ne faut pas faire les choses seulement quand on sait qu'elles vont marcher.

Demander aux apprenants de lire le texte silencieusement. Les laisser repérer les mots qui doivent être accentués et les marques de ponctuation qui donnent des informations sur l'intonation (points d'interrogation, etc.). Demander à deux apprenants de lire le texte de manière expressive.

#culture

Pôle emploi est un organisme national qui accueille les demandeurs d'emploi et les aide à se former et à trouver du travail. Les conseillers personnels accompagnent les personnes dans leur recherche d'emploi et dans leurs démarches de demande d'allocations.
SFR est une des principales compagnies de télécommunication en France.
EY (Ernst & Young et associés) est l'un des cabinets d'audit financiers les plus importants au monde.
Greenwich Consulting est un cabinet d'audit qui a été racheté par EY en 2013.

page 61

⌛ 5 minutes

Activité 9

- Demander aux apprenants de relire le texte et de relever les adjectifs. Si nécessaire, donner des exemples d'adjectifs (*beau, intelligent…*) et montrer qu'ils sont attachés à un nom.
- Demander aux apprenants de trouver des mots négatifs dans le texte.

- Constituer des binômes et inviter les apprenants à comparer leurs réponses.
- Corriger. Rappeler le masculin et le féminin des adjectifs. Expliquer le sens des mots relevés.

Corrigé : Adjectifs positifs : bonne, naturel, épanouissant.
Mots négatifs : un risque, des obstacles.

> cahier
Activité 4, p. 40

page 61
10 minutes

Grammaire : Les indicateurs de temps

- Lire les phrases de la partie « Observez ». Pour chaque phrase, demander aux apprenants quel est le temps utilisé.
- Demander aux apprenants si chaque action est ponctuelle (= elle arrive une fois, ce n'est pas habituel), si c'est une situation ou une durée terminée.
- Montrer le document 4. Demander aux apprenants de relever les verbes au passé composé et ceux à l'imparfait. Pour chaque verbe, demander aux apprenants si ce sont des actions ou des situations.
- Corriger en montrant le lien entre la durée d'une action et les indicateurs de temps. Rappeler le choix passé composé – imparfait (action - situation).

Corrigé : J'ai travaillé dans cette entreprise pendant trois ans (passé composé – durée terminée). Il y a deux mois, j'ai obtenu mon diplôme (passé composé – action ponctuelle). J'étudie à l'université depuis deux ans (présent) Quand j'étais à l'université, ... (imparfait – situation dans le passé).
Ma mère **était** prof. J'**étais** très bonne élève. Je **travaillais**. Ils **étaient** surtout en moi. **J'étais** cette bonne élève. - **Situations**
Lire, apprendre, comprendre a toujours **été** pour moi un processus naturel et épanouissant. Il **a structuré** ma façon de raisonner. Un plan de départ chez SFR m'a **donné** l'occasion de me lancer. J'**ai dû** m'accorder le droit de prendre des risques. - Actions

> cahier
Activités 7, 8 et 9, p. 41

page 61
10 minutes

Activité 10

- Au tableau, écrire *accélérateur de parcours* et demander aux apprenants de retrouver celui de Claude Terosier (le plan de départ chez SFR, c'est-à-dire le moment où l'entreprise a encouragé les employés à quitter l'entreprise).
- Expliquer le sens de l'expression (*accélérateur – accélérer, aller plus vite ≠ ralentir, aller moins vite*).
- Ensemble, faire une liste d'événements qui peuvent « accélérer un parcours » (une rencontre, le départ/l'arrivée d'une personne, une réussite/un échec, une bourse, un concours...).
- Constituer des binômes et lire la consigne. Laisser les apprenants échanger.

Proposition de corrigé : Pour moi, la rencontre avec Sabine a été un accélérateur de parcours. Je savais que je voulais enseigner mais je n'avais pas de projet. Sabine changeait de poste. Elle m'a écrit. Elle partait dans trois mois. Son poste était très intéressant. Finalement, j'ai fini mes études plus tôt et je suis partie.

page 61
10 minutes

Activité 11

- Expliquez le contexte : un forum sur les personnalités qui nous influencent.
- Présenter la tâche : présenter le parcours d'une personnalité.
- Inviter les apprenants à lister des personnalités qui les influencent.
- Ensemble, énumérer des catégories qui permettent de tracer un parcours (parcours = études, rencontres, expériences professionnelles...).
- Constituer des groupes. Leur demander d'écrire le parcours de la personnalité choisie.
- Disposer les chaises en U et demander à chaque groupe de présenter le parcours de la personnalité et d'expliquer pourquoi elle est un modèle pour eux.

Activités 1, 10, 11 et 12, p. 40 et 41

Proposition de corrigé :
Fatou Diome est un modèle pour nous. Elle est écrivaine. Elle est née sur une petite île au Sénégal et elle a vécu avec ses grands-parents. Dans son village, les filles n'allaient pas à l'école. Elle est allée à l'école en cachette. La rencontre avec son instituteur a tout changé dans sa vie. Il a expliqué à ses grands-parents qu'elle devait étudier. Ensuite, elle est partie en ville pour aller au collège et au lycée. Elle a travaillé pour payer ses études et elle voulait devenir professeur. Le deuxième accélérateur de parcours a été sa rencontre avec son mari. Il était français et elle est partie avec lui en France. Mais après deux ans, ils ont divorcé. Elle a décidé de rester en France parce que c'était plus facile pour les femmes d'étudier. Elle a travaillé pour payer ses études en France et elle est devenue écrivaine. C'est une femme courageuse. Elle s'est battue pour pouvoir étudier.

p. 62-63

SITUATION 2 Découvrir ses qualités

LA MINUTE PÉDAGOGIQUE

La répétition liée à l'acquisition est nécessaire. Il est donc indispensable de solliciter régulièrement la mémoire des apprenants.

page 62
5 minutes

Activité 1

- Montrer le document 1 et demander « Quel est son talent ? ». Laisser les apprenants répondre (elle joue du trombone). Leur demander si, pour elle, c'est difficile ou facile, est-ce qu'ils pensent qu'elle est douée ?
- Au tableau, écrire l'expression *être doué(e) en...* = *bien jouer, bien faire quelque chose, avoir du talent.*
- Lire la question et reformuler (On ne trouve pas facilement les talents des personnes).
- Laisser les apprenants répondre librement et donner des exemples.

Proposition de corrigé : Je suis d'accord. Moi, je voulais faire du piano mais je ne jouais pas bien. Je détestais le sport mais j'ai commencé à faire du vélo avec un ami et maintenant, je fais des compétitions.

page 62
5 minutes

Activité 2

- Montrer les affiches du document 2. Demander aux apprenants de retrouver la source. Leur faire imaginer de quoi il s'agit.
- Lire les deux affiches et demander aux apprenants si elles sont positives ou négatives.
- Inviter les apprenants à relever les adjectifs positifs sur les affiches. Expliquer que ce sont des qualités (= *des points positifs pour une personne*). Expliquer les mots nouveaux (*résistant* : personne forte qui peut beaucoup travailler ; *créatif* : personne qui a beaucoup d'idées ; *pessimiste* : personne négative ; *optimiste* : personne positive).

Bonne pratique
Je rappelle les stratégies évoquées précédemment et je les mets en pratique systématiquement avec les nouveaux documents.

Corrigé : a. Elles viennent de l'Institut des Futurs souhaitables. **b.** positives **c.** créatif, optimiste.

#culture

L'Institut des Futurs souhaitables regroupe des inventeurs, des artistes et des experts qui encouragent une pensée positive et novatrice de l'avenir. Ils proposent des conférences, des ateliers et des formations pour favoriser les créations pour l'avenir et aider les personnes à décaler leur regard sur le monde.

page 62
10 minutes

Activité 3

- Faire écouter le document une première fois et demander aux apprenants de repérer quelques mots-clés du document (rôle, métier, objectifs, compétences, qualités). Expliquer les mots-clés qui sont mal compris.

- Lire les questions. Si nécessaire, reformuler la question **c.** en expliquant qu'ils doivent retrouver les deux situations qui servent d'exemples.
- Faire écouter le document et laisser les apprenants échanger en binômes.
- Proposer une nouvelle écoute.
- Corriger et expliquer le sens des questions principales. Ne pas expliquer tous les mots incompris mais seulement les mots-clés. Ne pas insister sur la formulation des questions mais sur le sens et l'intention.

Corrigé :
a. La jeune femme parle de la personnalité et de la place que les personnes prennent dans un groupe.
b. Les questions principales sont « Comment est-ce que tu te positionnes ? », « C'est quoi ton style ? », « Pourquoi une entreprise devrait te recruter ? », « Tu vas être "celui ou celle qui" quoi ? »
c. Elle prend un exemple en vacances et un exemple au travail.

Piste 38

La deuxième piste que je te propose, c'est de réfléchir à la place que tu prends dans un groupe. Comment est-ce que tu te positionnes ? Par exemple, si demain tu te retrouves en vacances entre amis, est-ce que tu es plutôt celui ou celle qui met de la bonne humeur, qui s'occupe de toute la logistique, qui a les idées d'activités... C'est quoi ton truc en plus ? Ton style ? Et qu'est-ce que tu mets en œuvre pour tenir ce rôle-là ? Tu peux aussi réfléchir, dans ton métier, au-delà de ta fonction, qu'est-ce que tu apportes de particulier dans la façon de faire ton travail pour atteindre tes objectifs ? Par exemple, il y a plusieurs choses qui peuvent aider un commercial à sortir du lot. Il peut être extrêmement doué en négociation, ou alors, il peut avoir un sens inné du relationnel, ou il peut entretenir un réseau très fourni... Tout ça, ça va lui permettre d'atteindre une certaine réussite mais pas de la même façon. Cet angle-là revient un peu à se demander : pourquoi, au-delà de tes compétences techniques et tes qualités personnelles, une entreprise devrait te recruter ? Qu'est- ce que tu vas apporter en plus ? Tu vas être « celui ou celle qui » quoi ?

blog.bloomr.org

page 62

10 minutes

Activité 4

a

- Rappeler que l'exemple 1 est une situation en vacances et l'exemple 2 au travail.
- Lire les propositions pour chaque exemple et en expliquer le sens en donnant des exemples si nécessaire.
- Faire écouter le document et laisser les apprenants choisir les propositions.
- Corriger et relever les expressions (« être doué en », « avoir le sens de... »).
- Faire réécouter le document 3 en lisant la transcription.

Corrigé :
Exemple 1 : mettre de la bonne humeur, s'occuper de la logistique, avoir des idées d'activités.
Exemple 2 : être doué(e) en négociation, avoir le sens du relationnel, entretenir un réseau.

b

- Ensemble, faire une liste de professions et demander aux apprenants quelles sont les compétences et les qualités nécessaires pour exercer ces professions.
- Écrire les mots nouveaux au tableau. Encourager les apprenants à donner des exemples de situation pour expliquer le vocabulaire nouveau.

Proposition de corrigé : être rapide, être précis, être exigeant, être patient, être doué en dessin, être doué en informatique, être curieux...

> cahier
Activités 2 et 3, p. 42 et 43

page 62

10 minutes

Grammaire : Les pronoms indirects

- Lire les exemples de la partie « Observez ». Rappeler que ce sont des phrases utilisées dans le document 3.
- Poser les questions de la partie « Réfléchissez » en insistant sur la différence « quoi » et « à qui ».
- Laisser les apprenants faire des propositions. Corriger en montrant les constructions

verbales (proposer quelque chose à quelqu'un, permettre quelque chose à quelqu'un).
- Expliquer que le choix du pronom dépend de la construction verbale.
- Laisser les apprenants compléter les phrases de la partie « Appliquez ».
- Rappeler la construction des verbes (demander quelque chose à quelqu'un, donner quelque chose à quelqu'un) avant de corriger.

Corrigé :
La personne propose une deuxième piste à l'autre personne. (te = tu)
Cela va permettre à un commercial d'atteindre une certaine réussite.
te = tu – lui = il/elle
Mon professeur nous demande de répondre à une question. Alex lui donne une réponse.

> cahier
Activités 7 et 8, p. 43

page 62
⌛ 10 minutes

Activité 5

- Écrire un mot au tableau : *logistique* et compter les syllabes (3).
- Demander aux apprenants d'écouter et compter les syllabes.
- Corriger en relisant les mots.

Corrigé : **a.** 3 – **b.** 4 – **c.** 4 – **d.** 4 – **e.** 4 – **f.** 7

Piste 39

Écoutez. Vous entendez combien de syllabes ?
a. recruter
b. un commercial
c. une entreprise
d. faire ton travail
e. ton truc en plus
f. tes qualités personnelles

a. Montrer que quand /R/ et [l] sont précédés d'une consonne, ils sont prononcés comme une seule syllabe.
b. Écrire les deux sons au tableau et demander aux apprenants de les répéter.
- Montrer les deux schémas et demander aux apprenants de choisir un schéma pour chaque son.
- Corriger en montrant où se situe la langue pour prononcer chaque son.

Corrigé :
La langue touche les dents du bas : /R/.
La langue touche les dents du haut : [l].

- Au tableau, écrire *travail* et expliquer que « tr » est un groupe consonantique, c'est-à-dire que plusieurs consonnes prononcées se suivent. Si nécessaire, rappeler quelles sont les voyelles et les consonnes en français.
- Montrer les affiches du document 2 et demander aux apprenants de trouver les groupes consonantiques avec /R/ et [l].

Corrigé : **cr**éatif – **tr**op – ê**tr**e.

Au tableau !

Les métiers

re/cru/ter (C+V) — co/mmer/cial (C+V) — en/tre/pri/se (C+V C+V)

c = consonne — v = voyelle

> cahier
Activités 5 et 6, p. 43

page 62

⌛ 10 minutes

Activité 6

- Constituer des groupes. Lire la question et laisser les apprenants échanger.
- Inciter les apprenants à trouver des qualités chez les personnes de leur groupe et à trouver des situations dans lesquelles ces qualités sont utiles.

Proposition de corrigé : Je suis patiente et perfectionniste. Je suis souvent à l'écoute des autres, c'est utile pour régler un problème. J'ai le sens des relations humaines.

page 62

⌛ 15 minutes

Activité 7

- Montrer les affiches du document 2.
- Créer des groupes. Demander aux apprenants d'imaginer des slogans.
- Demander à chaque groupe de présenter ses slogans à la classe.

Laisser les apprenants choisir les meilleurs slogans et faire des affiches pour les accrocher sur les murs de la classe.

Proposition de corrigé : Je n'ai plus le temps d'être fatigué ! Il fait trop beau pour utiliser un portable ! J'ai trop d'amis pour m'ennuyer !

page 63

⌛ 5 minutes

Activité 8

- Montrer le document 4. Demander aux apprenants de repérer le titre, la source et d'observer l'image. Faire remarquer le dessin et demander aux apprenants à quel verbe ça leur fait penser (une loupe – chercher, rechercher).
- Demander aux apprenants s'ils ont déjà fait un *Escape game* et les laisser répondre spontanément. Si nécessaire, expliquer ce qu'est un *Escape game*.

Proposition de corrigé : Je n'ai jamais fait d'*Escape game* mais mes amis en ont déjà fait. Ils ont bien aimé ça.

#culture

Les Escape games sont des jeux d'évasion. Les participants sont enfermés dans une salle avec des énigmes en lien avec un scénario. La résolution des énigmes permet aux participants de sortir de la pièce. Pour résoudre les énigmes, les participants doivent collaborer et être le plus rapide possible.

page 63

⌛ 5 minutes

Activité 9

- Demander aux apprenants de lire le texte, puis les propositions.
- Les laisser choisir si les propositions sont vraies ou fausses.
- Laisser quelques minutes aux apprenants pour comparer leurs réponses en binômes et justifier leur choix.
- Corriger en montrant les informations dans le texte. Relever le lexique lié au travail (*recruter, salarié, employé, entretien, ressources humaines*). Expliquer que « être en retrait » et « être timide » ont le même sens.

Corrigé : **a.** Vrai. **b.** Faux (l'employeur observe les personnalités des candidats et propose un autre entretien). **c.** Faux (cette personnalité est utile pour certains postes). **d.** Faux (elle a même oublié le côté recrutement). **e.** Vrai.

page 63

⌛ 5 minutes

Activité 10

- Au tableau, écrire le signe « différent » (≠).
- Lire les propositions et demander aux apprenants d'associer les contraires.
- Corriger.

Corrigé : être en retrait ≠ être un leader ; ne pas aimer travailler en équipe = avoir l'esprit de collaboration ; être réfléchi(e) ≠ être spontané(e)

> cahier
Activité 4, p. 42

page 63

⌛ 10 minutes

Bonne pratique
Je rappelle et je mobilise les éléments étudiés précédemment pour produire.

Activité 11

- Demander aux apprenants de donner des exemples de compétences professionnelles (savoir négocier, savoir convaincre...).
- Individuellement, laisser les apprenants faire une liste des compétences qu'ils imaginent utiles en 2040.
- Constituer des groupes et laisser les apprenants comparer leurs listes.

Proposition de corrigé : Prendre des initiatives, mener des projets, diriger une équipe, faire de la prospection, convaincre de nouveaux clients.

page 63

⌛ 10 minutes

Activité 12

- Créer des groupes.
- Expliquer que le groupe doit recruter un employé. Demander aux apprenants de faire la liste des qualités nécessaires pour travailler en équipe.
- Demander à une personne du groupe de nommer les qualités et d'expliquer sur quels points tout le groupe était d'accord et sur quels points ils ont hésité.

Proposition de corrigé : être patient, être à l'écoute, savoir donner son opinion, être concentré, être impliqué.

Activités 1, 8, 9, 10 et 11, p. 42 et 43

Pour aller plus loin, demander à chaque groupe de préparer des questions pour évaluer les qualités des candidats (par exemple, un de vos collaborateurs est déprimé, qu'est-ce que vous faites ?). Laisser chaque groupe faire passer des entretiens à des candidats dans la classe.

p. 64-65

Exprimer une obligation

LA MINUTE PÉDAGOGIQUE

Quand on est face à un test de magazine, on laisse les apprenants jouer le jeu d'entourer leurs réponses. On fera la page de compréhension (page de droite) plus tard !

PRÉPARER SA CLASSE

Pour varier la constitution des groupes, choisir des critères différents de constitution de groupes (compétences différentes des apprenants, compétences identiques, tirage au sort, affinités...). Choisir un critère de constitution de groupes pour la partie 2.

page 65

⌛ 5 minutes

Activité 1

- Montrer le document 1 de la page 64 et le logo « activité individuelle » de l'activité.
- Laisser les apprenants lire les questions et chercher les réponses seuls pendant quelques minutes. Encourager les apprenants à ne pas utiliser de dictionnaire et à observer plutôt que lire.
- Corriger en montrant la mise en page du document (numéros, symboles...).

Corrigé :
a. C'est une page de magazine de bien-être. **b.** C'est un test pour soi. **c.** La question invite à réfléchir à la quantité de travail.

page 65

15 minutes

Activité 2

- Constituer des groupes. Laisser les apprenants lire et faire l'activité.
- Corriger en demandant aux apprenants de justifier leurs choix.

Corrigé : le travail au quotidien : 3 - 4 - 5 - 9 ; les obligations au travail : 2 - 6 ; l'idée de ralentir : 1 - 7 - 8 - 10.

- Demander à chaque groupe de faire le test et de regarder les résultats en fonction des réponses choisies. Avant la discussion sur le bien-être, laisser chaque groupe choisir une personne pour noter les mots-clés de la discussion. Pour animer la discussion, demander aux apprenants de reprendre les questions les unes après les autres et d'échanger.
- Laisser chaque rapporteur écrire les mots-clés de son groupe au tableau et justifier le choix.

Corrigé : exemples de mots-clés : relation avec les collègues – stress – satisfactions – nouvelles technologies.

> cahier
Activités 1, 2 et 3, p. 44 et 45

page 65

10 minutes

Grammaire : Exprimer une obligation

- Expliquer le mot « obligation » (= *on n'a pas le choix*).
- Ensemble, relever les expressions et les écrire au tableau avec la préposition, si nécessaire, et en insistant sur le fait qu'elles sont suivies d'un infinitif.
- Expliquer que les expressions ont le même sens.
- Au tableau, écrire : *Pour comprendre et mémoriser la grammaire, il faut...* Puis, laisser les apprenants compléter individuellement. Les encourager à utiliser plusieurs expressions.
- Corriger en écrivant plusieurs phrases au tableau.
- Lire les phrases de la partie « Observez ».
- Ensemble, compléter la partie « Réfléchissez » en faisant observer la structure des phrases. Montrer que dans ces expressions « il » est un sujet impersonnel.

Bonne pratique

Quand un apprenant pose une question, je demande à d'autres apprenants d'essayer d'y répondre plutôt que d'y répondre directement.

Corrigé : le verbe *devoir* + infinitif – *Il faut* + infinitif – *Il est essentiel de* + infinitif – *Il est indispensable de* + infinitif.

- Constituer des binômes et demander aux apprenants d'écrire une liste des actions obligatoires pour comprendre et mémoriser la grammaire, en réutilisant les expressions.
- Corriger en écrivant plusieurs phrases au tableau.

Proposition de corrigé : Il faut faire des exercices. On doit mémoriser les verbes irréguliers. Il est essentiel de comprendre le contexte.

> cahier
Activité 4, p. 45

Au tableau !

On doit être efficace
on doit + infinitif

Il est essentiel de faire des pauses
Il est essentiel de + infinitif

Il faut travailler plus
Il faut + infinitif

Il est indispensable de prendre des congés
Il est indispensable de + infinitif

page 65

⌛ 10 minutes

Activité 3

a

- Montrer le test et demander aux apprenants de reformuler les idées principales.
- Écrire quelques phrases au tableau pour résumer les idées.

Proposition de corrigé :
Il faut respecter des horaires. On doit déconnecter. Il est essentiel de travailler en groupe. Il est important d'être détendu.

b

- Demander « Au travail, en classe, qu'est-ce qu'il faut faire pour se sentir bien ? ».
- Laisser les apprenants écrire chacun une phrase.
- Inviter les apprenants à lire leur phrase et à exprimer leur accord ou leur désaccord.

Proposition de corrigé :
Il faut avoir une bonne relation avec les autres. On doit accepter d'autres opinions. Il est nécessaire de travailler régulièrement. Il faut arriver en classe de bonne humeur.

Bonne pratique
Quand un apprenant pose une question, j'attire l'attention vers des indices plutôt que de donner la réponse directement.

c

- Au tableau, écrire *4 actions à faire au quotidien pour se sentir bien en classe*.
- Parmi les idées proposées, demander aux apprenants d'en choisir quatre pour créer un poster. Laisser les apprenants échanger sur le choix des idées. Afficher le poster dans la classe.

Proposition de corrigé :
Il faut faire des exercices. On doit mémoriser les verbes irréguliers. Il est essentiel de comprendre le contexte.

Constituer des groupes. Demander aux apprenants de choisir un thème, puis de rédiger un questionnaire sur ce thème et des propositions de réponses. Laisser ensuite les apprenants rédiger les paragraphes « résultats ». Laisser les apprenants faire passer les tests aux autres apprenants de la classe.

page 65

⌛ 10 minutes

Les registres de langue

- Lire la phrase de la partie « Observez ».
- Au tableau, écrire *boulot* = *travail*.
- Expliquer que la langue change selon la situation : entre amis (langage familier), avec un supérieur (langage courant)...
- Demander quel mot fait partie du langage courant et quel mot fait partie du langage familier.
- Expliquer que « être fou de » est aussi du langage familier et que cela signifie « adorer ».

- Lire les phrases de la partie « Appliquez ». Demander aux apprenants de trouver les mots familiers et de donner un équivalent en français courant. S'ils sont bloqués, écrire les mots familiers au tableau.

Corrigé :
travail : langage courant / boulot : langage familier
copain = ami
trucs = choses – je bosse = je travaille.

 +

Demander aux apprenants s'ils connaissent d'autres mots familiers. Leur proposer de jouer une discussion entre amis et de placer le maximum de mots familiers dans cette discussion.

> cahier
Activités 5, 6, 7 et 8, p. 45

p. 66-67

LAB' LANGUE & CULTURE

page 66

⌛ 10 minutes

Culture

- Montrer l'image et demander aux apprenants de la décrire.
- Faire relever qu'elle est en noir et blanc. Insister sur la décoration de la pièce, l'organisation de l'espace, les vêtements, les coiffures...
- Demander aux apprenants ce que font les femmes.
- Demander aux apprenants de lire le texte pour vérifier la réponse. Leur faire reformuler le rôle des téléphonistes et leur demander si ce métier existe encore aujourd'hui et par quoi il a été remplacé.
- Lire la question « Connaissez-vous des métiers d'autrefois ? »
- Constituer des binômes et demander aux apprenants de citer le plus de métiers possibles qui ont disparu.

Proposition de corrigé :
Il y a des femmes habillées de longues robes. Elles ont les cheveux attachés. Elles sont assises devant des bureaux avec des boutons et des lignes. Elles sont toutes alignées devant le tableau. Elles sont réceptionnistes.
allumeur de réverbères, boutonnier, cocher, colporteur...

Demander aux apprenants pourquoi certains métiers ont disparu. Leur demander d'imaginer des métiers qui vont apparaître à l'avenir.

page 66

⌛ 10 minutes

Langue 1

- Au tableau, écrire *téléphoniste = qualités, compétences ?*
- Ensemble, rappeler le rôle des téléphonistes. Rappeler les expressions de l'obligation.
- Constituer des binômes et laisser les apprenants lister les compétences et qualités nécessaires pour être téléphoniste.
- Inviter chaque binôme à présenter sa liste et laisser les apprenants exprimer leur accord ou désaccord.

Proposition de corrigé :
Il faut être concentré. Il est indispensable d'avoir une bonne mémoire. Il est nécessaire d'être accueillant et agréable. On doit être rapide et efficace.

page 66

⌛ 10 minutes

Langue 2

- Écrire la première phrase au tableau et demander « quelle était la situation autrefois ? ». Laisser les apprenants compléter la proposition individuellement.
- Corriger en écrivant plusieurs réponses.
- Écrire la deuxième phrase au tableau et demander « qu'est-ce qui a changé ? ». Laisser les apprenants compléter la deuxième phrase.
- Corriger en écrivant plusieurs réponses.

Proposition de corrigé :
Avant, il y avait des téléphonistes qui prenaient les appels, elles mettaient les personnes en contact, elles donnaient des informations, elles répondaient aux questions des clients. Et un jour, la technologie a évolué. Les personnes ont pu appeler directement, puis elles ont commencé à avoir des téléphones portables. Elles ont enregistré les numéros de leurs contacts dans leur téléphone.

page 66

⌛ 10 minutes

Langue 3

- Montrer le texte et les parties omises. Expliquer que les apprenants doivent y indiquer un pronom indirect. Rappeler quels sont les pronoms indirects.

- Laisser quelques minutes aux apprenants pour compléter le texte individuellement.
- Si nécessaire, ensemble, réfléchir à ce que les pronoms doivent remplacer.
- Corriger.

Corrigé : pour leur demander – Elle m'a dit – on lui a proposé – Elle nous a raconté

page 66

⌛ 10 minutes

1 minute pour lire

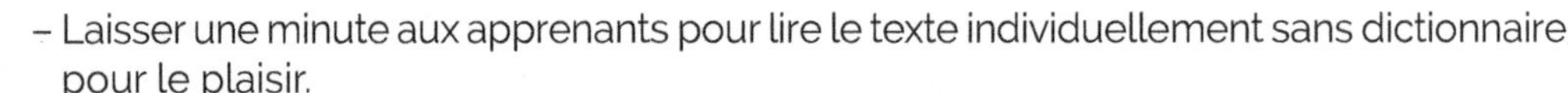

- Laisser une minute aux apprenants pour lire le texte individuellement sans dictionnaire, pour le plaisir.
- Au tableau, écrire *travail*. Demander aux apprenants de trouver des mots en lien avec ce thème dans le texte.
- Corriger puis proposer une lecture expressive du texte.

Corrigé : mission – augmentation – poste – responsabilités – méritante

#culture

Une vie parfaite de Neil Jomunsi est une pièce de théâtre qui raconte la vie de la famille Dudeck. La famille est en quête de bonheur et pour l'atteindre, elle demande à une entreprise de prendre des décisions à leur place pour être sûrs de faire les meilleurs choix...

page 67

⌛ 15 minutes

Podcast

- Montrer les trois questions du podcast.
- Laisser les apprenants écouter le document et trouver le maximum d'informations pour répondre aux trois questions.
- Corriger.
- Proposer une nouvelle écoute du document pour que les apprenants puissent relever les verbes conjugués au passé composé et à l'imparfait.
- Corriger et rappeler la différence de choix entre les deux temps.

Corrigé :
Qui ? Gérald et sa famille (son père et sa mère)
Quoi ? Gérald a toujours chanté parce que ses parents chantaient. Les parcours de sa mère et son père.
Quand ? Quand sa mère était jeune, quand son père était jeune, Gérald aujourd'hui.

passé composé : elle lui a interdit – elle a continué – elle est partie – elle a été – ça a été – j'ai jamais eu – j'ai toujours entendu.
Imparfait : elle était – elle faisait – elle chantait – elle devait – elle ne voulait pas – il était – il passait – c'était.

- Demander aux apprenants de penser à des événements ou des rencontres qui peuvent être importantes dans un parcours.
- Les laisser choisir un moment ou une personne importante dans leur parcours et préparer le podcast.
- Après avoir pratiqué, leur demander de s'enregistrer.
- Partager les productions sur le réseau social de la classe.

Proposition de corrigé : Podcast : Quand j'étais à l'université, je n'avais pas beaucoup d'argent. Je cherchais un travail pour payer mes études. J'ai passé un entretien pour travailler comme garde de nuit dans un foyer d'étudiants. La directrice ne me connaissait pas. D'habitude, elle choisissait seulement des personnes qu'elle connaissait. On a discuté et elle m'a embauché en quelques minutes. Elle m'a confié le foyer directement. Grâce à ce travail, j'ai pu payer mes études.

Piste 40

« Gérald et sa famille »
Ma maman qui est française était chanteuse. Quand elle était jeune, elle faisait tous les radios crochets... en France, ouais ouais ouais ouais ! Et ma mère chantait très bien, enfin elle chante encore bien pour son âge... un peu style Édith Piaf, une espèce de longue complainte vibrato comme ça. Elle devait aller à Paris et sa maman ne voulait pas du tout qu'elle fasse de la chanson donc elle lui a interdit d'aller à Paris. Euh, mais elle a continué à chanter au cours des années. Euh, elle est partie en Angleterre : là je sais qu'elle a été dans un petit orchestre où elle chantait. Et mon père, lui, il était chauffeur routier et lui, il passait sa journée à hurler des chansons au volant de son camion, quoi, c'était assez génial ! Donc, chanter pour moi ça a été un truc tout à fait naturel, j'ai jamais eu de gêne par rapport à ça, euh... J'ai toujours entendu chanter et puis... et puis voilà.

RTS

page 67
5 minutes

Expression francophone

- Montrer l'image et inviter les apprenants à la décrire.
- Lire l'expression et les propositions. Laisser les apprenants choisir une proposition.
- Montrer le drapeau et demander aux apprenants de retrouver le pays.
- Corriger en expliquant que « caïmanter » signifie « travailler beaucoup ». Expliquer ce qu'est un caïman.

Corrigé : travailler beaucoup – Côte d'Ivoire.

#culture

L'expression « caïmanter » vient de la comparaison entre les caïmans qui se cachent dans l'eau puis ressortent quand les chasseurs sont partis et les élèves d'internat qui font semblant de dormir au passage des surveillants et se relèvent pour étudier.

page 67
10 minutes

La fabrique des sons

- Écrire les deux expressions au tableau et montrer l'image.
- Demander aux apprenants d'associer une des expressions au travail et l'autre à la photographie. Expliquer le sens des expressions.
- Faire écouter les deux expressions et demander aux apprenants s'ils entendent une différence de prononciation.
- Expliquer que « pause » et « pose » sont des mots homophones, c'est-à-dire qu'ils se prononcent de la même façon mais qu'ils s'écrivent différemment et qu'ils ont un sens différent.
- Demander aux apprenants s'ils connaissent d'autres mots homophones (*verre, vert, ...*)

Corrigé : travail : faire une pause – photographie : prendre la pose. Les deux mots se prononcent pareil mais s'écrivent différemment.

Piste 41

- Faire une pause
- Prendre la pose

page 67
10 minutes

La fabrique des verbes

- Montrer le verbe « être » et les différents mots associés. Demander aux apprenants de choisir la préposition adaptée pour chaque expression. Si nécessaire, laisser les apprenants chercher les informations dans le livre ou un dictionnaire.
- Corriger.
- Au tableau, écrire *être réservé = ?* Demander aux apprenants de trouver un équivalent dans le livre, puis corriger.
- Demander aux apprenants de réutiliser les expressions pour parler des Français et du travail. Corriger en écrivant plusieurs phrases au tableau.

Corrigé :
être en retard – être au chômage – être à la retraite – être à l'heure – être en congés – être en télétravail – être réservé = être timide

Proposition de corrigé : Les Français ont presque tous été au chômage une fois dans leur vie. Ils sont en congés cinq semaines par an. Certains sont en télétravail. D'autres travaillent dans des bureaux ou des entreprises. Les Français sont à la retraite à 62 ans.

page 67

20 minutes

Vidéo lab'

PROJET

- Demander aux apprenants s'ils connaissent des métiers qui sont généralement féminins ou généralement masculins.
- Demander aux apprenants pourquoi ils étaient plutôt réservés à un genre qu'à l'autre.

▶ Individuellement

- Montrer la vidéo et demander aux apprenants de lister les métiers qu'ils voient.
- Demander de compléter la liste avec des métiers d'autrefois qui étaient réservés à un des deux genres.

Proposition de corrigé :
Métiers dans la vidéo : chef d'orchestre – assistant maternel – garagiste – boucher – infirmier – chef de travaux.
Métiers d'autrefois pour les femmes : infirmière, secrétaire, nourrice, employée de maison, hôtesse...
Métiers d'autrefois pour les hommes : médecin, avocat, journaliste, cinéaste, pilote, vétérinaire...

▶ Ensemble

- Constituer des groupes.
- Dans chaque groupe, demander aux apprenants de choisir un métier d'autrefois.
- Les faire rencontrer un deuxième groupe qui pose des questions sur les métiers.
- Laisser les apprenants échanger, puis inverser les rôles.
- Clôturer l'activité en listant quelques métiers et quelques compétences.

Proposition de corrigé :
- Autrefois, vous faisiez quoi ?
- J'étais concierge. Je travaillais dans un immeuble. Je saluais les habitants de l'immeuble, j'accueillais les visiteurs, je distribuais le courrier et je faisais l'entretien de l'immeuble.
- Vous aimiez votre métier ?
- Oui, beaucoup ! Je rencontrais beaucoup de personnes et je me sentais utile. Qui a influencé votre choix de métier ?
- C'est un ami qui habitait à Paris. Je voulais aussi vivre en ville. Il m'a conseillé de passer un entretien pour être concierge. Lui, il travaillait à l'accueil d'un hôtel. Il aimait bien voir les touristes passer.
- Quelles compétences étaient obligatoires pour ce métier ?
- Il fallait être discret et disponible. Il fallait aussi être patient. Parfois, les habitants n'étaient pas faciles ! Il fallait aussi avoir le sens de l'écoute, surtout avec les personnes plus âgées.

Ateliers Expliquer un projet

page 68

⌛ 5 minutes

Activité 1

- Montrer l'image 1 et demander aux apprenants de la décrire. Montrer l'évolution et demander ce que fait la plante.
- Montrer le document 2 et lire le slogan.
- Montrer les symboles (pelle, arrosoir).
- Demander aux apprenants quel est le lien avec le premier document.
- Lire la question et laisser les apprenants réagir.

Corrigé : **a.** La plante pousse, elle grandit. **b.** Oui, la plante prépare l'avenir, elle économise de l'argent, il y a des pièces. **c.** Le slogan est positif.

page 68

⌛ 10 minutes

Activité 2

- Lire l'encadré « Apprendre ».
- Faire écouter le document 3 une première fois.
- Demander aux apprenants de lire les questions et expliquer les mots difficiles (solitaire = aimer être seul, pour quelles raisons = pourquoi). Expliquer que la question **b.** s'intéresse à la profession ou aux intérêts professionnels de la personne.
- Faire écouter le document de nouveau. Constituer des binômes et laisser les apprenants comparer leurs réponses.
- Si nécessaire, proposer une dernière écoute.
- Corriger en écrivant les réponses au tableau. Faire relever les expressions utilisées pour expliquer un projet.

Corrigé : **a.** Il était historien. **b.** Il regarde ce que les hommes vont pouvoir faire. **c.** Le lien est la relation à l'Histoire. **d.** Il a décidé de raconter un futur réussi. Il connaissait déjà le passé et personne n'a jamais raconté un futur réussi. **e.** Non, il y a aussi 150 experts et des artistes.

Piste 42

Moi, j'ai décidé de suivre mon intuition, de créer un mouvement optimiste pour imaginer demain. Je suis historien à la base, donc j'ai regardé ce que les hommes faisaient et maintenant [...] je regarde ce que les hommes vont pouvoir faire [...] J'avais envie de raconter un récit d'un futur réussi, voilà. J'ai regardé. Je n'ai pas trouvé. Donc on s'est dit : bah, on va le faire alors !
C'est comme ça qu'avec 15 ans de maturation, on arrive à créer cette confrérie de conspirateurs positifs qui mélangent des experts (on a 150 experts) et des artistes pour essayer justement de traduire la complexité du monde.

page 68

⌛ 10 minutes

Activité 3

- Lire l'encadré « Expliquer un projet ». Montrer que les quatre premières expressions peuvent être suivies de l'infinitif et les deux autres d'une phrase.
- Constituer des groupes. Lire la consigne et laisser les apprenants échanger.

Proposition de corrigé : J'ai expliqué mon projet professionnel pour postuler pour une formation. Après mon bac, je voulais faire une formation courte donc j'ai postulé pour faire un BTS en deux ans. Après deux années, j'avais envie de faire une spécialisation donc j'ai passé un entretien pour une année de spécialisation. J'ai expliqué que je voulais travailler comme contrôleur qualité. Je ne voulais pas faire la formation pour être ingénieur. C'était un projet pour avoir un poste avec des responsabilités.

page 68

⌛ 15 minutes

Activité 4

- Constituer des binômes.
- Lire les trois situations en insistant sur les différences de contexte.
- Expliquer ce qu'est un « responsable des ressources humaines ».
- Demander à chaque binôme de choisir une situation et de préparer la conversation.

- Demander à des binômes volontaires de jouer la scène devant la classe.
- Relever les points positifs de la conversation et corriger ensemble les erreurs qui entravent le sens.

Propositions de corrigé :

Situation 1 :

- Bonjour, qu'est-ce que je peux faire pour vous ?
- Bonjour, je voudrais vous parler de mon projet professionnel.
- D'accord, je vous écoute.
- Voilà, je voudrais changer de poste.
- Ah bon ? Vous n'êtes pas bien dans votre poste actuel ?
- Si, ça se passe bien mais j'ai envie d'avoir plus de contacts avec les clients.
- Mais, dans votre poste, vous avez beaucoup de responsabilités, vous faites des choses très différentes !
- Oui, c'est vrai mais j'ai un projet une vie plus simple et je veux plus de temps pour mes enfants. Je ne veux plus travailler seul dans un bureau.
- Je comprends. Bien sûr, je peux vous proposer un poste à l'accueil mais votre salaire sera moins important.
- Ce n'est pas grave. Ma femme et moi avons le projet de mener une vie plus simple et de consommer moins.

Situation 2 :

- J'adore ton jardin !
- C'est vrai ? Pourtant, j'ai décidé de déménager !
- Vraiment ?
- Oui, j'avais envie de passer moins de temps dans les transports donc j'ai décidé d'acheter un appartement en ville.
- Tu vas pouvoir vivre sans jardin ?
- Oui, je partirai plus souvent en vacances ! Et puis, je vais choisir un appartement avec un balcon !

Situation 3 :

- Nous allons vous présenter le projet. Nous avons décidé de construire une nouvelle école. Nous avons ce projet parce que toutes les écoles du quartier sont pleines et certains instituteurs cherchaient un poste.
- Oui, donc nous avions envie de proposer une école plus grande avec des espaces verts et des classes ouvertes. Nous avons décidé de créer des lieux de vie plus agréables pour les enfants.
- C'est comme cela que nous avons contacté des artistes qui peuvent organiser les espaces et décorer l'école.
- Nous souhaitions une participation des habitants pour imaginer cette nouvelle école. Nous sommes à l'écoute de vos propositions.

Féliciter sur LinkedIn

page 69

⌛ 10 minutes

Activité 1

- Montrer le document 1. Faire repérer le nom du réseau social.
- Demander aux apprenants qui est Delphine Cruzet, sa profession, où elle habite. Faire le lien entre sa profession et l'affiche de la page 68.
- Demander aux apprenants de trouver où sont les commentaires et qui les fait.
- Corriger en montrant les réponses sur le document.
- Laisser quelques minutes aux apprenants pour lire les commentaires et répondre aux questions **c.** et **d**.
- Corriger en montrant les informations sur le document.
- Lire l'encadré « Féliciter ».

Corrigé :

a. Elle est chargée des événements de l'Institut des Futurs souhaitables. **b.** Chloé Ruais, responsable communication chez Talentup. Aranit Muari, Coach en développement personnel. **c.** Les personnes félicitent Delphine pour son projet et son intervention publique. **d.** Félicitations – Je voulais vous féliciter... – Bravo !

page 69

⌛ 10 minutes

Activité 2

- Au tableau, écrire *Félicitations !*
- Constituer des groupes et distribuer une feuille à chaque groupe avec *Félicitations* écrit au milieu.
- Demander aux apprenants d'associer des situations à ce mot.
- Si possible, demander aux apprenants de dessiner ces situations.
- Corriger en montrant la feuille de chaque groupe.

Proposition de corrigé :

une compétition, un anniversaire, un mariage, le permis de conduire, la réussite à un examen...

page 69

⌛ 10 minutes

Activité 3

- Lire l'encadré « Apprendre ».
- Lire les deux situations. Faire remarquer qu'il s'agit dans les deux cas d'un message court sur Internet.
- Demander aux apprenants de choisir une situation et d'écrire un message individuellement.
- Inviter les apprenants à s'assurer qu'ils ont fait des phrases simples et complètes.
- Ramasser les productions pour corriger.

Propositions de corrigé :

Situation 1 :

Salut Noé ! Bravo pour ton poste à l'université ! Je suis très contente pour toi ! Il y avait beaucoup de candidats mais tu as réussi à obtenir le poste, félicitations ! Si tu veux, on peut se voir pour fêter ça !

Situation 2 :

Bonjour Nicolas, félicitations pour ton mariage. Je te souhaite beaucoup de bonheur. Je suis très content pour vous deux. Je passerai bientôt à Namur. Nous pourrons fêter votre mariage. Bises

p. 71-72

mémo

page 71

⌛ 10 minutes

Activité 1

- Montrer la partie sur les professions. Demander aux apprenants d'en choisir trois.
- Lire l'exemple et demander aux apprenants d'écrire les phrases pour les trois professions qu'ils ont choisies.
- Si nécessaire, rappeler les expressions d'obligation.
- Corriger en demandant aux apprenants de comparer leurs phrases.

Proposition de corrigé :

Pour être commercial(e), il faut aimer discuter. Il est essentiel de savoir négocier. Il est indispensable de pouvoir convaincre.
Pour être conseiller(ère), il faut avoir le sens de l'écoute. Il est indispensable de connaître parfaitement son domaine. On doit aussi être organisé.
Pour être entrepreneur(euse), il faut être efficace et productif. On doit être spontané. Il est essentiel d'aimer travailler en équipe.

page 71

⌛ 10 minutes

Activité 2

- Lire l'exemple. Montrer l'utilisation du pronom indirect dans la devinette.
- Demander aux apprenants de rédiger des devinettes.
- Laisser les apprenants se déplacer dans la classe pour poser leurs devinettes à un maximum de personnes et pour répondre aux devinettes des autres. Leur demander de compter leurs points.

Proposition de corrigé : On lui donne une augmentation (un employé). On lui pose des questions pour notre avenir (un conseiller).

page 71

⌛ 5 minutes

Activité 3

- Au tableau, écrire *Parcours scolaire ?* et demander aux apprenants de formuler une question sur un parcours scolaire. Montrer que la question utilise un temps du passé et si possible, indiquer un enchaînement vocalique en comptant les syllabes. Si la question ne contient pas d'enchaînement vocalique, en écrire un au tableau et compter les syllabes avec les apprenants.
- Rappeler les différents indicateurs de temps.
- Constituer des binômes. Au tableau, écrire *Une minute !*
- Laisser les apprenants se poser des questions.

Proposition de corrigé :
Quelles matières t**u a**s étudié pendant que **tu é**tais au lycée ?
Quels diplômes t**u a**s obtenu depuis le bac ?
T**u a**s étudié quelles langues au lycée ?
Est-ce que t**u é**tais bon élève ?

page 71

⌛ 10 minutes

Activité 4

- Dire aux apprenants « Je pense à une action au travail. Posez-moi des questions. » Encourager les apprenants à poser des questions. Ne répondre qu'aux questions fermées.
- Quand les apprenants ont trouvé l'action, dire « J'ai un point ! À vous ! »
- Constituer des groupes et laisser les apprenants faire l'activité.

Proposition de corrigé :
- Est-ce que c'est une action de l'employeur ?
- Non.
- Est-ce que c'est une action qu'on fait avec ses collègues ?
- Non.
- Est-ce que c'est une action qu'on fait tous les jours ?
- Non.
- Est-ce que c'est une action qu'on ne fait qu'une seule fois ?
- Oui.
- Est-ce qu'on fait cette action avant de travailler ?
- Oui.
- C'est « passer un entretien d'embauche » ?
- Oui.

> cahier
Mémo, p. 46 et 47

20 minutes

Mission

- Dire aux apprenants « Vous travaillez dans une entreprise. Elle s'appelle comment ? C'est une entreprise de quoi ? ». Laissez les apprenants discuter et faire des choix. Indiquer les informations en grand au tableau.
- Expliquer le mot « hiérarchie » et dire que dans cette entreprise, il n'y a pas de hiérarchie. Expliquer les conséquences (tout le monde a des responsabilités, tout le monde peut donner son opinion...).
- Lire le point 1.
- Constituer des groupes de 5 ou 6 apprenants.
- Dans chaque groupe, demander aux apprenants de choisir une personne responsable de l'organisation et la laisser attribuer un service à chaque apprenant de son groupe. Le responsable doit aussi être associé à un service.
- Si nécessaire, faire une liste commune de différents services en entreprise. Chaque apprenant liste ensuite les compétences de son service. Si nécessaire, les membres de son groupe l'aident.

- Lire le point 2.
- Laisser chaque apprenant faire la liste de ses compétences sur une feuille.
- Demander aux groupes de se retrouver pour créer des équipes pour les différents services.
- Rappeler qu'il ne doit pas y avoir de hiérarchie entre les membres.
- Lire le point 3.
- Demander à chaque groupe de présenter son projet d'organisation d'entreprise.
- Demander à l'autre groupe de le féliciter. Si nécessaire, rappeler au tableau quelques expressions pour féliciter.

Propositions de corrigé :

1. Services d'entreprise : ressources humaines, comptabilité, accueil, management, marketing, communication, gestion des stocks...

Service de communication : Il faut connaître les logiciels informatiques. On doit écrire sans faire d'erreurs. Il est essentiel d'avoir le sens de l'esthétique. Il faut savoir jouer avec les mots.

2. Je suis capable de gérer des conflits. Je suis patient et organisé. Je sais rédiger des contrats d'embauche. Je connais la loi du travail.

3. Service communication :
- Élodie (maîtrise des logiciels informatique) ;
- Étienne (sens de l'esthétique) ;
- Erwan (maîtrise de la langue).
- Bravo ! C'est super ! Vous avez de belles équipes ! Félicitations ! Je vous souhaite de réussir.

> cahier
Bilan linguistique, p. 48 et 49
Préparation au DELF, p. 50 et 51

GRAMMAIRE

1 Transformez la phrase en remplaçant les mots soulignés par un pronom. 5 points

1. Il présente le projet <u>aux clients</u>. ➜ ....
2. L'entrepreneur explique le projet <u>au commercial</u>. ➜ ....
3. La conseillère a présenté les possibilités <u>à ma mère et moi</u>. ➜ ....
4. L'université a envoyé les résultats <u>à toi et tes amis</u>. ➜ ....
5. Il parle <u>à moi et au directeur</u> du nouveau projet. ➜ ....

2 Dites si les phrases expriment une obligation. Soulignez la bonne réponse. 5 points

1. Il est essentiel de prendre ses responsabilités. ➜ obligation – pas d'obligation
2. Il est intéressant de connaître l'avis de ses collègues. ➜ obligation – pas d'obligation
3. Il faut terminer le projet avant samedi. ➜ obligation – pas d'obligation
4. Tu dois aller en cours. ➜ obligation – pas d'obligation
5. Il est possible de demander une augmentation. ➜ obligation – pas d'obligation

3 Remettez les phrases dans l'ordre. 5 points

1. projet. / faut / envisager / Il / nouveau / un

....

2. négociation. / nouveau / Le / doit / commercial / doué / être / en

....

3. bureau. / indispensable / Il / d'organiser / est / le

....

4. équipe. / Il / travailler / en / essentiel / est / de

....

5. payé. / doit / bien / On / trouver / job / un

....

4 Complétez avec *il y a*, *pendant* ou *depuis*. 5 points

1. Il est entré dans cette entreprise .... deux mois.
2. J'ai fait un stage au service communication .... trois semaines.
3. Marc a fondé son entreprise .... quatre ans.
4. Elle travaille ici .... 2010.
5. Ma collègue est partie en voyage .... trois jours. Elle rentre dans une semaine.

LEXIQUE

1 Associez un profil à une profession. 5 points

1. Nadège est patiente. Elle est organisée. Elle a le sens de l'écoute. •
2. Stéphane a un réseau. Il sait convaincre. Il a le sens du relationnel. •
3. Agnès est organisée. Elle sait répartir le travail en entreprise. •
4. Julie est précise. Elle connaît bien la mécanique. Elle sait travailler en équipe. •
5. Esteban aime travailler seul. Il est résistant. Il connaît bien la campagne. •

- • **a.** Commercial(e)
- • **b.** Entrepreneur(e)
- • **c.** Instituteur(trice)
- • **d.** Agriculteur(trice)
- • **e.** Garagiste

2 Lisez le dialogue et retrouvez les qualités de chaque candidat. 5 points

– Bon alors, qu'est-ce que tu penses des candidats ?
– Je trouve que Bernard est réfléchi et il a l'esprit de collaboration.
– Oui, mais ce ne sera pas un bon leader. Victor est plus spontané. Il a aussi l'air efficace.
– C'est vrai et il est très organisé... Qu'est-ce que tu penses de Coralie ?
– Elle a le sens de l'écoute et elle a l'air douée en négociation. Elle sera très bien dans l'équipe.

Bernard : .... Victor : .... Coralie : ....

3 Complétez les phrases avec les expressions ci-dessous. 5 points

faire des pauses | demander une augmentation | démissionner | embaucher | regarder ses mails

1. Élisabeth a décidé de quitter son travail. Elle va .... la semaine prochaine.
2. Pour son entreprise, Sophie a besoin d'.. de nouveaux salariés.
3. Entre deux projets, les employés peuvent ....
4. Son travail a beaucoup changé et il passe plus de temps au bureau. Alors, Michel va .... à son patron.
5. Le droit à la déconnexion permet de ne pas .... pendant le week-end.

4 Classez les actions. 5 points

augmenter les salaires | obtenir un diplôme | passer un entretien d'embauche | recruter | fonder une entreprise

Un employé	Un étudiant	Un chef d'entreprise

PHONÉTIQUE

1 **Indiquez les enchaînements vocaliques ‿.** 5 points

1. Lire a été pour moi une activité quotidienne.
2. Il est doué en négociation.
3. Il a passé un examen très stressant.
4. Je l'ai rencontré grâce à un *escape game*.
5. J'ai un copain qui a démissionné.

2 **Entourez les groupes consonantiques avec /R/ et [l]. Attention, il y en a 11 !** 5 points

1. La priorité, c'est votre famille.
2. On doit être plus productif pour terminer dans les délais.
3. Il est indispensable de prendre des congés trois fois par an.
4. Vous rêvez de télétravail.
5. Il est normal de regarder sa boîte aux lettres.

Compréhension de l'oral 10 points

10 | **Écoutez et répondez aux questions.**

1. Qu'est-ce que Kevin a fait en 2010 ?

....

2. Quelle est sa profession ?

❑ coiffeur ❑ vendeur ❑ entrepreneur

3. D'après Kevin, quelles sont les qualités nécessaires pour faire ce travail ?

....

....

4. Dites si les phrases sont vraies ou fausses.

	Vrai	Faux
a. Kevin voulait aller à l'université.		
b. Kevin était un bon élève.		

Compréhension des écrits **10 points**

Lisez le texte et répondez aux questions.

Goretti Habyarimana
Créatrice de mode de vêtements en Wax

Quelle est l'origine de votre entreprise ?
Ma grand-mère était couturière. Elle faisait des vêtements pour les habitants de son village.
Quand j'étais petite, je passais mes journées dans son atelier et je la regardais coudre et discuter avec les clients.

Pourquoi avez-vous fondé votre entreprise ?
J'ai commencé à travailler avec ma grand-mère à 16 ans. Un jour, des touristes sont venus acheter des vêtements chez nous. Ils aimaient le tissu wax. C'est très traditionnel chez nous. Alors, j'ai pensé qu'on pouvait mélanger les cultures et faire des vêtements occidentaux en wax. Les touristes ont adoré. J'ai commencé à fabriquer des accessoires. Pour les vendre, j'ai présenté les accessoires sur Internet.

Quelles sont les qualités nécessaires ?
Il faut être organisé et productif. Il faut aussi être un leader pour atteindre les objectifs. Un entrepreneur doit aussi être courageux. On ne peut pas souvent prendre des congés. Pendant les vacances, il faut répondre aux mails. Les horaires ne sont pas fixes. C'est un travail fatigant mais passionnant !

1. Quelle était la profession de la grand-mère de Goretti ?

....

2. Que fabrique l'entreprise de Goretti ?

....

3. Pour Goretti, quelles sont les qualités d'un chef d'entreprise ?

....

4. Qu'est-ce qui est difficile dans ce travail ?

- ❑ On ne peut pas voir les clients.
- ❑ On n'est pas sûr de vendre les produits.
- ❑ On n'a pas vraiment de congés.
- ❑ On doit travailler même si ce n'est pas intéressant.

5. Dites si les phrases sont vraies ou fausses.

	Vrai	Faux
a. Goretti vend ses produits par Internet.		
b. Son temps de travail est très précis chaque jour.		

Production écrite 15 points

Vous avez lu une annonce pour un poste et vous pensez que ce travail est bien pour vous. Vous écrivez à votre ami(e) pour lui parler de l'annonce. Vous expliquez quelles compétences sont nécessaires et pourquoi ce travail vous correspond (environ 80 mots).

....

....

....

....

....

....

....

....

....

....

....

Production orale 15 points

Partie 1 : Entretien dirigé

Présentez-vous (nom, âge, loisirs, goûts...). Est-ce que vous avez fait des études ? Êtes-vous un fou de boulot ?

Partie 2 : Monologue suivi

Vous tirez au sort 2 sujets et vous en choisissez 1. Vous vous exprimez sur le sujet. L'examinateur peut ensuite vous poser des questions pour vous aider.

Sujet 1 :
Vous avez participé à un *Escape game*. Racontez votre expérience. Quelles compétences étaient nécessaires pour réussir ?

Sujet 2 :
Quel est votre prochain grand projet ? Présentez-le.

Partie 3 : Exercice en interaction

Choisissez un sujet et jouez la scène avec l'examinateur.

Sujet 1 :
Votre ami(e) souhaite progresser dans sa carrière. Vous lui donnez des conseils et vous lui expliquez ses obligations.
L'examinateur joue le rôle de l'ami(e).

Sujet 2 :
Vous êtes employeur. Vous faites passer un entretien à un(e) employé(e). Vous lui présentez le poste et vous expliquez quelles compétences vous attendez.
L'examinateur joue le rôle de l'employé(e).

Total : ...... /100 points

Corrigés du test

GRAMMAIRE

1 **1.** Il leur présente le projet.
2. L'entrepreneur lui explique le projet.
3. La conseillère nous a présenté les possibilités.
4. L'université vous a envoyé les résultats.
5. Il nous parle du nouveau projet.

2 **1.** obligation **2.** pas d'obligation **3.** obligation **4.** obligation **5.** pas d'obligation

3 **1.** Il faut envisager un nouveau projet.
2. Le nouveau commercial doit être doué en négociation.
3. Il est indispensable d'organiser le bureau.
4. Il est essentiel de travailler en équipe.
5. On doit trouver un job bien payé.

4 **1.** il y a **2.** pendant **3.** il y a **4.** depuis **5.** depuis

LEXIQUE

1 **1.** c – **2.** a – **3.** b – **4.** e – **5.** d

2 Bernard : réfléchi, esprit de collaboration
Victor : spontané, efficace, organisé
Coralie : sens de l'écoute, douée en négociation

3 **a.** démissionner **b.** embaucher **c.** faire des pauses **d.** demander une augmentation **e.** regarder ses mails

4

Un employé	Un étudiant	Un chef d'entreprise
Passer un entretien d'embauche	Obtenir un diplôme	Augmenter les salaires Recruter Fonder une entreprise

PHONÉTIQUE

1 **1.** Lire a été pour moi une activité quotidienne.
2. Il est doué en négociation.
3. Il a passé un examen très stressant.
4. Je l'ai rencontré grâce à un Escape game.

2 **1.** La priorité, c'est votre famille.
2. On doit être plus productif pour terminer dans les délais.
3. Il est indispensable de prendre des congés trois fois par an.
4. Vous rêvez de télétravail.
5. Il est normal de regarder sa boîte aux lettres.

COMPRÉHENSION DE L'ORAL

1. Il a passé un examen pour être coiffeur.
2. coiffeur
3. aimer travailler en équipe, être efficace, être organisé, avoir le sens de l'écoute
4. a. Faux – **b.** Faux

COMPRÉHENSION DES ÉCRITS

1. Elle était couturière.
2. Elle fabrique des vêtements et des accessoires en wax.

3. Organisé, productif, leader, courageux
4. On n'a pas vraiment de congés.
5. a. Vrai – **b.** Faux

PRODUCTION ÉCRITE

Grille d'évaluation :

L'apprenant peut utiliser une formule d'appel et une formule de salutation en fin de message.	.... /2
L'apprenant peut parler de compétences professionnelles.	.... /3
L'apprenant peut utiliser des expressions d'obligation.	.... /3
L'apprenant peut utiliser les formes grammaticales et morphosyntaxiques appropriées.	.... /4
L'apprenant peut utiliser le lexique adapté à la situation.	.... /3

Proposition de corrigé :
Bonjour Zedong,
Je t'écris parce que j'ai enfin trouvé une annonce pour un travail qui m'intéresse ! Il y a un poste de professeur de céramique pour une école d'art à Cholet. Je suis très contente parce que mes parents y habitent ! Pour postuler, il faut avoir un diplôme des Beaux Arts et il est essentiel d'avoir une expérience d'enseignement.
Ils cherchent une personne dynamique et organisée pour travailler avec les enfants le mercredi. Il faut aussi être précis pour enseigner aux adultes. Enfin, il est important d'être disponible le soir. C'est vraiment parfait pour moi ! J'ai un master en arts plastiques et j'ai déjà enseigné trois ans en école d'art. En plus, je connais parfaitement la céramique et j'adore travailler avec les enfants. J'ai beaucoup d'idées de projets ! Et si je travaille le soir, je pourrai visiter des musées dans la journée !
J'ai un entretien mardi, j'espère que ça va bien se passer !
À très vite.
Anouk

PRODUCTION ORALE

Grille d'évaluation :

L'apprenant peut se présenter et répondre à quelques questions plus précises.	.... /2
L'apprenant peut parler de son parcours ou de ses projets.	.... /2
L'apprenant peut présenter des compétences et exprimer des obligations.	....../2
L'apprenant peut utiliser du lexique adapté à des situations courantes.	....../3
L'apprenant peut utiliser des structures grammaticales et de morphosyntaxe simples.	....../3
L'apprenant peut s'exprimer de façon suffisamment claire pour être compris.	....../3

Propositions de corrigé :

Partie 1 :

Je m'appelle Malak. J'ai 20 ans. Je suis saoudienne. J'habite à Lyon depuis trois mois. Je suis étudiante en arts plastiques et je voudrais étudier aux Beaux Arts en France. J'aime faire la cuisine et faire du shopping. Après le baccalauréat, j'ai étudié l'art pendant deux ans dans mon pays. Je voudrais continuer d'étudier. J'aime bien travailler mais j'ai besoin de partir souvent en vacances et de déconnecter.

Partie 2 :

Sujet 1 :

J'ai participé à un *Escape game*. On était bloqués dans le passé. On devait répondre à des énigmes pour allumer la lumière et avancer. Pour réussir, il faut bien observer, réfléchir pour comprendre les codes et être patient. Il faut aussi être créatif. C'était très amusant.

Sujet 2 :

Mon prochain grand projet est d'ouvrir un petit magasin pour vendre des œufs et du lait dans mon quartier. Je voudrais aller acheter les produits chez les agriculteurs et les apporter en ville pour les vendre aux habitants. Je dois trouver un lieu et acheter des frigos. Ensuite, il est important de bien choisir les produits. Et puis, il faut faire de la publicité.

Partie 3 :

Sujet 1 :

- Je travaille dans le même magasin depuis trois ans et je suis toujours vendeur... J'aimerais bien avoir un poste plus intéressant.
- Oui, je comprends. Qu'est-ce que tu voudrais faire ?
- J'aimerais bien avoir un poste de manager.
- Il faut parler avec ton chef et tu dois montrer que tu es motivé. Il est important de montrer que tu es disponible.
- Oui, c'est vrai. Je crois que j'ai les compétences.
- Sûrement ! Il faut avoir de bonnes relations avec l'équipe. Tu dois aussi être très organisé.
- Oui, je vais essayer de montrer mes qualités.

Sujet 2 :

- Nous cherchons un cuisinier pour les élèves du lycée.
- Oui, je suis très intéressé. J'ai travaillé comme cuisinier dans un restaurant dans le centre-ville.
- D'accord. Nous cherchons une personne qui peut faire des plats simples et bons. Il faut préparer des repas équilibrés mais que les enfants aiment.
- Oui, je pense que j'en suis capable. J'ai aussi deux enfants...
- Très bien. Il est important d'être organisé et efficace. Les plats doivent être toujours prêts à l'heure parce qu'il y a beaucoup d'élèves. Et puis, il faut avoir de bonnes relations avec les élèves mais aussi être autoritaire parfois.
- Oui, je comprends. J'ai l'habitude de m'occuper des enfants.

Transcriptions du test

COMPRÉHENSION DE L'ORAL

Piste 10

Alors moi, je n'étais pas très bon élève et je n'avais pas envie de faire des études à l'université mais je voulais obtenir un diplôme. Donc j'ai fait une formation et, en 2010, j'ai passé un examen pour être coiffeur. Pour ce métier, il faut aimer travailler en équipe. On passe toute la journée avec ses collègues. Et puis, il faut être efficace. On n'a pas beaucoup de temps entre les rendez-vous et il faut faire le ménage rapidement. Ça demande de l'organisation aussi. Mais le plus important, c'est d'avoir le sens de l'écoute pour discuter avec les clients et aussi faire la coupe qu'ils ont choisie.

UNITÉ 5

Ensemble, c'est mieux !

Agir

OBJECTIFS

❶ Décider de partir
❷ Justifier un choix
❸ Exprimer une difficulté

ATELIERS D'EXPRESSION

- Encourager quelqu'un
- Insister pour inviter

Coopérer

PROJET CULTUREL

Faire un tour du monde virtuel

MISSION

Ensemble, c'est mieux… pour aller plus loin !

Apprendre

STRATÉGIES *p. 82-83*

S'EXERCER *p. 80, 81, 85, 139*

ÉVALUATION

- Bilan linguistique ***Cahier*, p. 60-61**
- Préparation au DELF ***Cahier*, p. 62-63**

Grammaire

- La place des adjectifs
- Les pronoms *en* et *y*
- La négation

CONJUGAISON

Se battre

Lexique

- Le voyage
- Partir en voyage
- Des qualités et des défauts
- Se lancer un défi
- La forme physique

Phonétique

- L'enchaînement consonantique
- Les consonnes [ʃ] et [ʒ]
- Intonation : les questions

Culture

- Des villes de la francophonie
- Extrait de : *L'Odeur du café*, de Dany Laferrière
- Extrait de : *La Bougeotte*, Épisode 10, Art. 19

Génération Tour du monde
Bande-annonce du film

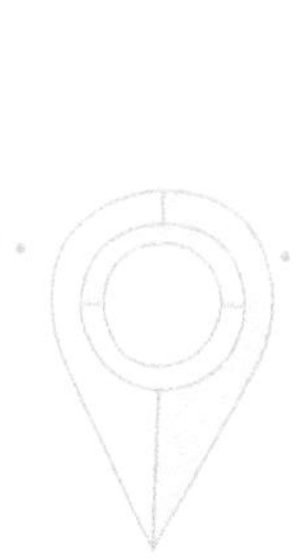

p. 72-73

OUVERTURE DE L'UNITÉ

page 72

⌛ 5 minutes

Titre de l'unité et illustration

- Lire le titre. S'assurer que les apprenants comprennent bien le sens de « mieux ».
- Montrer l'illustration et demander aux apprenants de la décrire. Les laisser signaler le problème des deux personnes.
- Demander « Ensemble, c'est mieux. C'est vrai ? ». Laisser les apprenants réagir.
- Lire la deuxième question et laisser les apprenants répondre librement.

Proposition de corrigé : Oui, je suis sûr que c'est mieux ensemble. Parfois c'est difficile mais c'est mieux. Je préfère étudier seul. Je préfère voyager à deux. Je préfère faire des jeux en groupe.

p. 74-75

SITUATION 1 Décider de partir

LA MINUTE PÉDAGOGIQUE

Les apprenants ont des profils d'apprentissage différents. Vous connaissez déjà les visuels et les auditifs. Il y a aussi les globalisants (qui ont besoin d'un aperçu global pour apprendre) et les analytiques (qui s'appuient sur les détails).

page 74

⌛ 5 minutes

Bonne pratique

Avant de commencer l'activité, laisser les apprenants parcourir des yeux la double-page pour se faire une idée du titre « Décider de partir ».

Activité 1

- Montrer le document 1 et demander aux apprenants de décrire l'image pour en faire ressortir le thème du voyage.
- Lire la question. S'assurer que les apprenants comprennent les propositions de réponses et les laisser répondre librement.

Proposition de corrigé : Je suis un voyageur organisé, solitaire et sociable. J'aime bien voyager seul pour choisir les activités librement mais j'aime beaucoup rencontrer les gens du pays. Je suis très organisé parce que je n'aime pas avoir beaucoup de bagages et je veux savoir dans quel hôtel je vais dormir.

page 74

⌛ 5 minutes

Activité 2

- Montrer le document 2. Demander aux apprenants de décrire l'image et d'expliquer le slogan. Introduire l'expression de « réalité virtuelle » et faire repérer le contexte de l'image (vie animale).
- Constituer des binômes et lire la question. Laisser les apprenants échanger librement. Leur demander de préciser le contexte dans lequel ils ont essayé la réalité virtuelle.

Proposition de corrigé : J'ai déjà essayé la réalité virtuelle pour des jeux vidéos. J'ai adoré ! On est vraiment au centre de l'action. On a peur, on voit tout... C'est génial !

page 74

⌛ 10 minutes

Activité 3

- Faire écouter le document 3 une première fois. Lire la question et les propositions. Laisser les apprenants choisir individuellement une proposition.
- Corriger en demandant aux apprenants de donner les indices qui les ont aidés à choisir.

Corrigé : un documentaire animalier en réalité virtuelle.

b

- Laisser les apprenants lire la fiche. Expliquer « le concept = l'idée » et « la méthode = comment on fait ». Proposer une nouvelle écoute du document.
- Corriger.

Corrigé : Le concept : plonger les spectateurs dans les paysages du monde entier.
- La méthode : on pose la caméra et les animaux décident d'approcher ou non. Chaque spectateur met un casque ou des lunettes de réalité virtuelle.
- Les impressions des spectateurs : ils ont l'impression que les animaux viennent vers eux. Ils ont l'impression d'être dans ces endroits.

c

- Écrire les expressions au tableau avec le signe égal (*un décor naturel* = ...). Demander aux apprenants de trouver les expressions équivalentes dans le document.
- Faire écouter le document de nouveau.
- Corriger.

Corrigé : un décor naturel = un paysage – la campagne = la nature – un lieu = un endroit – une promenade = une balade

 Piste 45

- Pour commencer, il faut mettre un casque de réalité virtuelle. [...] On se retrouve alors dans le noir complet. Une image apparaît sur l'écran : la Terre. En tournant la tête, on peut se déplacer dans l'image à 360°. Le son est, lui, diffusé directement dans des écouteurs. Résultat : le spectateur est plongé dans les paysages du monde entier. Les lions, les jaguars viennent à sa rencontre. [...] Raphaël Aupy est un des réalisateurs.
- On place la caméra et c'est les animaux qui vont venir au contact de la caméra. [...] On est au contact de l'animal, et c'est lui qui décide ou pas de venir au contact de la caméra. [...]
- L'expérience a été saluée au festival de Cannes. Adrien Moisson, le producteur et aussi réalisateur, a organisé une forme nouvelle de projection où chaque spectateur a pu revêtir des lunettes de réalité virtuelle [...].
- [...] On a l'impression que les gens redécouvrent la nature, redécouvrent les animaux, peuvent aller dans des endroits où ils [ne] peuvent pas aller d'habitude, se retrouver dans des situations impossibles. Et notre but, c'est vraiment ça, c'est qu'ils aient une balade dans la nature et qu'ils aient vraiment l'impression d'y être.

page 74

5 minutes

Bonne pratique

Je propose des activités qui permettent de se concentrer sur un point linguistique précis pour favoriser les apprenants ayant un profil de centration.

Activité 4

a

- Laisser les apprenants lire les expressions.
- Proposer une nouvelle écoute du document et laisser les apprenants associer.
- Corriger en insistant sur les constructions verbales.

Corrigé : se déplacer dans l'image – être plongé dans les paysages du monde entier – redécouvrir la nature – se retrouver dans des situations impossibles – avoir l'impression d'y être

b

- Demander aux apprenants d'observer les constructions verbales et de réfléchir à d'autres associations possibles.
- Corriger en montrant que d'autres associations sont possibles (= la construction verbale et le sens sont respectés).

Corrigé : oui, on peut aussi associer se déplacer dans les paysages du monde entier / être plongé dans l'image.

> cahier
Activité 3, p. 53

page 74

10 minutes

Activité 5

a

- Montrer les phrases de la partie **a.** et les consonnes soulignées.
- Faire écouter les phrases et demander aux apprenants s'ils entendent les consonnes soulignées.

Corrigé : oui, on entend les consonnes soulignées.

- Montrer le découpage de la phrase **a.** et faire écouter de nouveau la phrase **a**.
- Expliquer que le découpage correspond aux syllabes prononcées.
- Faire écouter le document en entier et laisser les apprenants indiquer le découpage des expressions.
- Corriger en demandant aux apprenants de prononcer les syllabes.

Corrigé : **a.** me/ttre un/casque – **b.** le/mon/de en/tier – **c.** u/ne i/ma/ge à/trois/cent/soi/xante/de/grés – **d.** ve/ni/r au/con/tact

- Écrire le mot *partir* au tableau et demander aux apprenants de trouver cinq expressions avec des enchaînements consonantiques.
- Corriger en expliquant les expressions. Faire prononcer les expressions en comptant les syllabes.

Proposition de corrigé : parti/r en vacances – parti/r à/ l'étranger – parti/r en/ week-end – parti/r en /mission – parti/r en/ voyage

Piste 46

Écoutez. Vous entendez les consonnes soulignées ?
a. mettre un casque
b. le monde entier
c. une image à 360°
d. venir au contact

> cahier
Activités 4 et 5, p. 53

page 74
10 minutes

Activité 6

- Constituer des groupes. Lire la question et laisser les apprenants échanger.
- Corriger en écrivant les mots-clés des discussions au tableau.

Proposition de corrigé : Pour moi, la réalité virtuelle ne peut pas remplacer un vrai voyage. Dans la réalité virtuelle, on peut voir toutes les choses mais il n'y a pas d'odeurs. On ne sent pas le froid ni le chaud. On ne peut pas vraiment rencontrer les personnes. On ne peut pas goûter les plats. C'est intéressant mais ce n'est pas un voyage.

page 74
5 minutes

Activité 7

- Demander aux apprenants où ils aimeraient aller en réalité virtuelle. Les laisser réagir.
- Leur demander de mimer un casque qu'ils posent sur leurs yeux et les laisser fermer les yeux pour imaginer le lieu.

Proposition de corrigé : Avec la réalité virtuelle, j'aimerais aller à la mer. J'aimerais voir les mouettes et sentir le sel de la mer. Je voudrais sentir le vent.

page 75
15 minutes

Activité 8

- Demander aux apprenants d'identifier le document (blog), de repérer le thème (Tour du monde – on présente un livre) et la structure (titre, deux noms).
- Montrer la fiche d'identité et demander aux apprenants de lire l'introduction du texte.
- Laisser quelques minutes aux apprenants pour compléter la fiche d'identité et comparer leurs réponses en binômes.
- Corriger en expliquant que « chez nous » a le sens de « maison » et que « curieux » a le sens de « bizarre ». Expliquer ce qu'est un mode de vie « nomade » (= toujours se déplacer).

Corrigé : nationalité : suisse – mode de vie : nomade – expériences de voyages : 19 mois pour faire le tour du monde.

b

- Au tableau, écrire *qualités et défauts* et rappeler le sens des mots.
- Demander aux apprenants de retrouver les qualités et défauts des deux personnes puis leur laisser quelques minutes pour comparer leurs informations en binôme.
- Corriger en expliquant que dans cette partie « curieux » a le sens de « intéressé ». S'assurer que les apprenants comprennent le sens des adjectifs.

Corrigé : qualités de Fabienne = spontanée, souriante, organisée – défauts de Fabienne = maniaque, têtue.
qualités de Benoît = curieux, passionné – défauts de Benoît = impatient, désorganisé.

> cahier
Activité 2, p. 52

page 75
⌛ 10 minutes

Le préfixe

- Lire les adjectifs. Montrer la différence de prononciation lorsque « in » est suivi d'une consonne ou d'une voyelle.
- Montrer le signe qui indique un contraire.
- Expliquer ce qu'est un préfixe.
- Laisser les apprenants lire la question de la partie « Réfléchissez » et leur demander d'y répondre.
- Demander aux apprenants de trouver les contraires de la partie « Appliquez ».
- Corriger en complétant la liste des préfixes qui indiquent des contraires. Expliquer le sens des mots nouveaux.

Corrigé : dés (dé-) ; in- ; im-
honnête, agréable, ordonné, adroit, responsable, poli, prudent

Activité 7, p. 53

Constituer des binômes. Un apprenant décrit une situation (par exemple, « J'attends mon ami depuis quinze minutes, je regarde souvent mon téléphone portable, je fixe ma montre. ») ; l'autre apprenant retrouve la qualité ou le défaut de la personne (impatient).

page 75
⌛ 10 minutes

Bonne pratique
Je propose des activités avec un panorama élargi des situations existantes pour favoriser les profils à dominance de balayage.

Grammaire : La place des adjectifs

- Lire les phrases de la partie « Observez ». Expliquer que les mots en gras sont des adjectifs. Si nécessaire, rappeler ce qu'est un adjectif et que les adjectifs s'accordent avec les noms.
- Laisser les apprenants compléter la partie « Réfléchissez ».
- Corriger en expliquant que certains adjectifs changent de sens en fonction de la place (curieux).
- Rappeler que les adjectifs se placent généralement après le nom.
- Lire la consigne de la partie « Appliquez ». Au tableau, écrire l'amorce de phrase *C'est une personne...* et laisser les apprenants rédiger quelques phrases.
- Corriger en demandant à plusieurs apprenants de lire leur portrait.

Proposition de corrigé : avant le nom : curieux, jeune, nouvelle ; après le nom : curieuse, motivée – Quand un adjectif au pluriel est avant le nom, *des* devient *de*.
Ma meilleure amie est spontanée et dynamique. C'est une personne impatiente et désorganisée mais c'est aussi une personne bienveillante et curieuse.

Activité 6, p. 53

page 75
⌛ 15 minutes

Activité 9

- Expliquer que *Petits trips entre amis* est une agence de voyages en ligne.
- Expliquer que les apprenants vont faire un voyage avec des personnes qu'ils ne connaissent pas.
- Montrer le descriptif de Fabienne et Benoît dans le document 4 et demander aux apprenants d'écrire un texte pour se présenter au groupe. Si nécessaire, réfléchir

ensemble aux points à développer dans le texte (qualités, défauts, habitudes de voyage...).
- Demander aux apprenants de relire leur texte pour vérifier la place des adjectifs, l'accord et l'utilisation de « de » ou « des ».
- Ramasser les textes pour les corriger.

Proposition de corrigé : Je m'appelle Romane. Je suis très spontanée et très dynamique ! J'adore les voyages d'aventure et je suis très désorganisée mais je ne suis pas irresponsable. Je ne réserve jamais les hôtels et je ne prépare rien avant de partir. C'est la première fois que je pars avec *Petits trips entre amis*. J'espère rencontrer des personnes patientes et passionnées.

Diviser la classe en deux groupes. Les apprenants du premier groupe choisissent un nom (par exemple, « un étudiant », « une assiette »...). Les apprenants de l'autre groupe choisissent un adjectif (par exemple, « rouge », « chinois », « beau »...). Demander aux apprenants de marcher dans la classe et laisser les noms et adjectifs s'associer (par exemple, « un petit livre »). Demander aux apprenants de se placer avant ou après le nom. Un nom peut être associé à plusieurs adjectifs. Demander aux apprenants de « lire » l'association en faisant les accords nécessaires.

page 75

⌛ 10 minutes

Activité 10

- Constituer des groupes. Expliquer que les membres du groupe vont partir en voyage ensemble et qu'ils doivent choisir une destination.
- Dans chaque groupe, désigner une personne pour animer la discussion. Laisser quelques minutes pour que cette personne réfléchisse aux points importants pour choisir la destination. Pendant ce temps, laisser les autres membres réfléchir à une destination et aux raisons pour lesquelles il faudrait choisir cette destination.
- Laisser les apprenants échanger et choisir une destination.

Proposition de corrigé :
- On pourrait aller à Kyoto.
- Pourquoi Kyoto ? Qu'est-ce qu'on peut y faire ?
- C'est une ville avec de nombreux temples magnifiques. On peut aussi voir des musées et l'artisanat traditionnel. C'est très intéressant.
- Est-ce qu'il y a des espaces naturels ?
- Oui, il y a beaucoup de parcs.
- Comment on y va ?
- On peut prendre l'avion jusqu'à Osaka et ensuite, c'est seulement 30 minutes en train.

> cahier
Activités 1, 8, 9 et 10, p. 52 et 53

p. 76-77

SITUATION 2 Justifier un choix

LA MINUTE PÉDAGOGIQUE

Certains apprenants ont un profil à dominante réflexive. Ils préfèrent hésiter plutôt que de faire des erreurs. D'autres apprenants ont tendance à répondre rapidement sans redouter les erreurs. Ils ont un profil d'apprentissage à dominante impulsive.

page 76

⌛ 10 minutes

Activité 1

- Montrer le document 1 et demander aux apprenants s'ils connaissent le jeu. Expliquer que c'est un jeu d'enfants dans lequel il faut choisir une couleur pour ensuite avoir accès à une information ou une question.

- Demander aux apprenants quelle couleur ils choisiraient. Puis, poser les deux questions de l'activité.
- Laisser les apprenants répondre spontanément.

Proposition de corrigé : En général, ce n'est pas difficile de choisir pour moi si c'est important. Pour choisir, je pense à ce que je veux vraiment et à ce qui est possible.

page 76

5 minutes

Activité 2

a

- Montrer le document 2 et demander aux apprenants de le décrire. Faire relever certains éléments : site Internet, rubriques : destinations, voyages, voyageurs...
- Faire relever les continents et le descriptif.

Corrigé : C'est un site internet qui s'appelle Double sens. On voit des personnes qui font du vélo. Elles ont l'air heureux. Il y a des rubriques : voyages, destinations, voyageurs... Il y a le nom des continents : Amérique du Sud, Afrique, Asie et un descriptif avec « esprit de partage et d'aventure ».

b

Montrer le nom du site : Double sens. Demander « Qu'est-ce que c'est ? » et laisser les apprenants faire des hypothèses.

Corrigé : À mon avis, Double sens est une agence de voyages pour des groupes qui veulent partager un moment et des découvertes.

#culture

Double sens est une agence qui propose des voyages participatifs. Les voyageurs peuvent participer à des excursions pour découvrir le pays et s'investir dans des actions favorisant le développement durable.

page 76

10 minutes

Activité 3

- Faire écouter le document une première fois et demander aux apprenants de relever quelques idées ou quelques mots.
- Laisser les apprenants lire les propositions. Expliquer les mots qui posent problème.
- Proposer une nouvelle écoute et laisser les apprenants choisir si les propositions sont vraies ou fausses.
- Corriger en justifiant les réponses.

Corrigé : a. Faux (Il ne connaît pas encore ses compagnons de voyage.) – **b.** Vrai **c.** Faux (Ils vont repeindre des petites maisons.) – **d.** Faux – **e.** Faux (Il n'a pas envie de bronzer et dormir.) – **f.** Vrai

Bonne pratique

Je propose un temps suffisant pour réfléchir et répondre pour encourager les apprenants qui ont un profil à dominante réflexive.

 Piste 47

- Romaric a 25 ans. Ce jeune ingénieur va bientôt partir en vacances, mais il ne connaît pas encore ses compagnons de voyage. Il a décidé de passer des vacances pas comme les autres. Ils vont faire du tourisme solidaire : un mélange de vacances et de travail avec les populations locales. Coût du séjour : 2000 € pour deux semaines. Le programme : repeindre les maisons d'un petit village au Cap-Vert. Grâce à ces nouveaux touristes, ils termineront les maisons plus vite.
- On n'est pas venu pour avoir un hôtel 4 étoiles avec vue sur la plage. Sinon, c'est pas le bon type de voyage. Je n'avais pas envie de bronzer, ou de dormir pendant mes vacances. Et puis, à cause du tourisme classique, il y a beaucoup de problèmes dans certains pays. Là, j'avais envie de rencontrer des personnes que je ne connais pas et me rendre utile. J'ai choisi ce voyage parce que je voulais me tester, savoir comment je pouvais vivre ailleurs. Échanger, partager le quotidien, c'est pour ça qu'on part, aussi !

> cahier
Activité 2 , p. 54

En groupe, demander aux apprenants de faire une liste de toutes les activités qu'ils aiment faire pendant les vacances.

page 76

⌛ 10 minutes

Activité 4

 a

- Demander aux apprenants de lire les éléments à relier.
- Faire écouter le document et laisser les apprenants faire les phrases.
- Corriger.

Corrigé : Ils terminent les maisons plus vite grâce à ces nouveaux touristes. – Il y a des problèmes dans certains pays à cause du tourisme classique. – Romaric a choisi ce voyage parce qu'il voulait se tester.

- Demander aux apprenants si les phrases sont positives, négatives ou neutres. Les laisser justifier leur choix.
- Lire l'encadré « La cause ».
- Expliquer que « parce que » est une expression neutre, « à cause de » est négatif, « grâce à » est positif. Montrer que « à cause de » et « grâce à » sont toujours suivis d'un nom et que « parce que » est suivi d'une « phrase ».

Corrigé : la première phrase est positive ; la deuxième négative, la troisième neutre.

Écrire des amorces de phrases (par exemple, *À cause de toi, Grâce à son travail...*) et demander aux apprenants de compléter les phrases librement.

> cahier
Activités 4 et 5, p. 54 et 55

page 76

⌛ 15 minutes

Activité 5

- Écrire les deux sons au tableau et les prononcer.
- Faire écouter les documents et demander aux apprenants d'associer un ou les deux sons aux propositions.
- Corriger en prononçant les mots entendus.

Corrigé : 1. [ʃ] et [ʒ] – **2.** [ʒ] – **3.** [ʒ] – **4.** [ʃ] et [ʒ]

> **Piste 48**
> Écoutez. Vous entendez [ʃ] ? [ʒ] ? les deux ?
> **a.** échanger
> **b.** partager
> **c.** un petit village
> **d.** j'ai choisi ce voyage.

- Prononcer les deux sons. Montrer que l'air sort en continu.
- Mettre la main sur la gorge et prononcer les deux sons (sans ajouter le son « e »).
- Inviter les apprenants à faire le même geste.
- Demander aux apprenants pour quel son ils sentent une vibration.

Corrigé : b. On sent une vibration pour le son [ʒ].

> **Piste 49**
> Écoutez, prononcez et observez les sons [ʃ], [ʒ].

- Écrire *Voyage* au tableau et demander aux apprenants quel son ils entendent dans ce mot.

- Laisser les apprenants trouver des mots du thème « voyage » qui contiennent l'un ou l'autre des sons.
- Corriger en faisant prononcer les mots aux apprenants.

Proposition de corrigé : bagage, paysage, étranger, acheter un billet, séjour, passager, changer de train.

> cahier
Activités 9 et 10, p. 55

page 76
10 minutes

Activité 6

- Lire la question. Rappeler ce qu'est le tourisme solidaire et inviter les apprenants à donner des exemples.
- Constituer des groupes.
- Laisser les apprenants échanger. Les encourager à utiliser des expressions de cause.

Proposition de corrigé : Oui, j'aimerais bien utiliser mes vacances pour faire du tourisme solidaire. Je voudrais être utile pendant mes vacances. Grâce au tourisme solidaire, on peut rencontrer les personnes du pays et découvrir la culture. À cause des touristes, beaucoup de lieux sont détruits. Je pense qu'on doit faire du tourisme solidaire parce que les vacances ne doivent pas être utilisées pour détruire des lieux naturels.

page 76
10 minutes

Activité 7

- Montrer l'image et demander aux apprenants s'ils reconnaissent le drapeau.
- Demander aux apprenants s'ils connaissent le Cap-Vert et à quoi cela leur fait penser.
- Si le matériel le permet, projeter des images du Cap-Vert.
- Lire la situation.
- Constituer des groupes et laisser les apprenants imaginer en groupes.
- Corriger en écrivant quelques mots-clés au tableau.

Proposition de corrigé : Je suis au Cap-Vert. Je vois des paysages magnifiques. Il y a des grands espaces naturels et on voit la mer. Les plages sont belles. Je bronze, je fais du surf, je vais à la pêche et je fais du snorkeling. Je fais aussi des randonnées dans la montagne. Je rencontre des habitants. Ils me montrent les meilleurs chemins.

page 77
15 minutes

Activité 8

a

- Demander aux apprenants d'observer la photo du document 4 et la faire décrire.
- Lire la question **a.** et répondre collectivement en utilisant les indices donnés par l'image.
- Demander à un apprenant de lire le texte à voix haute et attirer l'attention sur la prononciation des sons [ʃ] et [ʒ]. Faire remarquer que « challenge » se prononce comme en anglais.
- Laisser les apprenants lire les questions **b.**, **c.** et **d.** et laisser les apprenants chercher les informations dans le texte.
- Corriger en écrivant les réponses au tableau.

Corrigé : a. C'est une application qui compte les pas des salariés. **b.** Le but est d'encourager les salariés à marcher. **c.** Tous les salariés peuvent participer. **d.** L'année dernière, l'équipe EDF a gagné. Les salariés ont changé leurs habitudes.
Proposition de corrigé : Marchons ! Tout à pied !

> **Bonne pratique**
> Je laisse les apprenants répondre spontanément et rapidement pour encourager les profils d'apprenants à dominante impulsive.

b

- Lire les définitions. Demander aux apprenants de retrouver les mots qui correspondent dans le texte.
- Corriger.

Corrigé : a. une équipe **b.** un challenge **c.** gagner **d.** se battre (pour quelque chose)

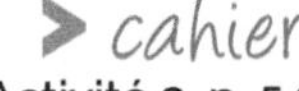

> cahier
Activité 3, p. 54

page 77

⌛ 15 minutes

Grammaire : Les pronoms *en* et *y*

- Lire les phrases de la partie « Observez » et les montrer dans le texte.
- Lire les questions de la partie « Réfléchissez » et aider les apprenants à retrouver ce que remplacent les pronoms en s'appuyant sur le contexte du texte.
- Montrer qu'un complément introduit par « de » peut être remplacé par « en ».
- Montrer qu'un complément introduit par « à » peut être remplacé par « y ».
- Attirer l'attention sur la place des pronoms (ils se placent devant le verbe auquel ils se rapportent).
- Laisser les apprenants compléter les phrases de la partie « Appliquez ».
- Corriger.

Corrigé : Ils sont fiers d'avoir gagné. – L'équipe a participé au challenge. – On va au bureau à pied.
Ils sont heureux d'y avoir participé. – Ils s'en souviendront longtemps. – Non, j'y vais en avion.

Au tableau !

Ils sont fiers d'avoir gagné.
complément

Ils sont fiers de leur victoire
complément

Être fier de + nom complément → en

On va à pied au bureau
lieu

aller à + lieu → y
lieu

L'équipe d'EDF a participé au challenge
complément

participer à + nom → y

> cahier
Activités 7 et 8 , p. 55

page 77

⌛ 5 minutes

Se battre

- Lire la conjugaison du verbe.
- Attirer l'attention sur les pronoms des verbes pronominaux.
- Rappeler le sens du verbe « se battre ».

> cahier
Activité 6, p. 55

page 77

⌛ 10 minutes

Activité 9

- Lire la consigne. Demander aux apprenants d'expliquer le sens du mot « défi » et de donner des exemples.
- Au tableau, écrire *en* et *y*.
- Demander aux apprenants de décrire un défi auquel ils ont participé. S'ils n'en ont jamais fait, leur demander d'imaginer.
- Les laisser écrire. Leur demander de relire leur texte et de remplacer les répétitions par les pronoms *en* et *y*.
- Ramasser pour corriger.

Proposition de corrigé : J'ai participé à un défi lecture. On avait une liste de 18 livres et j'en ai lu 16 en trois mois. Ensuite, il y avait un jeu avec des questions et j'y ai répondu. J'ai obtenu 80 points sur 100.

page 77
⌛ 15 minutes

Activité 10

- Au tableau, écrire *Défi : Je parle en français !*
- Demander aux apprenants de choisir un thème.
- Les laisser réfléchir à quelques idées sur le thème et rechercher quelques mots si nécessaire. Ne pas les laisser écrire des phrases complètes mais les laisser pratiquer.
- Leur demander de s'enregistrer pendant une minute.
- Partager les enregistrements et demander aux apprenants de choisir la présentation qu'ils préfèrent.

Proposition de corrigé : Je voudrais parler de voyages. Je pense que les voyages sont importants pour découvrir et comprendre le monde. Grâce aux voyages, j'ai commencé à penser différemment. Je me suis intéressé(e) à des choses que je n'aimais pas avant.

Demander aux apprenants d'organiser un défi. Les laisser choisir le thème et rédiger les règles. Laisser les apprenants participer au défi et désigner le gagnant.

> cahier
Activités 1, 11, 12 et 13, p. 54 et 55

p. 78-79

SITUATION 3 Exprimer une difficulté

LA MINUTE PÉDAGOGIQUE

Certains apprenants ont un profil dépendant du champ, c'est-à-dire qu'ils ont tendance à restituer les informations telles qu'ils les ont reçues alors que les apprenants au profil indépendant du champ cherchent à s'approprier les informations en les reformulant.

page 79
⌛ 10 minutes

Activité 1

- Montrer la question ⓐ et lire « Je vois des éléments. ». Montrer la liste des éléments.
- Montrer les questions ⓑ et ⓒ.
- Laisser les apprenants travailler individuellement pendant quelques minutes.
- Corriger en montrant les éléments et en montrant que les informations principales d'un article sont dans le chapeau.

Corrigé :

ⓐ

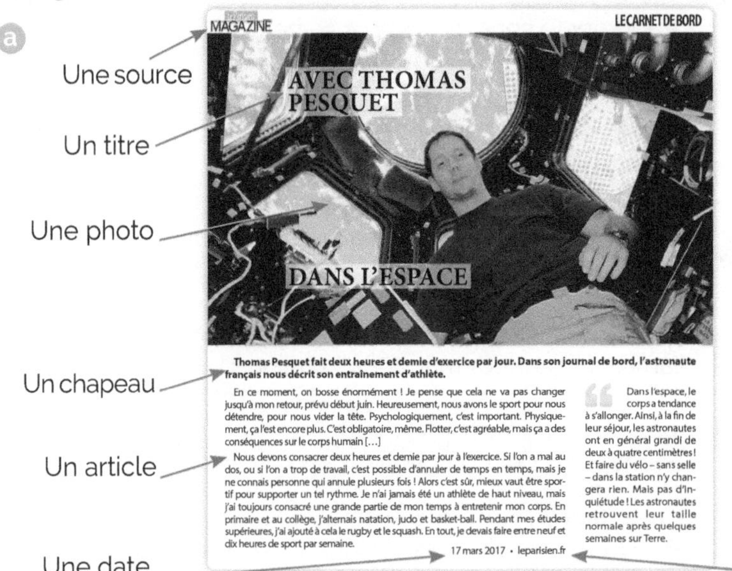

MAGAZINE
LE CARNET DE BORD

AVEC THOMAS PESQUET DANS L'ESPACE

Thomas Pesquet fait deux heures et demie d'exercice par jour. Dans son journal de bord, l'astronaute français nous décrit son entraînement d'athlète.

En ce moment, on bosse énormément ! Je pense que cela ne va pas changer jusqu'à mon retour, prévu début juin. Heureusement, nous avons le sport pour nous détendre, pour nous vider la tête. Psychologiquement, c'est important. Physiquement, ça l'est encore plus. C'est obligatoire, même. Flotter, c'est agréable, mais ça a des conséquences sur le corps humain […]

Nous devons consacrer deux heures et demie par jour à l'exercice. Si l'on a mal au dos, ou si l'on a trop de travail, c'est possible d'annuler de temps en temps, mais je ne connais personne qui annule plusieurs fois ! Alors c'est sûr, mieux vaut être sportif pour supporter un tel rythme. Je n'ai jamais été un athlète de haut niveau, mais j'ai toujours consacré une grande partie de mon temps à entretenir mon corps. En primaire et au collège, j'alternais natation, judo et basket-ball. Pendant mes études supérieures, j'ai ajouté à cela le rugby et le squash. En tout, je devais faire entre neuf et dix heures de sport par semaine.

« Dans l'espace, le corps a tendance à s'allonger. Ainsi, à la fin de leur séjour, les astronautes ont en général grandi de deux à quatre centimètres ! Et faire du vélo – sans selle – dans la station n'y changera rien. Mais pas d'inquiétude ! Les astronautes retrouvent leur taille normale après quelques semaines sur Terre.

17 mars 2017 • leparisien.fr

b Thomas Pesquet, un astronaute – son journal de bord – dans l'espace
c je, on – C'est un journal de bord. – Il parle de lui et de ses coéquipiers.

page 79
⌛ 20 minutes

Activité 2

- Constituer des groupes.
- Lire la question et laisser les apprenants échanger. Si nécessaire, reformuler « Comment s'entraîne un astronaute ? ».

Proposition de corrigé : Le matin, il commence par faire un footing. Ensuite, il fait des simulations pendant plusieurs heures. Il fait aussi du vélo et de la natation l'après-midi et il s'entraîne à faire des réparations dans l'espace.

- Demander aux apprenants de relire le texte à voix haute en groupe. Les inciter à respecter la ponctuation et à faire les enchaînements consonantiques.
- Les laisser lire la question et retrouver les informations.

> **Bonne pratique**
> Je propose une correction qui reprend des structures proches du texte pour favoriser les apprenants avec un profil dépendant du champ.

Corrigé : Il faut s'entraîner comme un athlète, entretenir son corps, faire 2 h 30 d'exercice par jour, faire du vélo, être sportif.

Demander aux groupes de choisir un rapporteur et laisser chaque rapporteur présenter les informations partagées à un autre groupe.

> cahier
Activité 5, p. 57

page 79
⌛ 15 minutes

Activité 3

a

- Expliquer que l'activité va permettre de regrouper les idées principales.
- Lire les amorces de phrases et laisser les apprenants faire des propositions.
- Écrire les propositions au tableau.

Proposition de corrigé : Nous devons beaucoup bosser. Il est obligatoire de faire du sport.
C'est possible d'annuler le sport de temps en temps.
Mieux vaut être sportif.
J'alternais natation, judo, basket-ball.

- Écrire les amorces de phrases au tableau et demander aux apprenants de les compléter pour apprendre le français.
- Ensemble, choisir les meilleures propositions et les afficher dans la classe.

> **Bonne pratique**
> J'encourage les apprenants à produire des phrases différentes de celles du texte pour favoriser les apprenants à profil d'apprentissage indépendant du champ.

Proposition de corrigé : Mieux vaut faire un jeu de mots en début de cours.
Nous devons nous poser des questions en français.
C'est possible d'écouter une chanson française avant le cours.

- Demander aux apprenants d'appliquer ces propositions au quotidien.
- Après plusieurs séances, faire un point sur les propositions les plus motivantes pour les apprenants.

page 79
⌛ 10 minutes

Grammaire : La négation

- Lire les phrases de la partie « Observez ».
- Expliquer aux apprenants que ce sont des phrases négatives.
- Leur demander de retrouver la négation. Insister sur le fait qu'il y a deux parties pour chaque forme négative.
- Demander aux apprenants où se trouvent les mots de la négation et montrer que le pronom *y* se place entre *ne* et le verbe conjugué.

- Au tableau, écrire *toujours*, *tout le monde* et *tout*.
- Laisser les apprenants associer une forme négative à chaque expression.
- Corriger.
- Demander aux apprenants de compléter les phrases de la partie « Appliquez ».
- Corriger en demandant aux apprenants de retrouver la forme positive de chaque phrase.

Corrigé : La négation est avant et après le verbe conjugué. – toujours ≠ jamais – tout le monde ≠ personne – rien ≠ tout
Il ne faut jamais rater son entraînement. – Il ne faut rien manger avant de décoller. – Il ne faut se disputer avec personne.

> cahier
Activités 1, 2, 3, 4, 5, 6, 7 et 8, p. 57

p. 80-81

LAB' LANGUE & CULTURE

PRÉPARER SA CLASSE

Préparer une carte du monde à projeter ou à montrer pour l'activité # Podcast.

page 80
⌛ **10 minutes**

Culture

- Montrer l'image.
- Constituer des binômes et demander aux apprenants de retrouver tous les pays le plus vite possible.
- Mettre en commun et demander aux apprenants de trouver le point commun entre ces villes.
- Lire la question dans la bulle et laisser les apprenants répondre librement.

Corrigé : Paris : France – Genève : Suisse – Bruxelles : Belgique – Cayenne : Guyane française – Basse-Terre : Guadeloupe (France) – Montréal, Moncton, Vancouver : Canada – Papeete : Polynésie française – Nouméa : Nouvelle Calédonie – Phnompenh : Cambodge – Saint-Denis : La Réunion (France) – Antananarivo : Madagascar – Beyrouth : Liban – Kinshasa : République Démocratique du Congo – Abidjan : Côte d'Ivoire.
Ce sont toutes des villes francophones.
Proposition de corrigé : J'aimerais visiter Papeete parce que c'est au bord de la mer. Je pense que c'est agréable pour les vacances grâce au climat. Je voudrais y aller parce qu'il y a beaucoup de belles plantes.

page 80
⌛ **5 minutes**

Langue 1

- Lire l'exemple. Montrer l'utilisation du pronom *y* dans la réponse.
- Montrer les villes.
- Constituer des binômes et demander aux apprenants de discuter de ces villes. Si les apprenants ne développent pas la conversation ou s'ils n'utilisent pas le pronom *y*, leur proposer une liste de verbes (visiter, retourner, séjourner...).

Proposition de corrigé :
- Je voudrais aller à Bruxelles.
- Tu n'y es jamais allée ?
- Si, j'y suis allée quand j'étais petite. Je voudrais y retourner pour visiter des musées.

page 80
⌛ **10 minutes**

Langue 2

- Demander aux apprenants de faire une liste de villes francophones qu'ils ont déjà visitées ou qu'ils connaissent.
- Pour chaque ville, demander aux apprenants ce qui est insolite dans ces villes.
- Demander aux apprenants de choisir un lieu insolite et d'y associer des adjectifs.
- Laisser les apprenants écrire quelques phrases pour décrire ces lieux.

Proposition de corrigé : À Montréal, le boulevard St-Laurent est magnifique. Il y a des fresques colorées. Les dessins sont originaux et drôles. Il y a des artistes exceptionnels.

page 80

⌛ 10 minutes

Langue 3

- Au tableau, écrire *Pour réussir un voyage, il ne faut...*
- Constituer des binômes et laisser les apprenants écrire plusieurs phrases.
- Corriger en écrivant des propositions avec chaque négation.

Proposition de corrigé : Il ne faut jamais faire sa valise à la dernière minute. Il ne faut rien oublier. Il ne faut donner son passeport à personne.

page 80

⌛ 10 minutes

1 minute pour lire

- Laisser une minute aux apprenants pour lire le texte individuellement sans dictionnaire, pour le plaisir.
- Au tableau, écrire *femme, garçon, lieu* et demander aux apprenants d'associer des adjectifs.
- Corriger en s'assurant que le sens des adjectifs est compris.

Corrigé : femme : vieille, serein, souriant – garçon : petit – lieu : jaune, légère, terrible.

#culture

Dany Laferrière est un écrivain d'origine haïtienne. Il est académicien depuis 2013. Parmi ses œuvres littéraires, on compte notamment *L'Odeur du café*, *Comment conquérir l'Amérique en une nuit* et *Le cri des oiseaux fous*. Dans *L'Odeur du café*, Dany Laferrière raconte l'enfance à Haïti, les relations amicales et familiales, les paysages et les superstitions.

page 81

⌛ 20 minutes

Podcast

- Lire les trois questions « Qui ? Quoi ? Comment ? » et faire écouter le document.
- Laisser les apprenants répondre aux questions et corriger.
- Faire écouter le document une deuxième fois et laisser les apprenants retrouver les noms de lieux puis demander aux apprenants de retracer l'itinéraire sur une carte.
- Demander aux apprenants d'imaginer un itinéraire pour faire le tour du monde. Les laisser choisir les moyens de transport.
- Leur demander de se préparer à l'oral, puis d'enregistrer leur podcast.
- Partager les posdcasts sur le réseau social de la classe.

Proposition de corrigé : Qui ? Marie – **Quoi ?** un tour du monde – **Comment ?** en cargo
Trajet : Méditerranée, Canal de Suez, océan Indien, Chine, Pacifique, canal du Panama, New-York, Miami, Atlantique, Algesiras.
J'ai décidé de partir de Nantes à vélo. Je vais aller vers l'est jusqu'en Roumanie. Ensuite, je prendrai le train vers la Russie et je traverserai la Russie en train. Puis, je prendrai le bateau pour le Japon. Au Japon, je me déplacerai en stop. Je prendrai l'avion pour l'Australie. D'Australie, j'irai vers le Mexique en cargo. Ensuite, je voyagerai en Amérique du Sud en bus et je repartirai vers l'Afrique en bateau. J'irai du Sénégal au Maroc en train et je prendrai le bateau vers l'Espagne. Je rentrerai en France en stop.

Piste 50

J'ai décidé de faire un tour du monde, un tour du globe plutôt, en cargo, et de partir de France le 3 janvier 2019. De partir, donc, quatre mois sur un cargo, un porte-conteneurs parmi, euh, les marins pendant... euh, pour faire le tour du globe en m'arrêtant seulement en Chine et à New-York. Donc, c'est un peu compliqué, je commence par l'ouest, donc, je commence par la Méditerranée, le canal de Suez, l'océan Indien, et j'arrive en Chine. Et je passe dix jours en Chine, et ensuite, je reprends un deuxième bateau qui me fait traverser le Pacifique, le canal de Panama, et j'arrive à New-York en mars, et là, je passe deux semaines à New-York. Et ensuite, je prends un dernier bateau, un troisième bateau qui me ramène vers le sud des États-Unis à Miami et ensuite traverse l'Atlantique et j'arrive à Algésiras, donc au sud de l'Espagne mi-avril, normalement. J'ai décidé il y a deux ans d'arrêter de prendre l'avion euh parce que j'ai beaucoup beaucoup voyagé pendant mes études. Et, notamment, il y a une année où j'ai compté, j'ai pris dix-sept fois l'avion en une année. Et je me suis rendu compte que ça ne correspondait pas du tout à mes idéaux écologiques.

page 81

⌛ 5 minutes

Expression francophone

- Montrer l'image et faire remarquer l'émotion du personnage.
- Lire l'expression et les trois propositions.
- Demander aux apprenants de choisir une proposition et corriger.
- S'assurer que les apprenants comprennent bien l'expression (« avoir peur de tout »).
- Montrer le drapeau et demander aux apprenants de retrouver le pays d'origine de l'expression.

Corrigé : être peureux – Québec

page 81

⌛ 10 minutes

La fabrique des sons

- Montrer l'affiche et les points d'interrogation.
- Demander aux apprenants d'indiquer pour chaque question si l'intonation monte et/ou descend.
- Faire écouter le document et laisser les apprenants vérifier leurs réponses.
- Ensemble, rappeler que l'intonation monte quand on pose une question mais que si la question porte sur deux éléments, l'intonation monte pour le premier élément puis descend pour indiquer le deuxième élément.
- Faire écouter de nouveau après correction.

Corrigé : Envie d'une escapade ? ↗ – Partir à la montagne ou à la mer ? ↗ – Découvrir le désert ↘ – et les fjords ↗ – Vous réservez quand ? ↗

Piste 51

Envie d'une escapade ?
Partir à la montagne ou à la mer ?
Découvrir le désert et les fjords ?
Vous réservez quand ?
Vous réservez quand ?

En binôme, demander à un apprenant de dire une question sur « lalalala ». Le deuxième apprenant doit entendre s'il y a un ou deux élément(s) dans la question.

page 81

⌛ 10 minutes

La fabrique des verbes

- Montrer les deux expressions.
- Faire remarquer l'utilisation de « de ». Demander aux apprenants d'expliquer la différence ou de donner des exemples.
- Au tableau, écrire : *partir quelque part = destination – partir de quelque part = origine.*
- Lire les trois questions et laisser les apprenants répondre librement à l'oral.

Corrigé : « Partir quelque part » indique la destination, « partir de quelque part » indique l'origine.
Je peux partir au Portugal en juillet. Je peux partir de Bordeaux.

page 81

⌛ 25 minutes

Vidéo lab'

PROJET

- Montrer la vidéo.
- Demander aux apprenants de décrire ce qu'ils voient. Demander « Ils font quoi ? ça vous fait envie ? »

▶ À deux

- Constituer des binômes.
- Demander aux apprenants d'imaginer un itinéraire pour faire le tour du monde, de choisir les moyens de transport, les logements et d'imaginer le budget.
- Si nécessaire, faire une liste commune de moyens de transport et de types de logements avant de laisser les binômes choisir.

▶ Ensemble

- Constituer des groupes et leur demander d'échanger sur leur itinéraire et les pays traversés.
- Insister sur l'utilisation des prépositions pour indiquer l'origine et la destination.
- Les laisser faire un choix d'itinéraire commun puis, leur demander de constituer une carte en l'illustrant par des photos. Si le matériel le permet, demander aux apprenants de le faire sur un support numérique et le partager sur le réseau social de la classe. Sinon, proposer aux apprenants de le faire sous forme de posters et les afficher dans la classe.

Proposition de corrigé :
On part de France. On traverse l'Europe à vélo avec une tente et parfois on dort chez l'habitant. En Ukraine, on prend le train jusqu'en Mongolie. On réserve des hôtels. En Mongolie, on se déplace à cheval et on dort dans des yourtes. En Russie, on prend le bateau vers le Japon. On reste dans des auberges de jeunesse. Du Japon, on prend l'avion vers l'Australie. En Australie, on fait du camping.
Ensuite, on prend un voilier d'Australie vers le Mexique. Au Mexique, on réserve des hôtels. On prend le bus jusqu'au Brésil. Au Brésil, on reste chez des amis. On prend le bateau vers le Sénégal et on loge chez l'habitant. On va en chameau au Maroc et on réserve un hôtel. On prend le bateau vers le Portugal et on réserve dans des auberges de jeunesse. On rentre à vélo en France et on dort dans une tente.
Budget : 3 000 euros.

p. 82-83

Ateliers Encourager quelqu'un

page 82

⌛ 10 minutes

Activité 1

- Montrer le document 1 et demander aux apprenants de le décrire (couleur, émotion de la jeune femme, objets, contexte...).
- Lire la question **a.** et laisser les apprenants faire des propositions.
- Écrire *encourager une équipe* au tableau.

Corrigé : Elle encourage une équipe de France.

- Montrer le document 2 et demander aux apprenants de le décrire. Les laisser imaginer l'émotion des canards.
- Lire la question **b.** et laisser les apprenants faire des propositions.
- Écrire les propositions au tableau.
- Lire l'encadré « Encourager quelqu'un » en insistant sur l'intonation. Montrer les points d'exclamation et les associer à l'intonation et à un geste d'encouragement.

Proposition de corrigé : Bon courage ! Vous pouvez y arriver !

page 82

⌛ 10 minutes

Activité 2

- Faire écouter le document et demander aux apprenants qui sont les personnages et où ils sont.
- Laisser les apprenants lire les questions et proposer une deuxième écoute.
- Corriger en écrivant les réponses au tableau.
- Lire l'encadré « Apprendre » et demander aux apprenants de répéter les phrases d'encouragement en accentuant certains mots.

Corrigé :
a. C'est dans une salle de spectacle (dans les coulisses). **b.** Leila va danser.
c. Elle est stressée. **d.** Elle va entrer en scène et elle a peur de se tromper. **e.** Oui, il pense qu'elle danse bien. **f.** Il dit : « Tout va bien se passer. Ne t'inquiète pas ! Tu vas être super ! ».

Piste 52

- Leïla, c'est à toi dans 3 minutes.
- Tu es prête ?
- Oh, Cédric, j'ai peur... J'ai le trac.
- Arrête, tout va bien se passer ! Cette chorégraphie, tu la connais par cœur et tu danses bien !
- Mais j'ai fait une erreur pendant la répétition...
- Oh, une erreur, c'est rien, c'est le stress. Ne t'inquiète pas, tu vas être super !
- Tu crois ?
- Oui, je suis sûr !
- Leïla, sur scène dans une minute !
- C'est à toi. Allez, courage, vas-y, ça va être génial !

page 82

10 minutes

Activité 3

- Constituer des groupes.
- Lire la question et laisser les apprenants échanger.
- Pour conclure l'activité, demander aux apprenants quelles solutions ils veulent retenir de cet échange.

Propositions de corrigé :
Quand je suis stressé(e), je respire profondément. Je fais du sport. J'appelle des amis.

page 82

10 minutes

Activité 4

- Lire les trois situations et expliquer les contextes.
- Constituer des binômes et demander aux apprenants de choisir une situation.
- Les laisser pratiquer la conversation.
- Proposer à des volontaires de présenter leur dialogue à la classe.
- Insister sur l'intonation et les gestes pour encourager.

Proposition de corrigé :

Situation 1 :
- Je n'ai aucune chance pour ce match.
- Mais si, tu peux y arriver. Tu t'es bien entraîné(e) !
- Oui, mais il/elle est vraiment très fort(e)...
- Aie confiance ! Reste bien concentré(e) et ça va aller !
- Je ne sais pas...
- Mais si ! Courage ! Reste positif(ve) !

Situation 2 :
- Oh, la, la...Demain, il ne faut pas que je me trompe...
- Ne t'inquiète pas ! Tu es prêt(e) !
- J'ai peur de ne pas convaincre...
- Mais si, tu peux y arriver. Aie confiance !
- Je vais relire ma présentation ce soir.
- Allez ! Ça va bien se passer !

Situation 3 :
- J'ai rendez-vous à 18 h chez le dentiste. J'ai horreur de ça !
- Allez, ne t'inquiète pas ! C'est juste un contrôle !
- Je déteste y aller...
- N'aie pas peur ! Tu ne vas pas avoir mal ! Allez ! Courage !

Ateliers Insister pour inviter

page 83

10 minutes

Activité 1

- Montrer le document 1 et demander ce que c'est (un téléphone portable, une conversation par SMS).
- Demander qui écrit à qui.

- Laisser les apprenants lire les messages silencieusement.
- Leur demander de remettre les actions dans l'ordre.
- Corriger.

Corrigé : **1.** c – **2.** b – **3.** d – **4.** a

page 83

⌛ 15 minutes

Activité 2

- Lire les questions **a.** et **b.**
- Expliquer que « arguments » signifie « raisons ».
- Laisser les apprenants chercher les informations dans le document.
- Corriger en faisant relever les expressions pour insister.
- Lire l'encadré « Insister pour inviter ».
- Demander aux apprenants si Alice accepte finalement.
- Lire l'encadré « Apprendre » et demander aux apprenants quel est le sens des trois points utilisés dans le dernier message d'Alice.

Corrigé : **a.** Elle ne peut pas venir parce que sa mère va venir chez elle. **b.** Il y a aura tous leurs amis. Ils comptent sur elle. Ça va être super !

page 83

⌛ 5 minutes

Activité 3

- Lire les deux situations.
- Insister sur les étapes : inviter – refuser – insister.
- Constituer des binômes et demander aux apprenants de choisir une situation.

page 83

⌛ 10 minutes

Activité 4

- Si le matériel le permet, faire écrire la conversation sur une application de messagerie. Sinon, demander aux apprenants de prendre une feuille commune et d'écrire la succession de messages qui correspond à la situation choisie.
- Encourager les apprenants à trouver plusieurs raisons de refuser et d'insister.
- Les inciter à utiliser des points de suspension.

Propositions de corrigé :

Situation 1 :

Situation 2 :

mémo

page 85

⌛ 10 minutes

Activité 1

- Demander aux apprenants quels sont les types de voyageurs qu'ils connaissent.
- Lister quelques profils.
- Demander aux apprenants d'en choisir trois et de faire la liste des qualités et des défauts pour chaque profil.
- Corriger en demandant aux apprenants de faire plusieurs propositions.
- S'assurer que les adjectifs utilisés sont bien compris.

Proposition de corrigé :
Je n'aime pas les voyageurs pressés. J'aime bien les voyageurs photographes et intéressés.
Le voyageur pressé – qualités : organisé, curieux ; défauts : impatient, maladroit.
Le voyageur photographe – qualités : patient, curieux, passionné ; défauts : têtu, maniaque, fier.
Le voyageur intéressé – qualités : passionné, patient, souriant ; défauts : désorganisé, solitaire.

page 85

⌛ 10 minutes

Activité 2

- Lire l'exemple. Montrer l'utilisation de « en ».
- Au tableau, écrire *Voyage*, puis *en* et *y*.
- Demander aux apprenants d'écrire des devinettes en utilisant les pronoms.
- Si nécessaire, faire une liste commune d'expressions qui permettent l'utilisation des pronoms.
- Laisser les apprenants circuler dans la classe pour poser leurs devinettes.

Proposition de corrigé :
On en a un pour aller à l'étranger. (un passeport)
On en fait avant de partir dans un pays tropical. (un vaccin)
On l'établit avant de partir. (un budget)

page 85

⌛ 5 minutes

Activité 3

- Montrer la phrase et demander aux apprenants de la lire.
- Après plusieurs essais, demander aux apprenants s'ils ont repéré l'enchaînement consonantique.
- Les laisser pratiquer pour dire la phrase le plus vite possible.

Corrigé : Un voyageur sachant voyager seul cherche l'échange‿et le partage.

page 85

⌛ 10 minutes

Activité 4

- Au tableau, écrire *Rester en bonne santé* puis indiquer les différentes formes de négation.
- Constituer des binômes et demander aux apprenants de faire une liste de règles pour être en bonne santé.
- Corriger en écrivant les règles au tableau.

Proposition de corrigé : Il ne faut jamais prendre des médicaments sans raison. Il ne faut rien grignoter. Il ne faut écouter personne mais écouter son corps.

> cahier
Mémo, p. 58 et 59

page 85

20 minutes

Mission

- Lire le titre de la mission « Ensemble, c'est mieux… pour aller plus loin ! ».
- Demander aux apprenants d'expliquer le titre et d'exprimer leur accord ou leur désaccord.
- Lire le contexte de la mission et lister ensemble des activités qui peuvent être associées à un jeu d'aventures (natation, escalade, course, énigmes…).
- Demander à chaque apprenant de penser à un jeu d'aventures et d'imaginer les qualités nécessaires pour les candidats.
- Lire le point 1.
- Mettre des chaises face à face et organiser un *speed-dating*. Chaque apprenant présente ses qualités et un point faible.
- Faire un signal toutes les trois minutes pour que les binômes changent.
- Lire le point 2.
- Demander à chaque apprenant de choisir trois personnes pour constituer son équipe. Le laisser justifier son choix.
- Lire le point 3.
- Laisser quelques minutes aux apprenants pour imaginer des messages d'encouragement pour leur équipe, pour les aider à dépasser leurs points faibles.
- Demander à chaque apprenant d'exprimer ses encouragements aux membres de son équipe.

Propositions de corrigé :

1. Roger – qualités : fort, résistant, rapide ; point faible : ne sait pas nager.
Justine – qualités : bonne nageuse, intelligente, douée en escalade ; point faible : lente.
Roméo – qualités : rapide, bon nageur, intelligent ; point faible : peur des insectes.

2. J'ai choisi Lucie parce qu'elle est bonne nageuse, elle est intelligente et n'a peur de rien. Sébastien est fort et résistant. Carmen est sociable, c'est important pour l'équipe et elle sait bien faire de l'escalade.

3. Pour Lucie qui est lente : Allez ! Vas-y ! Dépêche-toi ! Concentre-toi !
Pour Sébastien qui a peur des serpents : N'y pense pas ! Allez ! Ça va aller !
Pour Carmen qui est mauvaise nageuse : Entraîne-toi bien ! Ça va aller ! Reste concentrée !

> cahier
Bilan linguistique, p. 60 et 61
Préparation au DELF, p. 62 et 63

GRAMMAIRE

1 Mettez les mots dans l'ordre pour constituer des phrases. 5 points

1. passionnée. / une / est / étudiante / Magalie ➜ ....
2. voisin / un / ai / J' / solitaire. ➜ ....
3. voyage. / ont / magnifiques / vu / paysages / leur / de / Ils /pendant ➜ ....
4. et souriants. / gens / Au Cap-Vert, / solidaires / sont / les ➜ ....
5. est / hôtel / agréable. / C' / un ➜ ....

2 Barrez les adjectifs qui ne sont pas à la bonne place. Attention aux adjectifs qui peuvent être à deux places différentes. 5 points

1. C'est une *curieuse* personne *curieuse*.
2. Julien est un *passionné* voyageur *passionné*.
3. Je fais des *difficiles* exercices *difficiles*.
4. Maguy a choisi un *long* voyage *long*.
5. C'est un *fier* homme *fier*.

3 Écrivez les phrases à la forme négative. 5 points

1. Je fais toujours du tourisme solidaire.

....

2. Il connaît tout le monde.

....

3. Je m'intéresse à tout.

....

4. Nous partons en voyage pendant les vacances.

....

5. Je téléphone à tout le monde ce soir.

....

4 Remplacez les mots soulignés par un pronom. 5 points

1. On part <u>à Paris</u>. ➜ ....
2. Il est fier <u>de son fils</u>. ➜ ....
3. Je suis content <u>de mon travail</u>. ➜ ....
4. Mon voisin a participé <u>au concert</u>. ➜ ....
5. Tu te souviens <u>de nos vacances en Italie</u> ? ➜ ....

LEXIQUE

1 Classez les adjectifs. 5 points

adroit | impatient | têtu | irresponsable | organisé | désordonné | souriant | désagréable | maniaque | spontané

Qualités	Défauts
....	....
....	....
....	....
....	....

2 Associez un adjectif à chaque personne. 5 points

1. Sophie travaille souvent seule. •
2. Margot aime découvrir de nouvelles choses. •
3. Romain casse souvent des objets. •
4. Brice dit toujours la vérité. •
5. Charles ne fait jamais les choses dans le bon ordre. •

• a. maladroit(e)
• b. curieux(euse)
• c. honnête
• d. solitaire
• e. désorganisé(e)

3 Complétez les phrases. 5 points

balade | paysage | budget | vaccin | visa

1. Je suis passé chez le médecin pour faire un ....
2. Demain, il va chercher son .... à l'ambassade.
3. De notre fenêtre, nous voyons un superbe ....
4. S'il fait beau demain, nous allons faire une .... dans la montagne.
5. Avant de partir, nous avons établi un ....

4 Associez une situation à une expression. 5 points

1. On part ensemble vendredi. •	• a. N'aie pas peur !
2. L'avion est un moyen de transport sûr. •	• b. Je t'assure !
3. Allez, finis ton travail ! •	• c. Je compte sur toi !
4. C'est vrai ! Je n'ai rien dit ! •	• d. Courage !
5. Je t'attends ici. •	• e. Vas-y !

PHONÉTIQUE

1 11 | **Écoutez et choisissez le son que vous entendez. Attention ! Un mot peut être dans les deux colonnes.** 5 points

[ʃ]	[ʒ]
....	....
....	....
....	....

2 **Indiquez les enchaînements consonantiques ⌞⌟ .** 5 points

1. grâce aux nouveaux touristes
2. repeindre une école
3. une grande partie de mon temps
4. faire du vélo
5. la nouvelle application
6. deux à quatre centimètres
7. s'inscrire au challenge
8. J'ai ajouté le rugby et le squash
9. cinq heures de sport
10. deux heures et demie par jour

Compréhension de l'oral 10 points

12 | **Écoutez le témoignage et répondez aux questions.**

1. Quand est-il parti ? ....
2. Où est-il parti ? ....
3. Quelle était sa principale qualité ?
   ❑ organisé ❑ responsable ❑ courageux
4. Vrai ou faux ? Cochez la bonne réponse.

	Vrai	Faux
a. Avant de partir, il a fait des vaccins.		
b. Avant de partir, il a préparé de l'argent.		
c. Au total, il a visité 24 pays.		
d. Avant de partir, il est allé voir sa famille.		

5. Qu'est-ce qui a changé chez lui ?

....

....

Compréhension des écrits 10 points

Lisez l'interview d'Éric Lamaze et répondez aux questions.

– Bonjour Éric Lamaze, vous êtes champion olympique d'équitation. Est-ce qu'on peut dire que vous êtes un athlète ?

Oui, souvent on pense que ce sont les chevaux, les athlètes.
C'est vrai. Il faut un cheval bien entraîné mais le cavalier aussi doit entretenir son corps. Je fais de l'exercice pour être le moins lourd possible et pour pouvoir m'adapter aux mouvements du cheval. Le sport m'aide aussi à ne pas avoir mal au dos.

– Vous êtes le premier Canadien à avoir obtenu une médaille d'or en saut d'obstacles aux jeux Olympiques !

Oui, j'en suis très fier. C'était vraiment un grand moment. J'ai fait un beau parcours mais j'étais impatient de connaître le classement. J'avais peur d'avoir fait des erreurs… C'était magique !

– À votre avis, quelles sont les qualités d'un bon cavalier ?

Il faut être patient ! Il faut consacrer beaucoup de temps à l'entraînement et à son cheval pour bien le connaître. Un bon cavalier est un cavalier passionné !

1. On parle de quel sport ?

……………………………………………………………………………………

2. Quelle est la nationalité d'Éric Lamaze ?

……………………………………………………………………………………

3. Quelles sont les deux émotions dont parle Éric Lamaze ?

……………………………………………………………………………………

4. Quelles sont les qualités nécessaires pour être cavalier ?

……………………………………………………………………………………

5. Vrai ou faux ? Cochez la bonne réponse.

	Vrai	Faux
a. Les cavaliers n'ont pas besoin de faire du sport.		
b. Les cavaliers ne sont pas vraiment des athlètes.		
c. Éric Lamaze a gagné des compétitions.		
d. Le sport est nécessaire pour ne pas avoir mal au dos.		

Production écrite
15 points

Lisez le forum. Vous écrivez un message sur le forum pour répondre à Tortue64. Expliquez quelles sont vos difficultés pour apprendre le français. (60 ou 80 mots)

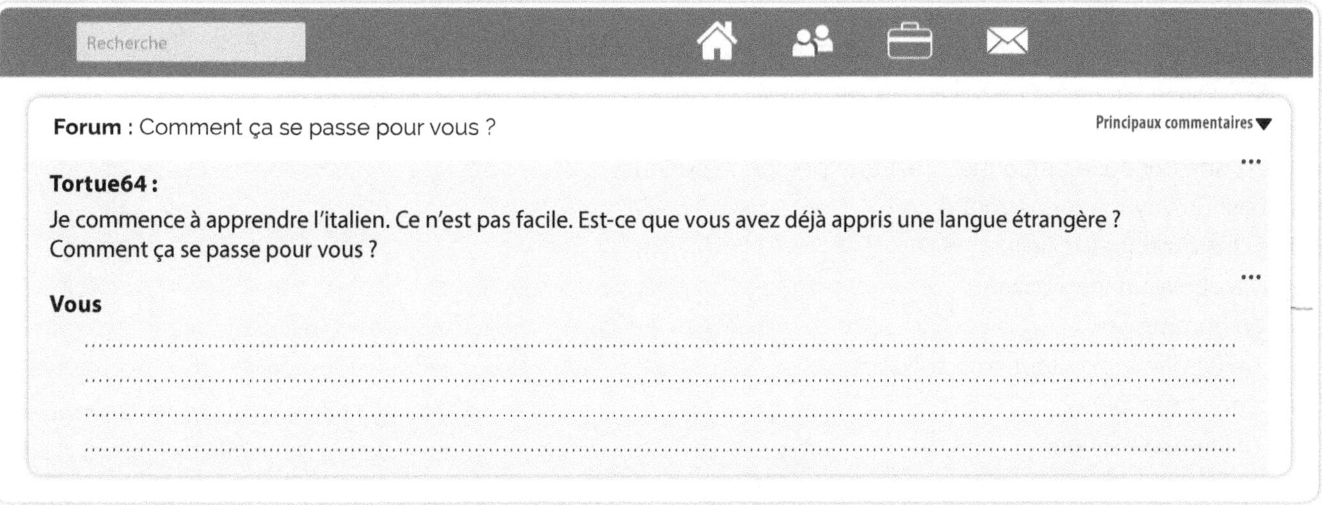

Production orale
15 points

Partie 1 : Entretien dirigé

Présentez-vous (nom, âge, loisirs, goûts...). Quel genre de voyages aimez-vous ?

Partie 2 : Monologue suivi

Vous tirez au sort 2 sujets et vous en choisissez 1. Vous vous exprimez sur le sujet. L'examinateur peut ensuite vous poser des questions pour vous aider.

Sujet 1 :
Est-ce que vous faites du sport ? Quel type d'exercices faites-vous ? Pourquoi ?

Sujet 2 :
Est-ce que vous avez déjà relevé un défi lancé sur Internet ? Pourquoi ? Racontez.

Partie 3 : Exercice en interaction

Choisissez un sujet et jouez la scène avec l'examinateur.

Sujet 1 :
Vous partez en voyage avec un(e) ami(e). Vous choisissez le type de voyage, la destination, les activités, le budget...
L'examinateur joue le rôle de l'ami(e).

Sujet 2 :
Vous invitez un(e) ami(e) pour un concert. Il/Elle refuse. Vous insistez.
L'examinateur joue le rôle de l'ami(e).

Total : ...... /100 points

Corrigés du test

Grammaire

1 **1.** Magalie est une étudiante passionnée.
2. J'ai un voisin solitaire.
3. Ils ont vu de magnifiques paysages pendant leur voyage.
4. Au Cap-Vert, les gens sont solidaires et souriants.
5. C'est un hôtel agréable.

2 **1.** C'est une curieuse personne. C'est une personne curieuse.
2. Julien est un voyageur passionné.
3. Je fais des exercices difficiles.
4. Maguy a choisi un long voyage.
5. C'est un homme fier.

3 **1.** Je ne fais jamais du tourisme solidaire.
2. Il ne connaît personne.
3. Je ne m'intéresse à rien.
4. Nous ne partons pas en voyage pendant les vacances.
5. Je ne téléphone à personne ce soir.

4 **1.** On y part.
2. Il en est fier.
3. J'en suis content.
4. Mon voisin y a participé.
5. Tu t'en souviens.

Lexique

Qualités	Défauts
adroit, organisé, souriant, spontané	impatient, têtu, irresponsable, désordonné, désagréable, maniaque

2 **1. d.** Sophie : solitaire
2. b. Margot : curieuse
3. a. Romain : maladroit
4. c. Brice : honnête
5. e. Charles : désorganisé

3 **1.** vaccin **2.** visa **3.** paysage **4.** balade **5.** budget

4 **1.** c – **2.** a – **3.** d – **4.** b – **5.** e

Phonétique

[ʃ]	[ʒ]
1. 5.	1. 2. 3. 4

2 **1.** grâce aux nouveaux touristes
2. repeindre une école
3. une grande partie de mon temps
4. faire du vélo
5. la nouvelle application

6. deux à quatre centimètres
7. s'inscrire au challenge
8. J'ai ajouté le rugby et le squash.
9. cinq heures de sport
10. deux heures et demie par jour

Compréhension de l'oral

1. Quand il avait 25 ans.
2. Il est parti faire le tour du monde.
3. organisé
4. **a.** vrai **b.** vrai **c.** faux (23) **d.** faux
5. Il est plus souriant, plus patient et moins irresponsable.

Compréhension des écrits

1. L'équitation
2. Il est canadien.
3. Fierté et impatience
4. Il faut être patient et passionné.
5. **a.** Faux **b.** Faux **c.** Vrai **d.** Vrai

Production écrite

Grille d'évaluation :

L'apprenant peut s'adapter à la forme d'un forum.	.... /2
L'apprenant peut exprimer des difficultés.	.... /3
L'apprenant peut utiliser plusieurs formes de négation.	.... /3
L'apprenant peut utiliser les formes grammaticales et morphosyntaxiques appropriées.	.... /3
L'apprenant peut utiliser le lexique adapté à la situation.	.... /4

Proposition de corrigé :

Caripo : Bonjour Tortue64. Moi, j'apprends le français depuis un an. Pour moi, le plus difficile, c'est la prononciation. Mais il ne faut pas se bloquer. J'essaye de parler et j'écoute beaucoup de chansons et la radio pour m'habituer. Quand j'écoute, je ne comprends jamais tous les mots mais je peux trouver les idées principales. Il faut aussi parler avec des natifs. Si tu ne parles à personne, tu ne peux pas progresser. Tu peux discuter sur les forums ou tu peux rencontrer des natifs à l'université. Il ne faut jamais te décourager et il faut travailler régulièrement. Si tu ne fais rien, tu ne peux pas progresser. Il faut travailler mais aussi se faire plaisir.

Production orale

Grille d'évaluation :

L'apprenant peut se présenter et répondre à quelques questions plus précises.	.... /2
L'apprenant peut parler de ses habitudes sportives ou sur Internet.	.... /2
L'apprenant peut présenter des informations sur un voyage et en discuter ou inviter une personne et insister.	....../2
L'apprenant peut utiliser du lexique adapté à des situations courantes.	....../3
L'apprenant peut utiliser des structures grammaticales et de morphosyntaxe simples.	....../3
L'apprenant peut s'exprimer de façon suffisamment claire pour être compris.	....../3

Propositions de corrigé :

Partie 1 :

Je m'appelle Justin. Je suis irlandais. J'ai 29 ans. J'apprends le français pour aller travailler à Madagascar. J'aime rencontrer des gens et sortir. Quand je voyage, j'aime visiter des lieux culturels et goûter des plats traditionnels. Je veux me reposer pendant mes voyages et découvrir des lieux différents.

Partie 2 :

Sujet 1 :

Je fais beaucoup de sport. Je cours tous les matins pendant 30 minutes et je vais à l'université à vélo. Le week-end, je vais nager à la piscine ou à la mer. Parfois, je fais du volley avec des amis. Pour moi, c'est important parce que je peux oublier le travail et c'est important d'être en forme. Je suis plus efficace. Avec le sport, je peux aussi passer du temps avec mes amis.

Sujet 2 :

J'ai déjà relevé un défi sur Internet. C'est un ami qui m'a lancé le défi. Il faut mettre une photo de notre enfance chaque jour pendant un mois. Normalement, je n'aime pas les défis sur Internet mais ce défi était amusant. On peut connaître l'enfance de nos amis et voir comment ils ont changé. J'ai posté des photos chaque jour pendant un mois. J'ai cherché des photos et j'en ai demandé à mes parents. On a pu se rappeler des souvenirs. C'était une très bonne idée.

Partie 3 :

Sujet 1 :

- J'aimerais bien faire un voyage solidaire. Qu'est-ce que tu en penses ?
- Oui, c'est une bonne idée.
- Tu connais une agence ?
- Oui, il y a Double sens.
- Et on peut aller où ?
- Il y a beaucoup de destinations en Amérique du Sud, en Afrique, en Asie.
- Tu as pensé à un pays ?
- Oui, j'aimerais bien aller au Maroc.
- Oui, c'est une bonne idée. En plus, on peut parler français. Qu'est-ce qu'il y a comme missions ?
- On peut aider à construire une école dans le désert.
- Super ! Mais il y a d'autres activités ?
- Oui, bien sûr. Après le travail, on peut faire une excursion dans le désert à dos de chameau et puis, on peut voir les ateliers de poterie.
- D'accord. Ça a l'air très intéressant. Et il faut quel budget ?
- Je ne sais pas... Il y a le billet d'avion, le logement et la nourriture. Et on doit aussi payer pour les excursions. Je peux demander à l'agence.
- Oui, très bien.

Sujet 2 :

- J'ai deux places pour le concert de Jain. Ça te dit de venir avec moi ?
- Je ne sais pas... C'est quand ?
- C'est vendredi soir.
- Vendredi ? Je finis le travail à 18 heures...
- Allez ! Le concert commence seulement à 20h30 !
- Tu sais, je ne connais pas bien Jain...
- Ça va être génial, tu vas voir !
- Je vais réfléchir...
- Je compte sur toi ! Tu vas adorer !

Transcriptions du test

Phonétique

Piste 11

1. échanger
2. paysage
3. allonger
4. courageux
5. Viens chez moi.

Compréhension de l'oral

Piste 12

J'ai décidé de partir faire le tour du monde quand j'avais 25 ans. J'ai toujours rêvé de voyages mais je ne voulais pas faire du tourisme. Je voulais découvrir la vie des gens et profiter des lieux, des paysages. J'ai préparé mon voyage. Je suis très organisé donc j'ai établi un budget, j'ai demandé les visas, j'ai préparé minutieusement mon sac à dos et j'ai fait tous les vaccins nécessaires. Au total, j'ai visité vingt-trois pays. J'ai passé beaucoup de temps à parler avec les gens et dans tous les pays, j'ai rencontré des gens sympas. Cette expérience est inoubliable. Elle change les gens. Je ne suis plus comme avant. Je suis devenu plus souriant, plus patient, moins irresponsable.

UNITÉ 6

C'est trop beau !

Agir

OBJECTIFS
❶ Décrire une sensation
❷ Donner une appréciation
❸ Identifier une émotion

ATELIERS D'EXPRESSION
- Acheter une œuvre
- Conseiller par mail

Coopérer

PROJET CULTUREL
Enregistrer un balado sonore

MISSION
C'est trop beau... pour être vrai !

Apprendre

STRATÉGIES *p. 96-97*

S'EXERCER *p. 94, 95, 99, 139*

ÉVALUATION
- Bilan linguistique ***Cahier, p. 72-73***
- Préparation au DELF ***Cahier, p. 74-75***

Grammaire

- Le superlatif
- Les pronoms interrogatifs *lequel, laquelle, lesquels, lesquelles*
- Les adverbes en *-ment*, *-amment* et *-emment*

CONJUGAISON
S'asseoir

Lexique

- Les 5 sens
- La nature
- L'art et la culture
- Des adjectifs pour apprécier
- Les émotions
- Donner un avis / une appréciation

Phonétique

- Les consonnes [s] et [z]
- Les voyelles [ə], [e] et [a]

Culture

- La sculpture *Maman* à Ottawa
- Extrait de : *Petit Pays*, de Gaël Faye
- Extrait de : *changemavie.com*

Les Voix d'Ici
Présentation de l'audioguide

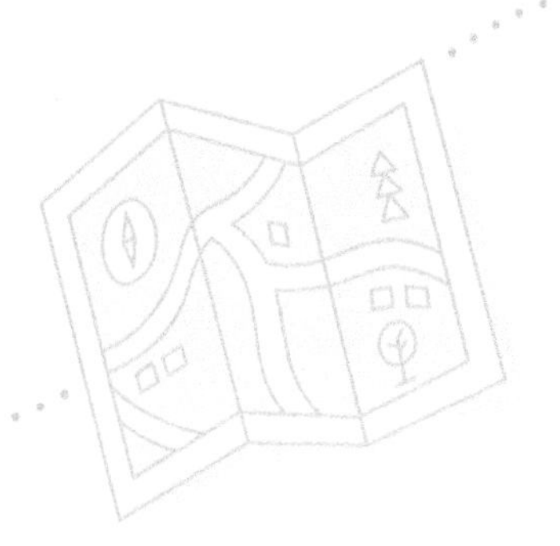

p. 86-87

OUVERTURE DE L'UNITÉ

page 86
⌛ 10 minutes

Titre de l'unité et illustration

- Lire le titre de l'unité.
- Montrer l'illustration et demander aux apprenants de la décrire.
- Demander aux apprenants s'ils trouvent ça beau.
- Expliquer que « beauté » est le nom qui correspond à l'adjectif « beau ».
- Demander « Pour vous, la beauté, qu'est-ce que c'est ? ».
- Lire les propositions, expliquer les mots difficiles (*illusion* : qui n'est pas réel, *sensation* : quelque chose que je sens, je touche...), et laisser les apprenants s'exprimer librement.

Proposition de corrigé : Pour moi, la beauté, c'est une sensation. Parfois, quelque chose qu'on voit est beau mais ça peut aussi être un sentiment ou une impression.

p. 88-89

SITUATION 1 Décrire une sensation

LA MINUTE PÉDAGOGIQUE

La phonétique est essentielle pour bien prononcer et se faire comprendre mais aussi pour comprendre et écrire.

page 88
⌛ 5 minutes

Activité 1

- Montrer le document 1 et demander aux apprenants de le décrire.
- Pendant la description, introduire les mots « épices » et « odeurs » et les écrire au tableau. Si possible, introduire l'idée d'odeur, de vue (couleurs), de goût.
- Lire la question. Si nécessaire, reformuler pour amener les apprenants à évoquer les odeurs qu'ils aiment.

Proposition de corrigé :
J'aime sentir les épices, surtout la cannelle. J'adore l'odeur de la coriandre et des roses.

page 88
⌛ 5 minutes

Activité 2

- Montrer le document 2 et inciter les apprenants à le décrire à l'oral en s'appuyant sur les questions.
- Faire remarquer l'émotion sur le visage de la femme.
- Écrire les mots nouveaux au tableau.

Corrigé :
Elle est en forêt. Elle embrasse un arbre. Elle est heureuse et détendue.

page 88
⌛ 15 minutes

Activité 3

- Faire écouter le document une première fois et laisser les apprenants écrire quelques mots sur un brouillon.
- Laisser les apprenants lire les questions puis faire écouter le document de nouveau.
- Demander aux apprenants de comparer leurs réponses en binômes et de les justifier.
- Proposer une nouvelle écoute pour confirmer ou infirmer les informations échangées en binômes.
- Corriger en écrivant les réponses au tableau et en expliquant les mots difficiles.

Corrigé :
a. Une jounaliste et un guide parlent des sensations dans la forêt. **b.** Elle est allée se promener en forêt en Normandie avec un guide. **c.** L'homme conseille de ralentir le pas et d'absorber le maximum d'informations par les sens. Il conseille de se taire

et de marcher en silence. **d.** Il faut marcher les yeux bandés. **e.** Elle entend le vent dans les branches, elle sent la chaleur du soleil, elle entend les oiseaux qui chantent et les feuilles qui craquent.

Piste 55

Prenez soin de vous, allez vous promener en forêt, c'est ce que j'ai testé pour vous, le week-end dernier dans le Perche en Normandie. J'ai retrouvé mon guide, Nicolas Lorrain, à l'entrée de la forêt de Bellême. [...] Premier conseil, se taire et marcher en silence. « Ce qui est important, c'est ralentir le pas. Essayer d'absorber le maximum d'informations par tous nos sens » [...] Pour avoir une concentration maximale, à un moment, je me retrouve à marcher euh au milieu de la forêt, les yeux bandés ! Alors, il me guide hein bien sûr, mais forcément les sensations là deviennent décuplées ; le vent dans les branches, les feuilles qui craquent, la chaleur du soleil, les oiseaux qui chantent [...]

France Info

page 88

⌛ 10 minutes

Activité 4

- Montrer les symboles des sens.
- Faire écouter le document et laisser les apprenants choisir les sens qui sont évoqués dans le document.
- Corriger en faisant le lien entre les sensations de la femme (question **e.**) et les symboles.

Corrigé : l'ouïe – le toucher.

- Montrer les symboles de la partie ⓐ et les verbes de la partie ⓑ.
- Laisser les apprenants associer un verbe à un sens.
- Corriger.

Corrigé : sentir – l'odorat ; toucher – le toucher ; regarder – la vue ; goûter – le goût ; écouter – l'ouïe.

Pour pratiquer le lexique, constituer des binômes. Un étudiant montre une partie du corps, l'autre énonce le sens qui correspond (exemple : nez – odorat).

> cahier
Activités 2 et 3, p. 64

page 88

⌛ 10 minutes

Activité 5

ⓐ

- Écrire les deux sons au tableau et les prononcer.
- Faire écouter les propositions et demander aux apprenants de choisir le son qu'ils entendent.
- Corriger en faisant réécouter chaque proposition.

Corrigé : **a.** [s] – **b.** [s] – **c.** [s] – **d.** [s] – **e.** [s] – **f.** [z]

Piste 56

Activité a.
Écoutez. Vous entendez [s] ? [z] ? les deux ?
a. Prenez soin de vous.
b. J'ai testé pour vous.
c. Marcher en silence
d. Un maximum d'informations
e. Une concentration maximale
f. Les oiseaux qui chantent

- Faire écouter les deux sons.
- Demander aux apprenants de les prononcer.
- Mettre sa main sur la gorge et prononcer les deux sons (sans ajouter de « e »).
- Demander aux apprenants de faire la même chose et leur demander quel son vibre.

Corrigé : pour le son [z]

Piste 57

Activité b.
Écoutez, prononcez et observez les sons [s], [z].

Bonne pratique
Je montre qu'un changement de son peut entraîner un changement de sens (poisson / poison).

c

- Expliquer que, dans chaque série, deux mots ont un point commun et le troisième est différent.
- Demander aux apprenants de trouver l'intrus.
- Corriger en prononçant et en faisant prononcer les mots.

Corrigé : **a.** chanson **b.** délicieuse

> cahier
Activités 4 et 5, p. 65

page 88
10 minutes

Activité 6

- Montrer le document 2 et rappeler l'expérience de la femme qui marche dans la forêt et qui ressent beaucoup de sensations.
- Constituer des groupes, lire la question et laisser les apprenants échanger.
- Écrire au tableau les mots utilisés par les apprenants pour parler des sensations.

Proposition de corrigé : Oui, je ressens la même chose quand je marche pieds nus sur l'herbe ou juste après la pluie, quand je sens l'odeur de la terre. J'aimerais bien marcher les yeux bandés dans la forêt.

page 88
10 minutes

Activité 7

- Montrer l'image et demander aux apprenants de la décrire.
- Lire la question et les propositions.
- Laisser les apprenants choisir une ou plusieurs propositions.
- Échanger sur les réponses choisies.

Proposition de corrigé :
Dans la forêt, je préfère sentir l'odeur des arbres et observer les animaux.

Ensemble, faire une liste des lieux de détente. Demander aux apprenants d'en choisir un et de décrire plusieurs sensations qu'on peut avoir dans ce lieu.

page 89
15 minutes

Activité 8

- Montrer la photo du document 4.
- Demander aux apprenants « C'est où ? Comment est l'animal ? C'est quel animal ? »
- Laisser les apprenants nommer l'animal. S'ils ne savent pas, passer directement à la question **b**.

Corrigé : C'est un blaireau.

b

- Demander aux apprenants de lire le titre et le chapeau et de vérifier où trouver le nom de l'animal.
- Demander aux apprenants de lire le texte silencieusement et de lire les questions.
- Laisser les apprenants répondre individuellement.
- Inviter les apprenants à comparer leurs réponses en binôme.
- Faire lire le texte à voix haute avant de corriger.
- Corriger en écrivant ensemble les réponses au tableau.

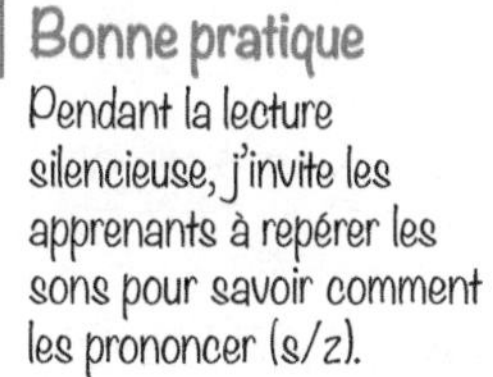

Bonne pratique
Pendant la lecture silencieuse, j'invite les apprenants à repérer les sons pour savoir comment les prononcer (s/z).

Corrigé : **a.** C'est un homme qui vit dans la nature. **b.** Il a vécu comme un animal pour vivre plus intensément. **c.** Le sens le plus utilisé est la vue. **d.** Il propose de s'asseoir dans un bois et d'écouter l'environnement. **e.** Pour cet exercice et pour un apprentissage des langues, il faut du temps et de la pratique.

+ +

Demander aux apprenants dans la peau de quel animal ils aimeraient vivre et pourquoi.

page 89

15 minutes

Les synonymes

- Lire les deux mots.
- Demander aux apprenants si les deux mots ont le même sens.
- Au tableau, écrire : *utiliser* = ... *les renseignements* = ... *une forêt* = ...
- Montrer le texte et demander aux apprenants de trouver les synonymes.
- Corriger.

Corrigé : Oui, ils ont le même sens. – utiliser = se servir de – les renseignements = les informations – une forêt = un bois.

> cahier
Activité 7, p. 65

page 89

10 minutes

Grammaire : Le superlatif

- Lire les deux phrases de la partie « Observez ».
- Expliquer les mots « supériorité » et « infériorité » en les associant aux symboles « > » et « < ».
- Demander aux apprenants de compléter la partie « Réfléchissez ».
- Corriger et faire remarquer que « meilleur » et « pire » sont des adjectifs et qu'ils s'accordent avec le nom.
- Demander aux apprenants de compléter les phrases de la partie « Appliquez ».
- Corriger.

Corrigé : le/la/les plus + adjectif – le/la/les moins + adjectif – bon ➜ le meilleur.
– C'est le plus beau jour de ma vie. – Ce sont les pires moments de ma vie. – C'est la meilleure expérience de ma vie.

Au tableau !

supériorité >	infériorité <
le/la/les plus + *adjectif*	le/la/les moins + *adjectif*
bon ➜ *le meilleur*	mauvais ➜ *le pire*

> cahier
Activité 6, p. 65

page 89

5 minutes

S'asseoir

- Lire la conjugaison du verbe.
- Faire remarquer le changement du « i » en « y » à la première, deuxième et troisième personnes du pluriel.

> cahier
Activité 8, p. 65

page 89

10 minutes

Activité 9

- Montrer l'image. Demander aux apprenants de la décrire et de l'associer à un ou plusieurs sens.
- Lire la consigne.
- Constituer des binômes et laisser les apprenants échanger sur leurs expériences.

Proposition de corrigé : Ma plus belle sensation, c'était au Japon. J'ai assisté à la cérémonie du thé. Tous les gestes sont lents mais on profite de tous les sens. On admire le bol en céramique, on sent l'odeur du thé et ensuite, on le goûte. Avant la cérémonie, on traverse un jardin. On admire et on sent les plantes. C'est vraiment très agréable.

page 89

⌛ 15 minutes

Activité 10

- Écrire les mots-clés de la consigne au tableau.
- Expliquer la situation aux apprenants.
- Constituer des groupes et laisser les apprenants imaginer un programme.
- Comparer les programmes et laisser les apprenants choisir les activités qu'ils préfèrent.

Proposition de corrigé :

Odorat	Toucher	Vue
Loto des odeurs *Retrouvez les odeurs et découvrez des parfums.*	Collage des matières *Collez des matières différentes pour faire un poster avec des sensations différentes.*	Partition visuelle *Représentez par des formes et de couleurs, la musique que vous entendez.*

> cahier
Activités 1, 9, 10 et 11, p. 64 et 65

p. 90-91

SITUATION 2 Donner une appréciation

LA MINUTE PÉDAGOGIQUE

Rappeler les objectifs de chaque séance permet aux apprenants de mieux s'impliquer dans les activités et d'en comprendre le but.

page 90

⌛ 5 minutes

Activité 1

- Montrer le document 1 et demander aux apprenants de le décrire. Les laisser réagir à partir de la photo.
- Demander « En général, quand vous découvrez quelque chose de nouveau, vous appréciez ? Vous critiquez ? Vous ne dites rien ? »
- Laisser les apprenants s'exprimer. Si nécessaire, distinguer des situations (Quand vous écoutez une chanson pour la première fois... Quand vous voyez un tableau pour la première fois...).
- Au tableau, écrire les expressions utilisées par les apprenants pour donner leur avis ou exprimer une appréciation.

Proposition de corrigé : En général, j'apprécie sans parler. Si j'aime quelque chose, je profite. Par exemple, quand je regarde une œuvre, je m'assois et je ne dis rien.

page 90

⌛ 10 minutes

Activité 2

- Montrer la photo et demander aux apprenants s'ils connaissent la chanteuse.
- S'ils ne la connaissent pas, la présenter brièvement et faire écouter une de ses chansons.
- Demander aux apprenants de décrire la photo.

Proposition de corrigé : Je connais la chanteuse. Elle s'appelle Angèle.

#culture

Angèle est une chanteuse d'origine belge. Elle est issue d'une famille d'artistes. Elle a sorti son premier album en 2018. Parmi ses premiers singles, on compte *La loi de Murphy*, *Je veux tes yeux*, *La thune*. En 2019, aux Victoires de la musique, elle remporte le prix de l'album révélation ainsi que le prix de chanson originale et de meilleur clip pour *Tout oublier*.

page 90
⌛ 15 minutes

Activité 3

- Demander aux apprenants de retrouver la source et la date du document 2.
- Leur faire repérer dans quelle rubrique a été publié l'article.
- Les inviter à repérer deux parties (le chapeau en gras et l'article).
- Faire lire l'article à voix haute.
- Laisser les apprenants lire les propositions et indiquer si elles sont vraies ou fausses. Insister pour qu'ils relèvent les indices dans le texte pour justifier leurs réponses.
- Corriger en montrant les informations dans le texte.

Corrigé : **a.** Faux – « Elle publie enfin son premier album. » **b.** Vrai – « Angèle a gagné le cœur de millions de fans. » **c.** Vrai – « cette pianiste de formation » **d.** Vrai – « Autre atout : sa créativité » **e.** Vrai – « son père, le chanteur Marka, puis son frère le rappeur Roméo Elvis ».

page 90
⌛ 10 minutes

> **Bonne pratique**
> Je rappelle l'objectif de la double page en faisant l'activité 4 pour aider les apprenants à comprendre le but de l'activité.

Activité 4

- Lire les noms proposés.
- Demander aux apprenants de les retrouver dans le texte et de relever à quels adjectifs ils sont associés.
- Corriger en expliquant le sens des adjectifs. Montrer que ces adjectifs permettent de donner une appréciation (positive ou négative).

Corrigé : sa voix délicieuse, pure, délicate, expressive – sa musique simple, variée – ses textes drôles, ironiques, tendres, romantiques – son écriture simple, sincère.

page 90
⌛ 10 minutes

Activité 5

- Constituer des groupes.
- Lire la question.
- Laisser les apprenants échanger. Inciter les apprenants à utiliser des adjectifs pour exprimer les appréciations.

Proposition de corrigé : Pour moi, la musique est importante. J'aime une musique et une voix agréable. Je n'aime pas les textes stupides. Je préfère un texte qui me touche.

page 90
⌛ 10 minutes

Activité 6

- Montrer l'image. Expliquer que c'est la pochette d'un album.
- Demander aux apprenants ce qu'ils en pensent.
- Lire la consigne.
- Laisser les apprenants imaginer et dessiner la pochette de leur album.
- Constituer des binômes et laisser les apprenants présenter leur pochette.

Proposition de corrigé : Sur la pochette de mon album, il y a la photo de ma grand-mère. C'est une pochette en noir et blanc mais au milieu, il y a un avion en couleur.

> cahier
Activité 2, p. 66

page 91
⌛ 5 minutes

Activité 7

- Montrer le document 3. Lire le titre, demander aux apprenants de décrire la photo et les inviter à faire des hypothèses sur ce que c'est.
- Demander aux apprenants s'ils ont déjà vu une exposition animée (qui bouge) et les laisser raconter.

Proposition de corrigé : J'ai vu l'exposition « Van Gogh, la nuit étoilée » à l'Atelier des Lumières à Paris. Il y avait une œuvre projetée sur tous les murs. On était au milieu de l'œuvre. C'était magnifique.

#culture

Les Machines de l'île est un projet de François Delarozière et Pierre Orefice, inspiré par les machines de Léonard de Vinci. Une grande galerie installée sur l'ancien chantier naval de Nantes accueille des machines qui se mettent en mouvement à l'arrivée des spectateurs. Les machinistes expliquent les mécanismes et les visiteurs peuvent interagir avec les machines aux formes d'animaux ou de monstres.

page 91

⏳ 15 minutes

Activité 8

ⓐ

- Lire les questions puis faire écouter le document une première fois.
- Ensemble, retrouver les éléments généraux et écrire une phrase pour répondre aux questions.

Corrigé :
a. Un journaliste pose des questions à des visiteurs à la Galerie des Machines à Nantes. **b.** C'est un musée de machines mécaniques imaginées par des artistes. **c.** Vous avez aimé ?

ⓑ

- Laisser les apprenants lire les questions.
- Faire écouter le document de nouveau et laisser les apprenants répondre aux questions.
- Si nécessaire, proposer une autre écoute.
- Corriger.

Corrigé : **a.** l'éléphant – l'araignée – le héron – le carroussel **b.** La deuxième personne est négative. **c.** La déception **d.** Je trouve que... – Pour moi, ...

Piste 58

- En direct de Nantes, me voici avec quelques visiteurs qui viennent de découvrir la Galerie des Machines à Nantes, un musée de machines mécaniques imaginées par des artistes. Alors, dites-moi, vous avez aimé ?
- J'ai adoré. Les machines sont extraordinaires.
- Vous avez préféré laquelle ?
- Pour moi, la plus impressionnante c'est l'araignée mécanique. Elle fait peur !
- Et vous, monsieur, qu'est-ce que vous en avez pensé ?
- Bof ! Je suis un peu déçu. En fait, je n'ai pas vraiment aimé. La galerie est originale mais je trouve que ça manque d'organisation. Il y a trop de visiteurs : tout le monde ne peut pas monter sur les machines et c'est dommage !
- Vous vouliez monter sur laquelle ?
- Sur le héron !
- Et vous, monsieur, vous avez fait un tour sur l'éléphant et sur le manège. Lequel avez-vous préféré ?
- L'éléphant ! À mon avis, c'est la machine préférée des enfants ! Il est tout simplement génial !

> cahier
Activité 3, p. 66

Créer des groupes. Demander à chaque groupe d'imaginer une nouvelle machine pour Les Machines de l'Île de Nantes. Laisser chaque groupe présenter sa machine (forme, fonctions...) et demander à la classe de voter pour la meilleure machine.

page 91

⏳ 10 minutes

Bonne pratique
Je montre le lien entre le titre de l'activité et l'objectif de la double page pour faciliter la mémorisation du verbe et du vocabulaire essentiel.

Activité 9

- Laisser les apprenants lire les propositions.
- Faire écouter le document et demander aux apprenants d'associer les éléments.
- Corriger et demander aux apprenants de trouver un synonyme pour chaque adjectif.
- Écouter le document une dernière fois avec la transcription.

Corrigé : l'éléphant – génial ; l'araignée mécanique – impressionnante ; les machines – extraordinaires ; la galerie – originale.
– original = insolite – extraordinaire = exceptionnel – impressionnant = surprenant – génial = super

page 91
⌛ 15 minutes

Activité 10

- Écrire les trois sons au tableau et les prononcer.
- Faire écouter le document. Pour chaque proposition, laisser les apprenants indiquer quels sons ils entendent et dans quel ordre.
- Corriger en écrivant les phrases et en y associant les sons.

Corrigé : **a.** [a], [e], [a] – **b.** [e], [a] – **c.** [ə], [a], [e].

> Piste 59
>
> **Activité a.**
> Écoutez. Dans quel ordre entendez-vous [ə] ? [e] ? [a] ?
> **a.** Vous avez préféré laquelle ?
> **b.** Vous vouliez monter sur laquelle ?
> **c.** Lequel avez-vous préféré ?

- Faire écouter les trois sons. Demander aux apprenants de les répéter.
- Faire observer les symboles et demander aux apprenants de les associer à un son.
- Corriger en faisant remarquer la forme des lèvres pour chaque son.

Corrigé : arrondies ● [a]   tirées ▬ [e]   arrondies et tirées ▬ + ● [ə]

> Piste 60
>
> **Activité b.**
> Écoutez, prononcez et observez les sons [ə], [e], [a].

- Mimer la lecture d'une des phrases. Demander aux apprenants si la forme de la bouche montre « lequel », « laquelle » ou « lesquels ».
- Constituer des binômes et leur demander de faire l'activité.

> cahier
Activités 5 et 6, p. 67

page 91
⌛ 15 minutes

Grammaire : Les pronoms interrogatifs *lequel, laquelle, lesquels, lesquelles*

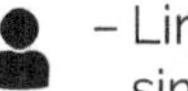

- Lire les phrases de la partie « Observez » en insistant sur les différences et les similitudes de prononciation.
- Demander aux apprenants de compléter le tableau de la partie « Réfléchissez ».
- Corriger en montrant que *lequel, laquelle, lesquels, lesquelles* remplacent un ou des nom(s).
- Lire les phrases de la partie « Appliquez » et demander aux apprenants d'imaginer ce que les pronoms remplacent.
- Constituer des binômes et demander aux apprenants de se soumettre les choix.

Corrigé :

Singulier		Pluriel	
Masculin	**Féminin**	**Masculin**	**Féminin**
lequel	laquelle	lesquels	lesquelles

Tu choisis lequel ? le pull bleu, le pull rouge ou le pull vert ?
Tu choisis laquelle ? la fourmi, l'araignée ou la baleine ?

> cahier
Activités 7 et 8, p. 67

page 91
⌛ 15 minutes

Activité 11

- Lire la question et demander à quelques apprenants de répondre brièvement à l'oral.
- Si nécessaire, expliquer le sens de « créativité » (avoir des idées nouvelles).
- Lire la fin de la consigne.

- Ensemble, rappeler quelques expressions de l'opinion.
- Laisser les apprenants écrire.
- Ramasser pour corriger.

Proposition de corrigé : J'aime beaucoup les BD de Riad Sattouf. Il est très intelligent et ouvert d'esprit. Il est tolérant et comprend les différences culturelles. Pour moi, c'est un auteur intéressant parce qu'il montre les changements dans notre société et il accepte les différences. Je trouve que ses personnages sont sensibles et drôles.

page 91

⌛ 10 minutes

Activité 12

- Au tableau, écrire les points qui peuvent être discutés : *le style, les paroles, la musique, la voix...*
- Demander aux apprenants de penser à une chanson francophone qu'ils connaissent et qu'ils aiment.
- Faire écouter des extraits des chansons choisies et laisser les apprenants exprimer ce qu'ils en pensent.
- Après avoir écouté tous les extraits, organiser un vote pour choisir la chanson francophone préférée par la classe.

Proposition de corrigé : Extrait de *Je vous trouve un charme fou* – Hoshi.
Pour moi, c'est une chanson agréable. Je trouve que la musique est sympa.
À mon avis, sa voix n'est pas très belle. Je pense que les paroles ne sont pas originales.

> cahier
Activités 1, 9, 10 et 11, p. 66 et 67

p. 92-93

SITUATION ❸ Identifier une émotion

LA MINUTE PÉDAGOGIQUE

La mise en page est la première source d'information pour la compréhension d'un document. Sensibiliser les apprenants à l'observation permet de faciliter la compréhension écrite.

page 93

⌛ 10 minutes

Activité 1

- Montrer le document.
- Expliquer l'expression « mise en page » (= organisation des informations).
- Montrer le symbole qui indique un travail individuel et laisser les apprenants observer le document et choisir les réponses.
- Corriger en montrant les indices sur le document.
- Pour la question ⓑ, faire le lien entre le verbe « sentir » et les émotions.

Corrigé : ⓐ à choix unique – positifs ⓑ des émotions ⓒ conseiller

Bonne pratique
J'explique l'expression « mise en page » et je montre que les formes et les couleurs apportent des informations.

page 93

⌛ 20 minutes

Activité 2

- Constituer des groupes.
- Lire les consignes des questions ⓐ, ⓑ et ⓒ. Pour la question ⓑ, montrer les deux colonnes du document et expliquer que tous les membres du groupe doivent comprendre la réponse et être capables de justifier.
- Annoncer le temps disponible pour réaliser la tâche et laisser les groupes travailler en autonomie.
- Corriger en écrivant les informations au tableau.

Corrigé : ⓐ émotions : stress, tristesse, colère – solutions pour contrôler ses émotions : « Ferme les yeux. Imagine cette personne. Essaie de lui pardonner. » « N'oublie pas que tu contrôles ta pensée et que tu peux choisir d'agir. » « Dors profondément. Envole-toi au pays des rêves ! » – conseils : Bouge ton corps ! Mange sainement ! Fais une activité qui te fait du bien. Prends le temps de méditer 1 minute et observe.

Bonne pratique
Je fais remarquer les liens entre les chiffres donnés dans la consigne, les couleurs et les symboles utilisés dans le document.

Conclusions : « La vie est belle, n'est-ce pas ? » « Bravo et continue ! Le meilleur est à venir ! » (b) La joie – Justification : « Très bien, merci », « Bien mais sans plus », « La vie est belle. »...

Proposition de corrigé : (c) Quand je ressens du stress, je respire profondément et je fais du sport. Quand je ressens de la colère, je dors, je parle avec mes amis, j'essaye de comprendre pourquoi je suis en colère et je me demande si c'est vraiment grave. Quand je ressens de la tristesse, je pleure et j'écris.

page 93

⌛ 20 minutes

Activité 3

- Demander aux apprenants comment on peut identifier ses émotions.
- Les laisser reformuler les idées du document à l'oral.
- Demander comment on peut ressentir des émotions positives.
- Les laisser reformuler les idées du document à l'oral.

Corrigé : Pour bien identifier ses émotions, on peut méditer et trouver quels sont nos sentiments. On peut s'organiser et se demander si on prend du temps pour soi. Pour ressentir des émotions positives, on peut faire des activités qui nous font du bien, prendre soin de soi, comprendre d'où viennent nos sentiments et les gérer.

Demander à chaque apprenant d'écrire une idée d'activité pour avoir des émotions positives.

Proposition de corrigé : chanter des chansons.

(c)

- Au tableau, écrire *Le bonheur au quotidien*.
- Demander aux apprenants de lire leur idée d'activité.
- Ensemble, voter pour les idées préférées des apprenants et construire un poster avec les dix idées les plus populaires.

Proposition de corrigé : « Le bonheur au quotidien »
1. Déjeuner au soleil. **2.** Faire une sieste de 15 minutes le midi. **3.** Prendre 30 minutes pour lire chaque jour. **4.** Caresser un chat. **5.** Faire une partie de baby-foot avec des amis. **6.** Se faire un compliment chaque jour. **7.** Manger un carré de chocolat noir. **8.** Prendre un bain. **9.** Écrire une phrase positive sur son agenda. **10.** Regarder une vidéo amusante sur Internet.

page 93

⌛ 15 minutes

Grammaire : Les adverbes en *-ment, -emment* et *-amment*

- Lire les phrases de la partie « Observer » et montrer que « -emment » et « -amment » se prononcent de la même manière.
- Lire les trois adverbes de la partie **a.** et laisser les apprenants trouver l'adjectif au féminin.
- Les laisser déduire la règle de formation à partir de l'adjectif au féminin.
- Corriger.

Corrigé : On utilise l'adjectif au féminin + *-ment*

- Écrire *récemment* au tableau et demander aux apprenants de retrouver l'adjectif qui correspond.
- Montrer que l'adjectif se termine par *-ent*.
- Laisser les apprenants compléter les règles des adjectifs puis corriger.

Corrigé : Quand un adjectif se termine par *-ent*, l'adverbe se termine en *-emment*. Quand un adjectif se termine par *-ant*, l'adverbe se termine en *-amment*.

- Montrer les adjectifs de la partie « Appliquez » et demander aux apprenants de former les adverbes.
- Corriger en montrant la formation de chaque adverbe (en passant par le féminin

ou en soulignant la terminaison de l'adjectif). Si nécessaire, rappeler la différence entre adjectif et adverbe.

Corrigé : seul : seulement – faux : faussement – puissant : puissamment – prudent : prudemment

Au tableau !

suffisant → suffisamment
récent → récemment
parfaitement
(f.)

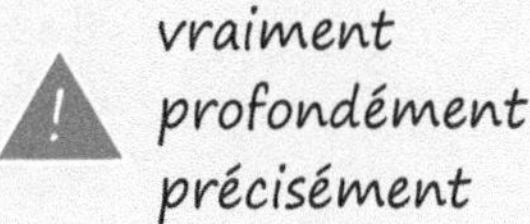

Demander à chaque apprenant d'écrire un adjectif sur un papier. Mélanger les papiers. Donner un papier à chaque apprenant et les laisser faire une phrase avec l'adverbe qui correspond à l'adjectif.

> cahier
Activités 1, 2, 3, 4 et 5, p. 68 et 69

p. 94-95

 LANGUE & CULTURE

page 94
10 minutes

Culture

- Montrer le document et lire le titre avec les explications.
- Demander aux apprenants ce qu'ils pensent de la sculpture.
- Au tableau, écrire le mot *Araignée* et les adjectifs utilisés par les apprenants pour exprimer leur appréciation.
- Montrer le titre et expliquer que c'est le nom de la sculpture. Laisser les apprenants réagir de nouveau.
- Lire la question dans la bulle et laisser les apprenants évoquer et, si possible, montrer des sculptures qu'ils connaissent.

Proposition de corrigé :
La sculpture est impressionnante.
- Elle me fait peur.
- Le titre est bizarre.
- Je connais la sculpture *La danseuse assise* de Jeff Koons. C'est une sculpture immense et très colorée.

#culture

Louise Bourgeois est une artiste française naturalisée américaine. Elle est surtout connue pour ses sculptures et ses installations mais elle a aussi réalisé des peintures et des gravures. Bien que n'étant rattachée à aucun mouvement, son style artistique se rapproche de l'expressionnisme, du surréalisme et s'inspire du féminisme. Elle s'est surtout intéressée aux thèmes de la famille, du corps et des organes sexuels. Parmi ses œuvres, on compte notamment deux séries d'installations appelées *Cells*, *L'arc de l'hystérie* et *Les Bienvenus*.

page 94
10 minutes

Langue 1

- Montrer la photo de la sculpture.
- Rappeler ce qu'est le superlatif (*le plus..., le moins...*).
- Laisser les apprenants écrire individuellement trois phrases pour parler de la sculpture avec des superlatifs.
- Corriger en écrivant plusieurs propositions au tableau.

Proposition de corrigé : C'est la plus grande araignée du monde. – C'est la sculpture que j'aime le moins. – C'est la maman la plus effrayante.

#culture

Maman est une sculpture de Louise Bourgeois créée en 1999. L'araignée représente la mère de l'artiste. Elle porte des œufs sous son ventre. La mère de Louise Bourgeois travaillait dans l'atelier de tissage de son père et, comme une araignée, elle filait des tissus. Le tissage représente aussi la protection d'une mère pour ses enfants. La sculpture est en bronze et mesure 10 mètres de hauteur.

page 94

⌛ 10 minutes

Langue 2

- Au tableau, écrire *lequel, laquel, lesquels, lesquelles*.
- Ensemble, citer des éléments culturels.
- Lire l'exemple.
- Constituer des binômes et demander aux apprenants de se poser des questions pour faire des choix sur des éléments culturels.
- Corriger en écrivant au tableau les phrases qui ont posé problème.

Proposition de corrigé : Entre les sculptures de Rodin et celles de Giacometti, tu préfères lesquelles ? – Entre *La Joconde* et *Le Déjeuner sur l'herbe*, tu préfères lequel? – Parmi les œuvres du Louvre, tu aimes lesquelles ?

page 94

⌛ 10 minutes

Langue 3

- Demander aux apprenants de citer des artistes de l'art urbain.
- Lire les adjectifs et rappeler le sens si nécessaire.
- Laisser quelques minutes aux apprenants pour réfléchir aux adverbes qui peuvent être formés à partir des adjectifs.
- Constituer des binômes.
- Expliquer la consigne et laisser les apprenants discuter.
- Corriger en écrivant des phrases qui utilisent les adverbes.

Proposition de corrigé : On voit rarement des araignées en art. La sculpture est évidemment très choquante. Je crois sérieusement que Louise Bourgeois aimait passionnément sa mère mais elle souffrait vraiment de sa trop grande présence.

page 94

⌛ 10 minutes

1 minute pour lire

- Laisser les apprenants lire l'extrait sans dictionnaire et pour le plaisir.
- Lire le texte à voix haute et présenter la source.
- Au tableau, écrire les cinq sens.
- Demander aux apprenants de retrouver les sens évoqués dans le texte.
- Corriger en expliquant les mots-clés qui permettent de retrouver les sens.

Corrigé :
- Ouïe : le coq qui chante, le perroquet qui imite la voix de Papa, le bruit du balai, la radio qui hurle.
- Odorat : l'arôme du café qui flotte dans la maison.
- Vue : le margouillat aux couleurs vives.
- Goût : le sucre qu'Anna a fait tomber de la table.

#culture

Gaël Faye est un artiste (écrivain, chanteur, compositeur) franco-rwandais. Son roman *Petit pays*, primé quatre fois, est partiellement autobiographique. Il raconte le vécu d'un jeune franco-rwandais qui voit la guerre civile prendre de l'ampleur au Burundi alors que le Rwanda connaît la guerre et le génocide.

page 95

20 minutes

Podcast

- Faire écouter le podcast et laisser les apprenants relever les éléments généraux.
- Mettre en commun.
- Faire écouter de nouveau pour laisser les apprenants relever les émotions et les sensations. Corriger.

Corrigé : Qui ? une personne que vous aimez (grand-mère, fils, mari) – **Quoi ?** générer une émotion positive. – **Quand ?** Quand on a entendu quelque chose de désagréable. **Sensations et émotions :** aimer quelqu'un sincèrement, le contact avec la peau, le son de la voix, la présence, attendrissant, drôle.

Piste 61

Pour passer à autre chose, pour se défaire de cet écho désagréable, le moyen le plus efficace que j'ai trouvé, c'est de choisir et de générer exprès une émotion vraiment positive. [...] Essayez de penser à une personne que vous aimez, peut-être que c'est votre grand-mère, votre fils ou votre mari. En tout cas, choisissez une personne que vous aimez vraiment sincèrement et pensez vraiment à elle, pensez à leur présence, à leur odeur, au son de leur voix, au contact de leur peau. Imaginez la personne en train de rire ou en train de faire quelque chose que vous trouvez attendrissant ou drôle.

changemavie.com

- Au tableau, écrire *Créer une émotion positive*.
- Échanger rapidement sur les moyens de créer une émotion positive.
- Laisser les apprenants se préparer individuellement pour donner un conseil pour créer une émotion positive.
- Leur demander de s'enregistrer et partager les productions sur le réseau social de la classe.

Proposition de corrigé : Pour créer une émotion positive, vous pouvez fermer les yeux et tout oublier autour de vous. Imaginez un lieu que vous aimez. Pensez au calme, au climat et ajoutez les éléments qui vous font du bien. Profitez du lieu et ouvrez les yeux quand vous êtes parfaitement détendu.

page 95

5 minutes

Expression francophone

- Montrer l'image.
- Demander aux apprenants de la décrire.
- Lire la question et les propositions.
- Laisser les apprenants choisir une proposition puis corriger.
- Montrer le drapeau et demander aux apprenants d'où vient l'expression.

Corrigé : gagner sa vie – République Démocratique du Congo.

page 95

10 minutes

La fabrique des sons

- Montrer le document et demander aux apprenants de le décrire.
- Lire la question et demander aux apprenants de choisir la bonne réponse.
- Expliquer que la lettre « s » est prononcée différemment selon qu'elle est suivie d'une voyelle ou d'une consonne.
- Expliquer la différence de sens entre « dessert » et « désert ».
- Demander aux apprenants s'ils connaissent d'autres paires de mots avec cette différence (*poisson* - *poison*).

Corrigé : C'est dans le désert. – La bonne réponse est « dessert ».

page 95

10 minutes

La fabrique des verbes

- Lire les trois expressions et montrer qu'elles font toutes références aux sensations et émotions.
- Ensemble, écrire l'infinitif de chaque verbe.
- Demander aux apprenants quelle expression s'utilise avec un nom, un adjectif, un adverbe.

- Écrire les expressions au tableau.
- Demander aux apprenants de citer des émotions et des adjectifs et de faire des phrases avec les expressions.

Proposition de corrigé :

ressentir + de + nom (émotion)	sentir + adjectif	se sentir + adjectif
Je ressens de la tristesse.	Ça sent mauvais.	Je me sens fatigué(e).

page 95

20 minutes

PROJET

- Montrer la vidéo et demander aux apprenants quels sens ils ont utilisés pour profiter de cette vidéo.
- Demander aux apprenants qui parle et de quoi.

▶ Individuellement
- Demander aux apprenants de penser à des moments du quotidien (le réveil, les transports...) et de lister les bruits qu'ils entendent.

▶ Ensemble
- Constituer des groupes.
- Demander aux apprenants d'échanger sur les bruits du quotidien.
- Indiquer un temps d'activité et inviter les apprenants à sortir de la classe pour enregistrer les bruits qu'ils entendent autour d'eux. Si nécessaire, faire faire cette activité en dehors du temps de classe.
- Faire écouter les balado sonores et demander aux apprenants d'exprimer leurs émotions en les écoutant.

Vidéo lab'

p. 96-97 Ateliers Acheter une œuvre

page 96

10 minutes

Activité 1

- Montrer les documents 1 et 2.
- Laisser les apprenants lire les questions et chercher les réponses dans les deux documents.
- Constituer des binômes et laisser les apprenants comparer et justifier leurs réponses.
- Corriger.

Corrigé : **a.** C'est un site d'art. **b.** On peut acheter des œuvres d'art. **c.** Non, on achète des œuvres d'ateliers d'artistes. **d.** 2 000 euros **e.** Vincent Bardou.

page 96

10 minutes

Activité 2

- Lire la stratégie. Faire écouter le document et demander aux apprenants combien de voix ils ont entendues.
- Laisser les apprenants lire les questions. Si nécessaire, expliquer le mot « illustration » (= image).
- Faire écouter le document et laisser les apprenants répondre aux questions.
- Si nécessaire, proposer une troisième écoute.
- Corriger.

Corrigé : **a.** Elle veut acheter une carte cadeau pour un ami. **b.** 150 euros **c.** Elle choisit l'illustration de Picasso. **d.** Elle paye par carte bancaire. **e.** Le vendeur demande si elle veut une facture.

Piste 62

- Bonjour, je voudrais acheter une carte cadeau pour l'offrir à un ami.
- Oui, d'accord. Nous proposons des cartes avec des montants différents. Vous avez un budget précis ?
- Je pensais à quelque chose comme 150 euros.
- 150 euros, très bien. Vous pouvez choisir l'illustration. Tenez, regardez. Laquelle préférez-vous ?
- J'aime bien celle-là. Est-ce que vous auriez Picasso ?
- Oui, bien sûr. Tenez. Vous souhaitez payer comment ?
- Par carte bancaire.
- Est-ce que vous souhaitez une facture ?
- Non merci.
- Et voilà Madame, merci de votre visite.
- Merci, au revoir.

page 96

⌛ 10 minutes

Activité 3

- Constituer des groupes.
- Lire la question et laisser les apprenants échanger.

Proposition de corrigé :
Non, je n'ai jamais acheté d'œuvre d'art sur Internet. Les couleurs et l'impression sont différentes en vrai et sur Internet. Je préfère voir l'œuvre avant de l'acheter.

page 96

⌛ 15 minutes

Activité 4

- Lire l'encadré « Acheter » et expliquer les mots nouveaux (*facture, espèces, précis*).
- Lire les trois situations. Expliquer « partir à la retraite » et « commander ».
- Pour chaque situation, demander aux apprenants de trouver où se passe la scène et quel est le problème.
- Constituer des binômes.
- Laisser les apprenants choisir une situation et pratiquer.
- Proposer à des apprenants de présenter le dialogue devant la classe.
- Corriger en écrivant les phrases qui ont posé problème au tableau.

Propositions de corrigé :
Situation 1 :
- Cadeaux géniaux, bonjour.
- Bonjour Monsieur, je vous appelle parce que je voudrais offrir un disque d'or à un collègue qui part à la retraite.
- Oui, d'accord. Vous le voulez pour quand ?
- Pour samedi prochain.
- Très bien. Comment s'appelle votre collègue ?
- Christophe Gigant.
- Et vous avez pensé au texte ?
- Oui... « Disque d'or décerné par Valéo pour 30 ans de carrière ».
- D'accord. Ça fait 25 euros pour le disque.
- Je peux payer par carte ?
- Oui, vous pouvez me donner le numéro ?
- 1934 24 35 3546
- Je suis désolé, ça ne marche pas...
- Mince ! Est-ce que je peux payer par chèque ?
- Oui, bien sûr.
- Je vous l'envoie aujourd'hui.
- Vous voulez une facture ?
- Non, ce n'est pas nécessaire. Merci.

Situation 2 :
- Bonjour, j'ai reçu une carte cadeau pour acheter une œuvre d'art.
- Très bien. Je vous laisse regarder ?
- Oui.
- ...
- Vous avez trouvé ?
- Non... Je trouve que ces œuvres sont trop colorées... J'aimerais quelque chose de plus sobre.

- Vous aimez quels artistes ?
- Vous avez des œuvres de Régis Bodinier ?
- Oui, regardez !
- Il n'y a rien à moins de 900 euros ?
- Non, pas pour Régis Bodinier.
- Et Julie Balsaux ?
- Elle a fait une très belle aquarelle « Geisha ».
- Ah oui ! Elle est magnifique !
- Elle coûte combien ?
- 300 euros.
- C'est parfait. Je la prends.

Situation 3 :
- Bonjour, je peux vous aider ?
- Oui, je voudrais acheter un objet pour décorer mon salon. C'est un peu triste...
- D'accord. Nous avons une jolie bibliothèque, moderne et avec un peu de couleur.
- Oui, c'est pas mal... mais j'ai un budget de 200 euros maximum.
- Ah d'accord. On peut regarder les lampes. Celles-ci viennent d'arriver.
- Oui, elles sont jolies mais c'est trop petit... Je voudrais apporter un peu de nature dans le salon.
- Ah, j'ai l'objet qu'il vous faut ! C'est un porte-plantes. Vous pouvez le mettre contre un mur ou au milieu du salon pour créer deux espaces.
- Ah oui, c'est une très bonne idée ! C'est très original !

Ateliers Conseiller par mail

page 97
⌛ 10 minutes

Activité 1

- Montrer le document.
- Laisser les apprenants lire le message et répondre aux questions.
- Corriger en écrivant les réponses au tableau.
- S'assurer que les apprenants comprennent bien les conseils donnés et faire repérer les expressions qui permettent de conseiller.

Corrigé : **a.** Sonia écrit à Thomas. **b.** « J'ai besoin de tes conseils. » **c.** Il est photographe. **d.** Il écrit pour demander des conseils. **e.** Elle lui conseille de rencontrer des artistes, d'aller voir les galeries, de montrer ses photos, d'être présent aux expositions, d'être plus visible et de publier sur Insta.

page 97
⌛ 10 minutes

Activité 2

- Demander aux apprenants d'observer le document et de retrouver les indices qui permettent de répondre aux questions.
- Corriger en montrant les éléments et les différentes parties du document.

Corrigé : **a.** « Re : » indique une réponse. **b.** Ils utilisent « Salut », « Bises », « Tu ». **c.** La première partie remercie et permet de prendre contact. La deuxième partie conseille. **d.** Au début, c'est « Salut ». À la fin, c'est « Bises ». **e.** « et, et puis, car, mais ».

page 97
⌛ 10 minutes

Activité 3

- Lire l'encadré « Apprendre » et s'assurer que les apprenants comprennent le sens des mots. Ajouter les autres mots de liaison qu'ils connaissent.
- Constituer des groupes.
- Lire la consigne et laisser les apprenants échanger.
- Les encourager à utiliser les mots de liaison.

Proposition de corrigé : Mes amis me demandent souvent des conseils pour faire des démarches administratives et pour prendre des décisions. J'aime bien conseiller les autres car c'est utile et pour moi, c'est facile. Mais parfois, je n'ai pas assez de temps pour donner de bons conseils.

page 97

15 minutes

Activité 4

- Lire l'encadré « Conseiller » et s'assurer que les apprenants comprennent les expressions. Rappeler les constructions (Je te conseille de + infinitif, il faut + infinitif...). Rappeler les formes avec « vous » (vous pourriez, vous devriez).
- Lire les deux situations et laisser les apprenants en choisir une.
- Laisser les apprenants rédiger le texte.
- Les inviter à relire leur production en s'assurant qu'ils ont utilisé correctement les expressions pour conseiller.
- Ramasser pour corriger.

Propositions de corrigé :

Situation 1 :

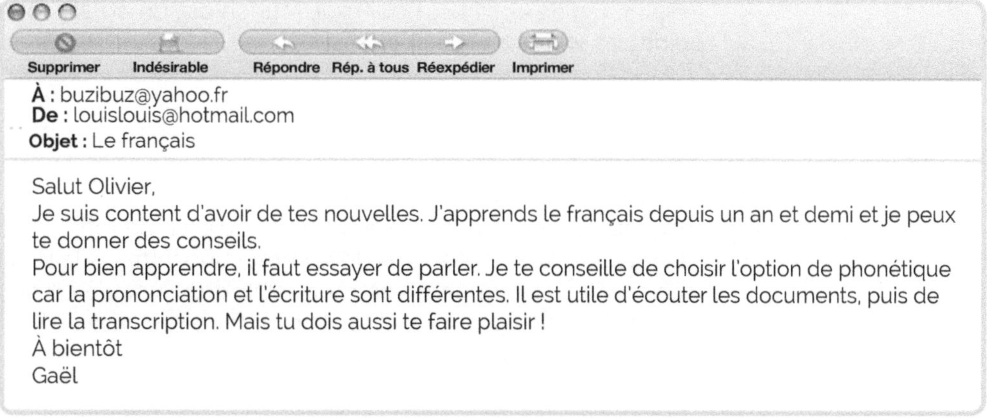

Supprimer Indésirable Répondre Rép. à tous Réexpédier Imprimer

À : buzibuz@yahoo.fr
De : louislouis@hotmail.com
Objet : Le français

Salut Olivier,
Je suis content d'avoir de tes nouvelles. J'apprends le français depuis un an et demi et je peux te donner des conseils.
Pour bien apprendre, il faut essayer de parler. Je te conseille de choisir l'option de phonétique car la prononciation et l'écriture sont différentes. Il est utile d'écouter les documents, puis de lire la transcription. Mais tu dois aussi te faire plaisir !
À bientôt
Gaël

Situation 2 :

Pour contrôler vos émotions, il est utile de comprendre pourquoi vous avez ces émotions. Je vous conseille de toujours respirer profondément avant de réagir. Ce serait mieux de penser à des choses positives quand vous êtes en colère ou triste. Il faut exprimer vos émotions tranquillement. Vous pourriez faire du sport pour mieux contrôler vos émotions.

p. 98-99

mémo

page 99

10 minutes

Activité 1

- Lire l'exemple.
- Montrer l'utilisation du superlatif dans l'exemple.
- Ensemble, écrire les cinq sens au tableau.
- Constituer des binômes et laisser les apprenants faire l'activité.

Proposition de corrigé :

C'est le plus important pour bien manger. (le goût)
C'est le plus utilisé en musique. (l'ouïe)
C'est le plus pratique pour savoir ce qui est chaud ou froid. (le toucher)
C'est le moins utilisé quand on ferme les yeux. (la vue)
C'est le plus désagréable quand on mange certains fromages. (l'odorat)

page 99

⌛ 5 minutes

Activité 2

- Ensemble, lister les domaines artistiques (peinture, sculpture, musique...).
- Constituer des binômes.
- Poser une question comme exemple (« Parmi toutes les sculptures que tu connais, tu préfères laquelle ? »)
- Laisser les apprenants se poser des questions pendant une minute.

Proposition de corrigé :
Parmi tous les artistes vivants, tu voudrais rencontrer lequel ?
Parmi tous les tableaux du Louvre, tu aimerais avoir lequel ?
Parmi toutes les sculptrices, tu admires lesquelles ?

page 99

⌛ 10 minutes

Activité 3

- Expliquer l'expression « coup de cœur ».
- Ensemble, citer des adjectifs utiles pour apprécier, puis faire une liste d'adverbe.
- Expliquer la consigne et laisser les apprenants écrire une phrase.
- Corriger en écrivant quelques propositions au tableau.

Proposition de corrigé : Pour moi, Munch est un artiste extraordinaire car il a fait des peintures vraiment touchantes.

page 99

⌛ 10 minutes

Activité 4

- Penser à une émotion (tristesse).
- Au tableau, dessiner autant de traits qu'il y a de lettres dans le mot (9).
- Demander aux apprenants de nommer une lettre. Si la lettre est dans le mot, l'ajouter.
- Laisser les apprenants nommer des lettres jusqu'à ce qu'ils trouvent le mot.
- Constituer des groupes et les laisser faire l'activité.

> cahier
Mémo, p. 70 et 71

page 99

⌛ 20 minutes

Mission

- Au tableau, écrire *Trois jours de bien-être à Paris.*
- Expliquer aux apprenants qu'ils vont partir en groupe de quatre à Paris pendant trois jours.
- Lire le point 1.
- Dessiner trois colonnes au tableau : *Bien-être Lieux à visiter Choses à goûter.*
- Individuellement, laisser les apprenants trouver trois activités pour chaque catégorie.
- Lire le point 2.

- Ensemble, rappeler les expressions pour apprécier et critiquer et les expressions pour donner son avis.
- Constituer des groupes.
- Laisser les apprenants échanger sur leurs activités dans les groupes.
- Interrompre l'activité avant que les apprenants ne se soient mis d'accord sur les activités.
- Lire le point 3.
- Expliquer que les apprenants ne sont pas encore d'accord et qu'ils doivent demander conseil à un(e) ami(e) français(e).
- Donner un rôle à chaque apprenant dans les groupes (celui qui demande des conseils, l'ami(e) français(e), celui qui prend des notes).
- Laisser les apprenants jouer la scène.
- Demander aux apprenants qui ont pris des notes de proposer des solutions pour finir d'élaborer le programme.
- Laisser chaque groupe présenter son programme à la classe et demander à la classe de choisir le meilleur programme.

Propositions de corrigé :

1. Activités bien-être : spa, coiffeur, massage – Lieux à visiter : la tour Eiffel, l'arc de Triomphe, le musée du Louvre – Choses à goûter : macarons, croque-monsieur, miel parisien.

2. Je trouve que le spa est une bonne idée. À mon avis, c'est génial et on peut bien se détendre. Je pense que la visite de la tour Eiffel n'est pas une bonne idée. Nous y sommes déjà allés et il y a toujours beaucoup de monde.

3.

- Bonjour Nathalie, je vais à Paris avec mes amis et on n'est pas d'accord sur les choses à goûter...
- À Paris ? Il faut absolument goûter la baguette parisienne et le croissant au petit déjeuner.
- Et les macarons, qu'est-ce que tu en penses ?
- À mon avis, les macarons, ce serait mieux de les goûter dans une grande pâtisserie mais c'est un peu cher.
- Et pour le déjeuner ?
- Pour le déjeuner, je vous conseille de goûter les croque-monsieur, ce n'est pas très cher et c'est très typique.

> cahier
Bilan linguistique, p. 72 et 73
Préparation au DELF, p. 74 et 75

GRAMMAIRE

1 Complétez avec *lequel, laquelle, lesquels* ou *lesquelles*. 5 points

1. – Tu peux prendre le livre, s'il te plaît ? ➜ – Oui, ... ?
2. – Tu peux acheter des fleurs ? ➜ – Oui, je prends .... ?
3. – Vous avez contacté les étudiants ? ➜ – .... ?
4. – Tu veux un gâteau ? ➜ – Tu veux .... ?
5. – Vous pouvez monter dans une machine. ➜ – Vous choisissez .... ?

2 Écrivez l'adverbe qui correspond à chaque adjectif 5 points

1. vrai ➜ ....
2. rapide ➜ ....
3. courant ➜ ....
4. clair ➜ ....
5. sincère ➜ ....
6. tendre ➜ ....
7. drôle ➜ ....
8. délicat ➜ ....
9. intelligent ➜ ....
10. sérieux ➜ ....

3 Mettez les mots dans l'ordre pour faire des phrases. 5 points

1. concert / meilleur / était / ma / de / vie. / le / C'

....

2. arbre. / le / Le baobab / plus / est / grand

....

3. moins / animal / Le / l' / aimé. / blaireau / est / le

....

4. meilleure / pense / Je / c'est / que / sa / chanson.

....

5. venir. / meilleur / à / Le / est

....

4 Écrivez les phrases en utilisant un superlatif. 5 points

1. C'est une grande machine. ➜ ....
2. Ce gâteau est bon. ➜ ....
3. Ce livre est intéressant. ➜ ....
4. Cette exposition est impressionnante. ➜ ....
5. C'est un mauvais album. ➜ ....

LEXIQUE

1 Associez une partie du corps à un sens. 5 points

1. le nez •	• a. le goût
2. la bouche •	• b. l'ouïe
3. l'œil •	• c. le toucher
4. l'oreille •	• d. la vue
5. la main •	• e. l'odorat

2 Associez un mot à une image.

1. 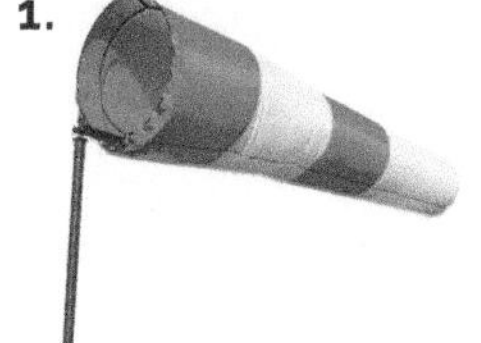

2.

3. 

4. 

5. 

• une forêt • un arbre • le vent • une feuille • des plantes

③ Associez une émotion à chaque situation. 5 points

1. J'étais sûr d'avoir réussi mais je n'ai pas eu le diplôme. •	• a. la joie
2. C'est incroyable ! Je ne m'y attendais pas ! •	• b. la peur
3. Beurk... C'est dégoûtant... •	• c. la surprise
4. Ah !!! Je déteste les araignées ! Ah !!! •	• d. le dégoût
5. C'est génial ! Je suis vraiment trop contente ! •	• e. la déception

④ Complétez les phrases. 5 points

impressionnant | tendre | délicieux | drôle | délicate

1. Ce dîner était vraiment ....
2. Cette pièce de théâtre était très .... J'ai beaucoup ri !
3. Nous avons visité la Sagrada Familia. C'est immense ! C'est vraiment ....
4. C'est une plante très .... Il faut un peu d'eau et beaucoup de soleil.
5. La relation entre cette mère et ses enfants est très ....

⑤ Associez une situation à une expression. 5 points

1. On part ensemble vendredi. •	• a. N'aie pas peur !
2. L'avion est un moyen de transport sûr. •	• b. Je t'assure !
3. Allez, finis ton travail ! •	• c. Je compte sur toi !
4. C'est vrai ! Je n'ai rien dit ! •	• d. Courage !
5. Je t'attends ici. •	• e. Vas-y !

PHONÉTIQUE

① 13 | **Écoutez. Soulignez le son [s] et entourez le son [z].** 5 points

1. la surprise
2. la déception
3. la tristesse
4. le désintérêt
5. une émotion

② 14 | **Écoutez et choisissez le son que vous entendez.** 5 points

[ə]	[e]	[a]
....	....	....

Compréhension de l'oral 10 points

15 | **Écoutez le document et répondez aux questions.**

1. Qu'est-ce que Damien déteste ? ....
2. Quel est son sentiment ? ....
3. Quel conseil est-ce qu'elle donne à Damien ? ....
4. Vrai ou faux ? Cochez la case qui convient.

	Vrai	Faux
a. Le décollage fait peur.		
b. Damien a peur quand il ne voit pas le sol.		
c. L'amie de Damien aime prendre l'avion.		
d. Ils sont dans un petit avion.		
e. Damien n'aime pas le bruit de l'avion à certains moments.		

Compréhension des écrits

10 points

Lisez l'article et répondez aux questions.

Mon enfance, c'est une série de sensations que je ne peux pas oublier. J'aimais surtout l'automne. Les paysages de la campagne étaient magnifiques : les champs d'herbe verte, les petites fleurs jaunes dans les chemins, les coquelicots rouges… J'aimais me promener sous la pluie et dans le vent avec ma mère. On portait des vêtements chauds et on sentait la fraîcheur du vent et de la pluie sur les joues. J'avais le nez glacé mais je n'avais pas froid. On pouvait sentir l'odeur de la terre humide et des plantes. Ensuite, on rentrait au chaud et on buvait un chocolat chaud devant la cheminée. J'adorais ce goût sucré ! Quand je me promène aujourd'hui, je suis nostalgique. Mes enfants ne s'intéressent pas à ces plaisirs. Ils préfèrent jouer aux jeux vidéo. Ce n'est pas surprenant mais je suis déçu de ne pas pouvoir partager ces moments avec eux.

1. Le texte parle :

❑ d'un souvenir. ❑ d'un événement. ❑ de la vie de famille.

2. On parle de quel moment de l'année ?

……………………………………………………………………………………………………

3. On parle de quels sens ?

……………………………………………………………………………………………………

4. On parle :

❑ d'un défilé. ❑ d'une balade. ❑ d'un dîner.

5. Quel est le sentiment de la personne quand elle pense à ces moments ?

……………………………………………………………………………………………………

6. Vrai ou faux ? Cochez la bonne réponse.

	Vrai	Faux
a. La personne préfère le soleil.		
b. La personne était habillée chaudement pour sortir.		
c. La personne fait les mêmes activités avec ses enfants.		

Production écrite

15 points

Votre ami veut aller voir une exposition mais il ne connaît pas bien l'art. Vous lui écrivez un mail pour lui donner des conseils. (Environ 60 à 80 mots)

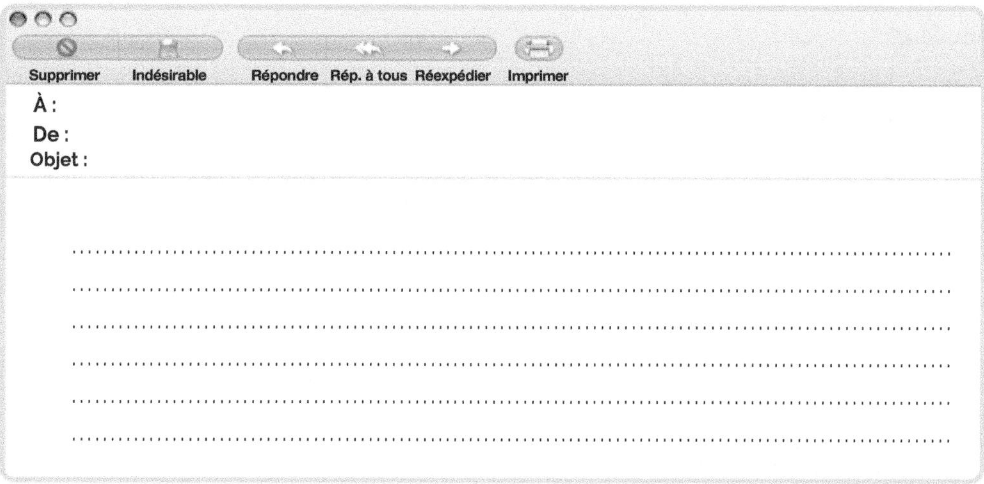

Production orale

15 points

Partie 1 : Entretien dirigé

Présentez-vous (nom, âge, loisirs, goûts…). À quels moments êtes-vous surpris ? À quels moments avez-vous peur ? Qu'est-ce qui vous met en colère ?

Partie 2 : Monologue suivi

Vous tirez au sort 2 sujets et vous en choisissez 1. Vous vous exprimez sur le sujet. L'examinateur peut ensuite vous poser des questions pour vous aider.

Sujet 1 :
Aimeriez-vous vivre dans la peau d'un animal ? Pourquoi ?

Sujet 2 :
Présentez un artiste que vous aimez bien. Quelles émotions vous ressentez ? Pourquoi ?

Partie 3 : Exercice en interaction

Choisissez un sujet et jouez la scène avec l'examinateur.

Sujet 1 :
Vous êtes allé(e) voir les Machines de l'Île à Nantes. Vous racontez votre journée à un(e) ami(e) et vous donnez votre avis. Votre ami(e) vous demande vos impressions.
L'examinateur joue le rôle de l'ami(e).

Sujet 2 :
Votre ami(e) veut visiter votre ville. Vous lui donnez des conseils de visites.
L'examinateur joue le rôle de l'ami(e).

Total : …… /100 points

Corrigés du test

Grammaire

1. lequel
2. lesquelles
3. Lesquels
4. lequel
5. laquelle

1. vraiment
2. rapidement
3. couramment
4. clairement
5. sincèrement
6. tendrement
7. drôlement
8. délicatement
9. intelligemment
10. sérieusement

1. C'était le meilleur concert de ma vie.
2. Le baobab est le plus grand arbre.
3. Le blaireau est l'animal le moins aimé.
4. Je pense que c'est sa meilleure chanson.
5. Le meilleur est à venir.

1. C'est la plus grande machine.
2. Ce gâteau est le meilleur.
3. Ce livre est le plus intéressant.
4. Cette exposition est la plus impressionnante.
5. C'est le pire album.

Lexique

  **1.** e – **2.** a – **3.** d – **4.** b – **5.** c

1 : le vent
2 : des plantes
3 : une forêt
4 : une feuille
5 : un arbre

1. e. la déception
2. c. la surprise
3. d. le dégoût
4. b. la peur
5. a. la joie

1. délicieux
2. drôle
3. impressionnant
4. délicate
5. tendre

1. e. Vas-y !
2. a. N'aie pas peur !

3. c. Je compte sur toi !
4. b. Je t'assure !
5. d. Courage !

Phonétique

1. la surprise
2. la déception
3. la tristesse
4. le désintérêt
5. une émotion

[ə]	[e]	[a]
7. 8.	2. 3. 5. 9	1. 4. 6. 10

Compréhension de l'oral

1. Il déteste prendre l'avion.
2. Il a peur.
3. Elle lui conseille de faire de la méditation.
4. **a.** Faux **b.** Vrai **c.** Vrai **d.** Faux **e.** Vrai

Compréhension des écrits

1. Le texte parle d'un souvenir.
2. de l'automne
3. la vue, l'odorat, le goût
4. On parle d'une balade
5. la nostalgie
6. **a.** Faux **b.** Vrai **c.** Faux

Production écrite

Grille d'évaluation :

L'apprenant peut utiliser une formule d'appel et une formule de salutation.	.... /2
L'apprenant peut exprimer des sensations.	.... /3
L'apprenant peut utiliser des expressions pour conseiller.	.... /3
L'apprenant peut utiliser les formes grammaticales et morphosyntaxiques appropriées	.... /4
L'apprenant peut utiliser le lexique adapté à la situation.	.... /3

Proposition de corrigé :

Salut Erin,
J'ai appris que tu voudrais voir une exposition à Paris. J'y suis allé la semaine dernière et j'ai vu plusieurs expos. En ce moment, il y a des expos gratuites très intéressantes. Si tu aimes la mode, je te conseille d'aller à l'exposition « In & Out of Fashion » de William Klein. Si tu préfères la nature, il faut absolument aller voir l'exposition à la Maison du Docteur Gachet. C'est une exposition sur les jardins et dans les jardins ! C'est vraiment magnifique ! Tu pourrais aussi visiter les ateliers du père Lachaise. Tu peux rencontrer des peintres, des sculpteurs et des photographes du quartier. Mais si tu préfères l'art contemporain, je te conseille l'exposition de Thylacine. C'est un artiste de la scène électro. C'est très intéressant !
Amuse-toi bien à Paris !
À bientôt
Pablo

Production orale

Grille d'évaluation :

L'apprenant peut se présenter et répondre à quelques questions plus précises.	.... /2
L'apprenant peut exprimer des sensations.	.... /2
L'apprenant peut décrire des sensations ou donner des appréciations.	....../2
L'apprenant peut utiliser du lexique adapté à des situations courantes.	....../3
L'apprenant peut utiliser des structures grammaticales et de morphosyntaxe simples.	....../3
L'apprenant peut s'exprimer de façon suffisamment claire pour être compris.	....../3

Propositions de corrigé :

Partie 1 :

Je m'appelle Simon. Je suis cadre dans une entreprise de fabrication d'automobiles. J'ai 30 ans. Je suis passionné de voitures et je m'intéresse au sport, surtout au foot. En général, je suis surpris quand il y a des changements exceptionnels dans l'entreprise. Je n'ai pas peur des animaux, je n'ai pas peur de l'avion mais j'ai peur de la crise économique. Je me mets en colère quand le travail n'est pas fait ou quand il est mal fait.

Partie 2 :

Sujet 1 :

J'aimerais bien vivre dans la peau d'un animal. J'aimerais bien être un oiseau. Les oiseaux sont indépendants. Ils peuvent se déplacer souvent et rapidement. Ils peuvent vivre dans le ciel, sur terre et parfois sur l'eau. Je pense qu'ils ont plus de sensations que nous. Ils sont libres.

Sujet 2 :

J'aime bien David Roland. C'est un peintre qui habite à Angers. Il fait des tableaux très colorés avec des personnages et des fruits. J'apprécie les traits fins et les couleurs vives. Ses tableaux sont délicats et tendres. J'aime le tableau *Le collier*. La femme est très belle. Je ressens de la joie quand je regarde le tableau. Un de ses tableaux est chez Barack Obama, un autre chez Eva Longoria.

Partie 3 :

Sujet 1 :

- Alors ton séjour à Nantes ?
- C'était magnifique ! Je suis allé(e) aux Machines de l'Île. C'était vraiment impressionnant !
- Tu as vu le héron ?
- Oui ! Et l'éléphant et la chenille !
- C'était comment ?
- C'est extraordinaire mais parfois ça fait peur... L'éléphant est immense. Je suis monté(e) dans des machines qui volent et j'ai eu peur. Et la chenille, ça me dégoûte un peu...
- Tu me conseilles d'y aller ?
- Oui, vraiment ! C'est génial ! Je pense que c'est super d'y aller avec un groupe d'amis !

Sujet 2 :

- Alors Hugo, tu peux me donner des conseils pour visiter ta ville ?
- Oui, alors d'abord, je te conseille de visiter le château. Il est magnifique. Ce serait mieux d'y aller le matin, il y a moins de monde.
- D'accord. Et le midi, je mange où ?
- Il faut absolument goûter les spécialités de la région. Tu peux manger dans une guinguette. Il y a du bon poisson frais.
- Super ! J'adore le poisson. Et qu'est-ce que je peux faire l'après-midi ?
- Tu pourrais aller au musée de la ville. Il y a une collection de tableaux anciens et des sculptures immenses.

Transcriptions du test

Phonétique

1 Piste 13

1. la surprise

2. la déception

3. la tristesse

4. le désintérêt

5. une émotion

2 Piste 14

1. un visa

2. délice

3. toucher

4. odorat

5. déception

6. original

7. le pire

8. renseignement

9. éléphant

10. machine

Compréhension de l'oral

Piste 15

- Damien, qu'est-ce qui t'arrive ? Tu es tout blanc !
- Je déteste prendre l'avion... J'ai peur...
- Ah bon ? Je ne savais pas ! Tu vas voir, l'avion est grand, le décollage n'est pas très impressionnant.
- Je sais mais je ne suis pas à l'aise... Quand on vole, je ne peux pas voir le sol, ça m'inquiète. Et puis, il y a ce bruit au décollage et à l'atterrissage !
- Mais non, c'est extraordinaire de voler au dessus des nuages ! Tu devrais faire un peu de méditation.

UNITÉ 7

Comme disait mon grand-père...

Agir

OBJECTIFS

1. Parler d'un changement
2. Retrouver sa famille
3. Raconter son histoire

ATELIERS D'EXPRESSION

- Donner et prendre des nouvelles
- Raconter une histoire

Coopérer

PROJET CULTUREL

Partager la recette du bonheur

MISSION

Comme disait mon grand-père… notre famille aussi a ses secrets !

Apprendre

STRATÉGIES *p. 110-111*

S'EXERCER *p. 108, 109, 113, 139*

ÉVALUATION

- Bilan linguistique ***Cahier, p. 84-85***
- Préparation au DELF ***Cahier, p. 86-87***

Grammaire

- Passé composé et imparfait dans un récit au passé
- La cause et la conséquence
- Les indéfinis de quantité *quelques, chaque, tous, plusieurs*

CONJUGAISON

Le participe passé de *connaître, grandir* et *offrir*

Lexique

- La mode
- La famille
- Retrouver
- Des objets et des accessoires
- Décrire un objet

Phonétique

- La liaison
- Les voyelles [i], [e] et [ɛ]

Culture

- Le Festival international de la Mode en Afrique
- Extrait de : *La Cravate de Simenon*, de Nicolas Ancion
- Extrait de : Open luxe radio Maroc

Je suis une recette de grand-mère
Court métrage

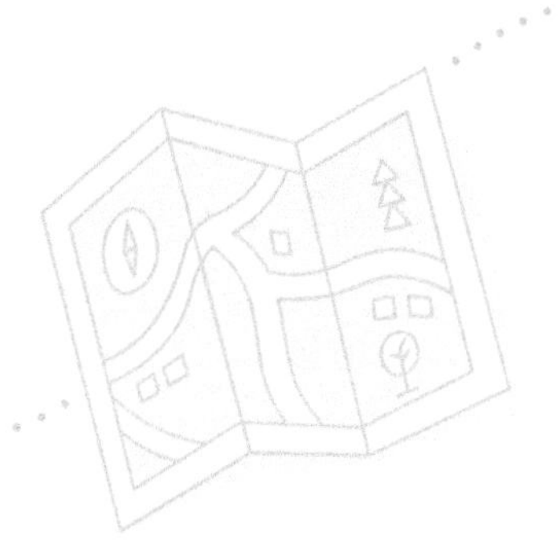

p. 100-101

OUVERTURE DE L'UNITÉ

page 100
⌛ 10 minutes

Titre de l'unité et illustration

- Montrer l'image et demander aux apprenants de la décrire.
- En faire déduire une forme de morale (ex. : « Quand on a la tête dans les nuages, on risque de ne pas voir la réalité. »)
- Lire le titre et expliquer que la morale qui a été déduite est peut-être une phrase qui se dit dans une famille.
- Montrer les points de suspension à la suite du titre.
- Laisser les apprenants réfléchir à trois idées habituelles dans leur famille.
- Corriger en laissant plusieurs apprenants faire des propositions.

Proposition de corrigé : Dans ma famille, on dit « La terre appartient à tout le monde. » On dit aussi que la porte doit toujours être ouverte et que rire vaut autant qu'un bifteck.

p. 102-103

Parler d'un changement

LA MINUTE PÉDAGOGIQUE

Il ne faut pas oublier que nos apprenants ne peuvent pas toujours être au maximum de leur concentration. Alors, on se détend !

PRÉPARER SA CLASSE

Préparer le matériel nécessaire pour réaliser les accessoires de l'activité 7 (cartons de couleur, feutres, ciseaux, bâtons ou pailles).

page 102
⌛ 10 minutes

Activité 1

- Montrer le document 1 et demander aux apprenants de le décrire.
- Lire les questions et laisser les apprenants répondre spontanément.
- Au tableau, écrire les mots qui indiquent des changements ou des pratiques.

Proposition de corrigé : J'ai déjà changé de coiffure. J'avais les cheveux très longs et je les ai coupés très courts. Je voulais changer de style et je trouvais que c'était plus élégant.

page 102
⌛ 5 minutes

Activité 2

- Montrer le document 2. Demander aux apprenants de décrire la coiffure et écrire le mot *tresses* au tableau.
- Demander aux apprenants ce qu'ils pensent de la coiffure. Écrire les adjectifs utilisés (*élégant, original…*).

Corrigé : Je pense que c'est une très belle coiffure, très élégante.

page 102
⌛ 10 minutes

Activité 3

ⓐ

- Lire la question et les propositions. Expliquer les mots nouveaux.
- Faire écouter le document et laisser les apprenants choisir une proposition.

Corrigé : mode et coiffure

b

- Laisser les apprenants lire les questions et faire écouter le document de nouveau.
- Corriger en écrivant les réponses au tableau.

Corrigé : **a.** C'est une coiffure. **b.** Les Africaines et des célébrités les portent. **c.** On peut les voir sur les réseaux sociaux, les podiums, dans les défilés, dans les émissions de téléréalité, dans les clips vidéo. **d.** Les Africaines pensent que c'est une coiffure commune. Les femmes en général trouvent que c'est moderne et sophistiqué.

Piste 65

- *Afrique, la vie ici. Afrique matin, on est bien.*
- Et dans *La vie ici*, aujourd'hui, on parle mode, coiffure même, avec vous. Sarah Codjo, bonjour !
- Bonjour Nathalie !
- Qu'on les appelle les *Senegalese Twist* ou les *Crown Rose*, les tresses africaines, Sarah, s'affichent de plus en plus, partout.
- Absolument, pour le plus grand bonheur des femmes, en fait. Les tresses africaines s'affichent maintenant sur les réseaux sociaux, sur les podiums des grands défilés, dans les émissions de téléréalité, et même dans les clips vidéo de plusieurs célébrités. Il faut savoir que la tresse africaine, c'est la jolie tresse qui, en opposition avec la tresse classique, demeure collée au crâne. Elle peut servir de base à des coiffures très sophistiquées, et il n'y a pas de limite en termes de longueur ou de couleur. [...] À la base, c'étaient des coiffures que nous trouvions, nous, les Africaines, très communes. Le fait de voir les célébrités afro-américaines les remettre au goût du jour de façon très moderne, ça a tout de suite entraîné un regain d'intérêt pour ce style de coiffures.

RFI

page 102
⌛ 5 minutes

Activité 4

- Montrer les adjectifs et demander aux apprenants de trouver les adjectifs contraires.
- Si nécessaire, faire écouter de nouveau le document.
- Corriger puis faire écouter le document avec la transcription.

Corrigé : démodé : moderne – classique, traditionnel : sophistiqué – original : commun.

page 102
⌛ 10 minutes

Activité 5

a

- Rappeler ce qu'est une liaison en donnant un exemple (*Nous avons un chien*). Écrire l'exemple au tableau, indiquer la liaison et lire l'exemple.
- Faire écouter les phrases et demander aux apprenants s'ils entendent une liaison.

Corrigé : **a.** oui **b.** non **c.** oui **d.** non **e.** oui **f.** non **g.** oui

Piste 66

Écoutez. Vous entendez la liaison ?
a. elles ont changé
b. les coiffures ont changé
c. on les appelle
d. ça revient à la mode
e. les Africaines
f. les tresses africaines
g. de belles inspirations

- Montrer les phrases, faire écouter de nouveau.
- Demander aux apprenants de repérer les verbes et les noms et d'observer à quel(s) moment(s) les liaisons sont faites.
- Corriger et expliquer la règle en montrant les exemples.

Corrigé : on fait la liaison avant le verbe mais pas après. On fait la liaison avant le nom mais pas après. Si un nom précède un verbe, on ne fait pas la liaison.

- Montrer les phrases et demander aux apprenants de retrouver les liaisons.
- Corriger et laisser les apprenants prononcer les phrases.

Corrigé : **a.** des coiffures originales **b.** de jeunes‿artistes **c.** elles‿évoluent **d.** les traditions évoluent

> cahier
Activités 4, 5 et 11, p. 77

page 102
⌛ **10 minutes**

Activité 6

- Constituer des groupes. Lire la question et laisser les groupes échanger.
- Écrire au tableau les mots utilisés par les apprenants pour parler de la mode.
- Corriger en invitant les apprenants à compléter la liste de mots et à les classer (accessoires, vêtements...).

Proposition de corrigé : Je pense que la mode change tout le temps mais il y a des éléments qui se répètent. Par exemple, c'est la mode des vêtements des années 80 donc on utilise des vêtements de cette époque et les couleurs mais on ajoute des accessoires plus modernes donc ce n'est pas tout à fait la même chose.

page 102
⌛ **10 minutes**

Activité 7

- Montrer l'image et demander aux apprenants de nommer les accessoires.
- Demander à chaque apprenant de choisir un accessoire et de le fabriquer.
- Inviter les apprenants à former des groupes et à prendre des selfies.
- Partager les selfies sur le réseau social de la classe.

Bonne pratique
Je fais faire l'activité « Se détendre » quand les apprenants ont besoin d'être dynamisés.

Proposer un temps d'échange en groupe « Vous avez décidé de faire un tatouage. Vous décrivez votre tatouage à votre voisin(e) et vous justifiez votre choix ».

page 103
⌛ **15 minutes**

Activité 8

- Demander aux apprenants de lire le texte du document 4 silencieusement en repérant les liaisons.
- Faire lire le texte à voix haute et corriger les erreurs de liaison.
- Montrer les questions et expliquer les expressions nouvelles (« source d'inspiration » = ce qui lui donne des idées, « Qu'est-ce qu'elle raconte à travers ses vêtements ? » = de quoi veut-elle parler avec ses vêtements ?).
- Laisser les apprenants répondre individuellement aux questions.
- Corriger en écrivant les réponses au tableau. Expliquer le sens du mot « talisman » et donner quelques informations sur les Berbères marocains.

Corrigé : **a.** Elle est née à Casablanca. **b.** Elle est styliste. **c.** Talisman. **d.** Sa source d'inspiration est son héritage berbère marocain. **e.** Elle raconte l'histoire du Maroc.

#culture

Amina Azreg est une designer et une artiste originaire de Casablanca. Après avoir suivi une formation dans la mode, elle décide de se détacher des principes « classiques » pour favoriser le lien entre la mode et le vécu. Elle s'intéresse donc aux techniques artisanales pour réaliser des vêtements de Haute-Couture.
Les Berbères forment une ethnie essentiellement présente en Afrique du Nord. Ils possèdent une culture qui se distingue de la culture arabe par ses croyances, ses festivals, ses vêtements. Les vêtements berbères diffèrent selon les tribus mais ils sont généralement amples avec le rouge et le noir comme couleurs dominantes.

page 103
⌛ **10 minutes**

Activité 9

- Montrer le tableau et lire les trois catégories.
- Constituer des binômes et laisser les apprenants compléter le tableau. Inciter les apprenants à relever les noms, les adjectifs, les verbes, les expressions.
- Mettre les réponses en commun.

Corrigé :
La mode : une marque, une collection, une artiste, créatrice, une styliste, s'inspirer de, un vêtement, l'originalité, une création.
La tradition : classique, trouver ses origines dans le passé, un héritage.
Le changement : changer de voie, évoluer, transformer.

> cahier
Activités 2 et 3, p. 76

page 103
⌛ 10 minutes

Les antonymes

- Lire les adjectifs de la partie « Observez » et montrer le symbole « ≠ ».
- Demander aux apprenants d'expliquer ce que signifie le symbole.
- Expliquer le mot « antonyme ».
- Lire les trois adjectifs de la partie « Appliquez » et demander aux apprenants de retrouver les antonymes dans le texte.
- Corriger.

Corrigé : futur ≠ passé – moderne ≠ traditionnel – déçu ≠ ravi

> cahier
Activité 8, p. 77

page 103
⌛ 10 minutes

Grammaire : Passé composé et imparfait dans un récit au passé

- Lire les trois phrases de la partie « Observez ».
- Au tableau, écrire *description, changement, continuité* et expliquer les trois mots avec un geste.
- Demander aux apprenants quelle phrase correspond à chaque situation.
- Demander aux apprenants quel mot aide à indiquer un changement, une continuité.
- Écrire les deux adverbes au tableau.

Corrigé : « Elle a finalement changé de voie » indique un changement. « Elle s'est toujours inspirée de son héritage » indique une continuité. « Le public était ravi » est une description.
« Finalement » aide à indiquer un changement, « toujours » aide à indiquer une continuité.

- Montrer que le passé composé sert à exprimer le changement ou la continuité et que l'imparfait sert à décrire.
- Lire l'exemple de la partie « Appliquez ». Montrer que les verbes à l'imparfait servent à décrire.
- Lire la consigne et laisser les apprenants écrire quelques phrases.
- Corriger en demandant à des apprenants de lire leur production et laisser les autres justifier le choix des temps.

Proposition de corrigé :
Avant, je voulais travailler dans une entreprise. Mais j'ai rencontré des étudiants étrangers et j'ai donné des cours de français. Finalement, j'ai décidé de devenir professeur.

Activités 6 et 7, p. 77

page 103
⌛ 10 minutes

Activité 10

- Demander aux apprenants s'ils connaissent des artistes qui ont changé de parcours, de discipline ou de style. Échanger pendant quelques minutes.
- Laisser les apprenants choisir un artiste et écrire quelques phrases pour raconter les changements dans sa vie.
- Demander aux apprenants de relire leur production et de vérifier qu'ils ont utilisé les temps appropriés.
- Ramasser pour corriger.

Proposition de corrigé : Claudio Capéo faisait de l'accordéon quand il était petit. À l'adolescence, il a changé de style de musique et il est entré dans un groupe de métal. Après le lycée, il est devenu menuisier. Finalement, il a participé à *The Voice* et il est devenu chanteur.

page 103

⌛ 15 minutes

Activité 11

- Au tableau, écrire les éléments obligatoires : *Un jour, ... – ... toujours... – Soudain, ... – Finalement, ...*
- S'assurer que les apprenants comprennent le sens de « soudain ». Demander aux apprenants quel temps doit être utilisé avec chaque expression.
- Constituer des groupes et expliquer la consigne.
- Laisser les apprenants imaginer l'histoire puis demander à chaque groupe de raconter son histoire.

Proposition de corrigé : Un jour, j'étais dans mon jardin. Je faisais toujours ma sieste dans le jardin. Soudain, j'ai senti quelque chose de chaud à côté de moi. C'était le chat du voisin. Finalement, j'ai fini ma sieste avec le chat.

> cahier
Activités 1, 9 et 10, p. 76 et 77

p. 104-105

Retrouver sa famille

LA MINUTE PÉDAGOGIQUE

Et si les apprenants répondaient à votre place ? Quand un apprenant pose une question, bien penser à la renvoyer à la classe : cela permet de favoriser la prise de parole et de rendre la classe active !

page 104

⌛ 5 minutes

Bonne pratique
Si un étudiant ne comprend pas le lien entre l'image et la question, je demande aux autres de le lui expliquer.

Activité 1

- Montrer le document 1 et demander aux apprenants de le décrire.
- Faire remarquer que les deux chaussettes sont différentes ainsi que les doigts de chaque chaussette. Demander aux apprenants s'ils portent ce genre de chaussettes.
- Lire les questions. Expliquer la construction du verbe « ressembler ».
- Laisser les apprenants réagir librement.

Proposition de corrigé : Physiquement, je ressemble beaucoup à ma sœur et à ma mère. Pour mon caractère, je ressemble beaucoup à mon père.

page 104

⌛ 5 minutes

Activité 2

- Montrer le document 2 et aider les apprenants à le décrire. Faire remarquer la situation (test scientifique), les personnages, les médicaments...
- Lire les trois lettres et demander aux apprenants ce qu'est un test ADN et à quoi ça sert.
- Laisser les apprenants répondre librement.

Corrigé : Un test ADN sert à connaître ses gênes, ses origines.

page 104

⌛ 15 minutes

Activité 3

- Faire écouter le document. Demander aux apprenants combien de voix ils ont entendues.
- Laisser les apprenants lire les questions et proposer une deuxième écoute.
- Demander aux apprenants d'écrire une réponse pour chaque question. Si nécessaire, proposer une autre écoute.
- Corriger.
- Faire écouter le document une dernière fois en lisant la transcription.

Corrigé : a. Il a grandi avec sa mère. **b.** Il voulait retrouver son père. **c.** Son fils lui a offert un test ADN. **d.** Il a retrouvé plus de 430 cousins, sa famille au Texas, son oncle et sa tante.

Piste 67

J'ai grandi avec ma mère. Mon père, c'était un soldat américain. Je ne l'ai jamais connu... À la naissance de mes enfants, j'ai voulu le retrouver. J'ai passé des coups de téléphone, et plus tard, j'ai cherché sur Internet et sur les réseaux sociaux, mais rien. Et un jour, pour mon anniversaire, mon fils m'a offert un test ADN. J'ai fait le test et je l'ai envoyé aux États-Unis. En quelques mois, j'ai retrouvé plus de 430 cousins. Certains m'ont aidé et ils ont retrouvé ma famille au Texas ! Et après, j'ai appris que mon père avait un frère et une sœur : mon oncle et ma tante. Alors, je suis allé sur place rencontrer cette famille. Ça m'a pris 20 ans, ça a été difficile, mais j'ai réussi, j'ai vraiment de la chance !

page 104
5 minutes

Quelques participes passés

- Lire les exemples de l'encadré.
- Souligner la différence de prononciation.
- Demander aux apprenants s'ils connaissent d'autres participes passés irréguliers.
- Faire une liste au tableau.

> cahier
Activité 3, p. 78

page 104
5 minutes

Activité 4

- Constituer des binômes et demander aux apprenants de lister le maximum de noms des membres d'une famille.
- Si nécessaire, donner un ou deux exemples.
- Indiquer que le temps est limité et laisser les apprenants faire la liste.
- Interrompre les apprenants après quelques minutes.
- Corriger en rappelant les liens familiaux.

Corrigé : un oncle, une tante, un fils, un cousin...

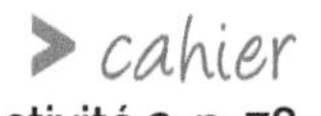
Activité 2, p. 78

Constituer des binômes. Demander à un des apprenants de décrire un lien familial (c'est le fils de ma sœur) et laisser l'autre nommer le nom du membre (ton neveu).

page 104
15 minutes

Activité 5

- Écrire les trois sons au tableau et les lire.
- Lire la consigne et insister sur le fait qu'on s'intéresse au son à la fin du verbe.
- Faire écouter le document et laisser les apprenants choisir le son qu'ils entendent.
- Corriger en réécoutant les propositions.

Corrigé : **a.** [i] – **b.** [e] – **c.** [i] – **d.** [i] – **d.** [ɛ]

Piste 68

Les voyelles [i], [e] et [ɛ]
Écoutez. Vous entendez quel son à la fin des verbes : [i] ? [e] ? [ɛ] ?
a. j'ai grandi
b. j'ai retrouvé
c. j'ai réussi
d. j'ai appris
e. il m'a offert

- Faire écouter les sons et laisser les apprenants les prononcer.
- Montrer la position commune aux trois sons.
- Lire les propositions concernant l'ouverture de la bouche et laisser les apprenants associer une ouverture à un son.
- Corriger.

Corrigé : **b.** [i] – [e] – [ɛ]

Piste 69

Les voyelles [i], [e] et [ɛ]
Écoutez, prononcez et observez les sons [i], [e], [ɛ].

 c

En binôme, lire la consigne et laisser les apprenants lister les membres de la famille qui contiennent un des deux sons.

Corrigé : [i] : fille, cousine, nièce, petite-fille – [ɛ] : père, mère, grand-père, grand-mère, frère

> cahier
Activités 5 et 6, p. 79

page 104
10 minutes

Activité 6

- Constituer des groupes.
- Lire la consigne. Rappeler ce qu'est un arbre généalogique.
- Laisser les apprenants échanger.
- Demander aux apprenants de choisir une information intéressante dans chaque groupe et la transmettre à la classe.

Proposition de corrigé : J'ai déjà cherché à retrouver mes origines. D'abord, j'ai cherché dans les albums photos et j'ai demandé à mes parents et grands-parents. Ensuite, j'ai fait un arbre généalogique.

page 104
10 minutes

Activité 7

- Montrer la photo et demander aux apprenants quel est le lien entre les deux personnes.
- Lire l'amorce de phrase et demander aux apprenants d'imaginer la fin.
- Laisser les apprenants lire leur phrase à la classe et leur demander de choisir celle qu'ils préfèrent.

Proposition de corrigé : Comme disait mon grand-père, pour mieux comprendre, il faut écouter.

page 105
5 minutes

Activité 8

- Montrer le document 4. Demander aux apprenants d'observer la photo et de lire le titre, puis de répondre à la question.
- Leur demander d'imaginer à quoi peut servir ce réseau social.
- Corriger.

Corrigé : C'est un réseau social pour les familles.

Lire la question et laisser les apprenants répondre librement.

Proposition de corrigé : Je n'utilise pas cette application. Je préfère utiliser une page commune avec les membres de ma famille sur un réseau social plus général.

page 105
15 minutes

Activité 9

 a

- Demander aux apprenants de lire le premier paragraphe du texte et de choisir si les propositions sont vraies ou fausses.
- Laisser les apprenants comparer leurs réponses en binômes.
- Corriger. Expliquer les mots-clés (*généalogie, arbre généalogique, garder contact, donner des nouvelles*).

Corrigé : a. Faux (pour son grand-père) **b.** Faux (C'était pour partager des documents sur la généalogie.) **c.** Vrai

- Laisser les apprenants lire le dernier paragraphe et répondre à la question.
- Si nécessaire, reformuler les services.

Corrigé : Retrouver des membres de sa famille, prendre des nouvelles, échanger des photos, retrouver une adresse ou un numéro de téléphone.

> *cahier*
Activité 4, p. 79

page 105
⌛ **15 minutes**

Grammaire : La cause et la conséquence

- Lire les phrases de la partie « Observez ».
- Expliquer « cause » et « conséquence » en montrant une image (par exemple, une glace qui fond à cause du soleil) et indiquer la cause et la conséquence sur l'image (le soleil = la cause, la glace fond = la conséquence).
- Montrer les expressions en gras dans les phrases et demander aux apprenants quelles expressions indiquent une cause et quelles expressions indiquent une conséquence.
- Demander aux apprenants quelles expressions s'utilisent avec un verbe, un nom et écrire les structures au tableau.
- Demander aux apprenants s'ils connaissent d'autres expressions de cause et conséquence.
- Lire les amorces de la partie « Appliquez » et laisser les apprenants les compléter.
- Corriger en écrivant plusieurs propositions au tableau.

Corrigé : Cause : C'est grâce à mon grand-père. – **Conséquence :** Je voulais donc lui permettre de créer un arbre généalogique. – Alors, pour se donner des nouvelles, c'était l'idéal. – C'est pourquoi j'ai créé Famicity.
Grâce à + nom – donc + verbe – Alors + verbe – C'est pourquoi + verbe
Autres expressions : à cause de, parce que
Je garde contact avec ma famille grâce aux mails.
J'aime ma famille donc je téléphone souvent.
J'aime ma famille parce qu'elle me soutient toujours.

> **Bonne pratique**
> *Je laisse les apprenants s'expliquer entre eux ce qu'ils ont compris avant de donner des réponses.*

> *cahier*
Activités 7 et 8, p. 79

Proposer une activité de production écrite : « Vous écrivez à Amina Azreg pour lui demander de la rencontrer. Vous donnez les raisons pour lesquelles vous souhaitez cette rencontre. »

page 105
⌛ **10 minutes**

Activité 10

- Constituer des binômes.
- Expliquer la situation.
- Ensemble, rappeler les expressions de cause et de conséquence.
- Laisser les apprenants échanger.
- Corriger en écrivant des phrases de cause et de conséquence au tableau.

Proposition de corrigé : J'ai perdu mon cousin de vue à cause d'un désaccord. On a arrêté de s'écrire. C'est pourquoi il ne vient plus aux réunions de famille.

page 105
⌛ **15 minutes**

Activité 11

- Dire à la classe « Vous êtes tous cousins ! ».
- Puis, expliquer qu'ils se retrouvent sur Famicity et racontent leurs souvenirs chez leurs grands-parents.
- Ensemble, faire une liste de souvenirs heureux.
- Demander à chaque apprenant de choisir un souvenir et de le raconter à l'écrit.
- Rassembler tous les souvenirs pour constituer un carnet de souvenirs.

Proposition de corrigé : Je me souviens qu'on adorait écouter les Forbans et on chantait. Mamie nous découpait des guitares dans du papier. Xavier et Antoine mettaient leurs baskets. Ils déplaçaient les bancs pour faire une scène et ils chantaient *Chante*.

> *cahier*
Activités 1, 9, 10 et 11, p. 78 et 79

SITUATION 3 Raconter son histoire

LA MINUTE PÉDAGOGIQUE

Construire l'apprentissage, c'est se servir d'outils ! Les outils de la classe sont présents dans la méthode et sont là pour être utilisés. Allez faire un tour page 135 !

PRÉPARER SA CLASSE

Pour l'activité 3, créer un espace « Exposition » dans la classe. Aligner des tables sans chaise avec un espace suffisant pour pouvoir passer autour.

page 107
⌛ 10 minutes

Activité 1

- Montrer le logo de travail individuel.
- Montrer le document.
- Laisser les apprenants lire et répondre aux questions.
- Corriger en montrant les informations sur le document.

Corrigé :
ⓐ une peinture, une plante verte, une statuette, une mandoline, des perles et boutons, un foulard, une assiette, un bracelet.
ⓑ C'est un musée personnel. C'est à Sarah Tailliez, une psychologue du travail. Ça sert à raconter son histoire.
ⓑ art : 1, 3 – accessoires de mode : 5, 6, 8 – nature : 2 – vie quotidienne : 4, 7

page 107
⌛ 20 minutes

Activité 2

ⓐ
- Constituer des groupes.
- Montrer les images des objets et lire la question. Laisser les apprenants échanger.

Proposition de corrigé : La mandoline est l'objet qui me rappelle le plus de souvenirs. J'en ai utilisé une quand je voyageais mais j'avais oublié cet objet.

ⓑ et ⓒ
- Expliquer la consigne de la question ⓑ, puis lire la consigne de la partie ⓒ.
- Laisser les apprenants faire les activités.
- Corriger en demandant aux apprenants de justifier leurs choix.

Corrigé : famille : 5, 6, 7, 8 – voyage : 3, 4 – amis : 1 – maison : 2.
1. Familial **2.** Naturel **3.** Traditionnel **4.** Pratique **5.** Coloré **6.** Nostalgique **7.** Ancien **8.** Précieux.

page 107
⌛ 30 minutes

Activité 3

ⓐ
- Écrire les éléments au tableau : *forme, couleur, taille, matière, origine, importance.*
- Pour chaque objet, demander aux apprenants de le décrire à l'oral.
- Écrire les mots nouveaux au tableau.

Proposition de corrigé : 1. C'est une peinture avec des formes géométriques, beaucoup de couleurs (vert, rose, rouge, bleu…). Elle vient d'une amie. – Pour Sarah, c'est important parce que ça représente sa famille. **2.** C'est un petit objet vert. Ce sont des plantes. – Pour Sarah, c'est important parce qu'elle n'a pas de jardin ni de balcon. **3.** C'est une petite statue en bronze qui vient d'Inde. – C'est important pour Sarah parce qu'elle aime l'Inde. **4.** C'est un objet en bois et en métal, rectangulaire, qui vient de Malaisie. – Pour Sarah, c'est très utile. **5.** Ce sont des petits objets de toutes les tailles et toutes les formes. Ils viennent des brocantes et vide-greniers. – C'est important pour Sarah parce qu'elle aime faire des bijoux avec pour ses proches. **6.** C'est en soie. Il vient de sa grand-mère. – Pour Sarah, c'est important parce que ça lui rappelle sa grand-mère. **7.** C'est un objet rond en porcelaine. Il vient de son arrière-grand-mère. – C'est important pour Sarah parce que ça lui rappelle sa famille. **8.** C'est un objet en bois. Il vient de son mari. – C'est important pour Sarah parce que ça lui rappelle la naissance de son fils.

b

- Demander aux apprenants de décrire un objet important pour eux.
- Leur laisser quelques minutes pour indiquer sa forme, sa couleur, sa matière, son origine.

Proposition de corrigé : C'est un bracelet en argent. Il y a deux anneaux qui sont attachés. Il est très fin. C'est mon mari qui me l'a offert pour Noël. Il l'a choisi seul et il l'aime beaucoup. C'est un bracelet que je porte tous les jours. J'ai quelques bracelets mais celui-ci, c'est mon mari qui me l'a offert. Je n'ai aucun autre bijou en argent.

c

Bonne pratique
J'invite les apprenants à lister ensemble les adjectifs connus pour parler des formes, couleurs, etc.

- Si possible, demander aux apprenants d'apporter réellement l'objet en classe ou de le dessiner.
- Disposer les objets ou les dessins avec leur description, sur les tables.
- Laisser les apprenants admirer l'exposition.
- Demander à chaque apprenant de raconter l'histoire de l'objet.
- Encourager les apprenants à utiliser les pronoms indéfinis.

> cahier
Activités 1 et 2, p. 81

page 107
15 minutes

Grammaire : Les indéfinis de quantité

- Lire les phrases de la partie « Observez ».
- Montrer le tableau de la partie « Réfléchissez » et laisser les apprenants le compléter.

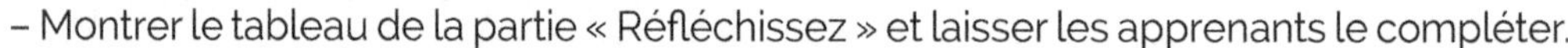

- Corriger en demandant aux apprenants de remplacer les indéfinis de quantité par un nombre ou une expression plus concrète (par exemple, dans chaque pièce = dans le salon, dans la chambre... ; quelques années = deux ou trois ans...).

Corrigé : aucun : une quantité nulle – quelques : une quantité faible – plusieurs : une quantité plus importante – tous : une totalité.
« Aucun » et « tout » s'accordent. « Chaque » est au singulier. « Plusieurs » et « quelques » sont au pluriel.

Bonne pratique
J'invite les apprenants à aller faire un tour page 143.

- Demander aux apprenants quels pronoms changent au féminin, au masculin, au singulier et au pluriel.
- Écrire les différentes formes au tableau.
- Montrer la partie « Appliquez » et laisser les apprenants compléter les phrases.
- Corriger en attirant l'attention sur les accords.

Corrigé : chaque création – toutes les pièces – plusieurs défilés – quelques cousins – aucune cousine.

page 107
5 minutes

La négation

- Lire la phrase d'exemple et l'équivalence.
- Demander aux apprenants de choisir deux mots d'une même catégorie et de construire une phrase en utilisant « ni... ni... ».

Choisissez une célébrité. Imaginez son musée personnel et présentez-le à votre voisin(e).

> cahier
Activités 3 et 4, p. 81

LAB' LANGUE & CULTURE

page 108
⌛ 15 minutes

Culture

- Montrer la photo et laisser les apprenants la décrire.
- Lire la consigne.
- Laisser les apprenants lire le texte silencieusement et répondre aux questions.
- Demander à un apprenant de lire le texte à voix haute.
- Écrire ensemble les réponses aux questions.

Corrigé : Le FIMA est le Festival international de la Mode en Afrique. C'est en Afrique. Les créateurs de mode africains participent. Les représentants du monde des arts et des journalistes du monde entier y assistent.

- Lire la question dans la bulle.
- Laisser les apprenants réagir et raconter leur expérience.

Proposition de corrigé : Je suis déjà allé à un festival sur le Moyen Âge. Il y avait des vêtements du Moyen Âge et des objets de la vie quotidienne à cette époque. On pouvait voir les armes et les activités du Moyen Âge.

#culture

Le FIMA est un festival de mode initié par Alphadi en 1998. Le but du festival est à la fois de faire connaître la mode africaine sur les différents continents et de mettre en valeur des sites reconnus par l'UNESCO. Le festival a principalement lieu au Niger mais pas exclusivement.

page 108
⌛ 10 minutes

Langue 1

- Lire le contexte de l'activité.
- Ensemble, rappeler les expressions de cause et de conséquence.
- Laisser quelques minutes aux apprenants pour écrire des phrases.
- Corriger en écrivant des propositions au tableau.

Proposition de corrigé : La mode africaine n'est pas très connue, c'est pourquoi je voulais que les Occidentaux viennent en Afrique pour la découvrir.
Les créateurs africains font des vêtements magnifiques alors je veux les montrer au monde entier.
J'ai créé le FIMA parce que la mode n'est pas seulement occidentale.

page 108
⌛ 15 minutes

Langue 2

- Expliquer aux apprenants qu'ils participent à un défi photo sur un réseau social.
- Leur demander de choisir une photo, si possible dans leur téléphone portable.
- Constituer des groupes.
- Laisser les apprenants raconter l'histoire de la photo et expliquer pourquoi elle est importante pour eux.
- Corriger les erreurs dans le choix entre le passé composé et l'imparfait.

Proposition de corrigé : J'ai choisi une photo avec Renate. Avant, j'habitais à Berlin dans une famille allemande. Quand je suis allée à Berlin l'été dernier, j'ai revu Renate, la mère de la famille. J'ai toujours gardé contact avec elle. J'étais très heureuse de la revoir. On a fait un selfie.

page 108
⌛ 10 minutes

Langue 3

- Demander aux apprenants de citer différentes sortes de festivals et les écrire au tableau.

- Dire aux apprenants qu'ils sont journalistes et qu'ils doivent présenter un festival qui a lieu dans leur ville.
- Ensemble, citer des pronoms indéfinis et encourager les apprenants à les utiliser.
- Laisser quelques minutes aux apprenants pour écrire la présentation.
- Ramasser pour corriger.

Proposition de corrigé : Chaque année a lieu à Angers un festival de spectacles de rue. Toutes les animations sont gratuites. Chaque artiste a sa spécialité. On peut voir plusieurs comédiens, quelques chanteurs, de nombreux artistes du cirque.

page 108

⌛ 10 minutes

1 minute pour lire

- Laisser les apprenants lire l'extrait sans dictionnaire et pour le plaisir.
- Lire le texte à voix haute et présenter la source.
- Demander aux apprenants de retrouver les verbes conjugués à l'imparfait.
- Corriger.

Corrigé : étais – avions – avaient – passaient – voyais – détestait – préférait – avait – était - étaient

#culture

Nicolas Ancion est un écrivain belge qui a débuté par l'écriture de pièces de théâtre et de nouvelles. Il a été primé plusieurs fois puis a rédigé son premier roman *Ciel trop bleu*. Il a de nouveau été récompensé en 2009 pour *L'homme qui valait 35 milliards*. Il a aussi écrit plusieurs recueils de poésies. Lors de la Foire du Livre de Bruxelles en mars 2010, il se fait enfermer pendant 24 heures pour écrire un roman policier en direct que le public peut consulter en temps réel sur le web.

page 109

⌛ 10 minutes

Podcast

- Montrer les questions et faire écouter le podcast.
- Laisser les apprenants trouver les informations principales du podcast.
- Corriger en écrivant les réponses au tableau.

Corrigé : On parle de Hedi Slimane, un créateur de mode.
En 2000, il intègre une grande maison de couture française (Dior). En 2007, il devient photographe. En 2012, il est à la tête des collections de prêt-à-porter chez Yves-Saint-Laurent. Aujourd'hui, il a le contrôle de tous les aspects d'une des marques de LVMH.

Piste 70

Bonjour à tous et bienvenue dans votre magazine mode [...]
Aujourd'hui, je vous propose de découvrir un créateur qualifié de virtuose de l'esthétique : Hedi Slimane. Très tôt, il va marquer la mode par son approche visionnaire faite de noir, de blanc, et de lignes cintrées. De son travail naît une nouvelle vision de la mode masculine, androgyne [...]
En 2000, Hedi Slimane intègre la célèbre maison de couture française de l'avenue Montaigne et prend la direction artistique de la collection Homme. De son travail naît une nouvelle vision de la mode masculine, un nouveau vestiaire qui s'inspire de l'allure longiligne de groupes de rock naissants [...]
En 2007, il quitte la maison de couture pour laquelle il travaille et devient photographe à part entière [...]
Mais en mars 2012, Hedi Slimane est nommé à la tête des collections de prêt-à-porter chez le créateur Yves-Saint-Laurent [...]
Aujourd'hui, le groupe LVMH offre à Hedi Slimane le contrôle global de tous les aspects d'une de ses marques. De la création de produits aux campagnes publicitaires, en passant par l'architecture des boutiques.

Radio Luxe

- Faire relever l'expression qui introduit le sujet « Aujourd'hui, je vous propose de découvrir… » et l'écrire au tableau.
- Demander aux apprenants de choisir un artiste et de sélectionner quatre moments importants de sa vie.
- Les laisser chercher ou demander le vocabulaire important pour présenter l'artiste (notamment les verbes-clés ou les mots liés à la profession de l'artiste).

- Laisser les apprenants pratiquer leur présentation et leur demander de s'enregistrer.
- Partager les podcasts sur le réseau social de la classe.

Proposition de corrigé : Aujourd'hui, je vous propose de découvrir Faïza Bouguessa. Cette styliste franco-algérienne dessine des vêtements aux couleurs sobres mais élégantes pour des princesses et des célébrités. Quand elle était enfant, elle regardait sa grand-mère coudre. Plus tard, elle est devenue hôtesse de l'air. Il y a quelques années, elle a décidé de changer de voie et elle a ouvert une maison de couture. Aujourd'hui, elle est devenue célèbre et elle vend ses vêtements dans le monde entier.

page 109

⌛ 5 minutes

Expression francophone

- Montrer l'image et inviter les apprenants à la décrire.
- Lire l'expression et les propositions. Laisser les apprenants choisir une proposition.
- Montrer le drapeau et demander aux apprenants de retrouver le pays.
- Corriger.

Corrigé : Faire comprendre, expliquer quelque chose à quelqu'un – France

page 109

⌛ 10 minutes

La fabrique des sons

- Montrer la couverture du livre.
- Demander aux apprenants de lire le titre et si c'est écrit correctement.
- Faire repérer l'erreur et laisser les apprenants chercher pourquoi on a ajouté un « Z ».
- Au tableau, écrire *les héros* et *les zéros*.
- Demander aux apprenants de lire les deux expressions.
- Faire remarquer qu'avec le « h » aspiré, on ne fait pas la liaison.

Corrigé : On écrit *les Zenfants* pour marquer la liaison mais c'est incorrect. « Les héros » et « les zéros » ne se prononcent pas de la même manière parce qu'on ne fait pas la liaison.

page 109

⌛ 10 minutes

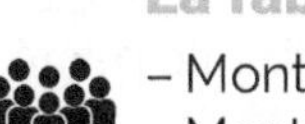

La fabrique des verbes

- Montrer le verbe « rappeler ».
- Montrer les deux expressions associées et demander aux apprenants s'ils connaissent la différence.
- Les laisser réfléchir à d'autres expressions qui utilisent le même verbe.
- Corriger en expliquant le sens des expressions.

Bonne pratique
J'invite les apprenants à aller faire un tour page 156.

Corrigé : Rappeler quelqu'un = appeler quelqu'un qui a déjà téléphoné – se rappeler quelqu'un = se souvenir de quelqu'un.
Se souvenir de quelque chose : penser à quelque chose du passé.
Rappeler quelque chose = parler de quelque chose qu'on avait oublié – rappeler à l'ordre = donner un avertissement.

page 109

⌛ 15 minutes

Vidéo lab'

PROJET

- Montrer la vidéo.
- Demander aux apprenants de retrouver le titre de la vidéo, l'activité que les deux femmes font ensemble et leur sentiment à la fin de l'histoire.

▶ À deux
- Au tableau, écrire *Recette du bonheur*.
- Constituer des binômes et expliquer le contexte.
- Laisser les apprenants faire une liste d'activités pour être heureux.
- Leur demander de préparer un monologue pour faire la vidéo. Les inviter à ajouter des gestes ou d'autres éléments.
- Les laisser se filmer avec leur téléphone portable.

Proposition de corrigé : La recette du bonheur, c'est de profiter de chaque odeur, chaque paysage, chaque bruit, chaque sensation. Il faut respirer les fleurs, croquer dans des fruits frais, toucher les arbres. Profitez de la pluie et du soleil. Faites les choses qui vous font plaisir avec les gens que vous aimez !

▶ **Ensemble**
- Choisir un membre de la classe pour choisir les cinq choses les plus importantes pour la recette de la classe.
- Visionner les vidéos et laisser les apprenants réagir.

Proposition de corrigé : La recette de la classe : sortir entre amis, parler français, jouer, rire, manger de bonnes choses.

p. 110-111

Ateliers Donner et prendre des nouvelles

page 110

⌛ 10 minutes

Activité 1

- Montrer les documents 1 et 2.
- Lire les questions **a.** à **c.**, les unes après les autres et laisser les apprenants répondre à l'oral.
- Demander aux apprenants de justifier leurs réponses.
- Au tableau, écrire les mots nouveaux.

Corrigé : a. Le document 1 rappelle le passé. Le document 2 rappelle le présent. **b.** Le petit garçon appelle quelqu'un. Il crie dans un haut-parleur. Il veut peut-être prendre des nouvelles de quelqu'un. **c.** Les deux hommes font un selfie ou communiquent à distance avec quelqu'un.

page 110

⌛ 15 minutes

Activité 2

- Montrer l'encadré « Apprendre ». Lire l'exemple et expliquer la stratégie.
- Demander aux apprenants de lire les questions et d'anticiper les réponses.
- Faire écouter le document 3.
- Laisser les apprenants écrire les réponses.
- Si nécessaire, proposer une deuxième écoute.
- Corriger.

Corrigé : a. Ils ne se sont pas vus depuis 10 ans. **b.** Margot dit qu'elle est mariée, qu'elle a une petite fille et qu'elle a changé de travail, elle est devenue journaliste. David dit qu'il est toujours comédien et qu'il a divorcé mais il est fiancé. **c.** David dit « Félicitations » et « C'est génial ». – Margot dit « Mince ! ».

Piste 71

- Allô Margot !
- Oui ?
- C'est David, tu te rappelles ?
- David ! Oh là là, mais ça fait longtemps !
- Oui, ça fait dix ans... Alors, quoi de neuf ?
- Ben, ça va. Il y a eu beaucoup de changements depuis 10 ans.
- Dis-moi tout !
- Eh bien, je suis mariée, et maman d'une petite Rose.
- Félicitations !
- Merci, et j'ai une bonne nouvelle... J'ai changé de travail, je suis devenue journaliste, mon rêve d'adolescente, tu te souviens ?
- Oui, mais c'est génial !
- Et toi alors, qu'est-ce que tu deviens ?
- Je suis toujours comédien. Après, j'ai une bonne et une mauvaise nouvelle.
- La mauvaise d'abord !
- Avec Louise, on a divorcé.
- Ah mince !
- Mais j'ai rencontré quelqu'un et je suis fiancé...

page 110

⏳ 10 minutes

Activité 3

- Constituer des groupes.
- Lire la question et l'expliquer si nécessaire.
- Laisser les groupes échanger librement. Inciter les apprenants à donner des détails.

Proposition de corrigé : J'aime prendre des nouvelles de mes proches. C'est très important pour moi. J'appelle mes parents et ma sœur plusieurs fois par semaine. On parle du travail, de la famille, de nos lectures.

page 110

⏳ 5 minutes

Donner et prendre des nouvelles

- Lire l'encadré « Donner et prendre des nouvelles ».
- Expliquer les expressions nouvelles (Je suis en congé = en vacances ; il est guéri = il n'est plus malade).

page 110

⏳ 15 minutes

Activité 4

- Constituer des groupes.
- Lire les trois situations et s'assurer que les apprenants les comprennent bien.
- Constituer des binômes et laisser les apprenants imaginer la conversation.
- Demander à des volontaires de présenter le dialogue devant la classe.

Propositions de corrigé :

Situation 1 :

- Ah ! Muriel ! ça fait longtemps !
- Julien ! ça fait au moins 10 ans !
- Oui ! Qu'est-ce que tu deviens ?
- Tu vois, j'habite toujours à Nantes. Tu travailles toujours à la gare ?
- Non, j'ai changé de voie il y a deux ans. Maintenant, je suis conducteur de bus. J'adore ça !
- Génial ! Tu es toujours en contact avec Sébastien ?
- Oui, je le vois souvent mais il a déménagé à Cholet. Il s'est marié l'année dernière.
- Ah, c'est super !
- Et toi ?
- Moi, je me suis mariée et j'ai deux enfants.
- Félicitations !

Situation 2 :

- Allô ?
- Stéphanie, c'est Julie.
- Ah, Julie ! Tu vas bien ?
- Oui, très bien. Comment ça va à Sapporo ?
- Super ! Il fait froid mais les paysages sont magnifiques et les gens sont très chaleureux.
- J'ai une bonne nouvelle.
- Oui ?
- Oui… Je suis en congé le mois prochain et je pense venir te voir !
- Super !

Situation 3 :

- Emma ?
- Salut, tu vas bien ?
- Oui et toi ?
- Oui… J'ai une grande nouvelle à t'annoncer…
- Ah bon ? Qu'est-ce que c'est ?
- Je suis enceinte !
- C'est pas vrai ! Félicitations ! Tu as appelé les parents ?
- Non, pas encore.
- Je suis vraiment contente pour toi !

Ateliers Raconter une histoire

page 111
15 minutes

Activité 1

- Montrer l'image.
- Demander aux apprenants de la décrire, puis d'imaginer dans quel pays elle a été prise et qui peut vivre dans ce paysage.
- Demander aux apprenants de s'asseoir en cercle pour créer une ambiance de veillée.
- Lire le conte en jouant sur l'intonation pour faire sentir l'ambiance aux apprenants.
- Laisser les apprenants lire les questions et expliquer les mots difficiles (initiale = du début ; résoudre = trouver une solution ; imprévus = non programmés).

- Constituer des binômes et laisser les apprenants chercher les informations dans le texte.
- Corriger en expliquant les mots difficiles.

Corrigé :

Les personnages sont un génie, Makembé, la grand-mère de Makembé, des fourmis, une tortue.

Situation initiale : Le village est malheureux. – **Le problème** : un génie empêche les enfants de naître. – **La décision prise pour résoudre le problème** : Makembé va chercher l'arc magique. – **Les événements imprévus** : il est attaqué par des fourmis géantes, la tortue lui donne une poudre magique, un arbre s'est envolé. – **La situation finale** : il y a plus d'enfants dans le village et on les respecte.

page 111
10 minutes

Activité 2

- Lire la question et écrire ensemble les éléments utiles pour raconter une histoire.
- Montrer à quel moment ils sont utilisés dans le texte.

Corrigé : « Il était une fois... », « Un jour, ... » , « Le lendemain », « Finalement,... », « Depuis ce jour ». – On utilise le passé composé et l'imparfait.

page 111
15 minutes

Activité 3

Écrire les différentes étapes au tableau et demander aux apprenants d'écrire quelques informations pour chaque étape.

Proposition de corrigé : Situation initiale : une famille pauvre dans un petit village – **Problème** : pas suffisamment à manger – **Événements imprévus** : rencontre un lapin blessé dans la forêt – rencontre un corbeau – **Situation finale** : de l'argent qui pousse dans les bambous.

- Lire l'encadré « Apprendre ».
- Demander aux apprenants de faire un brouillon, de classer leurs idées, de choisir les temps et les éléments importants.
- Les laisser rédiger leur histoire.
- Ramasser pour corriger.
- Partager les productions sur le réseau social de la classe.
- Laisser les apprenants les lire et réagir.

Proposition de corrigé : Il était une fois une famille pauvre dans un petit village. La famille n'avait pas suffisamment à manger alors, le fils a décidé de partir chercher du travail dans une autre ville. Il a marché longtemps. Un jour, dans la forêt, il a rencontré un lapin blessé. Il n'a pas voulu manger le lapin. Il l'a soigné et l'a aidé à repartir dans la forêt. Le lendemain, il a rencontré un corbeau. Le corbeau lui a piqué l'épaule. Le jeune homme a essayé de fuir mais il est tombé contre un bambou. Le bambou s'est cassé et il a trouvé de l'argent à l'intérieur. Il a pris l'argent et le corbeau a pris une pousse de bambou et l'a mise dans sa main. Il est reparti chez lui avec l'argent et a planté la pousse de bambou. Depuis ce jour, l'homme fait pousser des bambous et quand il a besoin d'argent, il en coupe un.

page 111

⌛ 20 minutes

Activité 4

- Montrer les différents types de cartes et écrire au tableau à quoi correspond chaque couleur.
- Constituer un groupe pour donner un exemple.
- Piocher une carte de chaque catégorie et les disposer sur la table. Poser toutes les cartes « actions » sur la table.
- Commencer à raconter l'histoire à partir d'une des cartes. Montrer à quelle carte correspond le début de l'histoire.
- Demander à un apprenant de choisir une carte et de continuer l'histoire.
- Continuer le jeu jusqu'à ce que l'histoire soit finie.
- Rappeler aux apprenants d'utiliser les temps du passé.
- Constituer des groupes et laisser les apprenants jouer.
- Consulter la fiche pédagogique p. 299.

p. 112-113

mémo

page 113

⌛ 10 minutes

Activité 1

- Rappeler les pronoms indéfinis et les écrire au tableau.
- Demander aux apprenants de décrire les membres de leur famille et d'utiliser les indéfinis de quantité.

Proposition de corrigé : Dans ma famille, chaque personne travaille dans un domaine différent. Il y a cinq enfants mais aucun ne fait de sport. Quelques personnes adorent la musique. Plusieurs personnes préfèrent discuter en famille. Toutes les personnes aiment se retrouver pour les fêtes de fin d'année.

page 113

⌛ 10 minutes

Activité 2

- Rappeler les expressions de cause et de conséquence.
- Au tableau, écrire *Pourquoi changer complétement de style ?*
- Demander aux apprenants d'écrire cinq raisons.
- Corriger en écrivant plusieurs propositions au tableau.

Proposition de corrigé :
Je voudrais changer complétement de style parce que j'ai changé de travail.
J'ai toujours eu les cheveux longs donc je voudrais essayer d'avoir les cheveux courts.
Grâce aux conseils de mes amis, je sais mieux comment m'habiller.
J'ai gagné beaucoup d'argent, c'est pourquoi je peux acheter beaucoup de nouveaux vêtements.
Je veux plaire à ma femme donc j'ai choisi un style plus élégant.

page 113

⌛ 10 minutes

Activité 3

- Constituer des groupes de trois.
- Demander à une personne de décrire un objet volé.

– La même personne pose des questions aux deux autres membres du groupe pour trouver le voleur.
– Alterner ensuite les rôles.

Proposition de corrigé : On a volé une statuette en or qui vient du Bénin. Elle est petite et représente un dieu. Elle est très précieuse.
Questions : Vous étiez où hier soir ? Quand avez-vous vu la statuette pour la dernière fois ? Est-ce qu'il y avait une autre personne avec vous ? Est-ce que vous avez fermé la salle derrière vous ?

page 113
10 minutes

Activité 4

– Dessiner le tableau.
– Constituer des binômes et demander aux apprenants de dessiner le tableau sur une feuille.
– Donner un exemple pour la première catégorie avec le son [i].
– Laisser les apprenants compléter les cases dans un temps limité.
– Corriger et demander aux apprenants de compter un point par mot correct.
– Recommencer avec les autres sons.

Au tableau !

	La famille	Parler d'un changement	Décrire un objet	Retrouver	L'accessoire	La mode
[i]						
[ɛ]						
[e]						

Proposition de corrigé :

Sons	La famille	Parler d'un changement	Décrire un objet	Retrouver	L'accessoire	La mode
[i]	cousine	style	petit	Trouver une origine	bijou	original
[ɛ]	frère	Remettre au goût du jour			tresse	moderne
[e]	généalogie	transformer	coloré	héritage	bracelet	défilé

> cahier
Mémo, p. 82 et 83.

page 113
30 minutes

Mission

– Expliquer ce qu'est un coffre rempli de trésors. Si possible, montrer une image.
– Constituer des groupes.
– Dans chaque groupe, choisir un apprenant qui prend le rôle de « contrôleur » et qui s'assure que tous les membres de son groupe ont compris la situation. Si nécessaire, laisser le contrôleur réexpliquer et reformuler les consignes. Laisser les apprenants se poser des questions entre eux pour être sûrs de bien comprendre.
– Dans le groupe, laisser les apprenants choisir une personne pour être organisateur. Le laisser organiser le déroulement de la mission : définir le lieu (Nous sommes dans quelle pièce de la maison ?), décrire la pièce (Il y a quels meubles ?), trouver le coffre (Où est le coffre ?) et détailler les objets (Quels sont les objets dans le coffre ?).

- Le contrôleur doit ensuite attribuer un objet à chaque apprenant en précisant ensemble à quel membre de la famille il appartient.
- Laisser chaque membre raconter l'histoire de son objet.
- Demander aux apprenants de rédiger ensemble l'histoire des trésors de leur coffre sous forme de poster pour pouvoir le présenter à la classe.

Proposition de corrigé :

2. Nous sommes dans le grenier. Il y a un vieux piano, un miroir, une armoire avec des vieux vêtements. Le coffre est caché dans le piano. Dans le coffre, il y a la montre de l'oncle Alfred, les chaussettes du cousin Bernard et le stylo de notre arrière-grand-mère.
3. Le stylo de notre arrière-grand-mère est le stylo qu'elle a utilisé pour faire fortune. Quand elle avait 25 ans, elle n'avait pas d'argent ni de travail. Alors, elle a utilisé son stylo pour dessiner des vêtements. Son stylo était vieux et beaucoup d'encre coulait sur les dessins. Ça a beaucoup modifié les dessins. Quand elle a montré ses dessins de vêtements, les stylistes ont trouvé que c'était très original et elle a très vite trouvé du travail. Elle est devenue célèbre et elle a acheté cette maison.

Bilan linguistique, p. 84 et 85
Préparation au DELF, p. 86 et 87

TEST

GRAMMAIRE

1 Entourez l'expression qui convient. 5 points

1. J'ai retrouvé mes ancêtres *grâce à / à cause de* mon arbre généalogique.
2. Il n'a pas de frère ni de sœur *c'est pourquoi / parce que* ses amis sont très importants pour lui.
3. Elle a changé de style *parce qu' / donc* elle a commencé à travailler.
4. Le styliste présente sa nouvelle collection ce soir *alors / grâce* il est très stressé.
5. Elle se rappelle bien de lui *donc / parce qu'* elle pourra le reconnaître.

2 Associez pour compléter les phrases. 5 points

1. Je n'aime pas l'hiver parce que •	• il a pu trouver un travail intéressant.
2. Il a réussi ses études grâce à •	• elle peut voyager pendant ses vacances.
3. Elle gagne beaucoup d'argent donc •	• je déteste avoir froid.
4. J'ai une grande famille, c'est pourquoi •	• les fêtes de fin d'année sont toujours animées.
5. Grâce à ses études, •	• l'aide de ses amis.

3 Conjuguez les verbes à l'imparfait ou au passé composé. 5 points

1. Avant, je .... (faire) de la danse. J' .... (aimer) beaucoup ça. Un jour, un professeur d'escrime .... (venir) dans ma classe. Il nous .... (expliquer) les règles. Finalement, j' .... (arrêter) la danse pour faire de l'escrime.

2. Ma famille et moi .... (aller) chaque année à la mer. On .... (nager) et on .... (ramasser) des coquillages. Mais il y a trois ans, nous .... (louer) un appartement à la montagne. C' .... (être) magnifique. Depuis, nous partons chaque année à la montagne.

4 Associez une expression à une quantité. Attention une quantité est utilisée deux fois ! 5 points

1. Il n'a aucun cousin. •	• **a.** 9 ou 10
2. Elle connaît tous les membres de sa famille. •	• **b.** 3 ou 4
3. J'ai visité quelques pays. •	• **c.** 100 %
4. Elle a déménagé plusieurs fois. •	• **d.** 0
5. Nous aimons toutes les couleurs. •	

LEXIQUE

1 Lisez le dialogue et entourez les adjectifs qui correspondent à l'objet. 5 points

Ce vase date du XVIIIe siècle. Il n'est pas très grand. Il vient de Chine. Il est en porcelaine. Il y a des dessins d'oiseaux, de dragons, de fleurs avec beaucoup de couleurs. Je l'ai trouvé dans le grenier de mes grands-parents. C'est vraiment un objet magnifique et de grande valeur ! Mais je pense que c'est un objet qui n'était pas utilisé pour mettre des fleurs. Il était surement posé sur une table ou une cheminée.

1. précieux – sans valeur
2. petit – grand
3. moderne – ancien
4. utilitaire – décoratif
5. coloré – monochrome

2 Trouvez l'intrus. 5 points

1. une tresse	un tatouage	un défilé	un maquillage
2. un bracelet	un collier	un foulard	un styliste
3. une coiffure	une tresse	les cheveux	un vestiaire
4. la soie	le bois	le style	le bronze
5. original	traditionnel	classique	commun

3 **Complétez les phrases avec un des mots de la liste.** 5 points

arbre généalogique | membres | hérité | identifiée | ressemble | pacsée | héritage | tient | passé

1. Les .... de ma famille sont tous sportifs.

2. Ma cousine ne voulait pas se marier mais elle s'est ....

3. Je .... beaucoup à ma grand-mère.

4. Grâce aux recherches, j'ai pu reconstituer l' .... de ma famille.

5. Mon cousin a .... de 10 000 euros.

4 **Lisez les phrases. Vrai ou faux ? Cochez la case qui convient.** 5 points

	Vrai	Faux
1. Un défilé est un événement de Haute-Couture.		
2. Une marque est une personne qui fait un défilé.		
3. Un styliste est une personne qui dessine des vêtements.		
4. Une collection est l'ensemble des nouveaux vêtements.		
5. Une création est une personne qui imagine un défilé.		

PHONÉTIQUE

1 **Indiquez les liaisons.** ‿ 5 points

1. Elles aiment se maquiller.

2. Ces femmes africaines portent des tresses.

3. Depuis quelques années, je collectionne les boutons.

4. Ces objets sont très anciens.

5. De jeunes artistes créent des œuvres originales.

2 16 | **Écoutez et choisissez le son que vous entendez.** 5 points

[i]	[e]	[ɛ]
....	....	....

Compréhension de l'oral 10 points

17 | **Écoutez le document et répondez aux questions.**

1. De quoi parle l'homme ?

❑ D'un héritage. ❑ D'un mariage. ❑ D'un secret de famille.

2. Comment l'homme a-t-il retrouvé le pays d'origine de son grand-père ?

....

3. Quel était le pays d'origine de son grand-père ?

....

4. Qu'est-ce que l'homme a vu dans ce pays ?

a. ....

b. ....

5. Vrai ou faux? Cochez la case qui convient.

	Vrai	Faux
a. Son grand-père ne parlait pas de ses origines.		
b. Il est arrivé en France à 12 ans.		
c. Son grand-père ressemblait à sa mère.		
d. L'homme a retrouvé des membres de sa famille.		

Compréhension des écrits — 10 points

Lisez l'article et répondez aux questions.

Ces objets qui influencent notre personnalité...

D'après de récentes recherches, les objets montrent qui nous sommes mais ils influencent aussi notre personnalité. En effet, des chercheurs ont donné des objets différents à des employés. Certains employés ont reçu une belle et grande tasse à café. D'autres ont reçu une petite tasse moche. Ceux qui ont reçu une belle tasse ont dit qu'ils se sentaient plus confiants et plus grands. Les autres se sont sentis moins confiants et plus petits.

Ils ont aussi fait l'expérience avec des écouteurs. Certains recevaient des écouteurs de bonne qualité et les autres des écouteurs de mauvaise qualité. Ensuite, les employés ont fait un jeu. Pendant ce jeu, il était possible de tricher*. Les employés qui ont reçu des écouteurs de bonne qualité ont moins triché que les employés qui ont reçu des écouteurs de mauvaise qualité.

Ces deux expériences montrent que les objets donnés par l'employeur peuvent influencer le travail de leurs employés.

D'après www.cadreo.com

* ne pas respecter les règles.

1. Ce texte est :

❑ un article ❑ un forum ❑ un conte

2. Quels objets ont été utilisés pour faire les expériences ?

a. .... **b.** ....

3. Quelle qualité a été observée dans la première expérience ?

....

4. Qui a été plus honnête dans la deuxième expérience ?

....

5. Quel est le résultat des expériences ?

❑ **a.** Les employés doivent tous utiliser les mêmes objets.

❑ **b.** Les employeurs peuvent utiliser les objets pour influencer le travail des employés.

❑ **c.** Les objets dépendent de notre personnalité.

6. Vrai ou faux ? Cochez la case qui convient.

	Vrai	Faux
a. Les objets montrent notre personnalité.		
b. Les employés ont tous reçu les mêmes objets.		
c. Le jeu fait partie de l'expérience.		

Production écrite 15 points

Vous venez de retrouver un cousin éloigné. Vous écrivez un témoignage sur un forum. Vous expliquez comment vous avez réussi à le retrouver et vous décrivez la rencontre. (60 ou 80 mots)

Recherche

Forum : Retrouver sa famille...

Principaux commentaires ▼

....

....

....

....

....

....

....

Production orale 15 points

Partie 1 : Entretien dirigé

Présentez-vous (nom, âge, loisirs, goûts...). Est-ce que vous prenez souvent des nouvelles de vos proches ? De qui ? Pourquoi ?

Partie 2 : Monologue suivi

Vous tirez au sort 2 sujets et vous en choisissez 1. Vous vous exprimez sur le sujet. L'examinateur peut ensuite vous poser des questions pour vous aider.

Sujet 1 :
Racontez votre parcours scolaire et/ou professionnel.

Sujet 2 :
Racontez un moment important de votre histoire.

Partie 3 : Exercice en interaction

Choisissez un sujet et jouez la scène avec l'examinateur.

Sujet 1 :
Vous retrouvez un(e) ami(e) d'enfance. Vous lui expliquez tout ce qui a changé dans votre vie (travail, famille, style vestimentaire...).
L'examinateur joue le rôle de l'ami(e).

Sujet 2 :
Vous avez perdu un objet de valeur sentimentale dans le train. Vous allez aux objets perdus pour signaler la perte et vous expliquez pourquoi il est important pour vous.
L'examinateur joue le rôle de l'employé(e) des objets perdus.

Total : ...... /100 points

Corrigés du test

Grammaire

1

1. grâce à **2.** c'est pourquoi **3.** parce qu' **4.** alors **5.** donc

2

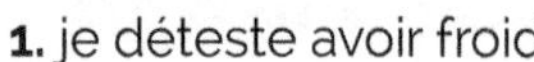

1. je déteste avoir froid.
2. l'aide de ses amis.
3. elle peut voyager pendant ses vacances.
4. les fêtes de fin d'année sont toujours animées.
5. il a pu trouver un travail intéressant.

3

1. faisais – aimais – est venu – a expliqué – ai arrêté
2. allions – nageait – ramassait – avons loué – était

4

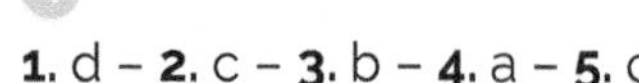

1. d – **2.** c – **3.** b – **4.** a – **5.** c

Lexique

1

1. précieux **2.** petit **3.** ancien **4.** décoratif **5.** coloré

2

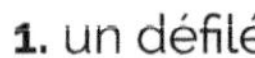

1. un défilé
2. un styliste
3. un vestiaire
4. le style
5. original

3

1. membres
2. pacsée
3. ressemble
4. arbre généalogique
5. hérité

4

1. Vrai – **2.** Faux – **3.** Vrai – **4.** Vrai – **5.** Faux

Phonétique

1

1. Elles‿aiment se maquiller.
2. Ces femmes africaines portent des tresses.
3. Depuis quelques‿années, je collectionne les boutons.
4. Ces‿objets sont très‿anciens.
5. De jeunes‿artistes créent des œuvres originales.

2

[i]	[e]	[ɛ]
1. 3. 5. 6. 10	4. 8. 9	2. 3. 7

Compréhension de l'oral

1. d'un secret de famille
2. Il a regardé son passeport.
3. Le Maroc
4. des photos, des lieux
5. a. Vrai **b.** Faux **c.** Faux **d.** Vrai

Compréhension des écrits

1. un article
2. a. une tasse à café **b.** des écouteurs
3. la confiance
4. les personnes qui ont reçu des écouteurs de bonne qualité
5. b.
6. a. Vrai **b.** Faux **c.** Vrai

Production écrite

Grille d'évaluation :

L'apprenant peut s'adapter au style d'un forum.	.... /3
L'apprenant peut raconter son histoire.	.... /3
L'apprenant peut utiliser les temps du passé et quelques expressions de cause ou de conséquence.	....../3
L'apprenant peut utiliser les formes grammaticales et morphosyntaxiques appropriées.	....../3
L'apprenant peut utiliser le lexique adapté à la situation.	....../3

Proposition de corrigé :
Gloria15 : Moi aussi, j'ai retrouvé un cousin éloigné grâce aux réseaux sociaux. Mes parents sont enfants uniques donc je n'ai pas de cousin mais ma grand-mère m'a toujours parlé de ses neveux et de leurs enfants. Elle n'avait plus de contact avec eux mais je voulais connaître mes cousins. Elle m'a parlé de Cédric. Alors, j'ai cherché le nom sur les réseaux sociaux et j'ai regardé les villes d'origine des personnes et j'ai fini par retrouver mon cousin. Je l'ai contacté et on a décidé de se retrouver. Il était très heureux, lui aussi. On s'est montré des photos de nos familles et finalement, il m'a présenté à ses frères et sœurs. Aujourd'hui, on est toujours en contact.

Production orale

Grille d'évaluation :

L'apprenant peut se présenter et répondre à quelques questions plus précises.	.... /2
L'apprenant peut parler de son parcours ou exposer un moment important de son parcours.	.... /2
L'apprenant peut parler de changements dans sa vie ou décrire un objet et parler de sa valeur.	.... /2
L'apprenant peut utiliser du lexique adapté à des situations courantes.	.... /3
L'apprenant peut utiliser des structures grammaticales et de morphosyntaxe simples.	.... /3
L'apprenant peut s'exprimer de façon suffisamment claire pour être compris.	.... /3

Propositions de corrigé :

Partie 1 :

Je m'appelle Omar. Je suis tunisien. J'ai 21 ans. Je suis étudiant en commerce international. J'aime voyager, jouer au golf et lire. Je prends souvent des nouvelles de ma grand-mère. Elle est âgée et je veux savoir si elle va bien. Elle me donne souvent de bons conseils.

Partie 2 :

Sujet 1 : J'ai passé un bac scientifique à 18 ans. Ensuite, pendant les vacances d'été, j'ai travaillé comme serveur dans un café. Ce n'est pas mon domaine mais je voulais montrer que j'étais capable de travailler et que j'étais courageux. J'ai commencé des études de commerce international. En fin de première année, j'ai fait un stage dans une entreprise d'import-export pendant trois mois. Après le master, je voudrais travailler dans une grande entreprise tunisienne.

Sujet 2 : Quand j'avais dix ans, ma famille a déménagé. On habitait à la campagne et j'allais dans une petite école. J'avais quatre bons copains. Un jour, mes parents m'ont dit qu'on allait habiter en ville. Au début, c'était difficile. On avait un tout petit jardin, je ne pouvais pas faire de vélo seul dans la rue. À l'école, je n'avais pas d'amis. Mes amis de la campagne m'ont écrit souvent. J'ai compris que les vrais amis, on les garde pour la vie.

Partie 3 :

Sujet 1 :

- Alors, tu habites où maintenant ?
- Maintenant, j'habite à Londres. Avant, j'habitais à Paris mais mon entreprise a déménagé.
- Et tu fais quoi ?
- À Paris, j'étais cadre mais maintenant, j'ai un poste de responsable du marketing. Ça m'intéresse vraiment.
- C'est pour cela que tu as changé de style vestimentaire ?
- Oui, tu te souviens, avant j'aimais les tenues décontractées. J'étais toujours en jean et en tee-shirt. Maintenant, je dois porter un costume et une cravate tous les jours. Je porte des jeans le week-end…
- Et tu es toujours célibataire ?
- Non, je me suis marié il y a deux ans. Nous avons une petite fille qui s'appelle Lara.
- Félicitations !

Sujet 2 :

- Bonjour, j'ai perdu une boucle d'oreille dans le train ce matin. Est-ce que quelqu'un l'a rapportée ?
- Une boucle d'oreille ? Elle est comment ?
- Longue en argent, avec une pierre bleue. Ce n'est pas un objet de valeur.
- Je vais regarder… Non, il n'y en a pas.
- Vous êtes sûr ? C'est un cadeau de mon fils. J'y tiens beaucoup…
- Oui, je comprends. Peut-être que l'équipe de ménage va la trouver ce soir.
- Je peux revenir demain ?
- Oui, bien sûr.

Transcriptions du test

Phonétique

2 Piste 16

1. classique
2. tresses
3. africaine
4. changer
5. style
6. divorce
7. moderne
8. création
9. coloré
10. souvenir

Compréhension de l'oral

Piste 17

J'ai recherché l'histoire de mon grand-père. Je savais qu'il n'était pas né en France. J'ai regardé son passeport et j'ai vu qu'il venait du Maroc. Il n'en parlait jamais. Personne dans ma famille ne parlait de ses origines. J'ai fait l'arbre généalogique et j'ai retrouvé des cousins éloignés. J'ai découvert que mon grand-père était arrivé en France à l'âge de 10 ans. Il ne m'a jamais parlé du Maroc. J'ai retrouvé des photos. Mon grand-père ressemblait beaucoup à son père. Je suis allé au Maroc. J'étais très heureux de pouvoir retrouver les photos et de voir les lieux où avait grandi mon grand-père.

UNITÉ 8

Si vous voulez bien...

Agir

OBJECTIFS

❶ Rendre service
❷ Améliorer un logement
❸ Exprimer un souhait

ATELIERS D'EXPRESSION

- Exprimer son mécontentement
- Recommander un logement

Coopérer

PROJET CULTUREL

Jouer un huis clos

 **MISSION**

Si vous voulez bien... rénover ce bâtiment !

Apprendre

STRATÉGIES *p. 124-125*

S'EXERCER *p. 122, 123, 127, 139*

ÉVALUATION

- Bilan linguistique ***Cahier, p. 96-97***
- Préparation au DELF ***Cahier, p. 98-99***

Grammaire	Lexique	Phonétique	Culture
• L'impératif et les pronoms indirects • Le but avec *afin de*, *pour* • La condition et le conditionnel avec *si* **CONJUGAISON** *Rendre*	• Rendre service • S'engager • Améliorer un logement • Le logement • Des objets de la maison • Faire des démarches administratives	• Les consonnes [t] et [d] • Les consonnes [p], [b], [f] et [v]	• Des immeubles à Montréal et à Paris • Extrait de : *New York, 24 h chrono*, de Nicolas Ancion • Extrait de : « Lieux oubliés : la villa des Platanes », RFI  *Comme à la maison* Bande-annonce de la pièce de théâtre

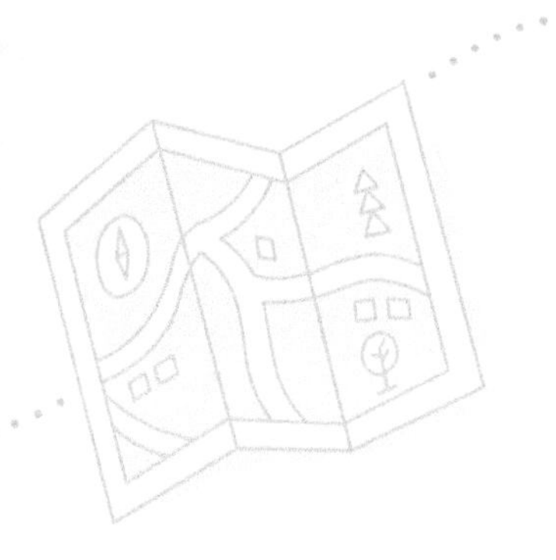

p. 114-115

OUVERTURE DE L'UNITÉ

page 114

5 minutes

Titre de l'unité et illustration

- Lire le titre de l'unité.
- Montrer l'illustration et demander aux apprenants de la décrire.
- Demander pourquoi la maison a des jambes, à quoi cela leur fait penser (un déménagement, un changement de quartier…).
- Faire repérer « si » dans la question et expliquer que « si » est utile pour imaginer.
- Lire la consigne. Demander aux apprenants « Qu'est-ce que vous voulez faire ? Quelles sont vos envies ? »
- Les laisser répondre librement et écrire quelques mots-clés au tableau.

Proposition de corrigé : Mes envies : voyager en Égypte, manger des plats coréens, sauter en parachute, prendre un an de vacances…

p. 116-117

SITUATION 1 Rendre service

LA MINUTE PÉDAGOGIQUE

Le titre de la situation peut être l'occasion d'expliquer la structure d'un verbe. À ce stade du manuel, on peut d'ailleurs commencer par compléter la fabriques des verbes (page 123) ou aller voir les outils (page 156).

PRÉPARER SA CLASSE

Préparer des petits papiers pour l'activité 7 et prévoir un espace où les apprenants peuvent se déplacer facilement.

page 116

5 minutes

> **Bonne pratique**
> J'insiste sur :
> aider quelqu'un = rendre service à quelqu'un

Activité 1

- Montrer le document 1.
- Demander aux apprenants de le décrire. Faire remarquer qu'il y a deux mains (une jeune et une plus âgée) qui travaillent ensemble.
- Au tableau, écrire les mots-clés *(ensemble, aider, rendre service…)*.
- Lire la consigne et laisser les apprenants répondre librement.

Proposition de corrigé : J'aime bien rendre service à ma voisine. Souvent, je l'aide à porter ses courses parce qu'elle est âgée. Je prends aussi son courrier quand elle part en vacances.

page 116

10 minutes

Activité 2

a

- Montrer le document 2 et demander aux apprenants de retrouver la source.
- Lire les questions et laisser les apprenants répondre à l'oral.
- Introduire le mot « cloche ».

Corrigé : L'association s'appelle « Le Carillon ». Le symbole, ce sont trois cloches.

- Montrer les pancartes et dire : « Ce sont des pancartes ».
- Lire les questions et laisser les apprenants répondre à l'oral.
- Demander aux apprenants de trouver une profession pour répondre à « Qui sont les personnes ? ».
- Si nécessaire, expliquer « avoir besoin de » et « être dans le besoin ». Il est aussi possible d'introduire les expressions « SDF » ou « personne démunie ».

Corrigé : Ce sont des commerçants qui proposent des services à des personnes qui en ont besoin.

#culture

« Le Carillon » est un programme de l'association « La Cloche » : « le Carillon » est un réseau solidaire de proximité entre habitants, commerçants et sans domicile. « La Cloche » est une association présente dans huit villes de France dont le but est d'accompagner les citoyens dans la lutte contre la grande exclusion des sans-abris.

page 116

15 minutes

Activité 3

a

- Au tableau, écrire *Philanthropia* et *Le Carillon*.
- Proposer une première écoute et laisser les apprenants proposer une réponse aux questions à l'oral.
- Écrire la réponse au tableau.

Corrigé : a. C'est une émission de radio (qui fait découvrir une action généreuse ou solidaire chaque semaine). **b.** Le Carillon s'occupe de proposer des services à des personnes qui sont dans le besoin.

- Laisser les apprenants lire les questions et relever les mots-clés.
- Faire écouter le document et laisser les apprenants écrire les réponses.
- Si nécessaire, proposer une troisième écoute.
- Corriger en relevant les mots-clés en lien avec le thème des services.

Corrigé : a. Il y a 700 commerçants dans le réseau. **b.** Une cloche représente le commerçant, une cloche représente l'habitant et une autre représente la personne sans domicile. **c.** Ils annoncent les services avec des pictogrammes sur leur vitrine. **d.** Il y a eu 40 000 services en trois ans. **e.** utiliser une prise téléphonique, chauffer un plat au micro-ondes, utiliser les toilettes, lire un journal. **f.** Il cherche à créer du lien social.

Piste 74

– *Philantropia* avec l'association Caritas France, Geneviève Delmarmolle.
– Bonjour à tous, bienvenue dans *Philantropia*, une émission qui vous fait découvrir chaque semaine une action généreuse ou solidaire. Et c'est des commerçants solidaires dont nous allons parler aujourd'hui. Les commerçants qui ouvrent leur porte gracieusement aux personnes à la rue, une belle initiative qui a pour nom « Le Carillon ». « Le Carillon », c'est aujourd'hui un réseau de 700 commerçants qui sont membres de ce réseau donc comment ça marche, très concrètement ?
– Alors, concrètement, les commerçants proposent aux personnes qui sont dans le besoin d'accéder à des petits services gratuits euh, qui... donc, des petits services du quotidien. Nous, on s'occupe d'afficher le label solidaire du Carillon sur leur vitrine.
– Qui ressemble à quoi, Isabelle ?
– C'est trois cloches en fait, c'est un carillon qui représente le commerçant, l'habitant et la personne sans domicile, qui, ensemble font un son harmonieux qui... voilà, le son de l'harmonie sociale vers lequel on espère aller. Donc on affiche ça sur leur vitrine avec des petits pictogrammes qui correspondent aux services proposés par le commerçant.
– Alors, les petits services que les commerçants peuvent rendre... je vois qu'il y a déjà eu 40 000 services rendus, échangés en trois ans. C'est beaucoup ! Ces services, ils sont de quelle nature, Laura Gruarin ?
– Alors, ces services, ça peut aller de... utiliser une prise téléphonique, chauffer un plat au micro-ondes, utiliser les toilettes, lire un journal... euh, voilà, on a répertorié environ 25 services en discutant avec les personnes sans domicile pour comprendre un petit peu quels étaient leurs besoins. On a aussi des commerçants qui vont plus loin, qui donnent accès à des produits comme des repas chauds, des encas, des boissons chaudes, également, par exemple des coupes de cheveux. On a aussi un opticien dans le réseau. Ce qu'il faut savoir, c'est que ces services sont avant tout des prétextes au lien social.

Radio Notre-Dame

page 116

5 minutes

Bonne pratique
Je fais le lien entre les expressions des documents et le quotidien des apprenants (exemple : représenter son entreprise).

Activité 4

- Au tableau, écrire *Rendre service... quelqu'un*, puis demander aux apprenants si « à » est nécessaire.
- Montrer les autres expressions.
- Faire écouter le document et laisser les apprenants compléter les expressions, si nécessaire.
- Corriger et expliquer que certains verbes s'utilisent avec la préposition « à » et qu'il faut les mémoriser.

Corrigé : Ouvrir sa porte à quelqu'un – Représenter quelqu'un – Proposer des services à quelqu'un.

> cahier
Activité 9, p. 89

page 116

15 minutes

Activité 5

- Écrire les deux sons au tableau et les prononcer.
- Faire écouter les propositions et laisser les apprenants choisir les sons qu'ils entendent.
- Corriger, puis montrer la transcription.
- Montrer que la lettre « t » ne se prononce pas toujours [t].

Corrigé : a. [d] – **b.** [t] – **c.** [d] [t] – **d.** [d] [t] – **e.** [d] – **f.** [d] [t]

Piste 75

Les consonnes [t] et [d]
Écoutez. Vous entendez [t] ? [d] ?
a. une action solidaire
b. une belle initiative
c. des services du quotidien
d. des services gratuits
e. des personnes sans domicile
f. des prétextes au lien social

- Faire écouter les deux sons et demander aux apprenants de les prononcer.
- Faire remarquer que la langue touche les dents, puis demander aux apprenants de prononcer les deux sons en mettant la main sur la gorge. Bien préciser de prononcer les deux sons sans ajouter « e ».
- Demander pour quel son, ils sentent une vibration.

Corrigé : On sent une vibration pour le son [d].

Piste 76

Les consonnes [t] et [d]
Écoutez, prononcez et observez les sons [t], [d].

- Écrire les deux sons au tableau.
- Laisser les apprenants observer le document 2 et retrouver les deux sons dans le document.
- Corriger en rappelant que les lettres « t » et « d » ne sont pas toujours prononcées.

Corrigé : [t] : téléphone – commerçante – petits – gratuits – utiliser – toilettes – trousse. – [d] : accéder.

> cahier
Activités 6 et 7, p. 89

page 116

⌛ 10 minutes

Activité 6

- Constituer des groupes.
- Demander aux apprenants « Quels services est-ce que vous pouvez proposer à des personnes dans le besoin ? ».
- Laisser les groupes échanger puis comparer les propositions de chaque groupe.

Proposition de corrigé : Je peux proposer de téléphoner à quelqu'un ou à un service d'aide. Je peux donner quelques minutes pour écouter la personne. Je peux lui donner des informations pour trouver un commerçant qui propose des services.

page 116

⌛ 10 minutes

Activité 7

- Distribuer deux ou trois petits papiers à chaque apprenant.
- Demander aux apprenants quels services ils peuvent rendre à des personnes de la classe.
- Les laisser écrire un service et leur nom sur chaque papier.
- Demander aux apprenants de se déplacer dans la classe pour échanger leurs services.
- Les laisser échanger les services dans la classe jusqu'à ce que chacun ait trouvé un ou deux services qui l'intéressent.
- Leur proposer de vraiment se rendre ses services.

Proposition de corrigé : couper les cheveux – expliquer le passé composé – préparer le dîner vendredi soir – prêter mon vélo...

Ensemble, faire la liste des lieux de services du centre de langues. Constituer des groupes. Laisser chaque groupe choisir un lieu et faire une affiche avec la liste des services proposés dans ce lieu. Proposer aux apprenants de placer leurs affiches sur la porte de chaque lieu (exemple : le secrétariat : informer sur les emplois du temps, vendre les livres...)

page 117

⌛ 10 minutes

Activité 8

- Montrer le document 4.
- Montrer l'expression « service civique » sur le document et demander aux apprenants s'ils la comprennent.
- Expliquer que le service civique propose aux jeunes de rendre service dans une association ou un autre lieu pour aider les autres.

Corrigé : Le service civique est un service donné par des jeunes pour aider des personnes ou des associations. C'est une forme de travail volontaire.

- Montrer le slogan et demander pourquoi « vous » est entre parenthèses.
- Expliquer la différence entre « rendre service » et « se rendre service ».
- Aider les apprenants à faire un lien avec les objectifs du service civique.

Corrigé : « Rendez-(vous) service » signifie que quand on aide quelqu'un, on apprend et on reçoit aussi beaucoup.

Bonne pratique

J'aide les apprenants à relever les expressions formelles qu'ils pourront réutiliser en milieu professionnel.

#culture

Le service civique est un engagement volontaire proposé par le ministère de l'Éducation nationale et de la Jeunesse aux jeunes entre 16 et 25 ans, pour s'investir dans des organismes publics ou privés, en France ou à l'étranger. Il a été créé en 2010 afin d'encourager l'engagement citoyen. Il dure de 6 à 12 mois et donne droit à un dédommagement financier.

page 117

⌛ 10 minutes

Activité 9

- Montrer le document 5 et demander aux apprenants de quel type de document il s'agit (une annonce – faire repérer les sous-titres).
- Expliquer ce qu'est un candidat.
- Laisser les apprenants lire le document et choisir si les propositions sont vraies ou fausses, ou si l'on ne sait pas.

Corrigé : a. Vrai **b.** Vrai **c.** Faux (en binôme avec un animateur technique) **d.** Faux (en France ou à l'étranger) **e.** On ne sait pas.

page 117

⌛ 10 minutes

Activité 10

- Au tableau, écrire *Thème : engagement*.
- Demander aux apprenants de trouver deux actions (deux verbes) et trois noms en lien avec le thème dans le document.
- Corriger en écrivant les mots au tableau.

Proposition de corrigé : Deux actions : participer à, avoir l'occasion de. Trois noms : mission, volontaire, partenariat.

> cahier
Activité 9, p. 89

page 117

⌛ 10 minutes

Grammaire : L'impératif et les pronoms indirects

- Lire les phrases de la partie « Observez ».
- Faire remarquer que les verbes sont conjugués à l'impératif. Si nécessaire, rappeler rapidement la formation et l'utilisation de l'impératif présent.
- Lire la question **a.** de la partie « Réfléchissez » et faire remarquer que c'est un verbe qui se construit avec la préposition « à ».

Corrigé : rendre service à quelqu'un – poser des questions à quelqu'un – présenter son C.V. à quelqu'un.

- Lire la question **b.** Faire remarquer que la préposition « à » introduit un pronom remplaçant une personne.
- Faire observer l'ordre des mots.

Corrigé : une personne. Le pronom est placé après le verbe

- Lire la question **c.** et montrer la présence du trait d'union entre le verbe et le pronom à l'impératif.
- Demander aux apprenants s'ils connaissent d'autres verbes qui se construisent avec « à + personne ».
- Laisser les apprenants transformer les phrases de la partie « Appliquez ». Si nécessaire, rappeler les pronoms indirects.
- Corriger.

Corrigé : Expliquez-lui l'exercice. – Parle-leur de tes problèmes.

> cahier
Activités 4 et 5, p. 88

page 117

⌛ 5 minutes

Rendre

- Lire la conjugaison du verbe.
- Faire remarquer la présence de « d » dans toutes les formes et indiquer qu'il n'est pas prononcé pour les personnes du singulier.
- Demander aux apprenants s'ils connaissent d'autres verbes qui se prononcent de la même manière.

> cahier
Activité 8, p. 91

page 117

⌛ 10 minutes

Les abréviations

- Montrer les trois abréviations.
- Montrer les abréviations sur le document 5 et demander aux apprenants de retrouver leur signification.
- Montrer les phrases de la partie « Appliquez ».
- Constituer des groupes et laisser les apprenants retrouver le sens des abréviations.
- Corriger. Demander aux apprenants s'ils en connaissent d'autres.

Corrigé : **Tél.** : téléphone – **h.** : heure – **CV :** curriculum vitae.
h. : heure – min : minutes – s. : secondes – av. : avenue – ex. : exemple

> cahier
Activité 8, p. 89

Faire une liste de toutes les abréviations utilisées par les apprenants et constituer un lexique des abréviations à partager sur le réseau social de la classe.

page 117

⌛ 15 minutes

Activité 11

- Montrer le document 5.
- Au tableau, écrire *Service civique idéal.*
- Reprendre les principales rubriques de l'annonce du document 5 et les écrire au tableau (*Où ? Quoi ? Quand ? Quel domaine ? Quel organisme ?*).
- Si le matériel le permet, montrer le site gouvernemental pour le service civique (https://www.service-civique.gouv.fr/) et laisser les apprenants découvrir les différents domaines et plusieurs types de missions.
- Laisser chaque apprenant rédiger son annonce.
- Constituer des groupes et demander aux apprenants de comparer leurs annonces.
- Ramasser pour corriger.

Au tableau !

Service civique idéal (= parfait !)
→ *Où ?*
→ *Quoi ?*
→ *Quand ?*
→ *Quel domaine ?*
→ *Quel organisme ?*

Proposition de corrigé :
Aide aux activités pédagogiques et culturelles d'une école
Où ? Au Sénégal.
Quoi ? Donner accès à l'éducation à tous les enfants, proposer des ateliers artistiques et culturels, rencontrer les familles pour leur expliquer le projet.
Quand ? À partir du 1er septembre – pendant 6 mois.
Quel domaine ? Développement international et aide humanitaire.
Quel organisme ? Djarama (association humaniste).

page 117

⌛ 15 minutes

Activité 12

- Constituer des groupes de 3 ou 4.
- Au tableau, écrire : *Créer une association.*
- Puis ajouter les éléments à préparer : *nom, objectif, public concerné, actions.*
- Laisser les groupes réfléchir, puis leur demander de choisir une personne pour présenter l'association.
- Demander à chaque rapporteur de présenter l'association de son groupe et laisser les apprenants réagir et poser des questions.
- Organiser un vote pour choisir l'association préférée de la classe.

Proposition de corrigé : Unirun – association sportive – **Objectif** : soutenir les athlètes qui veulent faire du haut-niveau – **Public concerné** : les jeunes athlètes qui ont un bon niveau – **Actions** : aide à s'inscrire pour des compétitions, coaching sportif, préparation mentale, organisation de stages de préparation, accompagnement sur des compétitions, préparation du dossier de sponsoring.

#culture

Depuis 1901, les Français ont le droit de se réunir librement en associations. **Les associations** sont tenues, cependant, d'être déclarées à la préfecture et de préciser leur objet et leurs statuts. Il existe aujourd'hui près de 1, 3 million d'associations et on compte environ 70 000 créations par an. Cela représente environ 16 millions de bénévoles et 1,8 million d'emplois. Les associations peuvent toucher le secteur culturel, sportif ou sanitaire et social.

> cahier
Activités 9, 10 et 11, p. 89

p. 118-119

SITUATION 2 Améliorer un logement

LA MINUTE PÉDAGOGIQUE

1 + 1 = 2
C'est la combinaison qui permet la compréhension. C'est la même chose pour la langue !
Une information + une autre = du sens !

PRÉPARER SA CLASSE

Préparer des espaces dans lesquels les apprenants peuvent se déplacer pour l'activité 7.

page 118
⌛ 5 minutes

Activité 1

- Montrer le document 1. Demander aux apprenants de le décrire et les laisser exprimer ce que cela évoque pour eux (= le changement).
- Lire la question et laisser les apprenants répondre librement.
- Écrire les mots-clés et les mots nouveaux au tableau.

Proposition de corrigé : J'aimerais avoir un logement plus grand. Je voudrais une chambre de plus pour recevoir des amis. Je voudrais un grand balcon. Je voudrais acheter un tapis et un grand canapé.

page 118
⌛ 5 minutes

Activité 2

- Montrer le document 2. Demander aux apprenants de le décrire.
- Introduire les mots : *un immeuble, une tour, une cité*. Demander aux apprenants s'ils pensent que les immeubles se trouvent en centre-ville ou en banlieue et pourquoi.

Proposition de corrigé : On voit des grandes tours avec beaucoup d'appartements. C'est un peu triste et gris. Ça a l'air vieux.

page 118
⌛ 20 minutes

Activité 3

a

- Laisser les apprenants lire les questions sans les expliquer.
- Proposer une première écoute et laisser les apprenants échanger en binômes.
- Proposer une deuxième écoute.
- Corriger en demandant aux apprenants s'ils ont déduit le sens des mots « arrondissement », « destruction », « rénovation », « location » grâce au contexte.
- S'assurer que tous les apprenants ont compris toutes les réponses.

Corrigé : **a.** C'est dans le 13e arrondissement. **b.** de rénovation **c.** BBC **d.** Josette est une locataire. **e.** Ils ont isolé les fenêtres et mis des volets.

Bonne pratique
Je montre que le repérage des nombres permet de repérer la structure d'un document mais qu'ils ne font sens que s'ils sont associés à une autre information.

b

- Laisser les apprenants lire les éléments et les encourager à dire les nombres.
- Faire écouter de nouveau et laisser les apprenants associer les éléments.
- Corriger en faisant lire les nombres à voix haute.

Corrigé : 100 : (mètres) la hauteur de la tour – 435 : le nombre de logements – 5 : le nombre de niveaux de parking – 1974 : la date d'arrivée de Josette dans son logement – 88 : l'âge de Josette – 800 : le nombre de locataires.

Piste 77

On est dans les dernières tours construites dans le treizième arrondissement. C'est la période des Trente Glorieuses. On construit très vite, avec de l'énergie vraiment pas chère, l'énergie coûte rien. Une tour de 100 mètres de haut, baptisée Mikérinos, 435 logements, 5 niveaux de parkings en sous-sol, c'est aussi ça la démesure des Trente Glorieuses. [...] Des murs isolés, des fenêtres double-vitrage, et elles sont nombreuses dans ce type d'architecture. En juin prochain, le bâtiment devra être BBC, soit bâtiment basse consommation, mais le coût est à la mesure des transformations. [...]
« Bonjour Madame Josette !
– Bonjour Madame ! »
Chacun des 800 locataires a dû supporter en moyenne trois semaines de travaux. C'est le cas de Josette, une des doyennes de l'immeuble.
« Moi, je me plains pas, je me plais bien chez moi.
– Et vous habitez ici depuis longtemps ?
– Oui, madame, depuis bientôt 45 ans. 23 septembre 1974. C'est exact, hein. »
Josette a 88 ans, autant dire que la question d'une bonne nuit a son importance.
« De mon lit, on voyait quand même l'air qui passait donc, évidemment, au niveau chauffage, c'était quand-même pas la même chose, quoi. C'est vrai que les fenêtres sont très épaisses, hein ça... ils ont fait vraiment... oui, oui, c'est très bien, très bien. Et les volets que nous n'avions pas. Nous n'avons jamais eu de volets ! »

#culture

Les Trente Glorieuses

C'est la période entre 1946 et 1975. Pendant cette période, l'économie de la France était très bonne et les conditions de vie se sont améliorées. Entre 1965 et 1975, de nombreuses tours ont été construites aux alentours de Paris et quelques unes dans le centre. Les trois principaux espaces de construction à cette époque sont le front de Seine, le treizième arrondissement et les quartiers périphériques nord-est. Très souvent, ces tours sont nommées d'après des lieux exotiques (Chéops, Mykérinos...), des personnages historiques (Antoine, Cléopâtre...) ou des références musicales (Cantate, Fugue...). En 1973, la tour Montparnasse est l'une des rares tours construites dans Paris. Elle est tolérée grâce à ses spécificités architecturales.

Constituer des groupes. Dans chaque groupe, un apprenant est journaliste et fait l'interview des locataires qui sont les voisins de Josette. Ils donnent leur avis sur les rénovations.

page 118

⌛ 10 minutes

Activité 4

- Lire les mots et s'assurer que les apprenants comprennent bien les trois catégories proposées.
- Laisser les apprenants classer les mots.
- Corriger en demandant aux apprenants d'expliquer les mots pour s'assurer qu'ils les ont compris.

Corrigé :
Rénovation : travaux, transformation, construire
Équipement d'un logement : volets, fenêtres, chauffage
Écologie : énergie, murs isolés, basse consommation, le double vitrage

> cahier
Activité 4, p. 90

page 118

⌛ 15 minutes

Activité 5

a

- Écrire les sons au tableau et les lire.
- Faire écouter les propositions et laisser les apprenants choisir les sons qu'ils entendent.
- Corriger en faisant réécouter les propositions.

Corrigé : a. [v] et [p] – **b.** [f] [b] [v] – **c.** [b] – **d.** [b] – **e.** [b] – **f.** [f] – **g.** [v] [b]

Piste 78

Écoutez. Vous entendez quel(s) son(s) : [p] ? [b] ? [f] ? [v] ?
a. cinq niveaux de parking
b. des fenêtres double-vitrage
c. un bâtiment basse consommation
d. la doyenne de l'immeuble
e. vous habitez ici ?
f. le chauffage électrique
g. des volets en bois

b

- Faire écouter les sons et demander aux apprenants de les prononcer.
- Faire repérer la position des lèvres et des dents.
- Faire prononcer les sons (attention, sans ajouter le son « e ») en mettant la main sur la gorge pour sentir quels sons vibrent.

Corrigé: a. [p] [b] – **b.** [f] [v] – **c.** [b] [v].

Piste 79

Écoutez, prononcez et observez les sons [p], [b], [f], [v].

c

- Laisser les apprenants trouver un mot sur le thème du logement pour chacun des sons.
- Corriger en faisant prononcer les mots.

Proposition de corrigé :
[p] porte – [b] bâtiment – [f] fenêtre – [v] volet.

> cahier
Activités 5 et 6, p. 91

page 118

⌛ 10 minutes

Activité 6

- Constituer des groupes.
- Lire la question. Expliquer le mot « réduire » (= baisser), si nécessaire dessiner une flèche qui descend pour expliquer le sens.
- Donner un exemple (J'éteins la lumière quand je quitte une pièce.)
- Laisser les apprenants échanger.
- Écrire les mots nouveaux au tableau.

Proposition de corrigé :
Pour réduire ma consommation d'énergie, j'éteins les appareils électriques. Je n'utilise pas beaucoup le chauffage. J'utilise des appareils électriques neufs.

page 118

⌛ 10 minutes

Activité 7

- Constituer des groupes.
- Pour expliquer l'activité, s'asseoir avec un groupe. Expliquer que le groupe représente des colocataires.
- Se lever pour mimer une personne qui entre dans une pièce, prend un objet, fait une action.
- Inviter un apprenant du groupe à entrer dans la pièce et à faire une action.
- Quand les apprenants ont compris, les laisser imaginer en groupe.

page 119

⌛ 5 minutes

Activité 8

- Montrer le document 4.
- Demander aux apprenants de retrouver la source.
- Lire le titre et demander aux apprenants de l'expliquer en s'appuyant sur l'image.

Corrigé : Le titre oppose les adjectifs « petite » et « grande ». On comprend que c'est une petite maison mais on peut y vivre des choses incroyables.

> cahier
Activités 2 et 3, p. 90 et 91

page 119

⌛ 20 minutes

Activité 9

a

- Demander aux apprenants de lire le texte et de dessiner le logement qui est décrit.
- Laisser les apprenants comparer leur plan en binôme et justifier leur choix avec le texte.
- Corriger en relisant les phrases du texte et en dessinant le plan au tableau.

Corrigé :

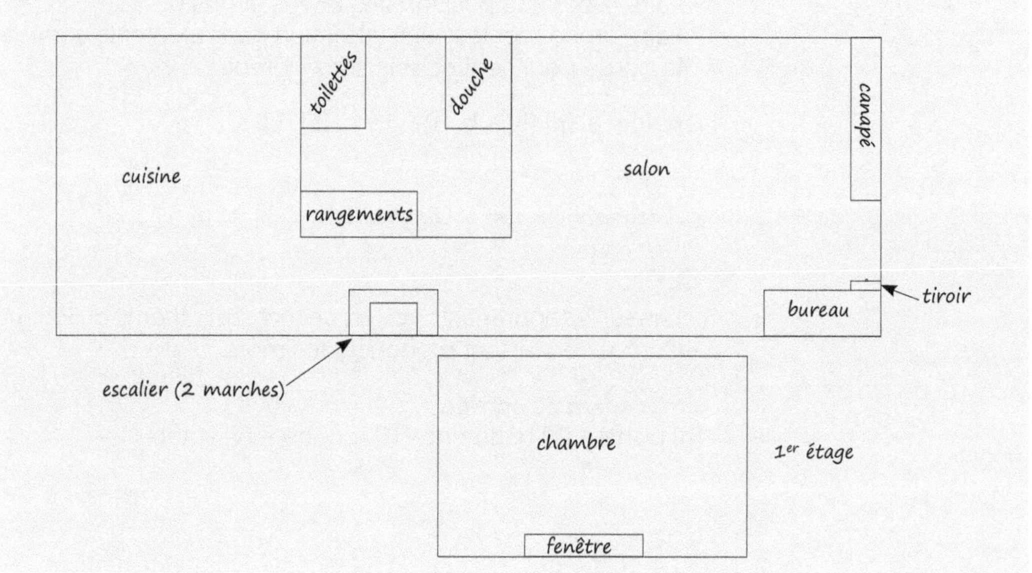

b

- Laisser quelques minutes aux apprenants pour lire les propositions et chercher les informations dans le texte.
- Corriger en montrant les informations dans le texte.

Corrigé : a. Vrai (On accède à la chambre grâce à un escalier.) **b.** Vrai **c.** Faux (La fenêtre de la chambre est particulièrement large.) **d.** Vrai (Un canapé peut offrir deux couchages supplémentaires.) **e.** Vrai.

Bonne pratique
J'insiste sur le fait que comprendre une description signifie être capable de la dessiner ou de s'en faire une image visuelle.

Demander aux apprenants d'apporter la photo d'un logement insolite. En groupe, laisser chaque apprenant décrire le logement et en présenter les avantages et les inconvénients. Demander aux membres du groupe de dire s'ils aimeraient ou non vivre dans ce logement et quelles transformations ils y feraient.

page 119

⌛ 10 minutes

Le but

- Laisser les apprenants lire les phrases de la partie « Observez » et répondre ensemble aux questions de la partie « Réfléchissez ».
- Laisser quelques minutes aux apprenants pour compléter les phrases.
- Corriger en écrivant plusieurs propositions au tableau.

Corrigé : *Pour* et *afin de* ont le même sens. – Les deux expressions s'utilisent avec un verbe à l'infinitif.

- J'étudie le français afin d'étudier la gestion en France. – Elle travaille pour gagner de l'argent pour les vacances.

Au tableau !

La maison a des bacs [pour] y fai<u>re</u> pousser des plantes d'extérieur.

La salle de bains occupe une place centrale [afin de] sépa<u>rer</u> les deux pièces.

> cahier
Activité 7, p. 91

page 119

⌛ 10 minutes

Activité 10

- Au tableau, écrire *Petite maison, grande aventure*.
- Demander aux apprenants si c'est un avantage ou un inconvénient d'habiter dans une petite maison. Poser la question pour l'expression « grande aventure ».
- Constituer des groupes et demander aux apprenants de lister les avantages et les inconvénients à vivre dans une petite maison.
- Comparer les propositions des différents groupes. Demander aux apprenants s'ils aimeraient vivre dans une petite maison et pourquoi.

Proposition de corrigé :
Inconvénients : On ne peut pas inviter beaucoup d'amis. On ne peut pas faire de grandes fêtes. On ne peut pas avoir de grands meubles.
Avantages : On ne garde pas d'objets inutiles. C'est rapide de faire le ménage. C'est convivial.

page 119

⌛ 15 minutes

Activité 11

- Expliquer aux apprenants qu'ils vont rénover la salle de classe.
- Lire l'exemple.
- Constituer des groupes et les laisser rédiger la liste de courses.
- Demander à chaque groupe de présenter sa liste de courses et les objectifs de rénovation.

Proposition de corrigé : une grande lampe pour le coin lecture – une nouvelle fenêtre pour bien isoler – un tableau plus grand pour écrire le vocabulaire – une nouvelle armoire afin de ranger tous les livres.

> cahier
Activités 1, 9, 10 et 11, p. 90 et 91

p. 120-121

Situation 3 – Exprimer un souhait

LA MINUTE PÉDAGOGIQUE

Certains apprenants aiment jouer et s'impliquent plus facilement dans des jeux. D'autres préfèrent être confrontés à des situations concrètes ou réelles. Il est nécessaire de prendre en compte les deux profils et d'alterner les types d'activités.

PRÉPARER SA CLASSE

S'approprier les règles du jeu et faire les photocopies nécessaires. Faire des choix pour décider si on applique ou non toutes les règles en fonction du niveau de compréhension des apprenants et du temps dédié au jeu.

page 121
10 minutes

Activité 1

ⓐ et ⓑ

- Montrer le document de la page 120.
- Montrer le logo « travail individuel ».
- Laisser les apprenants découvrir les questions et chercher les informations sans utiliser de dictionnaire.
- Corriger en montrant les éléments sur le document.

Corrigé : ⓐ la forme : une lettre – l'auteur : Ramon – la formule d'appel : Mon cher Miguel – l'abréviation : P.S. ⓑ À mon avis, la lettre parle d'une maison, peut-être de vacances.

page 121
20 minutes

Activité 2

ⓐ

- Constituer des groupes.
- Laisser quelques minutes aux apprenants pour lire la question et échanger.

Proposition de corrigé : J'écris parfois des lettres quand je suis en vacances ou quand je veux dire quelque chose à une personne très proche.

- Après quelques minutes, demander aux apprenants de lire les questions et de chercher les réponses ensemble sans utiliser de dictionnaire.
- Corriger en montrant les informations dans le texte.

Corrigé : **a.** Ramon écrit à son petit-fils Miguel.
b. Les personnages sont Miguel, Ramon son grand-père, Ana sa cousine et son oncle.
c. Miguel doit retrouver son oncle et sa cousine. Il a un mois pour le faire.
d. S'il réussit la mission, il héritera de la maison de son grand-père et d'une grande partie de sa fortune.
e. À la fin de la mission, il doit rencontrer le notaire.
f. Il y a deux photos en pièces jointes pour donner envie à Miguel de réussir sa mission.

> cahier
Activité 1, p. 93

page 121
10 minutes

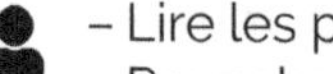

La condition et le conditionnel

- Lire les phrases de la partie « Observez ».
- Pour chaque phrase, aider les apprenants à retrouver le mode et le temps utilisés.
- Demander quelle phrase est une situation possible et quelle phrase est une situation imaginaire.
- Expliquer la formation du conditionnel (radical du futur et terminaisons de l'imparfait).

Corrigé :
Dans la première phrase : présent – futur simple
Dans la deuxième phrase : imparfait –conditionnel présent.
Dans la première phrase : la réalisation est possible.
Dans la deuxième phrase : la situation est imaginaire.
Le conditionnel ressemble au futur.
Les terminaisons sont celles de l'imparfait.

- Laisser les apprenants compléter les phrases de la partie « Appliquez ».
- Corriger en attirant l'attention sur la concordance des temps.

Corrigé : Si tu vois Stéphanie, tu lui rendras son foulard. – Si j'avais de l'argent, je partirais en Martinique.

Au tableau !

Si tu retrouves la famille, tu hériteras de ma maison.
présent — futur

Si tu me connaissais, tu saurais que je suis vraiment fou.
imparfait — conditionnel présent

> cahier
Activités 2 et 3, p. 93

page 121

⌛ 60 minutes

Activité 3

Ensemble, lire les situations les unes après les autres. Expliquer les situations pour s'assurer que tous les apprenants comprennent et retrouver les lieux administratifs correspondants.

Proposition de corrigé : renouveler un visa : l'ambassade – ouvrir un compte : la banque – rechercher une personne : un détective – rédiger un testament : un notaire.

Bonne pratique
Je montre le lien avec des situations concrètes mais je propose aussi aux apprenants d'ajouter des situations imaginaires ou drôles.

> cahier
Activité 4, p. 93

ⓑ

- Lire la consigne et expliquer la situation.
- Demander à un apprenant de prendre des notes pour rédiger les conseils.
- Laisser les apprenants faire des propositions et s'assurer que l'apprenant qui prend des notes comprend et a le temps d'écrire.
- S'assurer que les apprenants utilisent les temps et modes appropriés.

Proposition de corrigé : Si tu veux atteindre le niveau A2, tu devras mémoriser le vocabulaire. Si nous étions à ta place, nous étudierions le conditionnel.

- Demander aux apprenants d'écrire une lettre à un futur étudiant.
- Écrire ensemble les formules d'appel et de salutation au tableau.
- Laisser les apprenants écrire la lettre et s'appuyer sur les notes prises pendant l'activité ⓑ.
- Ramasser pour corriger.

Corrigé :
Cher futur étudiant en classe de A2,
Si tu veux réussir les examens, tu devras étudier régulièrement. Tu auras beaucoup de vocabulaire à mémoriser. Si tu veux être compris, il faudra t'exercer à prononcer des mots difficiles et à les répéter. Si j'étais toi, je ferais des exercices de grammaire tous les jours et je trouverais des amis français pour m'aider.
Bon courage !

Un futur étudiant de B1.

- Constituer des groupes pour faire le jeu.
- Distribuer un plateau de jeu par groupe.
- Donner un petit objet à chaque apprenant pour faire un pion.
- Faire un premier tour avec un groupe pour expliquer le jeu.
- Choisir un meneur de jeu. Montrer comment préparer les fiches joueurs.
- Lancer le dé et commencer à jouer.
- Expliquer qu'on peut (ou non) acheter un logement quand on tombe sur une case.
- Expliquer qu'il existe deux types de logements et que le prix d'achat varie selon le type de logement.
- Montrer au meneur de jeu qu'il peut vérifier les informations sur la fiche « Aide ».
- Laisser les apprenants du groupe jouer à leur tour. Expliquer la procédure quand on tombe sur une case « Chance » ou sur une case possédée par un autre joueur.
- Si les règles sont difficiles à comprendre, ne pas utiliser les cartes « Chance » pendant la première partie. Les insérer quand les apprenants se sont familiarisés avec le jeu.
- Consulter la fiche pédagogique du jeu p. 306.

Bonne pratique
Je propose aux étudiants qui n'aiment pas jouer de prendre le rôle de meneur de jeu et je leur montre que le jeu permet de réutiliser les points étudiés en classe.

Vous êtes Josette et vous avez 88 ans. Vous écrivez une lettre pour exposer vos souhaits à vos petits-enfants. Vous expliquez à quelles conditions ils pourront hériter.

> cahier
Activité 4, p. 93

p. 122-123

LAB' LANGUE & CULTURE

page 122

10 minutes

Culture

- Montrer les deux parties de l'image et demander aux apprenants de les comparer.
- Laisser les apprenants lire le texte puis leur demander de repérer les éléments qui sont caractéristiques de chaque type d'immeubles.
- Lire la question dans la bulle et laisser les apprenants répondre librement.

Proposition de corrigé : J'aimerais vivre dans un petit immeuble en ville, plutôt récent et moderne, bien isolé.

page 122

5 minutes

Langue 1

- Au tableau, écrire *pour* et *afin de*.
- Constituer des binômes.
- Lire la consigne et laisser les apprenants discuter.

Proposition de corrigé : On peut vouloir vivre à la campagne afin d'être au calme et se reposer. On peut choisir la campagne pour pouvoir faire du sport tranquillement. On peut vouloir une maison avec un jardin pour avoir des animaux.

page 122

10 minutes

Langue 2

- Expliquer que les phrases expriment des souhaits.
- Rappeler la concordance des temps avec « si ».
- Laisser les apprenants compléter les phrases.
- Corriger en écrivant plusieurs propositions.

Proposition de corrigé : Si vous vendez votre maison, je l'achèterai. Si nous rénovions notre maison, nous changerions les fenêtres. Si j'achète un appartement, j'habiterai en ville. Si j'achetais un appartement à Paris, je devrais emprunter beaucoup d'argent à la banque. Si j'étais riche, je voyagerais plus.

page 122

10 minutes

Langue 3

- Rappeler ce que sont l'impératif et un pronom indirect.
- Donner un exemple de conseil (exemple : écris-lui).
- Lire la première situation et les éléments proposés.
- Laisser les apprenants écrire les conseils.
- Corriger.

Corrigé : Envoie-lui un mail. Demande-lui des nouvelles. Téléphone-lui.

- Lire la deuxième situation.
- Laisser les apprenants écrire les conseils.
- Corriger.

Corrigé : Demande-leur d'envoyer des photos. Envoie-leur des aliments français. Parle-leur par Skype.

page 122
10 minutes

1 minute pour lire

- Demander aux apprenants de lire le texte en silence pour le plaisir.
- Lire le texte à voix haute et laisser les apprenants relever les pièces et objets de la maison qui sont cités.
- Mettre les informations en commun.

Corrigé : la douche, des grandes fenêtres blanches, une terrasse, une cheminée, deux fauteuils, un miroir, une bibliothèque.

page 123
10 minutes

Podcast

- Au tableau, écrire *Villa des Platanes*.
- Lire les éléments à repérer dans le document.
- Faire écouter le podcast deux fois.
- Corriger en faisant relever les expressions pour présenter un lieu (*Son origine remonte à ..., Il y a ..., On aperçoit ..., Le bâtiment date de ..., C'est un des endroits les plus...*).

Corrigé : Période d'origine : XIXe siècle – Quartier : Montmartre – Magasins : épicerie, fast-food – Ambiance : mystérieux, magnifique, calme – Film : *Amélie Poulain*.

- Lire la consigne du podcast.
- Laisser les apprenants choisir un lieu et s'appuyer sur les expressions relevées pour faire leur présentation.

Proposition de corrigé : La maison d'Adam est un bâtiment qui date de 1491. Sa construction remonte au Moyen Âge. Elle est située dans la vieille ville. Elle est entourée de restaurants et de magasins. Sur la façade, on aperçoit des statues de personnages bizarres. C'est une ambiance mystérieuse. C'est une maison qui appartenait à un alchimiste.

Piste 80

Paris, boulevard de Clichy, se dresse un mystérieux portail en fer forgé engoncé entre une épicerie et un fast-food. À travers, on aperçoit un escalier menant vers de magnifiques bâtiments. Une oasis de calme et de richesse jusqu'à la rue Véron, plus haut, proche de la fameuse rue Lepic [...]. Son nom sent le printemps : villa ou cité des Platanes. Son origine remonte au XIXe siècle, quand le village de Montmartre est devenu un quartier parisien. Jean-Paul Devienne, auteur du blog « Paris bizarre » :
« La villa des Platanes, elle a vu son expansion surtout après l'annexion, 1860. Il y a plusieurs bâtiments. Vous avez la villa des Tilleuls qui est le plus ancien, qui date du début du XIXe. Vous avez toute une succession d'immeubles qui doivent dater de 1860-70, 80-90, le plus beau, le plus bourgeois étant celui d'en bas qui donne sur le boulevard. » [...]
« C'est pas un des endroits les plus mystérieux de Montmartre, c'est un des endroits les plus jolis et les plus cachés, les moins connus, mais justement parce qu'il est très préservé. Il y a très peu de gens qui peuvent en parler. »
Le film *Amélie Poulain* de Jean-Pierre Genet, a transformé le quartier et fait venir les touristes en masse. Peut-être une raison qui explique que les résidents de la villa des Platanes soient si soucieux de préserver cet endroit.

RFI

page 123
5 minutes

Expression francophone

- Montrer l'image et faire remarquer l'émotion du personnage.
- Lire l'expression et les trois propositions.
- Demander aux apprenants de choisir une proposition et corriger.
- S'assurer que les apprenants comprennent bien l'expression « bouder ».
- Montrer le drapeau et demander aux apprenants d'où vient l'expression.

Corrigé : bouder – Suisse.

page 123
5 minutes

La fabrique des sons

- Montrer l'image.
- Faire écouter les phrases et demander aux apprenants de les associer aux phrases sur l'image.
- Corriger en faisant remarquer la différence d'intonation.
- Montrer que la virgule permet de créer un sens différent (sans la virgule, on « mange

la grand-mère », avec la virgule, on appelle la grand-mère pour venir manger).
- Montrer que le mot séparé par une virgule peut aussi être posé en début de phrase.

Corrigé : On va manger mamie ! On va manger, mamie !

Piste 81

On va manger mamie !
On va manger, mamie !

page 123

10 minutes

La fabrique des verbes

- Lire les différentes expressions et demander aux apprenants s'ils en comprennent le sens.
- Faire remarquer que « rendre » a le sens de « donner » avec « un travail », « la monnaie » mais que le sens diffère pour les autres expressions.
- Écrire les trois verbes au tableau et laisser les apprenants faire des associations pour créer des expressions.
- Corriger en s'assurant que les apprenants en comprennent le sens.

Corrigé : rendre un travail, rendre la monnaie (le verbe a le sens de « donner ») – verbe avec un article et un nom.
– Faire attention – prendre place – prendre partie – faire peur – rendre compte – donner envie – prendre froid – faire nuit.

page 123

20 minutes

PROJET

▶ À deux

- Constituer des binômes.
- Montrer la vidéo et demander aux apprenants de retrouver les sujets abordés par le présentateur et le problème de la famille.
- Demander aux apprenants de choisir un sujet de conversation pour un repas de famille.

▶ Ensemble

- Au tableau, faire une liste de tous les sujets de conversation proposés.
- Créer une grande table et demander aux apprenants de s'installer pour un repas de famille.
- Laisser les apprenants se répartir les rôles dans la famille.
- S'installer à table en mimant de déposer un plat sur la table et en disant « Bon appétit ! ».
- Laisser les apprenants jouer les discussions et changer de thème de discussion quand ils le souhaitent.

Vidéo lab'

#culture

Comme à la maison est une comédie familiale de Bénédicte Fossey et Éric Romand. La pièce de théâtre présente le traditionnel dîner familial de Suzanne et ses enfants pour le 31 décembre. Mais ce soir-là, les enfants de Suzanne préfèrent régler leurs comptes.

Proposition de corrigé : Les fêtes de fin d'année, la famille, les boissons, le repas, les vœux – Le problème : il n'y a pas d'ambiance.

Proposition de corrigé : Des sujets de conversation, les nouvelles des cousins, les services rendus à la voisine, l'aménagement du salon, le déménagement de l'oncle Albert...

Ateliers Exprimer son mécontentement

page 124

⏳ 10 minutes

Activité 1

- Montrer le document 1.
- Faire repérer la source et l'objectif du document.
- Faire décrire le document et demander aux apprenants s'ils font une différence avec la rue.
- Montrer le document 2 et poser la question **c**.
- Expliquer que l'objectif de l'atelier est de montrer sa colère, son mécontentement.

Corrigé : a. La mairie de Cannes – Pour décourager les personnes de jeter des déchets dans la rue. **b.** Le salon est très sale et désordonné. Il y a des déchets partout. C'est insupportable. – Ça ressemble à la rue quand elle est sale, quand les poubelles ne sont pas ramassées. Chez soi, on fait ce qu'on veut mais dans la rue c'est une incivilité donc on peut recevoir une amende. **c.** La joie et le mécontentement.

page 124

⏳ 10 minutes

Activité 2

- Laisser les apprenants lire les questions.
- Proposer une première écoute.
- Demander aux apprenants de comparer leurs informations en binômes.
- Proposer une deuxième écoute.
- Corriger en faisant relever les expressions et les intonations qui montrent le mécontentement.

Corrigé : a. C'est à la poste. Ce sont un employé et une cliente. **b.** Le colis de la femme a été livré en retard. **c.** Il y avait des jours fériés. **d.** Elle est en colère parce que le facteur a jeté le colis dans le jardin. **e.** Il lui propose d'envoyer un courrier pour réclamer.

Piste 82

- Je ne comprends pas, j'ai envoyé un colis en urgence la semaine dernière et il a été livré seulement aujourd'hui !
- Vous savez, Madame, avec les jours fériés, il y a des retards.
- Oui, enfin, j'ai payé 40 euros pour une livraison en deux jours ! Et le pire, c'est qu'il n'a pas été vraiment livré !
- Comment ça ?
- Nous étions absents et le facteur a jeté le colis dans le jardin. C'est quand même scandaleux !
- Écoutez Madame, je ne peux rien faire pour vous. Si vous n'êtes pas satisfaite de nos services, vous pouvez nous envoyer un courrier.

#culture

Le service postal est un service de distribution du courrier existant depuis le XVe siècle. À l'origine, le service était organisé par l'État. En 1879, ce service devient les PTT (Postes, Télégraphes et Téléphones). Aujourd'hui, la Poste est une entreprise française qui propose aussi des services bancaires et d'assurance. Malgré la perte du monopole, elle reste le premier opérateur du courrier en Europe.

page 124

⏳ 10 minutes

Activité 3

- Ensemble, faire une liste de services publics.
- Constituer des groupes.
- Lire la consigne et laisser les apprenants échanger.
- Corriger en écrivant les mots-clés au tableau et les expressions de colère.

Proposition de corrigé : J'ai déjà été en colère contre la préfecture. J'ai fait une demande pour renouveler ma carte de séjour mais ils ont perdu mon dossier. J'ai rapporté les documents mais j'ai dû revenir plusieurs fois parce qu'il manquait toujours un papier. J'ai perdu beaucoup de temps et j'étais stressé.

page 124

15 minutes

Activité 4

- Lire les expressions de l'encadré « Exprimer son mécontentement » en insistant sur l'intonation.
- Laisser quelques minutes aux apprenants pour les répéter de la manière la plus naturelle possible.
- Lire l'encadré « Apprendre ».
- Lire les deux situations et s'assurer que les apprenants les comprennent.
- Constituer des binômes.
- Laisser les apprenants jouer la situation. Insister pour qu'ils expriment la colère avec leur visage et des gestes.
- Demander à des volontaires de présenter la situation devant la classe.

Propositions de corrigé :

Situation 1 :

- Ah ! Mais qu'est-ce que c'est que ça ? Mais qu'est-ce que tu as fait ?
- J'ai invité un ami hier soir et on a mangé des pizzas...
- Un ami ? Mais tu as vu tous ces déchets ? Vous étiez combien ?
- 10... ou 15...
- 15 dans le salon ? C'est n'importe quoi ! Regarde l'état du canapé ! Ce n'est pas possible ! Il y a du Coca sur le tapis ! et les papiers dans les vases ! Tu vas ranger tout ça ! Maintenant !

Situation 2 :

- Allô ?
- Monsieur Michel ? C'est monsieur Renaud. Je vous appelle parce qu'il y a un problème avec l'appartement.
- Ah bon ?
- Oui, il y a une fuite d'eau dans la salle de bains. Il y a de l'eau partout.
- Ah, ce n'est pas très grave... Vous pouvez mettre un torchon.
- Un torchon ? Mais c'est n'importe quoi ! Écoutez, ce n'est pas possible, il faut appeler un plombier. Et puis, la cuisine est très sale.
- Ah oui, je n'ai pas eu le temps de faire le ménage. Vous pouvez prendre une éponge.
- Non, ce n'est pas normal ! On a payé pour un appartement de vacances, pas pour faire le ménage ! Et puis le Wifi ne fonctionne pas.
- C'est une petite panne. Ça va passer.
- Écoutez, j'en ai assez. Vous allez me rendre l'argent de la location et on part.

Ateliers Recommander un logement

page 125

10 minutes

Activité 1

a

- Montrer le document 1.
- Faire repérer le type de document (un avis sur Internet).
- Laisser les apprenants lire la partie haute du document et répondre aux questions.
- Corriger.

Corrigé :

a. On parle d'un appartement.
b. C'est à Toulouse.
c. Il y a 4 pièces.

b

- Faire lire la partie basse du document.
- Laisser les apprenants répondre aux questions.

Corrigé : **a.** Mathieu – Lucie **b.** Je recommande fortement ! – Les yeux fermés !

page 125
⌛ 20 minutes

Activité 2

a

- Montrer la partie avec les commentaires.
- Lire les différentes catégories et laisser les apprenants associer des catégories à des commentaires.
- Corriger en montrant les informations qui correspondent à chaque catégorie.

Corrigé : La situation : Mathieu, Lucie – La propreté : Julien, Lucie – Le contact avec l'hôte : Mathieu, Lucie – La salle de bains : Julien – L'équipement : Mathieu, Julien – La taille du logement : Mathieu, Julien.

Lire la question et aider les apprenants à retrouver les expressions dans le document.

Corrigé : très agréable, il ne manque rien, je déconseille, très bon séjour, bien situé, au top, je reviendrai avec plaisir, vous pouvez y aller les yeux fermés.

page 125
⌛ 15 minutes

Activité 3

- Lire l'encadré « Apprendre ».
- Lire les deux situations et demander aux apprenants d'en choisir une.
- Leur laisser quelques minutes pour écrire sur un brouillon les points qu'ils souhaitent développer.
- Lire l'encadré « Recommander un logement » et expliquer le vocabulaire nouveau.
- Laisser les apprenants écrire.
- Ramasser pour corriger.

#culture

En France, plusieurs types de logement de vacances sont disponibles. **Les gîtes** sont des locations de maisons. Les locataires sont totalement indépendants. Ils peuvent cuisiner et profiter des espaces librement. **Les chambres d'hôtes** sont des locations chez l'habitant. Les vacanciers peuvent profiter d'une chambre dans une maison et les propriétaires proposent, le plus souvent, des repas en commun. La chambre d'hôtes permet de rencontrer les habitants de la maison et de partager des moments en commun.

Propositions de corrigé :
Situation 1 :
Rafaël
Je recommande ce logement !
Très belle chambre, agréable et calme, en plein centre-ville. Mickaël est très accueillant et donne de bonnes informations. La chambre est propre et bien équipée.

Situation 2 :
Salut Daniel,
Je viens de passer un très bon séjour à côté de Casablanca dans un club de vacances magnifique ! Je te conseille vivement d'y aller ! Les chambres sont très spacieuses et très luxueuses. Tout est très propre et surtout, c'est à 100 mètres de la plage ! Bien sûr, le climat est exceptionnel !
Je reviendrai avec plaisir !
À bientôt
Louis

mémo

page 127
⏳ 10 minutes

Activité 1

- Lire le titre de l'activité et l'exemple.
- Constituer des binômes et demander aux apprenants de se poser des questions avec « si ».
- Corriger les erreurs portant sur le choix des modes ou des temps.

Proposition de corrigé :
Si tu étais un animal, qu'est-ce que tu serais ? – Si tu avais un super pouvoir, qu'est-ce que ce serait ? – Si tu pouvais te transformer, en quoi tu te transformerais ?

page 127
⏳ 10 minutes

Activité 2

- Au tableau, écrire *Service civique.*
- Lire l'exemple et expliquer que c'est un slogan pour encourager les jeunes à faire un service civique.
- Faire remarquer l'utilisation de l'impératif et d'un pronom indirect.
- Constituer des binômes et laisser les apprenants rédiger des slogans.
- Laisser chaque binôme présenter ses slogans et demander à la classe de choisir les meilleurs.

Proposition de corrigé :
Les enfants, faites-leur découvrir leurs talents ! – Une grand-mère ? Offrez-lui une chance de raconter son expérience ! – Offrez aux habitants de votre ville la possibilité de s'investir, faites-leur découvrir l'engagement citoyen !

page 127
⏳ 10 minutes

Activité 3

- Lire l'exemple.
- Montrer qu'il s'agit d'un service administratif et que le message rime.
- En binôme, laisser les apprenants inventer des messages et les présenter à la classe.

Proposition de corrigé :
- Si vous voulez joindre l'ambassade, tapez 1 et allez faire une balade.
- Après une partie de pétanque, n'oubliez pas d'appeler la banque.

page 127
⏳ 10 minutes

Activité 4

- Écrire les deux sons au tableau.
- En binôme, laisser les apprenants lister tous les mots en lien avec le logement qui contiennent les sons.
- Comparer les listes.

Proposition de corrigé :
table, porte, ordinateur, télévision, tapis, salle de bains, jardin, terrasse, étagère, décoration...

Demander aux apprenants de choisir un objet ou un meuble de la maison et de le dessiner sous forme de calligramme en utilisant les mots de la liste de l'activité 4.

> cahier
Mémo , p. 94 et 95

page 127

⌛ 20 minutes

Mission

- Lire la situation de la mission.
- Expliquer ce qu'est une « ancienne usine de biscuits ».
- Expliquer l'objectif de la mission : créer un lieu de rencontres sociales.
- Montrer le lien : besoin de rénover le lieu.

- Lire la question **1**.
- Demander aux apprenants « Qu'est-ce qu'on peut faire avec ce lieu ? Écrivez des souhaits ».
- Donner trois papiers à chaque apprenant et les laisser écrire un souhait sur chaque papier.

- Lire la question **2**.
- Créer des binômes.
- Les laisser choisir un des souhaits et imaginer la disposition du lieu.
- Leur demander de faire un plan avec des couleurs, des flèches, des explications.

- Lire la question **3**.
- Constituer des groupes.
- Demander au modérateur de mélanger tous les papiers du groupe puis de les lire successivement.
- Laisser les apprenants exprimer leur opinion sur chaque projet.
- Demander au modérateur de gérer le groupe pour arriver à un choix de services liés au lieu.
- Comparer les usages proposés par chaque groupe.

Proposition de corrigé :

1. lieu d'exposition – salle de jeux – espace convivial pour cuisiner et manger.

2. salle de jeux : murs blancs, sol foncé, des poufs et des canapés, un espace avec un baby-foot, un espace avec des tapis et des jeux de société, une lumière tamisée, un espace pour les jeux de rôles avec une scène...

> cahier
Bilan linguistique, p. 96 et 97
Préparation au DELF, p. 98 et 99

GRAMMAIRE

1 Lisez les phrases et choisissez si elles expriment le but ou la cause. 5 points

	But	Cause
1. Ils proposent des services pour aider les habitants du quartier.		
2. J'ai trouvé un appartement grâce à ma sœur.		
3. Nous voulons créer du lien social parce que les personnes âgées se sentent isolées.		
4. Il cherche un logement afin de quitter la maison de ses parents.		
5. Il fait un service civique pour avoir plus d'expérience.		

2 Écrivez les phrases à l'impératif avec un pronom. 5 points

1. Vous rendez service aux personnes dans la rue. ➜ ....

2. Tu proposes de l'aide à ta voisine. ➜ ....

3. Tu aides ton père et moi à porter les courses. ➜ ....

4. Vous ouvrez votre porte aux jeunes en difficulté. ➜ ....

5. Tu parles à ton collègue. ➜ ....

3 Choisissez la proposition qui convient. 5 points

1. Si nous déménageons, nous *irons / irions* en ville.

2. Si nous connaissions mieux nos voisins, nous *pourrons / pourrions* leur demander de garder notre chat.

3. Si tu reçois un héritage, tu *pourras / pourrais* acheter une belle voiture.

4. Si vous le souhaitez, nous vous *aiderons / aiderions* à déménager.

5. Si j'avais le temps, je *changerai /changerais* la décoration de la maison.

4 Complétez les phrases avec le temps qui convient. 5 points

1. Si tu as le temps, tu .... (*pouvoir*) ranger le grenier.

2. Si vous étiez disponibles, nous .... (*aller*) voir les annonces.

3. Si nous .... (*vouloir*) faire une action généreuse, nous pourrons faire des dons.

4. Si vous .... (*organiser*) des rencontres, vous pourriez créer du lien social.

5. Si tu as envie d'être utile, tu .... (*pouvoir*) faire un service civique.

LEXIQUE

1 Retrouvez cinq noms d'objets de la maison dans la grille. 5 points

A	X	E	Z	I	T	I	R	O	I	R	B
H	T	Y	C	H	A	U	F	F	A	G	E
N	V	A	A	E	T	V	O	L	E	T	H
X	N	V	N	Z	U	H	Q	N	F	V	S
O	W	Z	A	Y	C	Q	K	E	F	E	N
O	C	K	P	U	Z	L	E	G	F	J	E
V	J	F	E	N	E	T	R	E	A	P	E
U	S	B	A	F	B	A	E	K	E	T	Y

Intro | Unité 1 | Unité 2 | Unité 3 | Unité 4 | Unité 5 | Unité 6 | Unité 7 | Unité 8 | Outils

2 Associez un mot à chaque définition. 5 points

détective | héritage | testament | volontaire | rendre service

1. C'est un texte qu'on écrit pour donner son argent ou sa maison avant de mourir. ➜ ....
2. Ce sont des objets, de l'argent qu'on reçoit d'une personne qui vient de mourir. ➜ ....
3. C'est une personne qui aide à chercher des informations. ➜ ....
4. C'est aider. ➜ ....
5. C'est une personne qui aide d'autres personnes gratuitement. ➜ ....

3 Retrouvez les pièces de la maison. 5 points

1. NCSUIIE ➜ ....
2. BRCHMAE ➜ ....
3. SLNAO ➜ ....
4. BRUUAE ➜ ....
5. TLTTSOIEE ➜ ....

4 Complétez les phrases avec le mot qui convient. 5 points

aménager | rénover | isoler | ventiler | bricoler

1. Je vais .... tout le week-end. Je voudrais installer des étagères.
2. – Vous avez changé les fenêtres ?
   – Oui, on voulait .... l'appartement. Il faisait trop froid.
3. Quand est-ce que vous allez .... le nouvel appartement ? J'aimerais bien voir vos nouveaux meubles !
4. On doit .... la maison. Elle est vraiment trop vieille !
5. On a besoin de .... la pièce. C'est trop humide.

PHONÉTIQUE

1 18 | **Complétez avec le son que vous entendez [t] ou [d].** 5 points

1. .....iroir – 2. .....ouche – 3. fenê.....re – 4. por.....e – 5. loca.....aire – 6. accé.....er – 7. par.....iciper – 8. bâ.....iment – 9. ven.....iler – 10. ré.....iger

2 19 | **Écrivez le son que vous entendez : [p], [b], [f], [v].** 5 points

1. ..... 2. ..... 3. ..... 4. ..... 5. ..... 6. ..... 7. ..... 8. ..... 9. ..... et. .....

Compréhension de l'oral 10 points

20 | **Écoutez le document et répondez aux questions.**

1. Quelles modifications est-ce que la personne va faire ?
   ❑ Repeindre le salon. ❑ Ouvrir la cuisine. ❑ Agrandir le logement.
   ❑ Faire construire un garage. ❑ Transformer des pièces.
2. Qu'est-ce que la personne va isoler ? ....
3. Qu'est-ce que la personne va rénover ?..
4. Où la personne va-t-elle laisser sa voiture ? ....
5. Combien de pièces est-ce qu'il y aura ? ....
6. Vrai ou faux ? Cochez la case qui convient.

	Vrai	Faux
a. La personne va déménager.		
b. Il n'y aura plus de garage.		
c. La personne habitera loin de son travail.		

Compréhension des écrits

10 points

Lisez le forum et répondez aux questions.

Recherche

Forum : Faire un service civique...

Principaux commentaires ▼

...

Louison : J'hésite à faire un service civique. Est-ce que vous en avez fait un ? Quelle mission ? Pendant combien de temps ? Est-ce que vous êtes content de votre expérience ? À quoi faut-il faire attention ?

Mikamik : J'ai fait un service civique l'année dernière pendant huit mois. J'ai aidé à rénover des logements dans une banlieue. C'était très utile mais j'ai eu peu de contacts avec les habitants. Je voulais créer des liens mais j'ai seulement fait des travaux. Mon conseil : regarde bien le détail de la mission et ne choisis pas trop vite.

Luluberlu : Moi aussi, j'ai choisi de faire un service civique avant d'entrer à l'université. Pour ma mission, je devais accompagner les volontaires d'une association qui rencontrent les personnes sans domicile le soir pendant l'hiver. C'était très dur. J'étais souvent gêné et je ne savais pas comment leur rendre service. J'ai beaucoup appris et je crois que j'ai beaucoup changé. Je sais mieux communiquer avec les gens et j'ai précisé mon projet professionnel.

Nicolo : Luluberlu et Mikamik, vous avez eu de la chance ! Moi, j'ai fait un service civique dans un lycée pour accueillir de jeunes étrangers. Les jeunes étaient sympas mais on n'avait pas de matériel, pas de salle... Les horaires n'étaient pas clairs et je n'avais pas vraiment de moyens pour les aider. En plus, j'ai reçu 400 euros par mois mais pour un logement à Paris, ce n'est pas suffisant...

1. Quel est le thème du forum ?

....

2. Les personnes sont-elles satisfaites ou non de leur expérience ?

	Satisfait	Non satisfait
Mikamik		
Luluberlu		
Nicolo		

3. Mikamik est un peu déçu. Pourquoi ?

....

4. Qu'est-ce qui a changé pour Luluberlu grâce à cette expérience ?

....

5. Pour Nicolo, quels étaient les problèmes ?

❑ Les jeunes étaient difficiles.
❑ Il n'avait pas le matériel nécessaire pour la mission.
❑ Le lycée était à Paris.
❑ Le salaire n'était pas suffisant.
❑ Les collègues n'étaient pas sympas.

6. Vrai ou faux ? Cochez la case qui convient.

	Vrai	Faux
a. Louison n'est pas sûr de faire un service civique.		
b. Luluberlu a travaillé seul.		

Production écrite

15 points

Vous avez loué un logement pour les vacances et vous n'êtes pas satisfait. Vous exprimez votre mécontentement sur un forum et vous recommandez un autre logement ou un autre site. (Environ 80 mots)

Recherche

Forum : Un appartement décevant

Principaux commentaires ▼

....

....

....

....

....

....

....

Production orale

15 points

Partie 1 : Entretien dirigé

Présentez-vous (nom, âge, loisirs, goûts...). Est-ce que vous avez déjà été volontaire ? Vous aimez rendre service ?

Partie 2 : Monologue suivi

Vous tirez au sort 2 sujets et vous en choisissez 1. Vous vous exprimez sur le sujet. L'examinateur peut ensuite vous poser des questions pour vous aider.

Sujet 1 :
Vous avez fait des changements pour améliorer votre logement. Présentez-les.

Sujet 2 :
Quels sont vos souhaits pour l'avenir (vie familiale, études, travail...) ?

Partie 3 : Exercice en interaction

Choisissez un sujet et jouez la scène avec l'examinateur.

Sujet 1 :
Vous venez de rénover votre appartement. Vous expliquez les changements à un(e) ami(e).
L'examinateur joue le rôle de l'ami(e).

Sujet 2 :
Votre voisin(e) du dessus fait le ménage pendant la nuit. Vous vous mettez en colère.
L'examinateur joue le rôle du/de la voisin(e).

Total : ...... /100 points

Corrigés *du test*

Grammaire

1 **1.** but **2.** cause **3.** cause **4.** but **5.** but

2 **1.** Rendez-leur service.
2. Propose-lui de l'aide.
3. Aide-nous à porter les courses.
4. Ouvrez-leur votre porte.
5. Parle-lui.

3
1. irons
2. pourrions
3. pourras
4. aiderons
5. changerais

4
1. Si tu as le temps, tu **pourras** ranger le grenier.
2. Si vous étiez disponibles, nous **irions** voir les annonces.
3. Si nous **voulons** faire une action généreuse, nous pourrons faire des dons.
4. Si vous **organisiez** des rencontres, vous pourriez créer du lien social.
5. Si tu as envie d'être utile, tu **peux** faire un service civique.

Lexique

1

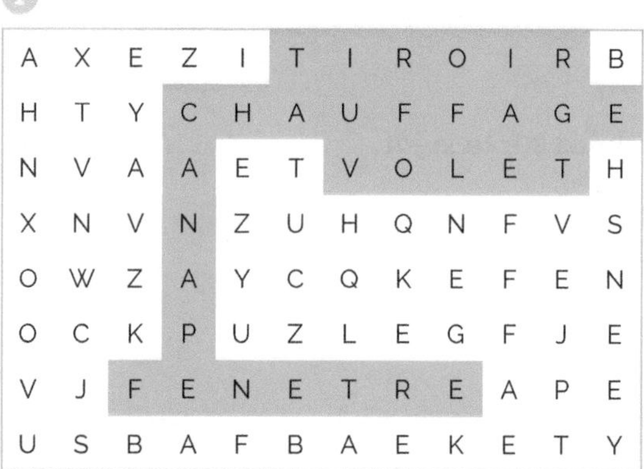

A	X	E	Z	I	T	I	R	O	I	R	B
H	T	Y	C	H	A	U	F	F	A	G	E
N	V	A	A	E	T	V	O	L	E	T	H
X	N	V	N	Z	U	H	Q	N	F	V	S
O	W	Z	A	Y	C	Q	K	E	F	E	N
O	C	K	P	U	Z	L	E	G	F	J	E
V	J	F	E	N	E	T	R	E	A	P	E
U	S	B	A	F	B	A	E	K	E	T	Y

2
1. testament
2. héritage
3. détective
4. rendre service
5. volontaire

3
1. cuisine
2. chambre
3. salon
4. bureau
5. toilettes

4 **1.** bricoler **2.** isoler **3.** aménager **4.** rénover **5.** ventiler

Phonétique

1 **1.** tiroir **2.** douche **3.** fenêtre **4.** porte **5.** locataire **6.** accéder **7.** participer **8.** bâtiment **9.** ventiler **10.** rédiger

2 **1.** [p] – **2.** [b] – **3.** [p] – **4.** [b] – **5.** [v] – **6.** [v] – **7.** [b] – **8.** [f] – **9.** [v] et [b]

Compréhension de l'oral

1. agrandir le logement – transformer des pièces

2. les murs et les fenêtres

3. la cheminée

4. sur une place de parking

5. 5

6. a. Faux **b.** Vrai **c.** Faux

Compréhension des écrits

1 le service civique

2

	Satisfait	Non satisfait
Mikamik	X	
Luluberlu	X	
Nicolo		X

3 Il a eu peu de contacts avec les habitants.

4 Il communique mieux et il a précisé son projet professionnel.

5 Il n'avait pas le matériel nécessaire pour la mission. Le salaire n'était pas suffisant.

6 **a.** Vrai **b.** Faux

Production écrite

Grille d'évaluation :

L'apprenant peut s'adapter au style d'un forum.	.... /2
L'apprenant peut exprimer son mécontentement.	.... /4
L'apprenant peut utiliser quelques expressions pour recommander un logement.	....../2
L'apprenant peut utiliser les formes grammaticales et morphosyntaxiques appropriées.	....../4
L'apprenant peut utiliser le lexique adapté à la situation.	....../3

Proposition de corrigé :

Marvel12 : Je pensais passer des super vacances à Nice cet été. J'ai loué un appartement sur « chezmoi » et j'ai vraiment été déçu ! On nous annonce un appartement de luxe avec deux chambres, deux salles de bains et un balcon qui donne sur la mer. Quand on est arrivé, on a trouvé une petite chambre. La deuxième « chambre », c'est un canapé-lit dans le salon ! C'est vraiment n'importe quoi ! Ensuite, on trouve une petite salle de bains et la deuxième... ce sont les toilettes ! Le balcon ne donne pas sur la mer mais sur un parking bruyant ! Après deux jours, on en avait assez et on est partis ! Mon conseil : ne réservez pas sur « chezmoi ». Nous avons trouvé une nouvelle location sur « bonsplans » et je vous recommande le site pour son sérieux !

Production orale

Grille d'évaluation :

L'apprenant peut se présenter et répondre à quelques questions plus précises.	.... /2
L'apprenant peut décrire des changements dans un logement ou exprimer des souhaits.	.... /2
L'apprenant peut parler des rénovations dans un logement ou exprimer son mécontentement.	.... /2
L'apprenant peut utiliser du lexique adapté à des situations courantes.	.... /3
L'apprenant peut utiliser des structures grammaticales et de morphosyntaxe simples.	.... /3
L'apprenant peut s'exprimer de façon suffisamment claire pour être compris	.... /3

Propositions de corrigé :

Partie 1 :

Je m'appelle Gloria. J'ai 25 ans. Je suis péruvienne. Je suis traductrice anglais-espagnol. J'adore regarder des films et lire des livres. Je déteste faire du sport. J'ai déjà été volontaire dans une association. On distribuait de la nourriture aux personnes dans le besoin. J'ai beaucoup aimé participer aux actions de l'association. J'aime bien rendre service aussi dans la vie quotidienne.

Partie 2 :

Sujet 1 : Dans mon logement, j'ai changé la décoration. C'était vieux et triste. J'ai repeint les murs en blanc pour avoir plus de lumière. J'ai enlevé les tapis et j'ai mis des meubles plus petits pour avoir plus de place. La décoration est simple mais claire et pratique.

Sujet 2 : Si je peux, j'aimerais travailler à l'étranger. Je voudrais finir mes études et trouver un travail comme professeur. Si je trouve un poste, je voudrai aller en Asie, au Viêt Nam ou en Corée. Si je pars à l'étranger, j'apprendrai la langue pour mieux communiquer avec les gens. Je n'ai pas envie de me marier pour l'instant. Je voudrais rester célibataire pour pouvoir voyager facilement.

Partie 3 :

Sujet 1 :
- J'ai fait des travaux dans mon appartement.
- Ah bon ? Qu'est-ce que tu as changé ?
- Je voulais un grand salon donc j'ai ouvert la cuisine sur le salon. C'est plus lumineux.
- Super ! Et tu as repeint les murs ?
- Oui, j'ai tout repeint en blanc, comme la chambre.
- Tu voulais aussi isoler l'appartement, non ?
- Oui, j'ai fait isoler les fenêtres. Il fait moins froid l'hiver. Et j'ai changé le chauffage.
- Et la salle de bains ?
- Je n'ai pas fait beaucoup de travaux. J'ai seulement changé les meubles et j'ai repeint le plafond. Il faut venir voir !

Sujet 2 :
- Bonjour, je suis votre voisin du dessous.
- Ah oui...
- Il est déjà minuit et vous passez encore l'aspirateur...
- Oui, j'ai presque fini.
- Oui, mais il est minuit et j'ai besoin de me reposer. Ce n'est pas normal de faire le ménage à cette heure-là !
- L'aspirateur, ça ne fait pas de bruit.
- Si, ça fait du bruit ! Et vous passez toujours l'aspirateur la nuit ! J'en ai assez ! Vous pouvez faire le ménage dans la journée comme tout le monde !
- Vous exagérez ! Je ne fais pas le ménage tous les soirs !
- C'est vraiment n'importe quoi ! Vous ne pouvez pas faire du bruit la nuit ! C'est un immeuble, vous n'êtes pas tout seul !
- Vous êtes le seul à vous plaindre !
- Non, les autres voisins ne disent rien mais ils pensent aussi que ce n'est pas normal ! On va porter plainte !

Transcriptions *du test*

Phonétique

1 Piste 18

1. tiroir
2. douche
3. fenêtre
4. porte
5. locataire
6. accéder
7. participer
8. bâtiment
9. ventiler
10. rédiger

2 Piste 19

1. parking
2. chambre
3. propriétaire
4. bureau
5. travaux
6. rénovation
7. basse
8. chauffage
9. convertible

Compréhension de l'oral

Piste 20

- Alors, tu vas déménager ?
- Non, finalement, j'ai décidé de faire des travaux. Je vais agrandir un peu la maison pour avoir une chambre en plus et je vais transformer le garage.
- Ah bon ? Pour faire quoi ?
- Un bureau.
- Et ta voiture ?
- Je vais louer une place de parking.
- Mais tu as dit que tu consommais trop en chauffage.
- Oui, donc je vais isoler les fenêtres et les murs. Et je voudrais rénover la cheminée pour pouvoir l'utiliser comme chauffage.
- C'est super !
- Oui, c'est mieux. Je reste proche de mon travail et j'aurai deux chambres, une cuisine ouverte sur le salon, une grande salle de bains avec des toilettes et un bureau.

CORRIGÉS DE L' ÉPREUVE du DELF A2

p. 128-129

Compréhension de l'oral

25 points

page 128

Exercice 1 5 points

Corrigé :
1. c. 45 minutes. 1 point
2. Dans la salle 30. 1 point
3. A. 1 point
4. B. 1 point
5. Les livres de peinture et les bijoux. 1 point

Piste 85

Lisez les questions. Écoutez le document puis répondez.
Chers visiteurs, la visite guidée de l'exposition de sculptures « Les grands classiques » commence dans 15 minutes. Elle dure 45 minutes. Merci de vous rendre dans la salle 30 et de présenter votre billet. Pour la visite gratuite des jardins, notre guide Flora vous attend à l'extérieur, près de la grande pelouse. Enfin, dans notre magasin de souvenirs, profitez de nombreuses réductions sur les livres de peinture et les bijoux.

page 128

Exercice 2 6 points

Corrigé :
1. b. Chez un client. 1 point
2. C. 1 point
3. Le mois dernier. 1 point
4. Il ne s'allume plus. 1 point
5. a. ce matin. 1 point
6. Le code de la commande. 1 point

Piste 86

Lisez les questions. Écoutez le document puis répondez.
Allô ? C'est Thomas. On a un problème avec la livraison de la boulangerie Lumière. Je suis sur place, avec le patron, M. Chauffé. Les machines à pain arrivées ne sont pas celles qu'il a commandées, et l'ordinateur, acheté chez nous le mois dernier, bah il ne s'allume plus ! Je m'occupe de réparer l'ordinateur, mais toi, peux-tu me rappeler sur mon portable professionnel avant midi s'il te plaît pour me donner le code de la commande ? Merci !

page 129

Exercice 3 6 points

Corrigé :
1. b. La musique. 1 point
2. En août. 1 point
3. a. Aux bébés. 1 point
4. 12. 1 point
5. A. 1 point
6. À deux heures de Paris – dans le parc du château. 1 point

Piste 87

Lisez les questions. Écoutez le document puis répondez.
– Léa, hier, vous nous avez parlé du Mois de la photo. Et aujourd'hui, vous nous parlez de quoi ?
– Du festival de Saint-Martin qui a lieu chaque année en août. Sa particularité : être ouvert aux familles ! Profitez des concerts pour tous les âges. Les lectures chantées, l'après-midi, sont réservées aux nouveau-nés, et les activités musicales aux jeunes publics. L'entrée est de 12 euros pour les adultes et c'est gratuit pour les moins de 14 ans. Pour dormir, vous pouvez camper gratuitement sur place ou faire le trajet depuis Paris – à 2 heures de voiture - dans la journée. Ça se passe dans le parc du château et l'année dernière, 1 000 personnes sont venues faire la fête !

page 130

Exercice 4 8 points

Corrigé :

1. b. Demander une information. — 2 points
2. a. Accueillir quelqu'un. — 2 points
3. d. Renseigner quelqu'un. — 2 points
4. c. Proposer une sortie. — 2 points

Piste 88

Vous allez entendre deux fois quatre dialogues, correspondant à quatre situations différentes. Lisez les situations. Écoutez le document puis reliez chaque dialogue à la situation correspondante.

Dialogue n°1 :
— Excuse-moi, est-ce que tu sais où se passe la conférence sur les langues anciennes ?
— Ah non, désolée, je ne sais pas.
— C'est pas grave, merci !

Dialogue n°2 :
— Je vous présente Anna, elle arrive d'Autriche, elle est en France pour 6 mois.
— Bonjour à tous !
— Bienvenue Anna !

Dialogue n°3 :
— Je ne comprends rien à ce plan de l'université !
— C'est facile : là, c'est l'entrée principale, et là, l'arrêt de bus pour aller dans le centre.
— Ah d'accord, merci !

Dialogue n°4 :
— Dis-moi, ça te dit qu'on aille au cinéma après les cours ?
— Ah oui, bonne idée, ça me fera du bien !
— À moi aussi !

p. 130-133

Compréhension des écrits — 25 points

page 130

Exercice 1 5 points

Corrigé :

a. 4 **b.** 5 **c.** 2 **d.** 1 **e.** 3 — 5 points

page 131

Exercice 2 6 points

Corrigé :

1. b. — 1 point
2. Sa famille et ses amis. — 1,5 point
3. b. Hilaire — 1 point
4. En bleu — 1,5 point
5. b. — 1 point

page 131

Exercice 3 6 points

Corrigé :

1. Le vendredi — 1,5 point
2. Seulement les employés — 1,5 point
3. c. Des pièces de monnaie — 1 point
4. A. — 1 point
5. a. Igor — 1 point

page 132

Exercice 4 8 points

Corrigé :

1. c. Photographe — 1 point
2. Jusqu'au 24 mars — 1,5 point
3. Faux. Sa mère est née dans le sud de la France. — 1,5 point
4. Yannick Perdrot était son professeur. — 1,5 point
5. b. Un film sur Mugin. — 1 point
6. Vrai. « Le peintre Rablot exposera ses tableaux à partir du 25 mars. — 1,5 point

Production écrite

25 points

page 133

Exercice 1 13 points

Proposition de corrigé :

Supprimer Indésirable Répondre Rép. à tous Réexpédier Imprimer

De : maelmi@yahoo.fr
Objet : Cyrano

Salut Rafa,

Comme tu me l'as conseillé, je suis allé voir Cyrano de Bergerac et j'ai vraiment adoré ! Les acteurs sont exceptionnels et la pièce est drôle et émouvante. J'aime beaucoup le personnage de Cyrano. C'est un peu difficile à comprendre en français mais j'ai bien ressenti les émotions. Roxane est vraiment très belle et très intelligente. La fin est triste mais j'ai passé un bon moment.

À bientôt

Maël

Grille d'évaluation :

Respect de la consigne – Respect de la consigne – Peut mettre en adéquation sa production avec la situation proposée. – Peut respecter la consigne de longueur minimale indiquée.	... /1
Capacité à raconter et à décrire Peut décrire de manière simple des aspects quotidiens de son environnement (gens, choses, lieux) et des événements, des activités passées, des expériences personnelles.	... /4
Capacité à donner ses impressions Peut communiquer sommairement ses impressions, expliquer pourquoi une chose plaît ou déplaît.	... /2
Lexique / orthographe lexicale – Peut utiliser un répertoire élémentaire de mots et d'expressions relatifs à la situation proposée. – Peut écrire avec une relative exactitude phonétique mais pas forcément orthographique.	... /2
Morphosyntaxe / orthographe grammaticale Peut utiliser des structures et des formes grammaticales simples relatives à la situation donnée mais commet encore systématiquement des erreurs élémentaires.	... /2,5
Cohérence et cohésion – Peut produire un texte simple et cohérent. – Peut relier des énoncés avec les articulations les plus fréquentes.	... /1,5

page 133

Exercice 2 12 points

Proposition de corrigé :

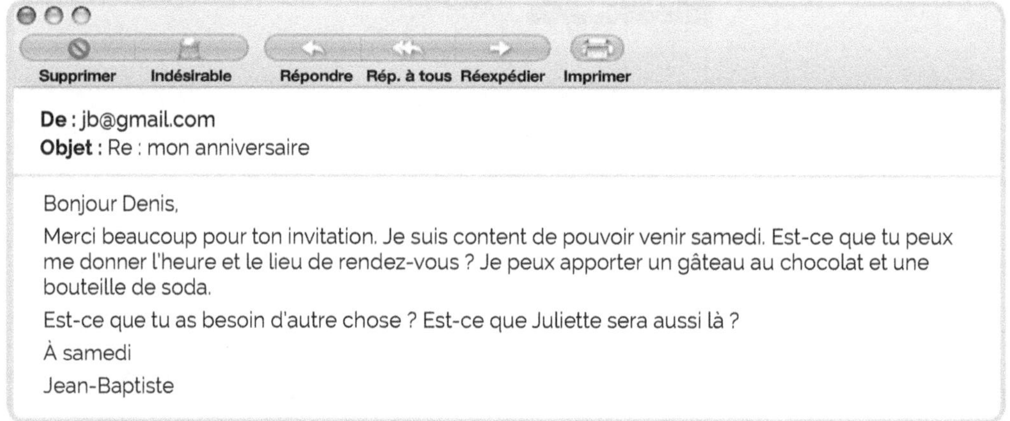

De : jb@gmail.com
Objet : Re : mon anniversaire

Bonjour Denis,

Merci beaucoup pour ton invitation. Je suis content de pouvoir venir samedi. Est-ce que tu peux me donner l'heure et le lieu de rendez-vous ? Je peux apporter un gâteau au chocolat et une bouteille de soda.

Est-ce que tu as besoin d'autre chose ? Est-ce que Juliette sera aussi là ?

À samedi

Jean-Baptiste

Grille d'évaluation :

Respect de la consigne – Peut mettre en adéquation sa production avec la situation proposée. – Peut respecter la consigne de longueur minimale indiquée.	... /1,5
Correction sociolinguistique – Peut utiliser les registres de langue en adéquation avec le destinataire et le contexte. – Peut utiliser les formes courantes de l'accueil et de la prise de congé. – Peut écrire une lettre personnelle simple pour exprimer remerciements, excuses, propositions, etc.	... /1,5
Lexique / orthographe lexicale – Peut utiliser un répertoire élémentaire de mots et d'expressions relatifs à la situation proposée. – Peut écrire avec une relative exactitude phonétique mais pas forcément orthographique.	... /4
Morphosyntaxe / orthographe grammaticale Peut utiliser des structures et des formes grammaticales simples relatives à la situation donnée mais commet encore systématiquement des erreurs élémentaires.	... /2,5
Cohérence et cohésion – Peut produire un texte simple et cohérent. – Peut relier des énoncés avec les articulations les plus fréquentes.	... /2,5

p. 134

Production orale

25 points

page 134

PARTIE 1 — Entretien dirigé

Proposition de corrigé :

– Bonjour, je m'appelle Yohann. J'ai 26 ans. Je suis tchèque. J'étudie le français depuis huit mois. J'habite à Prague avec ma famille. J'ai deux sœurs. J'adore les animaux et j'ai un chien. Je fais du sport : du basket et du foot. J'aime sortir avec mes amis et aller au théâtre.

PARTIE 2

Propositions de corrigé :

Sujet 1 :

En général, le week-end, je fais du vélo avec un ami. On aime voyager dans la région. On fait environ 100 km dans la journée. Parfois, on prend une tente et on part pendant deux jours. J'aime faire du vélo parce que je peux voir d'autres paysages et je me sens bien physiquement. L'hiver, je fais moins de vélo donc je passe plus de temps avec mes amis pour aller au cinéma ou au théâtre.

Sujet 2 :

Ma meilleure amie s'appelle Emma. Elle est petite et brune. Elle a les cheveux longs et raides. Elle porte des lunettes rondes. Elle est très mince. Elle est très dynamique et rigoureuse. Elle a beaucoup de caractère mais elle est très gentille. Elle est perfectionniste. J'aime bien passer du temps avec elle parce qu'on peut parler de tout. Elle a de bonnes idées et elle est très intelligente. On va souvent voir des expositions ensemble et ensuite, on discute.

PARTIE 3

Propositions de corrigé :

Sujet 1 :

- Bonjour, j'aimerais avoir des informations sur les activités dans votre ville.
- Oui, quel genre d'activités vous intéresse ?
- J'aime les activités sportives et culturelles.
- Il y a une visite de la ville qui est organisée chaque jour. Vous pouvez découvrir l'histoire de la ville et ses mystères.
- À quelle heure est la visite ?
- Aujourd'hui, il y a une visite à 14 heures.
- C'est combien ?
- Elle est gratuite.
- Ah super !
- Pour les activités sportives, je peux vous proposer une sortie à vélo le long du fleuve. Vous pourrez découvrir les plantes et les animaux de la région.
- Il y a une sortie aujourd'hui ?
- Non, la prochaine est demain à 10 heures.
- Ah, d'accord. Est-ce que vous pouvez me recommander un restaurant ?
- Oui, qu'est-ce que vous avez envie de manger ?
- Je voudrais goûter les spécialités de la région.
- Alors, je vous conseille le « Grand-Gousier », c'est dans le centre-ville.
- Le menu est à combien ?
- Il faut compter 20 euros par personne.
- D'accord. Merci

Sujet 2 :

- Bon, alors, on achète quoi pour l'anniversaire de Violaine ?
- Je ne sais pas... Un livre ?
- Non, ce n'est pas très original... Je crois qu'elle aime bien la musique. On pourrait lui offrir un CD.
- Non, c'est démodé... mais la musique, c'est une bonne idée. Pourquoi pas une place de concert ?
- Ah oui, génial ! Tu sais quel concert il y a prochainement ?
- Non, mais on peut aller voir le programme au théâtre. Tu penses que ça coûte combien ?
- Ça dépend des groupes et de la place mais en général, on peut avoir une place pour 30 euros.
- Parfait ! On y va quand ?
- On peut y aller vendredi après les cours ?
- D'accord !

Grille d'évaluation :

Entretien dirigé (1 min 30)

Peut établir un contact social, se présenter et décrire son environnement familier.	... /3
- Peut répondre et réagir à des questions simples. - Peut gérer une interaction simple.	... /1

Monologue suivi (2 minutes environ)

Peut présenter de manière simple un événement, une activité, un projet, un lieu, etc., liés à un contexte familier.	... /3
Peut relier entre elles les informations apportées de manière simple et claire.	... /2

Exercice en interaction (3 ou 4 minutes environ)

- Peut demander et donner des informations dans des transactions simples de la vie quotidienne. - Peut faire, accepter ou refuser des propositions.	... /4
Peut entrer dans des relations sociales simplement mais efficacement, en utilisant les expressions courantes et en suivant les usages de base.	... /2

Pour l'ensemble des trois parties

Lexique (étendue et maîtrise) Peut utiliser un répertoire limité mais adéquat pour gérer des situations courantes de la vie quotidienne.	... /3
Morphosyntaxe Peut utiliser des structures et des formes grammaticales simples. Le sens général reste clair malgré la présence systématique d'erreurs élémentaires.	... /4
Maîtrise du système phonologique Peut s'exprimer de façon suffisamment claire. L'interlocuteur devra parfois faire répéter.	... /3

p. 135

Unité 1

Refugee food festival

page 135

⌛ 25 minutes

1 Montrer une première fois la vidéo sans lire ni le titre, ni les questions. Demander aux apprenants de se concentrer sur les images et de ne pas lire le texte.
- Montrer les questions de la partie 1 et laisser les apprenants choisir ce qu'ils ont vu. Si nécessaire, montrer une deuxième fois la vidéo sans le son.
- Corriger.

Corrigé: **a.** Vrai **b.** Faux **c.** Vrai. **d.** Faux **e.** Vrai.

2 Lire le titre de la vidéo et faire remarquer qu'il est en anglais. Traduire les mots en français (festival, alimentation, réfugiés).
- Laisser les apprenants lire les questions de la partie 2, puis montrer de nouveau la vidéo en demandant aux apprenants de lire le texte.
- Constituer des groupes. Demander aux apprenants s'ils aiment ce festival et s'ils voudraient l'accueillir dans leur ville. Laisser les apprenants échanger en groupe.
- Corriger.

Proposition de corrigé: **a.** plat, restaurant, goûter, recettes, mets **b.** Paris, Lyon, Marseille, Strasbourg **c.** Irak, Afghanistan, Somalie, Rwanda **d.** Le festival nous permet de changer notre regard.

3 Demander à chaque groupe de présenter les principales idées évoquées et demander aux apprenants quel genre de festivals ils aimeraient accueillir dans leur ville.

Proposition de corrigé: J'aimerais beaucoup accueillir ce festival dans ma ville. D'abord, j'adore goûter de nouveaux plats et de nouvelles saveurs. Ensuite, le festival permet de rencontrer des personnes de cultures différentes et de changer notre regard.

p. 135

Unité 2

Visages, Villages

page 135

⌛ 25 minutes

1 Montrer la vidéo sans le son et lire les deux questions de la partie 1. Laisser les apprenants y répondre oralement et écrire le maximum d'informations au tableau.

Corrigé: **a.** On voit un jeune homme et une femme âgée, des personnes, un facteur... **b.** On voit des paysages de campagne, des petits villages, un camion avec un appareil photo, des grands posters....

2 Lire la question a **et montrer la vidéo avec le son**.
- Lire la question b.
- Laisser les apprenants échanger en binôme et leur demander de rédiger un résumé du film.

Corrigé: a L'homme a 33 ans, il voyage dans un camion, il prend des photos. La femme âgée a 88 ans. Le but, c'est le pouvoir de l'imagination. Ils rencontrent un facteur, des pompiers, des enfants, des gens simples.

Proposition de corrigé : b Le film présente un jeune homme de 33 ans et un femme âgée de 88 ans qui voyagent dans les villages français. Ils prennent les photos des habitants et montrent les professions. Ils impriment les photos en très grand format et les affichent dans la ville. Avec ces photos, ils aident les personnes à développer leur regard et leur imagination.

(3) Constituer des groupes. Lire la question de la partie (3) et laisser les apprenants échanger.
- Les inciter à imaginer la personne avec laquelle ils aimeraient partir, où et pour quoi faire.

Proposition de corrigé : J'aimerais partir avec mon amie Soazig. Je voudrais voyager dans des pays étrangers peu touristiques. Je voudrais voyager avec elle parce qu'elle est ouverte et sait s'adapter. Le but du voyage est de changer de regard sur le monde.

page 136

20 minutes

UNITÉ 3

Yann Houri, artiste 2.0

(1) Lire les deux questions de la première partie.
- Montrer la vidéo sans le son et laisser les apprenants répondre.
- Écrire quelques informations au tableau.

Corrigé : **a.** Les peintures sont colorées, elles sont abstraites, elles sont très grandes. **b.** L'artiste est jeune, il est barbu ; il porte un chapeau et un pull noir.

(2) Lire les questions de la partie (a) et s'assurer que les apprenants les comprennent.
- Montrer la vidéo avec le son et laisser les apprenants écrire les réponses.
- Corriger.

Corrigé : **a.** Il a 28 ans. **b.** Il est peintre et sculpteur. **c.** Il compare Instagram à un musée parce qu'il partage de l'art sur son fil d'actualité.

(3) Lire les questions de la partie (b). Constituer des groupes et laisser les apprenants échanger sur la question. S'assurer qu'ils comprennent les propositions.
- Expliquer l'opinion de l'artiste en montrant qu'il utilise les réseaux sociaux pour partager ses œuvres et contacter des gens mais qu'il pense aussi qu'il faut garder les contacts humains.
- Montrer de nouveau la vidéo et laisser les apprenants choisir les propositions correctes.
- Corriger.

Corrigé : Les réseaux sociaux aident à la rencontre. Mais je pense qu'aujourd'hui, il est important de garder des contacts humains.

p. 136

UNITÉ 4

page 136

25 minutes

La mixité des métiers

(1) Au tableau, faire deux colonnes et écrire *Métiers féminins* et *Métiers masculins*.
- Laisser les apprenants compléter les deux colonnes.
- Mettre en commun.

Corrigé :
métiers féminins : infirmière, institutrice, esthéticienne, secrétaire, femme de ménage...
métiers masculins : chauffeur-routier, maçon, charpentier, mécanicien...

(2) Lire la question **a.** et montrer la vidéo. Corriger.

Corrigé :
Une femme est chef d'orchestre, une autre est mécanicienne, une autre est bouchère,

un homme est garde-malade, une femme conduit une grue, un homme garde des bébés.
- Lire la question **b**. Expliquer l'expression « casser les conventions » (= changer les habitudes) et montrer de nouveau la vidéo.
- Corriger.

Corrigé :
le courage, l'envie

- Lire la question **c.**
- Au tableau, écrire *Au travail, c'est le talent qui compte* et expliquer le sens de la phrase.
- Demander aux apprenants de faire ensemble la liste des talents de personnes vues dans la vidéo.
- Créer des groupes.
- Rappeler le slogan « Au travail, c'est le talent qui compte ».
- Au tableau, écrire l'amorce et demander aux apprenants de compléter la phrase.
- Comparer les propositions et laisser la classe choisir la meilleure.
- Afficher le slogan dans la classe.

Corrigé :
La chef d'orchestre a l'esprit d'équipe, la mécanicienne est efficace, le garde-malade a le sens de l'écoute, l'homme qui garde les bébés est créatif.

3 Lire la question.

Proposition de corrigé : Au travail, le plus important, c'est d'être passionné. Au travail, c'est la relation avec les autres qui compte.

p. 137

Unité 5

Génération Tour du monde

page 137
20 minutes

1 Lire les questions de la partie 1.
- Montrer la vidéo et laisser les apprenants repérer les informations.
- Corriger.

Corrigé : On voit des personnes, la mer, la montagne, le désert... On voit des trains, un camion, des personnes qui marchent, des bateaux, un vélo...

2 Lire le titre *Génération Tour du monde* et demander aux apprenants de l'expliquer.
- Expliquer que c'est une bande-annonce de film.
- Lire les questions a et b et montrer de nouveau la vidéo.
- Si nécessaire, montrer la vidéo une troisième fois.
- Corriger. Demander aux apprenants s'ils aimeraient faire le tour du monde et pourquoi.

Corrigé :
a 6 hommes, 5 femmes, 5 enfants
b J'ai trente ans, là, et une envie de liberté. – Moi, mes rêves de voyage, c'était déjà de voir des dauphins. – J'ai envie de voyager : mon rêve, c'est de faire le tour du monde. Et tous les moments deviennent plus beaux, tous les moments deviennent incroyablement intenses.

3 Lire la question. Laisser les apprenants imaginer l'avenir des personnes en utilisant le futur.
Inciter les apprenants à réutiliser les expressions pour parler d'un changement.

Proposition de corrigé :
À mon avis, ils vont rentrer à la maison mais ils vont repartir. Ils seront différents. Ils ne voudront plus avoir la même vie qu'avant. Pour moi, le changement c'est important. J'ai besoin de vivre des choses nouvelles et de découvrir de nouvelles choses.

p. 137

Unité 6

page 137

⌛ 25 minutes

Les Voix d'ici

1 Lire le titre de la vidéo et demander aux apprenants à quoi cela leur fait penser.
- Montrer la vidéo sans le son et demander aux apprenants de relever les lieux qu'ils voient.
- Faire la liste ensemble au tableau.

Corrigé :
une gare, une rue commerciale, une maison traditionnelle, un marché, une rivière, une école, un lavoir, des vignes, un quartier résidentiel, une usine, une plage, un port, un bus.

2 Lire la question a.
- Montrer la vidéo de nouveau et demander aux apprenants d'associer les lieux et les noms de lieux qu'ils entendent.
- Lire la question b.
- Lire la liste des lieux et des activités.
- Montrer de nouveau la vidéo et laisser les apprenants associer les lieux et les activités. Corriger en s'assurant que les apprenants comprennent les activités.

Corrigé :
a un lavoir, une place, un marché, des vignes, une école, une usine
b la place : l'endroit préféré d'un habitant
le lavoir : l'endroit où la grand-mère d'un habitant venait laver son linge
le marché : l'endroit où on peut profiter du spectacle le mercredi ou le samedi matin
les vignes : à la famille d'une habitante depuis longtemps
le centre-ville : l'endroit où on discute avec les gens
le carnaval : le moment qu'il ne faut pas rater

3 Ensemble, faire une liste de lieux en ville et à la campagne.
- Constituer des binômes.
- Demander à chaque apprenant de penser à un lieu important pour lui, puis de le décrire et de donner une information personnelle sur ce lieu.
- Laisser les apprenants échanger.
- Corriger en écrivant les mots-clés ou les expressions au tableau.

Proposition de corrigé :
Un lieu important pour moi, c'est le banc à côté de la rivière. La vue est très belle. C'est très calme. Il y a des arbres. C'est le lieu où je retrouvais mes amis quand j'étais adolescente. C'est le lieu où on se racontait nos secrets.

p. 138

Unité 7

page 138

⌛ 20 minutes

Je suis une recette de grand-mère

1 Lire le titre et demander aux apprenants à quoi ils pensent quand on parle d'une « recette de grand-mère » ?
Lire la question et laisser les apprenants répondre spontanément.

Proposition de corrigé :
J'ai la recette de la teurgoule. C'est un plat de riz au lait traditionnel. C'est ma grand-mère qui l'a donnée à ma tante et ma tante me l'a donnée.

2 Lire les questions de la partie a et montrer la vidéo.
- Corriger.
- Lire les questions de la partie b et montrer de nouveau la vidéo.
- Corriger.
- Montrer les propositions de la partie c.

- Si nécessaire, montrer de nouveau la vidéo pour laisser les apprenants mettre les propositions dans l'ordre.
- Corriger.

Corrigé :
ⓐ On voit une grand-mère et sa petite-fille. La petite fille vient parce qu'elle s'inquiète pour sa grand-mère.
ⓑ La grand-mère pense qu'elle n'a pas passé assez de temps avec sa petite-fille. Elles n'ont pas de souvenirs ensemble. Elle veut lui apprendre une recette.
ⓒ 4 – 2 – 1 – 5 – 6 – 3.

③ Lire les questions et laisser les apprenants réagir spontanément.

Proposition de corrigé :
Je ne prends pas beaucoup le temps d'aller voir mes proches. Avec ma mère, je fais la cuisine, je me promène. Avec mon père, on parle de lectures et de peintures.

p. 138

Unité 8

page 138

⌛ 20 minutes

Comme à la maison

① Lire le titre de la vidéo et demander aux apprenants s'ils connaissent l'expression « se sentir comme à la maison ».
- Montrer la vidéo sans le son et faire repérer les principaux éléments.
- Corriger.

Corrigé : **a.** Ils sont à table. **b.** C'est une famille. **c.** Ils dînent ensemble. **d.** l'ennui, la tristesse

② Lire les questions et montrer la vidéo avec le son.
- Laisser les apprenants comparer leurs réponses en binôme et si nécessaire, montrer de nouveau la vidéo.
- Corriger. Insister sur le contraste entre l'intonation et les informations de la voix off et les émotions des personnages.

Corrigé :
a. C'est le 31 décembre à minuit. **b.** On se réunit en famille, on boit du champagne, on s'embrasse, on mange bien, on rit. **c.** On souhaite « Bonne année ! » **d.** C'est un moment festif mais tout le monde est triste et s'ennuie.

③ Demander aux apprenants s'ils aimeraient voir cette pièce de théâtre et pourquoi.
- Constituer des groupes. Lire la question et laisser les apprenants échanger.
- Corriger en écrivant les expressions importantes au tableau.

Proposition de corrigé :
Pour moi « être comme à la maison », signifie être détendu. J'aime enlever mes chaussures, m'habiller simplement, passer du temps à discuter et à rire avec mes proches.

Phonétique

Testez-vous !

page 142

⌛ 5 minutes

Activité 1

- Écrire les trois sons au tableau et les prononcer.
- Expliquer la consigne.
- Faire écouter le document et laisser les apprenants choisir le son entendu.
- Corriger en faisant réécouter et répéter les sons.

Corrigé : a. [ɑ̃] – **b.** [ɛ] – **c.** [ɔ̃] – **d.** [ɔ̃] – **e.** [ɔ̃]

Piste 89

a. chambre
b. salle de bains
c. balcon
d. maison
e. salon

page 142

⌛ 5 minutes

Activité 2

- Montrer les quatre propositions.
- Mimer les lèvres tirées et le symbole.
- Poser la question et faire écouter les propositions.
- Corriger en faisant répéter les quatre sons.
- Lire la deuxième question et montrer les propositions.
- Mimer la bouche plus ouverte et le symbole.
- Faire écouter les propositions.
- Corriger en faisant répéter les quatre sons.

Corrigé : a. [i] – **b.** [ə] – **c.** [ɛ] – **d.** [ɔ]

Piste 90

a. italien – uruguayen
b. deux – des
c. wagon – watt
d. écoutez ! – arrête !
e. côté – école

page 142

⌛ 5 minutes

Activité 3

- Rappeler qu'un son peut avoir plusieurs graphies et qu'une lettre peut être prononcée différemment selon sa position.
- Lire chaque son et demander aux apprenants de souligner les sons indiqués puis de retrouver les intrus.
- Corriger en prononçant les mots.

Corrigé : a. la musique – le cinéma – le ski – intrus : la natation
b. un réseau – un internaute – un forum – intrus : un forfait
c. la boucherie – la boulangerie – le marchand de journaux – intrus : le fleuriste
d. la mère – le frère – la nièce – intrus : le neveu

Piste 91

a. la musique – le cinéma – le ski – la natation
b. un réseau – un internaute – un forum – un forfait
c. la boucherie – le fleuriste – la boulangerie – le marchand de journaux
d. la mère – le frère – le neveu – la nièce

page 142

⌛ 10 minutes

Activité 4

- Donner des exemples de semi-voyelles.
- Expliquer la consigne.
- Faire écouter les propositions et laisser les apprenants choisir si les sons entendus sont identiques ou non.
- Corriger en faisant répéter les mots.

Corrigé : **a.** ≠ **b.** ≠ **c.** ≠ **d.** = **e.** =

Piste 92

a. sel – ciel
b. lui – Louis
c. moi – ma
d. louer – louer
e. bruit – bruit

page 142

5 minutes

Activité 5

- Ensemble, nommer plusieurs consonnes.
- Faire écouter les propositions et laisser les apprenants compléter les verbes.
- Corriger en faisant prononcer les verbes.

Corrigé : **a.** Finir **b.** Venir **c.** Partir **d.** Boire **e.** Voir **f.** Courir **g.** Gagner **h.** Dire **i.** Transformer

Piste 93

a. [f] **b.** [v] **c.** [p] **d.** [b] **e.** [v] **f.** [k] **g.** [g] **h.** [d] **i.** [t]

page 142

10 minutes

Activité 6

- Au tableau, écrire « e » et rappeler qu'il n'est pas toujours prononcé.
- Expliquer la consigne et faire écouter les propositions.
- Corriger en faisant lire les propositions.

Corrigé : **a.** la boucherie **b.** la boulangerie **c.** la fromagerie **d.** la crèmerie **e.** l'épicerie

Piste 94

a. la boucherie
b. la boulangerie
c. la fromagerie
d. la crèmerie
e. l'épicerie

page 142

5 minutes

Activité 7

- Rappeler ce que sont les liaisons, les enchaînements vocalique et consonantique.
- Faire écouter les propositions et laisser les apprenants indiquer la liaison et les enchaînements à l'aide des symboles.
- Corriger.

Corrigé : **a.** un film amusant **b.** une salle de théâtre **c.** un album génial

Piste 95

a. un film amusant
b. une salle de théâtre
c. un album génial

page 142

5 minutes

Activité 8

- Rappeler que l'intonation monte pour une question et descend en fin de phrase pour une affirmation.
- Faire écouter les propositions et laisser les apprenants compléter avec le signe de ponctuation qui convient.
- Corriger en faisant lire l'intonation.

Corrigé : **a.** . **b.** ? **c.** ? **d.** . **e.** ?

Piste 96

a. Il vient demain.
b. Tu pars ce soir ?
c. On mange au restaurant ?
d. C'est intéressant.
e. Vous travaillez ensemble

Grammaire

Exercez-vous !

page 145

⌛ 10 minutes

Activité

- Ensemble, lister plusieurs signes de ponctuation et rappeler leur utilisation.
- Lister plusieurs déterminants.
- Lire la consigne et laisser les apprenants faire l'activité.

Proposition de corrigé :

Un Français parle : « Bienvenue à Lyon !
Dans la ville, il y a plusieurs choses à faire : visiter le Vieux Lyon, la basilique Notre-Dame-de-Fourvière, la colline de la Croix-Rousse et le théâtre de la place des Célestins. Le théâtre a plus de deux cents ans d'art dramatique. À Lyon, ce quartier est unique ! Vous devez aussi goûter les spécialités : les quenelles, le fromage saint-marcellin et la tarte aux pralines. Ce sont mes spécialités préférées ! Bonne visite ! »

page 148

⌛ 10 minutes

Activité

ⓐ Écrire les catégories au tableau.
- Faire écouter le document et laisser les apprenants retrouver les informations.
- Corriger.

Corrigé :

Adjectifs : artistique, musicale, longues, premier, immédiat, différente, complète, grande, deuxième
Adverbes : tôt, souvent, partout, vraiment, plus, moins, un peu, ensuite
Comparatifs : moins pop, plus électro, plus de 200 000

ⓑ Ensemble, souligner les adjectifs à la forme féminine.
- Demander aux apprenants de transformer les adjectifs pour avoir le féminin et le masculin.
- Laisser les apprenants retrouver l'adverbe correspondant à chaque adjectif.
- Corriger.

Corrigé :

Adjectifs : artistique (féminin et masculin), musical/musicale, long/longue, premier/première, immédiat/immédiate, différent/différente, complet/complète, grand/grande, deuxième (féminin et masculin)
Adverbes : artistiquement, musicalement, longuement, premièrement, immédiatement, différemment, complètement, grandement, deuxièmement

Piste 97

Angèle est née le 3 décembre 1995 en Belgique. Elle passe son enfance à Bruxelles. Très tôt, elle prend des cours de piano. Ensuite, elle suit une formation artistique et musicale et retrouve souvent son père sur scène. Pendant de longues années, elle chante avec son frère.
En 2017, elle diffuse sur Internet son premier single : *La loi de Murphy*. En octobre 2018 sort son album *Brol*. Il rencontre un succès immédiat, avec plus de 200 000 exemplaires vendus. Son deuxième single, *Je veux tes yeux*, est un peu différent : il est moins pop et il est plus électro.
Artiste complète, Angèle est auteure, compositrice et interprète. C'est la grande gagnante de la 34e édition des Victoires de la Musique. Depuis ce jour, Angèle est vraiment partout sur les réseaux !

page 149

⌛ 10 minutes

Activité

- Montrer les propositions.
- Conseiller aux étudiants de relever les indices dans les questions avant de choisir la réponse qui correspond.
- Corriger.

Corrigé :

- Vous en voulez combien ? Trois ou quatre cents grammes.
- Tu prêtes ta montre à ta sœur ? Oui, mais elle doit en prendre soin.
- Je vous mets lesquelles ? Les plus mûres, s'il vous plaît.
- Est-ce qu'elle y pense ? Oui, mais il faudrait lui rappeler.
- Et tu en rêves ? De partir à Montréal ? Très souvent !

page 150

⌛ 15 minutes

Activité

- Montrer le dessin et demander aux apprenants ce que fait le personnage.
- Lire la consigne et rappeler ensemble des expressions de but, de conséquence et de cause.
- Lire les éléments proposés et s'assurer que les apprenants les comprennent.
- Laisser les apprenants rédiger le texte.
- Attirer l'attention sur les constructions liées aux expressions de but, de cause et de conséquence.
- Ramasser pour corriger.

Proposition de corrigé :
C'est l'histoire de Paul qui réfléchissait pour construire une maison basse consommation d'énergie. Il voulait cette maison car il souhaitait participer à la protection de l'environnement. C'est pourquoi il a commencé par acheter du bois et des peintures naturelles. Il n'aimait pas travailler seul alors il a demandé de l'aide à ses amis. À cause des travaux, il s'est fait mal au dos. Donc, il a dû ralentir les travaux. C'est pour cela qu'il a fait appel à un professionnel. Grâce à lui, la maison a été terminée, alors il a pu organiser une fête à la fin des travaux.

page 153

⌛ 15 minutes

Activité

ⓐ Rappeler le choix entre le passé composé et l'imparfait.
- Lire le texte au présent et s'assurer que les apprenants le comprennent.
- Conseiller aux étudiants de réfléchir aux verbes qui doivent être conjugués à l'imparfait avant de transformer le texte.
- Corriger.

Corrigé :
Depuis qu'il avait 7 ans, Roy était un fou de football. Il n'était pas très bon mais il jouait et s'entraînait tous les jours. À 12 ans, il a commencé à s'améliorer. Il s'est mis à travailler ses gestes techniques. À 14 ans, il est devenu capitaine de l'équipe. Il était content de donner l'exemple. À 15 ans, il jouait avec le groupe des 17 ans. Un club sportif lui a proposé de jouer avec eux mais à cause de ses mauvais résultats scolaires, il n'a pas pu intégrer le club de ses rêves. Il était déçu et en colère. Il a décidé de travailler à l'école pour gagner sa place dans le club de ses rêves.

ⓑ Lire la consigne et laisser les apprenants transformer le texte.

Corrigé :
À l'âge de 7 ans, Roy sera un fou de football. Il ne sera pas très bon mais il jouera et s'entraînera tous les jours. À 12 ans, il commencera à s'améliorer. Il se mettra à travailler ses gestes techniques. À 14 ans, il deviendra capitaine de l'équipe. Il sera content de donner l'exemple. À 15 ans, il jouera avec le groupe des 17 ans. Un club sportif lui proposera de jouer avec eux mais à cause de ses mauvais résultats scolaires, il ne pourra pas intégrer le club de ses rêves. Il sera déçu et en colère. Il décidera de travailler à l'école pour gagner sa place dans le club de ses rêves.

page 154

⌛ 10 minutes

Activité

- Lire les trois questions et laisser les apprenants réfléchir à trois possibilités de réponse pour chaque question.
- Corriger en mettant les réponses en commun. Écrire des réponses en utilisant des expressions variées.

Corrigé :
a. Il faut bien connaître les réseaux sociaux. Si tu veux être Youtuber, tu dois être drôle et avoir de l'humour. Tu dois parler de ta vraie vie.
b. Si je ne réussis pas, je deviendrai monteur de vidéos. Si je ne réussis pas, je pourrai faire une formation pour travailler dans une agence de pub. Si je ne réussis pas, il faudra que je pense à un autre métier.
c. Si je devenais Youtuber, il faudrait revoir mon look. Si je devenais Youtuber, j'inviterais mes amis pour faire des vidéos. Je pourrais parler des sujets qui me touchent.

Lexique

Exercez-vous !

page 155

⌛ 10 minutes

Activité

- Rappeler qu'un mot peut être modifié en ajoutant un suffixe, un préfixe, etc.
- Écrire les mots au tableau.
- Constituer des binômes et demander aux apprenants de créer le maximum de mots à partir des propositions.
- Laisser un temps limité.
- Corriger. Accorder un mot pour chaque mot correctement construit.

Proposition de corrigé :

Heureux : heureusement, bonheur, malheur, malheureux, malheureusement...
Manger : mangeable, immangeable...
Juste : injuste, justement, injustement, justification...
Responsable : irresponsable, responsabilité...
Adroit : adroite, adroitement, maladroitement...

JEUX

p. 32

ÉTAPE 1

Connaître les objectifs pédagogiques du jeu.
- Découvrir des noms de professions.
- S'approprier les pronoms relatifs « qui » et « que ».
- Poser des questions avec la forme « est-ce que... ».
- Avoir plaisir à jouer ensemble, en français.

ÉTAPE 2

Préparer le jeu.
- Photocopier le nombre de jeux nécessaire à la classe.
- Découper les cartes.
- Se familiariser avec le jeu.

ÉTAPE 3

Expliquer la règle du jeu.
- *Nous allons jouer au jeu de devinettes des professions.*
- *Regardez ! Sur chaque carte, il y a une profession. Prenez une carte sans la regarder. Mettez-la dans le creux de votre main, face aux autres joueurs. Vous posez des questions avec « est-ce que » et « qui » et « que » pour connaître la profession écrite sur la carte.*

Exemple :
- *Est-ce que c'est une personne qui distribue le courrier ?*
- *Non.*
- *Est-ce que c'est une personne qui travaille à l'extérieur ?*
- *Oui.*

ÉTAPE 4

Annoncer l'objectif du jeu.
- Découvrir le maximum de professions.
- Gagner le maximum de cartes.

ÉTAPE 5

Énoncer les modalités du jeu.
- *Faites des groupes de 4 personnes.*
- *Nous allons jouer pendant 15 minutes.*

ÉTAPE 6

Lancer le jeu.
C'est parti !
Une sonnette ou un bruitage peut aider à lancer le jeu de façon plus sympathique.

Acteur (-rice)

Agriculteur (-rice)

Avocat (-e)

Boulanger (-ère)

Architecte

Dentiste

Coiffeur (-euse)

Électricien (-ne)

Facteur (-rice)

Mécanicien (-ne)

Musicien (-ne)

Infirmier (-ère)

Journaliste

Livreur (-se)

Kinésithérapeute

Photographe

Menuisier (-ère)

Médecin

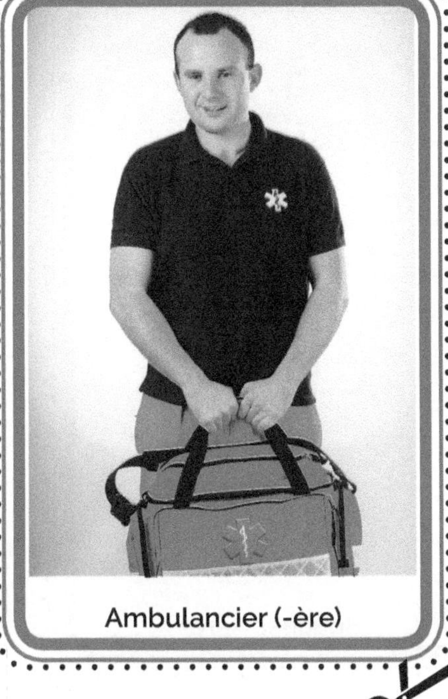
Ambulancier (-ère)

Astronaute

Pâtissier (-ère)

Enseignant (-e)

Réalisateur (-rice)

Sommelier (-ère)

Cuisinier (-ère)

Serveur (-euse)

Boucher (-ère)

Vétérinaire

Danseur (-euse)

Pompier

Unité 4 Petits mensonges entre amis

ÉTAPE 1

Connaître les objectifs pédagogiques du jeu.
- Raconter son parcours.
- Utiliser les temps du passé.
- Parler d'actions liées à son parcours.
- Utiliser les indicateurs de temps.

ÉTAPE 2

Préparer le jeu.
- Photocopier le nombre de jeux nécessaire à la classe.
- Découper les cartes action.
- Avoir un ou plusieurs dés.
- Se familiariser avec le jeu.

ÉTAPE 3

Expliquer la règle du jeu.
- *Nous allons jouer à un jeu.*
- *Chacun pioche une carte action au hasard. Lancez le dé. Regardez sur la carte l'action qui correspond au numéro.*
- *Exemple : Je lance le dé. Je fais 2. Sur la carte-action, le 2 correspond à « J'ai adopté 10 chats. »*
- *Vous allez raconter votre parcours professionnel au groupe et dire cette phrase « J'ai adopté 10 chats » le plus naturellement et logiquement possible.*
- *À la fin, le groupe retrouve le mensonge.*

ÉTAPE 4

Annoncer l'objectif du jeu.
Découvrir l'information fausse.

ÉTAPE 5

Énoncer les modalités du jeu.
- *Faites des groupes de 4 personnes.*
- *Nous allons jouer pendant 20 minutes.*

ÉTAPE 6

Lancer le jeu.
- *C'est parti !*

Une sonnette ou un bruitage peut aider à lancer le jeu de façon plus sympathique.

CARTES ACTION

1. J'ai gagné le concours d'écriture de poésie de mon école.
2. J'ai adopté 10 chats.
3. J'ai rencontré la femme / l'homme de ma vie.
4. J'ai appris le chinois / portugais / coréen en 10 jours.
5. Je suis parti(e) faire le tour du monde à vélo.
6. J'ai créé mon entreprise.

1. J'ai gagné au loto.
2. Je suis devenu(e) footballeur/ footballeuse professionnel(le), puis j'ai arrêté.
3. J'ai piloté un hélicoptère.
4. J'ai fait 3 marathons en 3 mois.
5. J'ai gagné un concours de chant.
6. J'ai dû rester silencieux/ silencieuse pendant 15 jours.

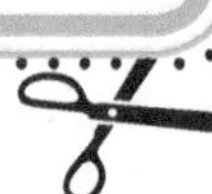

1. J'ai appris à jouer du piano.
2. J'ai gagné un concours de danse.
3. J'ai écrit une pièce de théâtre.
4. J'ai travaillé sur les 5 continents.
5. Je suis parti(e) en vacances pendant un an.
6. J'ai vécu sur une île déserte.

1. J'ai appris la cuisine avec un grand chef.
2. J'ai joué dans un film.
3. J'ai déjà obtenu un diplôme de Master.
4. Je me suis marié(e) sur une plage.
5. J'ai habité dans un château.
6. J'ai obtenu le titre de champion de dictée.

p. 111

UNITÉ 7 Jeu du conte

ÉTAPE 1

Connaître les objectifs pédagogiques du jeu.

- Raconter une histoire au passé.
- Utiliser les temps du passé (passé composé et imparfait).
- Utiliser les connecteurs chronologiques (*un jour, ensuite, puis, finalement…*).
- Avoir plaisir à parler en français.

ÉTAPE 2

Préparer le jeu.

- Photocopier le nombre de jeux nécessaire à la classe.
- Découper les cartes.
- Les classer par couleur.
- Se familiariser avec le jeu.
- Former des petits groupes de 3 à 10 personnes.

ÉTAPE 3

Expliquer la règle du jeu.

- *Nous allons jouer au jeu du conte. Il y a 6 familles de cartes avec des couleurs différentes.*
  Bleu : c'est l'action.
  Jaune : c'est le contexte.
  Vert : c'est le héros/l'héroïne.
  Rose : c'est le lieu.
  Marron : c'est l'objet.
  Violet : c'est la fin.
- *Placez toutes les cartes « Action » et une carte de chaque couleur sur la table. Le joueur 1 prend une carte de son choix et raconte un élément de l'histoire. Le joueur 2 prend une autre carte pour continuer l'histoire. L'histoire est terminée quand il ne reste plus de cartes sur la table.*

ÉTAPE 4

Annoncer l'objectif du jeu.

- Raconter une histoire en groupe.
- Voter pour la meilleure histoire.

ÉTAPE 5

Énoncer les modalités du jeu.

- *Faites des groupes de 3 à 10 personnes.*
- *Nous allons jouer pendant 20 minutes.*
- *On peut faire des groupes de 3 à 10 personnes. Mais toute la classe peut écouter les histoires des autres groupes pour voter pour la meilleure, par exemple.*
- *1 tour dure environ 10 minutes. Le temps dépend donc du temps pendant lequel on désire jouer (1 ou plusieurs histoires).*

ÉTAPE 6

Lancer le jeu

C'est parti !

Une sonnette ou un bruitage peut aider à lancer le jeu de façon plus sympathique

Soudain, …

Alors, …

Un jour, …

Ensuite, …

Après, …

Il était une fois ...

Au début, ...

C'était en ...

Il y avait ...

C'était ...

CARTES HÉROS/HÉROÏNE

Un(e) prince(sse)

Un(e) sorcier(ère)

Un(e) chat(te)

Une vieille personne

Un(e) styliste

CARTES LIEU

Un château

Un théâtre

Une forêt

Une discothèque

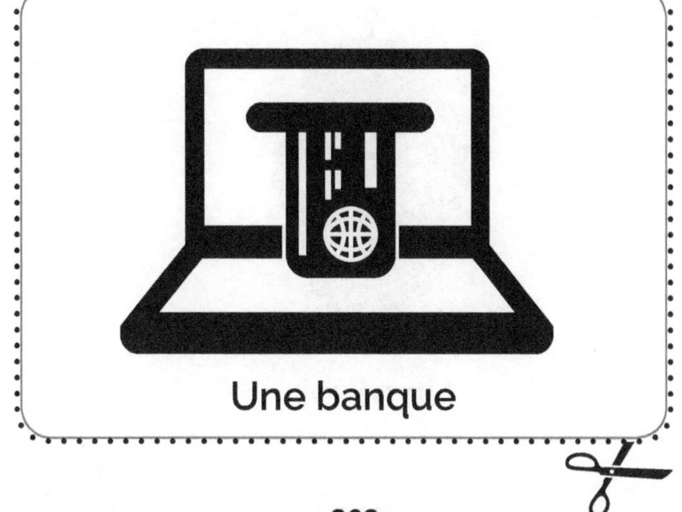

Une banque

CARTES OBJET

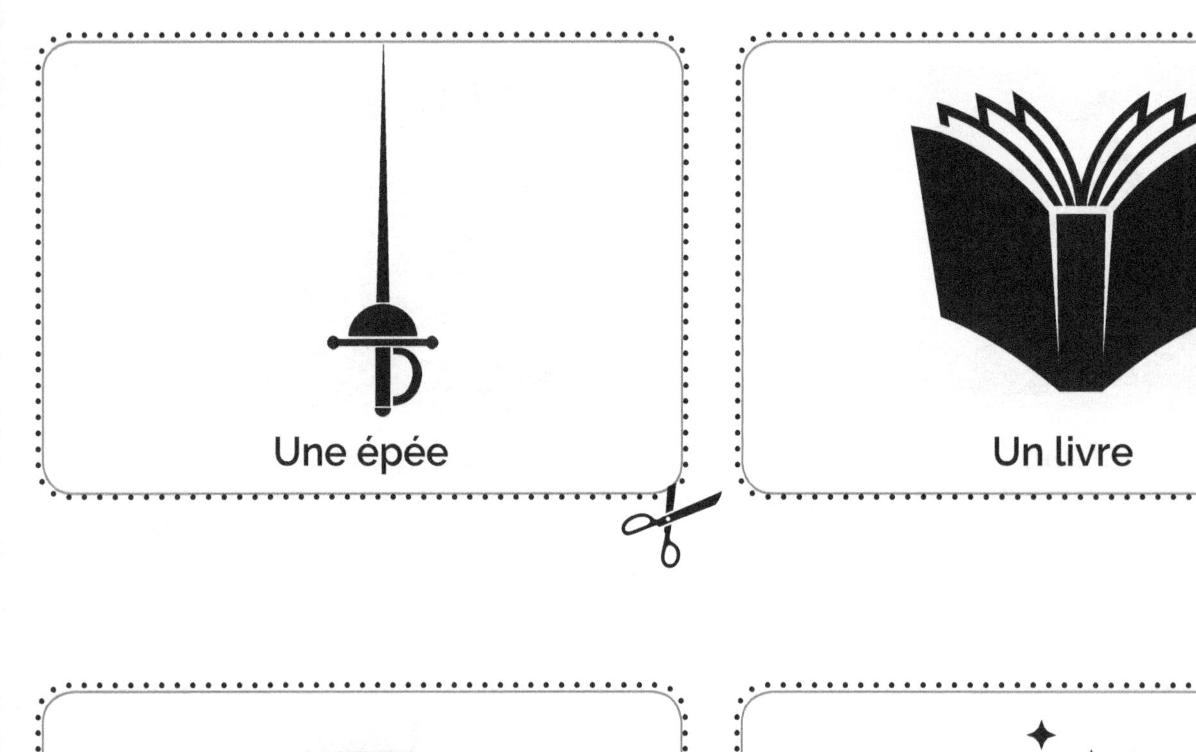

Une épée

Un livre

Une bague

Une potion magique

Un miroir

CARTES FIN

Alors, ...

Donc, ...

Enfin, ...

Finalement, ...

Ainsi, ...

Unité 8 Paye ton loyer !

ÉTAPE 1

Connaître les objectifs pédagogiques du jeu.
- Comprendre des informations sur un logement.
- Comprendre des démarches et les lieux associés.
- Compter en français.
- Avoir plaisir à jouer ensemble, en français

ÉTAPE 2

Préparer le jeu.
- Préparer un set de jeu pour quatre ou cinq personnes.
- Photocopier les cartes, les découper.
- Découper un plateau de jeu, un dé et autant de pions que de joueurs (prendre des petites cartes, des gommes ou tout autre petit objet).
- Lire toute la règle et se familiariser avec le jeu.

ÉTAPE 3

Expliquer la règle du jeu.
- *Former un groupe pour montrer le déroulement du jeu.*
- *Choisir un meneur de jeu et lui donner la fiche « Aide ».*
- *Demander au meneur de jeu de préparer la fiche « joueurs » et montrer que chacun a 1 000 euros.*
- *Faire lancer le dé à un premier joueur et le faire avancer sur la case correspondante.*
  Exemple : 4. Château avec parc ! Loyer 800 euros.
- *Expliquer le rôle du meneur de jeu.*
- *Montrer les différents types de cases et continuer à jouer pour que les apprenants voient plusieurs situations.*
- *Arrêter la partie et laisser les apprenants commencer à jouer.*

ÉTAPE 4

Annoncer l'objectif du jeu.

Avoir le maximum d'argent après les deux tours de plateau.

ÉTAPE 5

Énoncer les modalités du jeu.
- *Faites des groupes de 4 ou 5 personnes.*
- *Nous allons faire deux tours de plateau de jeu.*

ÉTAPE 6

Lancer le jeu

C'est parti !

Une sonnette ou un bruitage peut aider à lancer le jeu de façon plus sympathique.

FICHE RÈGLES

Règles :

Expliquer la règle du jeu.

Le meneur de jeu prépare une fiche « joueurs ». Il complète la fiche pendant la partie. Il prend la fiche « Aide » pour vérifier les paiements. Chaque joueur a au départ 1 000 euros.

Un premier joueur lance le dé et se déplace sur le plateau d'autant de cases que de points obtenus.

- S'il tombe sur une case « logement », le joueur peut choisir d'acheter le logement (un logement en mauvais état = 600 euros, un logement de luxe = 1 000 euros).
- S'il tombe sur une case « chance », le joueur pioche une carte chance. Il reçoit de l'argent ou paye la somme demandée selon la carte. Il se déplace jusqu'au lieu qui correspond (« Vous héritez de 2 000 euros » notaire).
- Si un joueur tombe sur une case « logement » qui est possédée par un autre joueur, il paye le loyer au joueur.
- Si un joueur va en prison, il doit passer son tour.

Le meneur de jeu indique sur chaque fiche l'argent reçu ou dépensé par le joueur. Il indique aussi le numéro des logements achetés par le joueur.

Le but

Le joueur qui finit la partie avec le plus d'argent a gagné.
Attention, il faut faire deux fois le tour du plateau pour finir la partie.
Quand un joueur a fini les deux tours de plateau, le jeu s'arrête et on compte les recettes et dépenses de tous les joueurs.

FICHE JOUEURS

Noms des joueurs				
Argent de départ	1 000 euros	1 000 euros	1 000 euros	1 000 euros
Recettes				
Dépenses				
Logements				

Vous êtes arrêté(e) par la police.

☞ Prison

Vous héritez de votre oncle.
Recevez 5 000 €.

☞ Notaire

Vous gagnez au loto.

Recevez 3 000 €.

☞ Française des jeux

Vous gagnez au loto.

Recevez 2 000 €.

☞ Française des jeux

Vous héritez de votre cousin en Amérique. Recevez 1 500 €.

☞ Notaire

Vous ouvrez un compte en banque.

Payez 300 €.

☞ Banque

Vous fermez votre compte en banque.

Recvez 300 €.

☞ Banque

Vous avez fait des courses.

Payez 250 €.

☞ Supermarché

Vous avez invité vos amis au restaurant.

Payez 150 €.

☞ Restaurant

Vous payez vos impôts :

200 € par logement de luxe.

☞ Trésor public

Vous demandez un visa pour partir en voyage.

Payez 150 €.

☞ Ambassade

Vous louez vos logements de luxe pour l'été.

Recevez un mois de loyer par logement.

Vous recevez une aide de l'État pour rénover vos logements en mauvais état.

Recevez 250 € par logement en mauvais état.

Vous recevez une allocation logement :
150 € par logement.

FICHE AIDE

Logements en mauvais état (achat 600 euros) : 1, 3, 7, 11, 14, 15, 17, 20, 22, 32

Logements de luxe (achat 1 000 euros) : 4, 8, 12, 24, 26, 28, 30, 35, 36, 38

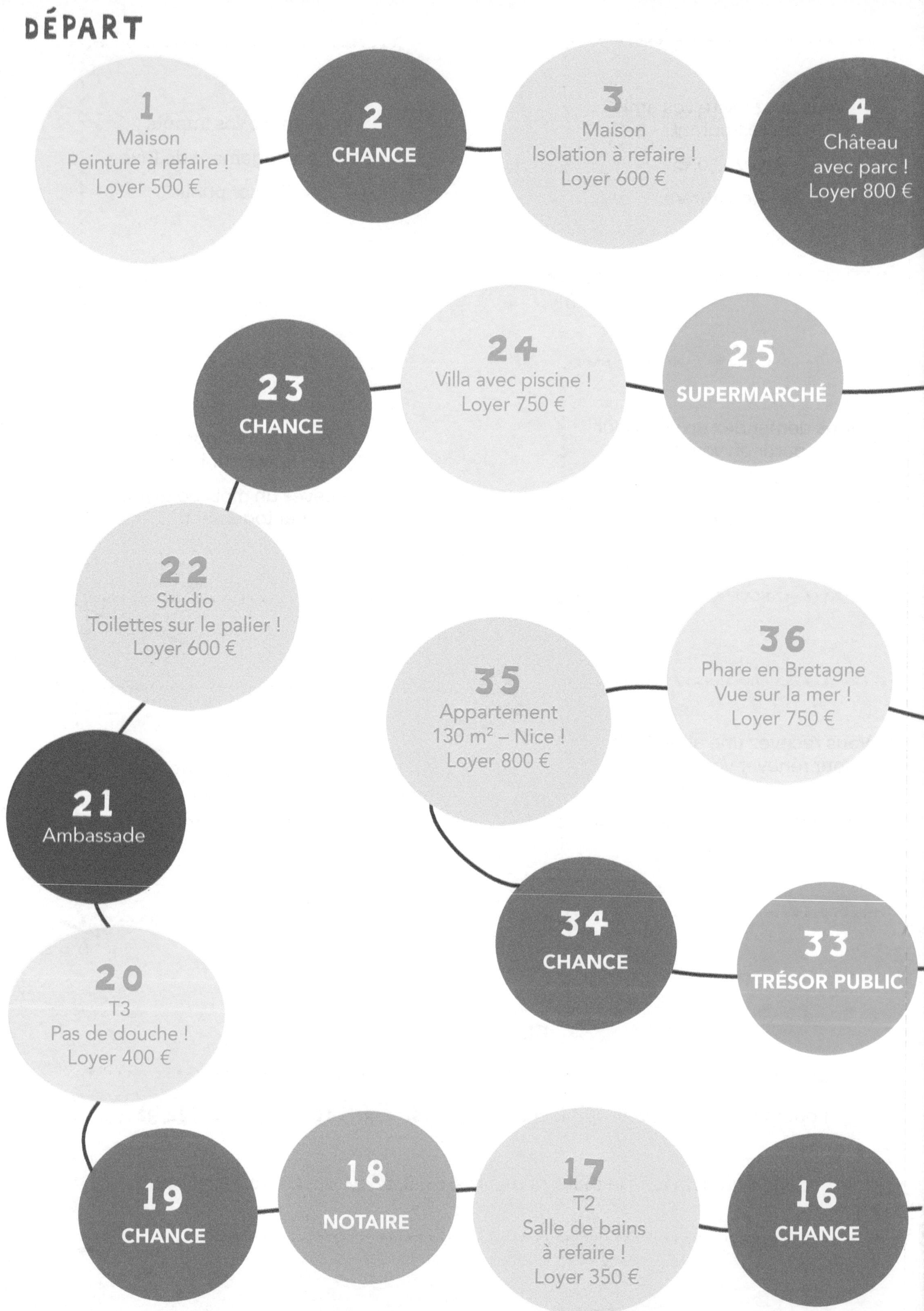
DÉPART
1
Maison
Peinture à refaire !
Loyer 500 €
2
CHANCE
3
Maison
Isolation à refaire !
Loyer 600 €
4
Château
avec parc !
Loyer 800 €
23
CHANCE
24
Villa avec piscine !
Loyer 750 €
25
SUPERMARCHÉ
22
Studio
Toilettes sur le palier !
Loyer 600 €
36
Phare en Bretagne
Vue sur la mer !
Loyer 750 €
35
Appartement
130 m² – Nice !
Loyer 800 €
21
Ambassade
34
CHANCE
33
TRÉSOR PUBLIC
20
T3
Pas de douche !
Loyer 400 €
19
CHANCE
18
NOTAIRE
17
T2
Salle de bains
à refaire !
Loyer 350 €
16
CHANCE